Strafverteidigung in Wirtschaftsstrafverfahren zwischen Rechtsmissbrauch, Konflikt und Konsens

Schriften zum Strafrecht und Strafprozeßrecht

Herausgegeben von Manfred Maiwald
und Carsten Momsen

Band 119

PL ACADEMIC RESEARCH

Kerstin Petermann

Strafverteidigung in Wirtschaftsstrafverfahren zwischen Rechtsmissbrauch, Konflikt und Konsens

PL ACADEMIC RESEARCH

Bibliografische Information der Deutschen Nationalbibliothek
Die Deutsche Nationalbibliothek verzeichnet diese Publikation in der Deutschen Nationalbibliografie; detaillierte bibliografische Daten sind im Internet über http://dnb.d-nb.de abrufbar.

Zugl.: Konstanz, Univ., Diss., 2014

Tag der mündlichen Prüfung 07.05.2014
Erster Referent: Professor Dr. Hans Theile, LL.M.
Zweiter Referent: Professor Dr. Rudolf Rengier

D 352
ISSN 0938-6181
ISBN 978-3-631-65630-3 (Print)
E-ISBN 978-3-653-04875-9 (E-Book)
DOI 10.3726/978-3-653-04875-9

PL Academic Research ist ein Imprint der Peter Lang GmbH.

Peter Lang – Frankfurt am Main · Bern · Bruxelles · New York · Oxford · Warszawa · Wien

Diese Publikation wurde begutachtet.

www.peterlang.com

Vorwort

Die vorliegende Arbeit wurde im Wintersemester 2013/2014 von der rechtswissenschaftlichen Fakultät der Universität Konstanz als Dissertation angenommen.

Mein besonderer Dank gilt meinem Doktorvater Herrn Professor Dr. Hans Theile, LL.M. für die hervorragende Betreuung meiner Arbeit. Durch seine Anregungen und seine Diskussionsbereitschaft hat er entscheidend zum Gelingen der vorliegenden Arbeit beigetragen. Herrn Professor Dr. Rudolf Rengier danke ich für die zügige Erstellung des Zweitgutachtens.

Bei meinen ehemaligen Kollegen am Lehrstuhl, insbesondere Herrn Alexander Nippgen, Herrn Gerhard Spieß, Frau Marion Stadelhofer und Herrn Tobias Wiesenack bedanke ich mich für die gute und freundschaftliche Zusammenarbeit.

Dank gebührt auch meinem Freund Matthias, der mich in meinem Vorhaben stets bestärkt und motiviert hat.

Von ganzem Herzen bedanke ich mich bei meinen lieben Eltern und meinem lieben Bruder für ihre endlose Geduld und ihre liebevolle Unterstützung. Ihnen ist die Arbeit in Dankbarkeit gewidmet.

Konstanz im Herbst 2014

Inhaltsverzeichnis

Einleitung[1]

In Strafverfahren aus den Bereichen Wirtschaftskriminalität, Terrorismus und organisierte Kriminalität wird neben tatsächlichen und rechtlichen Schwierigkeiten auch das Verteidigerverhalten bzw. die umfassende Ausübung der Beschuldigtenrechte immer wieder als Mitursache für die lange Verfahrensdauer angeführt.[2] Der Verteidigung wird mitunter vorgeworfen, sie agiere in einer Art und Weise, die den Abschluss des Verfahrens oder zumindest die Herbeiführung einer Entscheidung in angemessener Zeit gegen ihren Willen infrage stelle.[3] Dabei wird beklagt, dass die Gerichte an ihre Kapazitätsgrenzen stießen, wenn die Verteidigungsrechte zwar formal korrekt ausgeübt würden, tatsächlich aber die Wahrheitsfindung in einem prozessordnungsgemäßen Verfahren als Ziel des Strafverfahrens nicht weiter verfolgt werde.[4] Die negative Entwicklung wird unter anderem der „Flut" von Beweisanträgen zugeschrieben, die mit den Instrumentarien des geltenden Rechts kaum noch handhabbar sei.[5] Erst jüngst führte das Bundesverfassungsgericht aus, dass extensiv einsetzbare Verfahrensrechte der Verteidigung zahlreiche Möglichkeiten bieten würden, den Fortgang des Verfahrens zu erschweren.[6] Insbesondere

---

1 Die vorliegende Arbeit ist aus dem Forschungsprojekt des Instituts für Rechtstatsachen Forschung und dem Justizministerium Baden Würrtemberg über die „Arbeitsweise der Wirtschaftsstrafkammern" hervorgegangen. Im Zusammenhang mit diesem Forschungsprojekt ist eine Abschlusspublikation im Erscheinen, in der die Verfasserin ihre Erkenntnisse aus der vorliegenden Arbeit darstellt.

2 *Ankermann* DRiZ 1993, 67; Münchner Anwaltshandbuch Wirtschafts- und Steuerstrafsachen/*Grunst/Volk* § 1, Rn. 37; siehe zu dieser Einschätzung auch *Hirsch*, Die Initiative zum Dialog, S. 11; *Kintzi* DRiZ 1994, 325; *Landau*, Das Beschleunigungsgebot, S. 40 f.; *Meyer-Goßner/Ströber* ZRP 1996, 354 (356); *Senge* NStZ 2002, 225 (227); *ter Veen* StV 1997, 374; *Wassermann* Kriminalistik 1984, 20 (21); *ders.* NJW 1994, 1106 (1107). Kritisch *Dahs*, FS-Odersky, S. 318; Handbuch des FA/*Köllner* 1. Teil Rn. 77 ff., vgl. auch *Jahn*, Konfliktverteidigung, S. 94 f.; *Stern* AnwBl 1997, 90.

3 *Wohlers*, Die Reaktion auf missbräuchliches Verteidigungsverhalten, S. 46.

4 BGH NStZ 2005, 341; 2009, 168; BGH NStZ-RR 2007, 21 (22). Vgl. *Breidling* StraFo 2010, 398 (399 f.).

5 *Landau* NStZ 2007, 121 (122). Bereits *Herdegen*, GS-Meyer, S. 187 sieht den Grund für die Opposition gegen das Beweisantragsrecht in seiner ausufernden Verwendung.

6 BVerfG 2 BvR 2628/10, 2 BvR 2883/10, 2 BvR 2155/11 Urteil vom 19.3.2013, S. 4.

Befangenheits- und Beweisanträge sowie das Fragerecht könnten zu diesem Zweck missbraucht werden. Eine Verteidigungsstrategie ausgerichtet auf sachwidrige Konfrontation, Verfahrenserschwerung oder Provokation diene weder den Interessen des Mandanten noch dem Interesse der Allgemeinheit an einem fairen, zügigen und rechtsstaatlichen Strafverfahren.[7] Seit Jahrzehnten wird behauptet, dass sich der Strafprozess in einer Krise befinde, die Strafverfolgungsbehörden hilf- und wehrlos seien und die Strafjustiz einen Kollaps erleide.[8] In dieser andauernden Diskussion wird den Strafverteidigern vorgeworfen, sie versuchten das Verfahren und zur Not auch die hieran Beteiligten in einem „Mehrfrontenkrieg zu zertrümmern".[9]

Als Beispiel für den problembehafteten Umgang mit einer unliebsamen Verteidigung kann ein Verfahren vor dem LG Wiesbaden dienen.[10] Nachdem die Angeklagte in erster Instanz vor dem AG Wiesbaden teilweise freigesprochen worden war, legte die Staatsanwaltschaft gegen diesen Teilfreispruch Berufung ein mit dem Ziel der Verurteilung zu einer höheren Strafe und der Aufhebung des Teilfreispruches. Das LG verwarf die Berufung der Staatsanwaltschaft, obwohl die Kammer nach dem Ergebnis der Beweisaufnahme zu der Überzeugung gekommen war, dass die Angeklagte auch diese Tat begangen hatte. Nachdem das Verfahren in der Berufungsinstanz nach drei Verhandlungstagen noch nicht abgeschlossen werden konnte, sah sich das LG Wiesbaden nicht in der Lage, bei der geführten „Konfliktverteidigung" der Berufung der Staatsanwaltschaft stattzugeben. Ungeachtet dessen, dass diese Entscheidung zu Recht unisono auf Kritik und Ablehnung gestoßen ist,[11] vermag sie den Blick auf das zugrunde liegende Problem des Umgangs mit „unbequemen" Formen der Verteidigung zu lenken.

7 BGH NStZ-RR 2009, 207; zustimmend *Breidling* StraFo 2010, 398 (399 f.).

8 Aus neuerer Zeit BGHSt 50, 40 (53 f.). So bereits LG Wiesbaden NJW 1995, 409; *Ankermann* DRiZ 1993, 67 ff.; *Bertram* ZRP 1996, 46 (48); differenzierend hierzu *Beulke*, FS-Amelung, S. 557; *ders.*, Strafverteidigung im Spannungsfeld, S. 154; *ders.* StV 2009, 554 (555); *Bittmann* ZRP 2001, 441 (442 f.); *Fischer* NStZ 1997, 212; *ders.* NStZ 2007, 433; *ders.* StV 2010, 423 (424); *Hamm* StV 1994, 456; *Hettinger*, FS-Müller, S. 269 ff.; kritisch KMR/*Hiebl* Vor § 137 Rn. 29; *Kintzi* DRiZ 1994, 325 (326); *Landau* NStZ 2007, 121 (122); *Rebmann* DRiZ 1979, 363 (369); *Rieß* NStZ 1994, 409 (410); ähnlich *Schulte-Kellinghaus* DRiZ 2007, 141 (142); *Sommer*, Effektive Strafverteidigung, S. 256 f. Bereits *Gallas* ZStW 53 (1934), 256 (270) gab zu bedenken, dass ein praktisches Bedürfnis bestehe, die Strafrechtspflege vor einer missbräuchlichen Ausnutzung der Verteidigerstellung zu schützen.

9 *Ankermann* DRiZ 1993, 67.

10 LG Wiesbaden NJW 1995, 409.

11 Siehe hierzu z.B. *Beulke*, FS-Amelung, S. 551; *Fahl*, Rechtsmißbrauch im Strafprozeß, S. 4; *Fischer* NStZ 1997, 212 (215) („in der Sache verfehlt"); *Jahn*, Konfliktverteidigung,

Die Liste solcher problembehafteten Fälle lässt sich durchaus fortführen.[12] Man denke nur an den Düsseldorfer Kurdenprozess, der nach 353 Verhandlungstagen zu Ende gebracht wurde,[13] an den Stuttgarter Rechtsextremistenprozess[14] oder die linksextremistischen Terroristenprozesse in den 1970er Jahren.[15] Seither ist die fachliche Diskussion um Konfliktverteidigung und den Missbrauch von Verfahrensrechten nicht abgerissen.[16] Nicht zuletzt durch medienwirksame Prozesse, wie etwa den „Kachelmann-Prozess", rückt die Diskussion zunehmend auch in das Bewusstsein der breiten Öffentlichkeit.[17]

S. 21 („offensichtlich haltlos"); *ders.* ZRP 1998, 103 (104); *Niemöller* StV 1996, 501 (506) dort Fn. 83; *Schaefer* NJW 1995, 1723 (1724); *Scheffler* NStZ 1996, 67 (69 f.), SK-StPO/*Wohlers* Vor §§ 137 ff. Rn. 62; *Wohlers*, Die Reaktion auf missbräuchliches Verteidigungsverhalten, S. 45; *Widmaier*, 50 Jahre BGH Festgabe, S. 1044 dort Fn. 10.

12 Siehe zu weiteren Beispielen *Heinrich*, Konfliktverteidigung im Strafprozess, S. 7.

13 Urteil des OLG Düsseldorf v. 07.03.1994.

14 Siehe hierzu ausführlicher *Berg* DRiZ 1994, 380; *Ehrmann* DPolBl 1994, 29; *Wassermann* NJW 1994, 1106. Nach wiederholtem Hinweis auf den beabsichtigten Abschluss der Beweisaufnahme erklärte die Kammer nach ca. einem halben Jahr, dass sie keine weitere Beweiserhebung beabsichtige. Im Anschluss bot sich ein als „unwürdig" bezeichnetes „Spiel", sodass auch nach weiteren zwei Jahren ein Abschluss des Verfahrens nicht in Sicht gewesen sei. Einer der Verteidiger stellte in Aussicht, die Vernehmung von mindestens 400 weiteren Zeugen zu beantragen. Nachdem das Gericht über 100 „unergiebige" Zeugen gehört hatte, wurden die weiteren Anträge wegen Prozessverschleppung abgelehnt. Als Antwort auf abgelehnte Beweisanträge seien Befangenheitsanträge gestellt worden und als Reaktion auf deren Ablehnung erneute Befangenheitsanträge. Das Gericht habe durch die „rechtsmissbräuchlichen" Anträge „weich gekocht" werden sollen. Aufgrund der Erkrankung einer Schöffin wurde das Verfahren nach drei Jahren Verhandlungsdauer ausgesetzt.

15 *Breucker*, Verteidigungsfremdes Verhalten; *Dahs* NJW 1994, 909; *Ostendorf* NJW 1978, 1345; *Wassermann* NJW 1994, 1106 (1107).

16 Aus der umfassenden Literatur eingehend hierzu *Dornach*, Der Strafverteidiger als Mitgarant; *Fahl*, Rechtsmißbrauch im Strafprozeß; *Jahn*, Konfliktverteidigung. Siehe zur erstmaligen Verwendung des Begriffs der Konfliktverteidigung *Hassemer* ZRP 1980, 326 (327); *ders.* StV 1982, 377 (382). Vgl. auch *Kempf*, FS-Hassemer, S. 1041 ff.

17 Die Tätigkeit des Verteidigers, RA Johann Schwenn, wurde in den Medien wiederholt als „Konfliktverteidigung" bezeichnet. Beispielsweise hierzu: http://www.tagesspiegel.de/weltspiegel/kachelmanns-anwalt-fordert-freispruch/4214032.html; http://www.tagesschau.de/inland/kachelmannprozess102.html; http://www.stern.de/panorama/ende-des-prozesses-die-faszination-des-falls-kachelmann-1689774.html.

Erster Teil
Grundlagen des Missbrauchs prozessualer Rechte, der Konfliktverteidigung und einer konsensualen Verteidigung

Erstes Kapitel: Gegenstand und Gang der Untersuchung

Weder diese Vorwürfe, das Verwenden von Begriffen wie „Amok- oder Chaosverteidigung"[18] noch Urteilsverkündungen, die mit dem Zusatz versehen werden, eine weniger konfliktreiche Verteidigung hätte dem Angeklagten „nur" eine Bewährungsstrafe beschert,[19] vermögen einen Beitrag zur Klärung der eigentlichen Problematik zu leisten, wie auch umfangreiche Verfahren zu einem Abschluss gebracht werden können. Ziel der vorliegenden Untersuchung ist es, die bisherige dogmatische Diskussion um einen geeigneten Umgang mit unterschiedlichen Verteidigungsformen um neue Erkenntnisse anzureichern und auf einer fundierten empirischen Grundlage weiterzuführen. Wie sich eingangs gezeigt hat, erscheint dies umso dringlicher, als die Begrifflichkeiten des „Rechtsmissbrauchs" und der „Konfliktverteidigung" in der bisherigen Diskussion als reine Schlagworte eingesetzt werden, ohne einen Beitrag zur wissenschaftlichen Diskussion zu leisten.

A. Konzeption der Untersuchung

I. Das Forschungsprojekt über die „Arbeitsweise der Wirtschaftsstrafkammern"

Die vorliegende Untersuchung ist aus dem Forschungsprojekt über die „Arbeitsweise der Wirtschaftsstrafkammern" des Instituts für Rechtstatsachenforschung der Universität Konstanz in Zusammenarbeit mit dem Justizministerium Baden-Württemberg hervorgegangen. Ziel dieses Forschungsprojekts ist es, Erkenntnisse darüber zu gewinnen, wie Wirtschaftsstrafkammern innerhalb des Zwischen- und Hauptverfahrens operieren, um die ihnen obliegenden Aufgaben zu erfüllen. Ausgangspunkt war die Überlegung, dass den Wirtschaftsstrafkammern im Falle einer Anklage – systemtheoretisch gewendet – die Aufgabe zukommt, außerstrafrechtliche wirtschaftliche Komplexität zu reduzieren und

---

18 *Dahs*, Handbuch des Strafverteidigers, Rn. 444, 807; *ders.*, FS-Odersky, S. 323 verwendet die Formulierung der Chaosverteidigung, der Begriff der Amokverteidigung geht auf *Hamm* StV 1994, 456 (457) zurück.

19 Siehe hierzu *Hamm* StV 1994, 456 (457).

eine abschließende Verfahrensentscheidung zu treffen, die den Konflikt zwischen Beschuldigten[20] und dem strafenden Staat einer Lösung zuführt.[21] Im Rahmen des Forschungsprojekts wird der Frage nachgegangen, wie die Gerichte versuchen, diesen Anforderungen gerecht zu werden. Dabei ist von Interesse, wie die Kammern zum einen die Vielzahl der anhängigen Verfahren und zum anderen Umfang und Komplexität der einzelnen Verfahren bewältigen. Für die vorliegende Untersuchung sind allen voran die Erkenntnisse von Bedeutung, die sich auf den Einfluss des Verteidigungsverhaltens beziehen.

Im Rahmen des Forschungsprojekts über die „Arbeitsweise der Wirtschaftsstrafkammern" wurden drei Wirtschaftsstrafverfahren eingehend untersucht. Um die Diskussion auf einer empirisch fundierten Grundlage führen zu können, wurden sowohl die zur Verfügung gestellten Verfahrensakten eingehend analysiert als auch Interviews mit Richtern, Staatsanwälten und Strafverteidigern geführt, die an diesen Verfahren beteiligt waren. Sowohl die Konzeption der empirischen Untersuchung als auch der Selektionsprozess, der zur Auswahl der gegenständlichen Verfahren geführt hat, werden in einem eigenen Kapitel ausführlicher dargestellt.[22]

II. Der systemtheoretische Ansatz

Da der vorliegende Untersuchungsansatz demnach nicht auf Gewinnung dogmatischer Lösungen gerichtet ist, sondern der beabsichtigte Erkenntnisgewinn vielmehr auf den Ergebnissen der empirischen Sozialforschung basiert, sind die für diese Diskussion notwendigen Grundlagen nicht allein anhand einer rein dogmatischen Perspektive aus sich selbst heraus zu betrachten. Hilfreiche Impulse für die Beantwortung der Untersuchungsfrage verspricht die Systemtheorie. Ohne dass die Notwendigkeit besteht, den systemtheoretischen Ansatz vertieft darzustellen, sollen nur einige wenige Aspekte herausgegriffen werden, die für die vorliegende Untersuchung von Bedeutung sind.[23] Das von *Luhmann* maßgeblich geprägte systemtheoretische Verständnis ist eine Gesellschaftstheorie,

---

20 Der Begriff des Beschuldigten wird in der SPO in der Regel in einem umfassenden Sinne verstanden, von Beginn des Verfahrens bis zur Rechtskraft, *LR/Kühne* Einl. Abschn. J, Rn. 71. Auch der vorliegenden Arbeit liegt dieses Verständnis des Beschuldigten zugrunde.

21 Siehe zu einer systemtheoretischen Perspektive auf das Strafverfahren *Theile*, Wirtschaftskriminalität und Strafverfahren.

22 S.u. zweiter Teil, erstes Kapitel, C.II.2.

23 Siehe zur Systemtheorie beispielsweise *Luhmann*, Die Gesellschaft der Gesellschaft; *ders.*, Legitimation durch Verfahren; *ders.*, Das Recht der Gesellschaft.

in der die Gesellschaft ein umfassendes Sozialsystem darstellt, das alle anderen sozialen Systeme einschließt.[24] Das Rechtssystem sei ein Teilsystem der Gesellschaft, das neben anderen Systemen wie beispielsweise Politik, Wirtschaft, Religion, Erziehung oder Kunst bestehe.[25] Der Systemtheorie nach *Luhmann* liegt das Verständnis zugrunde, dass die Gesamtheit aller Möglichkeiten eine nicht erfassbare Vielfalt aufweist und als solche übermäßig komplex ist.[26] Diese Komplexität werde in den verschiedenen Systemen reduziert. Das Rechtssystem ist nach *Luhmann* ein selbstreferentielles autopoietisches (*autos = selbst; poiein = machen*) System.[27] Selbstreferentielle, in sich geschlossene Systeme reproduzierten alle Elemente, aus denen sie bestehen, aus den Elementen, aus denen sie bestehen, selbst.[28] Als ein solches reflexives autopoietisches System beobachte, beschreibe und reproduziere sich das Rechtssystem selbst.[29] Auf diese Art und Weise erfolge fortlaufend eine Selbstbeobachtung, die die „Identität" des Systems selbst erzeuge und ihre eigene „Identität" als Tautologie wahrnehme.[30] Um trotz dieser Tautologie eine Selbstbestimmung zu ermöglichen, grenzen sich die selbstreferentiellen Systeme von ihrer Umwelt ab. Hierfür sei die Differenz von System und Umwelt entscheidend.[31] *Luhmann* betont dabei, dass die Möglichkeit der Selbstreferenz und die Autonomie der Systeme nicht dahingehend verstanden werden dürften, dass diese isoliert betrachtet werden könnten oder unabhängig von ihrer Umwelt operierten.[32] Da jedes geschlossene System seine

---

24 *Luhmann*, Die Gesellschaft der Gesellschaft, S. 78.

25 *Luhmann* ZfRSS 20 (1999), 1 (3 f.); vgl. auch *Röhl*, Rechtssoziologie, § 47 S. 400.

26 *Luhmann*, Legitimation durch Verfahren, S. 23; vgl. auch *Röhl*, Rechtssoziologie, § 46 S. 391.

27 *Luhmann*, Die soziologische Beobachtung des Rechts, S. 11; 14 ff; *Röhl/Röhl*, Allgemeine Rechtslehre, § 55 S. 447 f.; *Theile*, Wirtschaftskriminalität und Strafverfahren, S. 63 f.

28 *Luhmann*, Die soziologische Beobachtung des Rechts, S. 11; vgl. auch *ders.*, Die Gesellschaft der Gesellschaft, S. 67; *ders.*, Das Recht der Gesellschaft, S. 44; *ders.* ZfRSS 20 (1999), 1 (4). Mit anderen Worten erzeugt das „*System die Elemente, aus denen es sich zusammensetzt, indem es an den Elementen anknüpft, aus denen es besteht*", *Röhl/Röhl*, Allgemeine Rechtslehre, § 55 S. 447.

29 *Luhmann*, Die soziologische Beobachtung des Rechts, S. 14 ff; *ders.* ZfRSS 21 (2000), 3 (9); *Röhl/Röhl*, Allgemeine Rechtslehre, § 55 S. 447 f.; *Theile*, Wirtschaftskriminalität und Strafverfahren, S. 63 f.

30 *Luhmann*, Die soziologische Beobachtung des Rechts, S. 15.

31 *Luhmann*, Die Gesellschaft der Gesellschaft, S. 66.

32 *Luhmann*, Die soziologische Beobachtung des Rechts, S. 14; *ders.*, Die Gesellschaft der Gesellschaft, S. 66 f.; *ders.*, Das Recht der Gesellschaft, S. 44 ff.

eigene Funktion erfülle, seien diese darauf angewiesen, dass die anderen Funktionen in anderen Systemen auf einem hinreichenden Niveau erfüllt würden und dass deren jeweilige Ausgestaltung nicht zu Friktionen führe.[33]

Autopoietische Systeme sind demnach stets in Relation zu ihrer Umwelt zu betrachten. Dieses Verhältnis des Rechts zu seiner Umwelt wird als Gegenstand der Rechtsphilosophie und der Rechtstheorie qualifiziert.[34]

Mithilfe der empirischen Sozialforschung soll hingegen der Standpunkt eines externen Beobachters eingenommen werden, der das System Recht von außen betrachtet.[35] Zum Gegenstand dieser Fremdbeobachtung wird sowohl die Selbstreflexion des jeweiligen Systems als auch die dieser Selbstreferenz zugrunde liegende juristische Dogmatik. Durch diese Fremdanalyse eines bestimmten Systemausschnitts sollen neue Impulse für die Selbstbeobachtung des Systems gewonnen werden.[36] Das Forschungskonzept der Untersuchung weist jedoch sowohl durch die Auswahl der Probanden als auch der Forscher eine Besonderheit auf, die darin liegt, dass die Beobachtung des Systems nicht durch gänzlich externe Unbeteiligte erfolgt. Die vorliegende rechtstatsächliche Beobachtung legt vertiefte Fachkenntnis der Probanden und der Forscher zugrunde, sodass keine rein externe Beobachtung erfolgt. Die Probanden und die Forscher sind jeweils Teil des Systems Recht und beobachten dieses System auch aus sich selbst heraus, sodass die Selbstreflexion nicht nur Teil der Fremdbeobachtung, sondern auch der Selbstbeobachtung wird. Da sich das Rechtssystem systemtheoretisch gewendet aus dieser Reflexion selbst reproduziert, können diese Erkenntnisse der Fortentwicklung des Rechts neue Denkanstöße liefern.

Bezogen auf die vorliegende Untersuchung bedeutet dies, dass die für eine weiterführende Diskussion notwendigen Erkenntnisse nicht allein durch eine rechtsdogmatische Betrachtung gewonnen werden können. Vielmehr bedarf es zusätzlich einer Analyse aus Sicht eines externen und zugleich beteiligten Beobachters. Dabei sollen anhand der unterschiedlichen Verteidigungsphänomene Kriterien ermittelt werden, die es ermöglichen, bestimmtes Verteidigungsverhalten den verschiedenen Strategien zuzuordnen.

---

33 *Luhmann*, Die soziologische Beobachtung des Rechts, S. 13.

34 *Röhl/Röhl*, Allgemeine Rechtslehre, § 55 S. 448.

35 *Luhmann*, Die soziologische Beobachtung des Rechts, S. 17 f.; vgl. auch *ders.* ZfRSS 20 (1999), 1 (9).

36 Vgl. *Luhmann*, Die soziologische Beobachtung des Rechts, S. 43 ff.; *ders.*, Die Gesellschaft der Gesellschaft, S. 880; *ders.* ZfRSS 20 (1999), 1 (9 f.); *ders.* ZfRSS 21 (2000), 3 (18). Siehe zur Selbstbeschreibung *Luhmann*, Das Recht der Gesellschaft, S. 503 f.

III. Gang der Untersuchung

Bevor die notwendige ergänzende Fremdbeobachtung erfolgen kann, muss zunächst die zugrunde liegende dogmatische Diskussion betrachtet werden. Im Anschluss sind die bisherigen empirischen Studien darzustellen, die für die vorliegende Untersuchungsfrage relevante Erkenntnisse liefern können. Sodann sind die methodischen Konzepte der Sozialforschung sowie der hier gewählte Ansatz ausführlicher zu erörtern. Hieran schließt sich die Darstellung und Analyse der gewonnenen empirischen Ergebnisse an. Dabei soll anhand der empirischen Befunde ausführlich untersucht werden, wie die Verteidigung tatsächlich von ihren Befugnissen Gebrauch macht und welche Auswirkungen auf die richterliche Arbeit damit verbunden sind. Auf diese Art und Weise soll mithilfe der empirischen Befunde aufgezeigt werden, ob sich jedes Verteidigungsverhalten ohne Weiteres einem bestimmten Idealtyp zuordnen lässt oder ob es nicht vielmehr notwendig ist, das Denken in starren Strukturen aufzugeben. Gestützt auf die empirischen Erkenntnisse können neue Impulse in der Diskussion um die Reaktion auf rechtsmissbräuchliches Verhalten im Strafprozess, etwa im Zusammenhang mit der Einführung neuer gesetzlicher Regelungen wie einer allgemeinen Missbrauchsklausel, gewonnen werden.

B. Idealtypen des Verteidigungsverhaltens

„Konfliktverteidigung", „Rechtsmissbrauch" oder auch „konsensuale Verteidigung" – immer wieder werden diese Begrifflichkeiten mit einer bemerkenswerten Eindeutigkeit und Selbstverständlichkeit verwendet. Dabei kann leicht der Eindruck entstehen, es gäbe eine allgemeingültige Formulierung, die anhand klar abgrenzbarer Kriterien eine eindeutige Zuordnung des infrage stehenden Verteidigungsverhaltens erlaubt. Doch ermöglichen diese Begrifflichkeiten tatsächlich eine eindeutige Zuordnung bestimmten Verteidigungsverhaltens oder handelt es sich nicht vielmehr um reine Idealtypen, die als *„Nothäfen [dienen], um sich auf dem ungeheuren Meer der empirischen Tatsachen zu orientieren"*?[37]

Demjenigen, der diese Realität beobachtet, bietet sich eine „verwirrende" Vielfalt von Tatsachen, bei der keine dieser empirischen Erfahrungen der anderen gleicht.[38] Idealtypen sind begriffliche Konstrukte, anhand derer die Mannigfaltigkeit des Gegebenen in eine gedanklich beherrschbare Ordnung gebracht

37 Vorwort zu *Weber*, Die Objektivität sozialwissenschaftlicher und sozialpolitischer Erkenntnis, S. 9.

38 Vgl. *Röhl*, Rechtssoziologie, § 21 S. 173.

werden soll.[39] In Anbetracht der einleitenden Ausführungen wird der Nutzen einer solchen Strukturierung für die vorliegende Untersuchung deutlich. Geprägt durch die Verwendung von reinen Schlagworten werden in der wissenschaftlichen Diskussion vielfach unterschiedlichste Verhaltensweisen angeführt und ohne Differenzierung der einen oder anderen Kategorie zugeschrieben. Die Möglichkeiten, die der Verteidigung nicht nur rechtlich, sondern auch rein tatsächlich zur Verfügung stehen, sind kaum abschließend zu erfassen. Zwar gewährt die StPO nur bestimmte Verteidigungsbefugnisse, doch ist dem „Wie" und der Häufigkeit des Einsatzes kaum eine normative Grenze gesetzt. Wenn man sich nunmehr vorstellt, welche tatsächlichen Verhaltensweisen neben der Wahrnehmung der prozessualen Rechte – von dem „Auszug aus dem Gerichtssaal" über Beleidigungen bis hin zu tätlichen Angriffen – denkbar sind, so wird deutlich, dass eine unübersehbare Vielfalt an Möglichkeiten existiert. Da nicht jedes einzelne theoretisch denkbare Verhalten untersucht werden kann, bedarf es einer Struktur. Die Herstellung einer solch beherrschbaren Ordnung vermag die Bildung von Idealtypen zu versprechen.

I. Wesen der Idealtypen

Idealtypen sind nach *Max Weber* weder die empirische Wirklichkeit selbst noch bilden sie diese ab, sondern sie ermöglichen es, Letztere in gültiger Weise denkend zu ordnen.[40] Legt man dieses Verständnis zugrunde, können Idealtypen in der empirischen Welt nicht in ihrer Reinform beobachtet werden, sondern bleiben Utopien.[41] Eine wesentliche Leistung idealtypischer Begriffsbildung liegt vielmehr in der Strukturierung unterschiedlicher empirischer Erfahrungen. Mit anderen Worten dienen Idealtypen der Reduktion von Komplexität.[42] Doch diese Gedankenbilder sollen kein Schema darstellen, unter welches die Wirklichkeit subsumiert wird. Ihnen wird ausschließlich die Bedeutung eines rein idealen Grenzbegriffes zugeschrieben.[43] Da die Konstruktion der Idealtypen auf

---

39 *v. Schelting* ASSp 1922, 623 (708). Vgl. auch *Quensel,* Max Webers Konstruktionslogik, S. 131.

40 *Weber,* Die Objektivität sozialwissenschaftlicher und sozialpolitischer Erkenntnis, S. 100.

41 Vgl. *Weber,* Die Objektivität sozialwissenschaftlicher und sozialpolitischer Erkenntnis, S. 71; vgl. auch *ders.*, Soziologische Grundbegriffe, S. 38.

42 Vgl. Vorwort zu *Weber,* Die Objektivität sozialwissenschaftlicher und sozialpolitischer Erkenntnis, S. 9.

43 *v. Schelting* ASSp 1922, 623 (711, 713); *Weber,* Die Objektivität sozialwissenschaftlicher und sozialpolitischer Erkenntnis, S. 75.

der Zusammenfassung ähnlicher Erscheinungen basiert, wird zwar ein eindeutiger Schwerpunkt erkennbar, die Grenzen bleiben jedoch fließend.[44] Dabei ist nicht die durchschnittliche Erscheinungsform entscheidend, sondern die einseitige Übersteigerung eines oder mehrerer Merkmale, um diese besonders klar hervorzuheben. All diejenigen Einzelphänomene, die sich diesen herausgehobenen Extremen fügen, werden zu einem einheitlichen Gedankenbild zusammengeführt.[45] Damit beschreiben Idealtypen das prinzipiell Realisierbare und entfernen sich gleichzeitig von der empirischen Wirklichkeit.[46] Bei der Bildung von Idealtypen werden Zusammenhänge konstruiert, die unserer Phantasie als zulänglich motiviert und folglich objektiv möglich erscheinen.[47]

An den herausgearbeiteten Idealtypen sind die jeweils bedeutsamen Bestandteile der empirischen Erkenntnisse im Wege der Konfrontation zu messen, zu veranschaulichen und zu vergleichen.[48] Die empirische Realität – oder mit anderen Worten das soziale Handeln – wird dem rational konstruierten Idealtyp gegenübergestellt.[49] Gleichzeitig ist das in Form eines Idealtypus gefasste Gedankenbild in seiner „begrifflichen Reinheit" in der empirischen Wirklichkeit nicht vorfindbar.[50] Zweck dieser idealtypischen Begriffsbildung ist es, anhand dieses Vergleichs den zu untersuchenden Sachverhalt zu beschreiben, zu erklären und letztlich festzustellen, ob dieser dem Phänomen, dem er zugerechnet werden soll, entspricht.[51] Mithilfe von Idealtypen soll „nicht das Gattungsmäßige, sondern umgekehrt die Eigenart einer Kulturerscheinung scharf zum Bewusstsein" gebracht werden.[52] Letztlich sollen anhand der Idealtypen auch kausale Zurechnungen hergestellt und begründet werden können.[53] *Weber* greift hierfür

44 Vgl. *Röhl*, Rechtssoziologie, § 21 S. 173.

45 *Weber*, Die Objektivität sozialwissenschaftlicher und sozialpolitischer Erkenntnis, S. 71; vgl. auch *ders.*, Soziologische Grundbegriffe, S. 38. Vgl. *Kelle/Kluge*, Vom Einzelfall zum Typus, S. 85.

46 *Merz*, Max Weber und Heinrich Rickert, S. 379.

47 *Weber*, Die Objektivität sozialwissenschaftlicher und sozialpolitischer Erkenntnis, S. 192; vgl. auch.*Merz*, Max Weber und Heinrich Rickert, S. 381.

48 *v. Schelting* ASSp 1922, 623 (713); *Weber*, Die Objektivität sozialwissenschaftlicher und sozialpolitischer Erkenntnis, S. 75, 99.

49 Enzyklopädie Philosophie und Wissenschaftstheorie, Band 3, S. 512.

50 *Merz*, Max Weber und Heinrich Rickert, S. 379.

51 Enzyklopädie Philosophie und Wissenschaftstheorie, Band 3, S. 512; *Gerhardt*, Idealtypus, S. 234 ff. Vgl. auch *v. Schelting* ASSp 1922, 623 (713); *Weber*, Die Objektivität sozialwissenschaftlicher und sozialpolitischer Erkenntnis, S. 86.

52 *Merz*, Max Weber und Heinrich Rickert, S. 377.

53 *Merz*, Max Weber und Heinrich Rickert, S. 384 ff.

zunächst auf historische Komplexe zurück, die am Ende ein konkretes Ergebnis aufweisen und untersucht die vielfältigen dieses Ergebnis herbeiführenden Ursachen. Untersucht werden soll die Kausalbeziehung zwischen den wesentlichen Charakteristika eines bestimmten Erfolges und den diesen zugrunde liegenden Ursachen. Diese kausale Zurechnung vollzieht sich in Gestalt eines Gedankenprozesses, der von einer schrittweisen Abstraktion geprägt ist. Am Ende eines solchen Prozesses können generell gültige Urteile darüber gefällt werden, dass durch bestimmt Situationen und Verhaltensweisen eine in gewissem Maß wiederkehrende und voraussehbare Reaktion begünstigt oder verhindert wird. Auf diese Art und Weise können verschiedene Ursachen für ein bestimmtes Phänomen gewichtet werden, um so die Gesamtheit der für das Zustandekommen eines Ereignisses möglichen Ursachen zu überblicken und bewältigen zu können.[54]

Den historischen Komplexen im Ansatz vergleichbar bestehen auch Idealtypen aus Möglichkeitsurteilen und sind folglich auf Erfahrungsregeln aufgebaute Konstrukte, die auf beobachtbaren Tatsachen beruhen. Im Gegensatz zu den historischen Komplexen steht bei der Konstruktion von Idealtypen am Ende nicht ein bestimmtes Ergebnis fest, das auf bestimmten Ursachen beruht, vielmehr weist ein Idealtyp verschiedene Wirklichkeitsbestandteile auf, die auf unterschiedlichen empirischen Phänomenen beruhen. Aufgabe der Möglichkeitsurteile ist es, anhand eines Idealtypus darzustellen, wie sich das in einer Mehrheit von empirischen Tatsachen gleichermaßen Realisierbare voll ausgeprägt und zu seiner Idealgestalt entwickelt hat.[55] So sind Idealtypen Darstellungen, die eine Wirklichkeit abbilden, die sich voll durchzusetzen vermag. Sie bestehen aus Tatsachen, die zwar anhand empirischer Erkenntnisse und Erfahrungen strukturiert werden, wobei jedoch gleichzeitig die Strukturierung von bestimmten Motiven geleitet wird. Anhand von Erfahrungsregeln können empirische Phänomene so einer geordneten Struktur zugefügt werden. Das Wesen der Idealtypen erschöpft sich nicht nur in der Funktion als reine Hypothese, sondern ermöglicht die Deutung unterschiedlicher empirischer Erfahrungen.[56]

Den so verstandenen Idealtypen werden die „Begriffe" gegenübergestellt. Letztere weisen eindeutige Kriterien auf, die es ermöglichen, bestimmte Tatsachen einem Begriff zuzuordnen. Dies erfordert, dass eindeutige Zuordnungskriterien existieren. Beispielsweise ist es für die Frage, ob ein Mensch volljährig ist oder nicht, allein entscheidend, dass das 18. Lebensjahr vollendet wurde. Wohingegen

54 *Merz*, Max Weber und Heinrich Rickert, S. 389 ff.

55 *Merz*, Max Weber und Heinrich Rickert, S. 392.

56 Vgl. *Merz*, Max Weber und Heinrich Rickert, S. 410.

für die Frage, ob ein Mensch jugendlich oder erwachsen ist, keine trennscharfen Abgrenzungskriterien gefunden werden können.[57] Demnach können nicht allen beobachtbaren sozialen Phänomenen Begriffe zugeordnet werden.

II. Die Bildung von Idealtypen zur Beantwortung der Untersuchungsfrage

Ähnlich verhält es sich mit den im Fokus der vorliegenden Betrachtung stehenden verschiedenen Erscheinungsformen der Strafverteidigung. Diese können ebenso wenig eindeutig, abschließend und klar abgrenzbar erfasst werden. Denn es wird sich weder eine konsensfähige Regelung finden lassen, die anhand einer absoluten Anzahl von gestellten Anträgen normativ und eindeutig einen Rechtsmissbrauch definiert. In einem umfangreichen und komplizierten Wirtschaftsstrafverfahren kann nicht das Verteidigungsverhalten nach Stellung einer abstrakt bestimmten Anzahl an Beweisanträgen aufgrund einer Art Automatismus als rechtsmissbräuchlich qualifiziert werden. Dahingegen könnte in einem einfach gelagerten Fall des Diebstahls bereits bei sehr viel weniger Beweisanträgen ein möglicher Rechtsmissbrauch im Raume stehen. Ebenso wenig wird es möglich sein, sich beispielsweise auf eine maximale Anzahl an Fragen oder gar eine Höchstdauer des Plädoyers zu verständigen, um eine eindeutige Begriffsbestimmung zu ermöglichen. Gerade in seiner Unschärfe liegt damit der Vorzug des Idealtyps. Während eine begriffliche Zuordnung scheitern würde, ermöglicht es diese Flexibilität, nicht eindeutig abgrenzbare Sachverhalte idealtypisch zu erfassen. Eine zunächst unüberblickbare Vielfalt an empirischen Tatsachen kann durch die Bildung von Idealtypen strukturiert werden und sodann eine Grundlage für eine weiterführende Diskussion liefern. „Konfliktverteidigung", „Rechtsmissbrauch" oder auch „konsensuale" Verteidigung sind demnach keine klar abgrenzbaren Begriffe, sondern lassen sich allenfalls idealtypisch konstruieren. Anhand dieser idealtypischen Konstruktion kann untersucht werden, wie sich bestimmtes Verteidigungsverhalten im weiteren Fortgang des Verfahrens und in der Verteidigungsstrategie niederschlägt.

Wird der Bildung dieser Idealtypen das Verteidigungsverhalten zugrunde gelegt, so stehen soziale Phänomene im Mittelpunkt der Betrachtung. In der Rechtswissenschaft liegen der idealtypischen Begriffsbildung grundsätzlich gedanklich konstruierte Personen zugrunde, wie beispielsweise im Idealtyp des „ordentlichen Kaufmanns".[58] Gleichwohl stellt dies kein Hindernis für die

57 *Röhl*, Rechtssoziologie, § 21 S. 173.
58 Vgl. auch *Röhl*, Rechtssoziologie, § 21 S. 174.

gedankliche Modellkonstruktion von Idealtypen anhand von Phänomenen dar. Die Bildung von Idealtypen wird nicht allein auf gedachte Personen beschränkt. So lassen sich nach *Max Weber* Entwicklungen als Idealtypen konstruieren, ebenso wie es „Idealtypen von Bordellen so gut wie von Religionen" gibt.[59] Idealtypen sollen die jeweilige Eigenart bestimmter Ausschnitte aus der Wirklichkeit deutlich zum Vorschein bringen.[60] Demnach können Idealtypen auch durch Heraushebung einzelner sozialer Phänomene und Zusammenführung ausgewählter Verhaltensweisen gedanklich konstruiert werden.

Ein weiterer Einwand gegen die Bildung von Idealtypen könnte erhoben werden, wenn man berücksichtigt, dass Idealtypen in der realen Welt nicht vollständig zu beobachten sind. Insofern könnte fraglich sein, ob die empirische Untersuchung, die im dritten Teil dargestellt und analysiert werden soll, ein geeigneter Ansatz ist, um die noch zu bildenden Idealtypen eingehender zu untersuchen. Gleichwohl verfängt dieser Einwand nicht. Zuzugeben ist zwar, dass der jeweilige Idealtyp anhand der empirischen Erkenntnisse nicht als Ganzes zu beobachten sein wird. Doch zweifelsohne lassen sich anhand der durchgeführten Sozialforschung Einzelphänomene beobachten. Diese einzelnen Ausprägungen des wahrnehmbaren Verteidigungsverhaltens können anschließend zu den auf rationaler Grundlage gebildeten Idealtypen in Bezug gesetzt werden. Auf diese Art und Weise kann – wie gefordert – das soziale Handeln als empirische Realität der idealtypischen Darstellung als rationaler Konstruktion gegenübergestellt werden. Diese Kontrastierung ermöglicht es, gerade jene Einzelphänomene zu untersuchen, die sich nicht eindeutig zuordnen lassen und damit von besonderer Brisanz sind.[61] Um dennoch eine möglichst aussagekräftige Kontrastierung zu erreichen, müssen die bestimmenden Merkmale der Idealtypen deutlich herausgearbeitet werden.[62] Worin diese im Interesse einer deutlichen Heraushebung erfolgenden Übersteigerungen liegen und welche Idealtypen sich anhand dessen konstruieren lassen, wird Gegenstand des dritten Kapitels sein.[63] Doch bevor die Idealtypen gebildet werden können, sind Konzeption und Verständnis einzelner Begriffe darzustellen, die im weiteren Verlauf der Untersuchung zugrunde gelegt werden.

---

59 *Weber*, Die Objektivität sozialwissenschaftlicher und sozialpolitischer Erkenntnis, S. 83, 87.

60 *Weber*, Die Objektivität sozialwissenschaftlicher und sozialpolitischer Erkenntnis, S. 56, 86.

61 Vgl. auch Röhl, Rechtssoziologie, § 21 S. 175; „Soziologisch interessant sind gerade die Erscheinungen, die zwischen den Idealtypen liegen."

62 erstes Kapitel, B, sowie *Weber*, Soziologische Grundbegriffe, S. 39.

63 S.u. drittes Kapitel.

Zweites Kapitel: Theoretische Grundlagen der Untersuchung

A. Strafverteidigung in Wirtschaftsstrafverfahren

Bereits 1974 beschäftigte sich die Strafrechtsabteilung des 50. Deutschen Juristentages mit dem Thema: „Empfiehlt es sich, besondere strafprozessuale Vorschriften für Großverfahren einzuführen"?[64] Bereits diese Fragestellung deutet darauf hin, dass der Strafprozess und die Strafverteidigung in Großverfahren – und damit unter anderem in Wirtschaftsstrafverfahren – einigen Besonderheiten unterliegen.[65] Häufig entsprechen Wirtschaftsstrafverfahren nicht dem „Normalverfahren", sondern weisen besondere Umfangs- und Komplexitätsgrade auf.[66] In diesen Großverfahren wird der Umgang mit der Verteidigung regelmäßig diskutiert und mitunter als problembehaftet wahrgenommen.[67] Gleichzeitig gewinnt insbesondere im Zusammenhang mit Wirtschaftsstraftaten ein neuer Typ des Rechtsanwalts, der Unternehmensanwalt, zunehmend an Bedeutung.[68] Stehen neben den Vorwürfen, die gegen den Beschuldigten als natürliche Person erhoben werden, auch Verfehlungen des Unternehmens im Raume, für das der Beschuldigte gehandelt hat, so können widerstreitende Interessen aufeinander treffen. Bedient sich ein Unternehmen zur Wahrnehmung seiner rechtlichen Interessen im Rahmen des Verfahrens eines Unternehmensanwaltes, so tritt ein weiterer Verfahrensbeteiligter hinzu. Insoweit wäre von Interesse, ob sich der Unternehmensanwalt in gleicher Art und Weise wie der Strafverteidiger an dem Verfahren beteiligt oder ob sich durch die Beteiligung

---

64 *Grünwald*, Gutachten C zum 50. DJT, C. 7 ff. zu den konkreten Vorschlägen C. 88 ff. Diese Vorschläge wurden letztlich abgelehnt. Vgl. auch *Jahn*, Konfliktverteidigung, S. 94.

65 Daneben werden auch Terroristenprozesse, Verfahren um nationalsozialistische Gewaltverbrechen, Betäubungsmittelverfahren und Verfahren der organisierten Kriminalität als Großverfahren qualifiziert, vgl. *Jahn*, Konfliktverteidigung, S. 97 ff., 108.

66 *Theile*, FS-Heinz, S. 893.

67 S.o. Einleitung.

68 Siehe zum Unternehmensanwalt Münchner Anwaltshandbuch Wirtschafts- und Steuerstrafsachen/*Kempf/Schilling* § 10; Handbuch des Wirtschafts- und Steuerstrafrechts/*Dierlamm* § 29 Rn. 24 ff. jeweils m.w.N.

des Unternehmensanwaltes das Verhältnis der Verfahrensbeteiligten zueinander verändert. Indes kann aufgrund der gewählten empirischen Forschungskonzeption, die sich auf die „klassische“ Strafverteidigung fokussiert hat, kein Erkenntnisgewinn im Zusammenhang mit dem Unternehmensanwalt erwartet werden.

Allein mit dem Begriff des Wirtschaftsstrafverfahrens ist wenig darüber ausgesagt, welche Kriminalitätsbereiche hierunter zu fassen sind. Gleiches gilt für die Feststellung, dass die überlange Verfahrensdauer für wirtschaftsstrafrechtliche Großverfahren kennzeichnend sei.[69] Obwohl die Definition dessen, was Wirtschaftsstrafrecht ist, bis heute keiner allgemeingültigen Formulierung zugeführt werden konnte, soll ein kurzer Überblick über die wesentlichen Definitionsansätze erfolgen.[70]

I. Strafrechtsdogmatische Definition

Auf der Grundlage eines strafrechtsdogmatischen Ansatzes sind strafbare Handlungen dann als Wirtschaftsdelikte anzusehen, wenn und soweit sie geeignet sind, die wirtschaftliche Ordnung zu beeinträchtigen, d.h. zu stören oder zu gefährden, indem das für das jeweilige Wirtschaftssystem grundlegende Vertrauen angetastet wird.[71] Die wirtschaftliche Ordnung umfasse diejenige menschliche Tätigkeit, die sozial gebilligten Erwerbszwecken diene, indem sie gegen Entgelt Bedürfnisse des natürlichen Existierens befriedige.[72]

Voraussetzung für das Vorliegen einer Wirtschaftsstraftat sei der wirtschaftliche Einschlag des Delikts, die Tatbegehung im Rahmen der Berufsausübung sowie der Missbrauch des Vertrauens in das Funktionieren des Systems als

69 Münchner Anwaltshandbuch Wirtschafts- und Steuerstrafsachen/*Grunst/Volk* § 1, Rn. 37; *Kaiser/Schöch*, Kriminologie, S. 148; *Liebl*, Die Bundesweite Erfassung, S. 170; *Wittkämper/Krevert/Kohl*, Europa und die innere Sicherheit, S. 30. Die längere Verfahrensdauer stellte bereits *Berckhauer*, Die Strafverfolgung bei schweren Wirtschaftsdelikten, S. 248 ff., 259 fest. Das Problem der überlangen Verfahrensdauer der „White-Collar Crime“ zeigt sich nicht nur in Deutschland. Siehe für Großbritannien z.B. *Levi*, White-Collar Crime, S. 71 ff., 77.

70 So auch Handbuch des Wirtschafts- und Steuerstrafrechts/*Dannecker*/Bülte Kap. 1 Rn. 5; *Eisenberg*, Kriminologie, § 47 Rn. 1; *Heinz* in: Gropp S. 18; *Kaiser*, Kriminologie, § 74 Rn. 6; *Krekeler*, Verteidigung in Wirtschaftsstrafsachen, S. 11.

71 Handbuch des Wirtschafts- und Steuerstrafrechts/*Dannecker*/Bülte Kap. 1 Rn. 9; Kleines Kriminologisches Wörterbuch/*Heinz* S. 589; *Otto* MschrKrim 1980, 397 (399 f.); *Zirpins/Terstegen*, Wirtschaftskriminalität, S. 34.

72 *Zirpins/Terstegen*, Wirtschaftskriminalität, S. 24.

übergeordnetes Rechtsgut.[73] Grundsätzlich soll weder hoheitliches noch rein privates Verhalten eines Unternehmers erfasst werden. Nur in bestimmten Konstellationen sollen strafbare Verhaltensweisen Privater mit einzubeziehen sein.[74] Für diese Delikte sei es charakteristisch, dass sowohl Täter als auch Opfer der Wirtschaftskriminalität oft anonyme Personenmehrheiten, juristische Personen oder bürokratische Organisationen seien, sodass mit dieser Distanz zwischen Täter und Opfer der Grad der Anonymität wachse.[75]

II. Begriffsbestimmung anhand der Angriffsrichtung der Wirtschaftskriminalität

Anderen Definitionsversuchen liegt der Ansatz zugrunde, den Inhalt dessen, was unter Wirtschaftskriminalität verstanden werden soll, anhand der Angriffsrichtung des strafrechtlich relevanten Verhaltens zu bestimmen.[76] Die Einteilung erfolgt in (1) Delikte gegen das Bank- und Börsenwesen, die Kreditwirtschaft, die Versicherungswirtschaft, die Wettbewerbsfreiheit, die Bedarfssicherung und Insolvenzdelikte, Kartellverstöße, Verletzungen von Urheber- und Warenzeichenrechten, (2) Steuer- und Abgabenhinterziehung, Zolldelikte, Subventionsbetrug, Vorteilsgewährung, Bestechung, (3) Verstöße gegen Jugendschutz- und

73 *Kaiser/Schöch*, Kriminologie, S. 147; vgl. *Otto* ZStW 1996, 339 (342 f.); *Schwind*, Kriminologie, § 21 Rn. 17. Das Vertrauen spielt auch bei *Zirpins/Terstegen*, Wirtschaftskriminalität, S. 28 f. eine wesentliche Rolle. Gegen diesen Definitionsansatz wird unter anderem der Einwand der Unbestimmtheit erhoben. Die verwendeten Begriffe „wirtschaftliche Ordnung" und „Vertrauen" seien zu unscharf, zu vage. Vgl. hierzu *Eisenberg*, Kriminologie, § 47 Rn. 5; *Hefendehl* MschrKrim 2003, 27 (31); *Meier*, Kriminologie, § 11 Rn. 8; *Müller-Gugenberger/Bieneck* Wirtschaftsstrafrecht/*Richter* § 7 Rn. 7; *Wittkämper/Krevert/Kohl*, Europa und die innere Sicherheit, S. 22.

74 *Zirpins/Terstegen*, Wirtschaftskriminalität, S. 34 nennen als Beispiel Teilzahlungsgeschäfte bzw. Ratenkäufe von Privatpersonen sowie die Zechprellerei. In diesen Konstellationen werde dem Kunden als Privatperson üblicherweise eine Vorleistung erbracht, sodass auch Privatpersonen wie ein Kaufmann behandelt werden sollten.

75 *Kaiser*, Kriminologie, § 72 Rn. 3

76 So *Steinke* NStZ 1994, 168, der sich bei seinem Definitionsansatz ausdrücklich auf Kleines Kriminologisches Wörterbuch/*Heinz* S. 589 bezieht. Vgl. auch die Aufzählung bei *Brüssow/Gatzweiler/Krekeler/Mehle*, Strafverteidigung, § 21 Rn. 7; *Heinz* in: Gropp S. 20 f.; *Kaiser/Schöch*, Kriminologie, S. 145; *Müller/Wabnitz*, Die Ausweitung der Wirtschaftskriminalität, S. 397 ff.; *Tiedemann*, Wirtschaftsstrafrecht, § 1 Rn. 65 ff. *Zirpins/Terstegen* verfolgen zwar einen anderen Ansatz, liefern jedoch mit dem „wirtschaftskriminologischem Atomium" eine symbolische Übersicht über die Wirtschaftsdelikte; *Zirpins/Terstegen*, Wirtschaftskriminalität, S. 23.

Arbeitsschutzgesetz sowie gegen das Sozialversicherungsrecht, Verstöße gegen das Lebensmittelrecht, Warenfälschungen, Schutz der Verbraucher vor Schädigungen, Umweltschutzdelikte und Computerkriminalität sowie (4) Betrug einschließlich Scheckbetrug und Kreditkartenmissbrauch, Wucher, Bestechung und Untreue, die sämtlich in einer größeren Zahl von Einzelfällen und Geschädigten anfallen und die Gefahr höherer Vermögensschäden oder einen Zusammenhang mit Konkurs- und Vergleichsverfahren aufweisen.

Eine vergleichbare Inhaltsbestimmung erfolgt, wenn nicht die Angriffsrichtung des inkriminierten Verhaltens, sondern das Gegenstück, das Schutzgut der jeweiligen Norm, zugrunde gelegt wird. Wirtschaftsstrafrecht wird demnach als die Summe aller Normen, die Strafen, Maßnahmen oder Geldbußen für wirtschaftlich schädliche Verhaltensweisen androhen, verstanden.[77] Entscheidend sei der Gedanke des Rechtsgüterschutzes.

Doch auch diese Begriffsbestimmungen weisen Abgrenzungsschwierigkeiten auf.[78] Es werden einzelne Deliktsbereiche – die bereits im Wesentlichen in § 74c Abs. 1 GVG enthalten sind – herausgegriffen, ohne klare Selektionskriterien zu liefern.

III. Kriminologische Definitionsansätze

Kriminologische Definitionsansätze beziehen sich dem Grunde nach auf das von *Sutherland*[79] geprägte täterorientierte Modell des „White-Collar Crime" und entwickeln dieses weiter.[80]

1. *„White-Collar Crime"*

Für *Sutherland* waren die konventionellen Kriminalitätstheorien irreführend und inkorrekt. Kriminalität sei entgegen den bis dahin herrschenden Theorien nicht so eng mit Armut und sozialem Standard verbunden wie angenommen.[81] Da die zu seiner Zeit vorliegenden Untersuchungen einen Großteil der Kriminalität ausgeblendet hatten, die von Angehörigen der Oberschicht begangen worden sind, seien sowohl diese Studien als auch die darauf beruhenden Modelle

---

77 Vgl. Handbuch des Wirtschafts- und Steuerstrafrechts/*Dannecker*/Bülte Kap. 1 Rn. 10; *Kaiser*, Kriminologie, § 74 Rn. 7; *Lampe*, Wirtschaftsstrafrecht, S. 310 f., 318 ff; *Müller-Gugenberger/Bieneck* Wirtschaftsstrafrecht/*Richter* § 7 Rn. 8 ff.

78 So auch *Meier*, Kriminologie, § 11 Rn. 7.

79 *Sutherland*, White-Collar Criminality.

80 *Theile*, Wirtschaftskriminalität und Strafverfahren, S. 35.

81 *Sutherland*, White-Collar Criminality, S. 2.

unzureichend. Das „White-Collar Crime" bzw. die Delinquenz der „upper class" rückte so in das Zentrum der Betrachtung. „White Collar Crime" wird als Kriminalität beschrieben, die von einer angesehenen Person mit hohem Sozialstatus in Ausübung ihres Berufes begangen wird.[82] Der Tätergruppe gehören Personen an, die respektiert werden, sozial angepasst sind und zu denen aufgeschaut wird.[83]

Kriminelles Verhalten wird nach *Sutherland* durch assoziative Verknüpfung in einem Kommunikationsprozess innerhalb einer bestimmten Tätergruppe erlernt.[84] Durch Kontakte mit Personen, die ein bestimmtes Verhaltensmuster praktizieren, wird in einem fortschreitenden Prozess dieses Muster angenommen. Der Erwerb kriminellen Verhaltens ist abhängig von dem jeweiligen sozialen Kontext. Ohne entsprechende Kontakte zu kriminellen Gruppen und Einblicke in deren Verhalten wird kriminelles Verhalten nicht angenommen. Das auf die Gesellschaft verteilte Auftreten kriminellen Verhaltens wird mit den unterschiedlichen Kontakten, über die Menschen verfügen, erklärt. Aufgrund dieser differentiellen Assoziation treten bestimmte Kriminalitätsformen innerhalb spezifischer Gruppen auf.

Folglich orientiert sich „White collar crime" in erster Linie an dem Täter (*„person of respectability and high social status"*) und in zweiter an der Tat (*„in the course of his occupation"*).[85] Entscheidend sind nicht allein Art und Situation der Tat, sondern die soziale Stellung des Täters und sein Umfeld.[86] Hierin wird bereits ein Schwachpunkt der Theorie *Sutherlands* erblickt, sie erweise sich gleichzeitig als zu eng und zu weit. Zu eng sei die Theorie, weil Wirtschaftsstrafverfahren nicht ausschließlich von Angehörigen der höheren Bevölkerungsschicht, sondern auch von Angestellten auf untergeordneter Ebene verübt würden.[87] Als Folge der Täterorientiertheit werde übersehen, dass die

---

82 *Sutherland*, White Collar Crime, S. 7. „White collar crime may be defined approximately as a crime comitted by a person of respectability and high sozial status in the course of his occupation."

83 *Sutherland*, White-Collar Criminality, S. 4 dort Fn. 2.

84 Vgl. *Kunz*, Kriminologie, § 12 Rn. 23.

85 *Sutherland*, White Collar Crime, S. 7.

86 *Boers* MschrKrim 2001, 335 (339); Handbuch des Wirtschafts- und Steuerstrafrechts/*Dannecker*/Bülte Kap. 1 Rn. 6; *Heinz* in: Gropp S. 20; *Kaiser/Schöch*, Kriminologie, S. 149. *Lampe*, Wirtschaftsstrafrecht, S. 311 kritisiert hieran, dass der Rekurs auf den Täter mit dem deutschen Tatstrafrecht kaum zu vereinen sei; *Tiedemann*, Wirtschaftsstrafrecht, § 1 Rn. 63; *Wittig*, Wirtschaftsstrafrecht, § 2 Rn. 11.

87 Handbuch des Wirtschafts- und Steuerstrafrechts/*Dannecker*/Bülte Kap. 1 Rn. 7; *Heinz* in: Gropp S. 18; *Kaiser/Schöch*, Kriminologie, S. 149; *Krekeler*, Verteidigung in Wirtschaftsstrafsachen, S. 12; *Meier*, Kriminologie, § 11 Rn. 5; *Theile*, Wirtschaftskriminalität und Strafverfahren, S. 37; *Wittig*, Wirtschaftsstrafrecht, § 2 Rn. 10.

„Wirtschaft" hauptsächlich auf Abläufen eines bestimmten Systems und nicht ausschließlich oder zumindest weniger auf bestimmten Personen beruhe.[88] Soweit auf die Tat („*in the course of his occupation*") abgestellt werde, erweise sich die Theorie als zu weit, da auch strafrechtlich relevantes Verhalten erfasst werde, das keinen Bezug zur Wirtschaft aufweise.[89]

Die Kritik an der Täterorientiertheit führt mitunter dazu, dass weniger das Handeln einzelner Individuen, sondern korporatives, wirtschaftliches Handeln von Unternehmen als zentrale Organisationseinheit des Wirtschaftssystems zum entscheidenden Kriterium wird.[90] Dies führt zum „Occupational Crime" bzw. zum „Corporate Crime".

2. *„Occupational Crime" und „Corporate Crime"*

„Occupational Crime" wird verstanden als berufsbezogene Betriebskriminalität, „Corporate Crime" als Unternehmens- und Verbandskriminalität.[91] Straftaten, die zwar im Rahmen der Berufsausübung begangen werden, im Ergebnis jedoch maßgeblich den persönlichen finanziellen Interessen des Täters dienen sollen, gehören dem „Occupational Crime" an.[92] Ähnlich wie bei dem „White-Collar Crime" wird erneut die Person des Täters in den Vordergrund gerückt. Ferner stelle das „Occupational Crime" gerade kein „wirtschaftliches" Handeln im eigentlichen Sinne dar, da wirtschaftliches Handeln maßgeblich durch das Streben nach wirtschaftlichen Vorteilen bestimmt werde, die einem Unternehmen zugutekommen sollen.[93] Bei der Betriebskriminalität dominieren jedoch die unternehmensschädigenden persönlichen Interessen des Täters.[94]

---

88 *Boers* MschrKrim 2001, 335 (338 f.); *Boers/Theile/Karliczek* KZfSS-Sonderheft Nr. 43/2003, 469 (471).

89 Vgl. auch *Boers* MschrKrim 2001, 335 (338); *Boers/Theile/Karliczek* KZfSS-Sonderheft Nr. 43/2003, 469 (470); Handbuch des Wirtschafts- und Steuerstrafrechts/*Dannecker*/Bülte Kap. 1 Rn. 6; *Meier*, Kriminologie, § 11 Rn. 5. *Theile*, Wirtschaftskriminalität und Strafverfahren, S. 37.

90 *Boers* MschrKrim 2001, 335 (339); *Theile*, Wirtschaftskriminalität und Strafverfahren, S. 38.

91 *Boers/Theile/Karliczek* KZfSS-Sonderheft Nr. 43/2003, 469 (470); *Clinard/Quinney*, Criminal behavior systems, S. 187 ff., 188, 206 ff.; *Theile*, Wirtschaftskriminalität und Strafverfahren, S. 38; *Wittig*, Wirtschaftsstrafrecht, § 2 Rn. 12.

92 *Meier*, Kriminologie, § 11 Rn. 6.

93 *Boers* MschrKrim 2001, 335 (339); *Boers/Theile/Karliczek* KZfSS-Sonderheft Nr. 43/2003, 469 (470 f.); *Theile*, Wirtschaftskriminalität und Strafverfahren, S. 39.

94 *Theile*, Wirtschaftskriminalität und Strafverfahren, S. 39.

„Corporate Crime" umfasst jene Straftaten, die aus Sicht des Unternehmens vorteilhaft und in dessen wirtschaftlichem Interesse sind.[95] Zentrale Merkmale für wirtschaftskriminelles Verhalten sind damit das Handeln im Unternehmenskontext und die Ausrichtung des Handelns an den wirtschaftlichen Interessen des Unternehmens.[96] Diese Form der Wirtschaftskriminalität, die Unternehmenskriminalität, sei sowohl qualitativ als auch quantitativ der gravierendste Bereich der materiell sozialschädlichen Handlungen in der Gesellschaft überhaupt.[97]

IV. Der strafprozessual-kriminaltaktische Begriff des § 74c GVG

Eine normative Stütze für die Definition der Wirtschaftskriminalität leistet der Straftatenkatalog des § 74c Abs. 1 GVG. Demnach liegt ein wirtschaftskriminelles Verhalten immer dann vor, wenn das inkriminierte Verhalten unter den Straftatenkatalog des § 74c Abs. 1 GVG fällt.

Dieser Definitionsansatz wird nicht unkritisch begleitet.[98] Zum einen stelle die enumerative Aufzählung keine Legaldefinition dar,[99] sondern eine reine Kompetenzzuweisung.[100] Zum anderen sei der Katalog des § 74c GVG sowohl zu eng als auch zu weit. Zu eng sei die Vorschrift, da eine Reihe der Straftatbestände, die mit dem 2. WiKG[101] eingefügt wurden und nach dem Willen des Gesetzgebers dem Bereich der Wirtschaftskriminalität zuzuordnen sind, nicht in den Katalog des § 74c GVG aufgenommen wurden.[102] Zu weit und unzureichend sei die

---

95 *Hefendehl* MschrKrim 2003, 27 (30); *Theile*, Wirtschaftskriminalität und Strafverfahren, S. 38.

96 *Theile*, Wirtschaftskriminalität und Strafverfahren, S. 40.

97 Nach *Schünemann*, Einführung einer Unternehmenskuratel, S. 129 f. liegt das Schadenspotential der Unternehmenskriminalität bei 50 % bis 90 % des Rechtsgefährdungspotentials überhaupt. Ähnlich *ders.*, Unternehmenskriminalität, S. 16.

98 *Kaiser*, Kriminologie, § 74 Rn. 9 ff. lehnt zwar eine Definition anhand des § 74c GVG ab, betont jedoch die beachtliche indikatorische Bedeutung.

99 Handbuch des Wirtschafts- und Steuerstrafrechts/*Dannecker*/Bülte Kap. 1 Rn. 8; Münchner Anwaltshandbuch Wirtschafts- und Steuerstrafsachen/*Grunst/Volk* § 1, Rn. 17; *Kaiser*, Kriminologie, § 74 Rn. 9; *Müller-Gugenberger/Bieneck* Wirtschaftsstrafrecht/*Richter* § 3 Rn. 26 ff. *Wittkämper/Krevert/Kohl*, Europa und die innere Sicherheit, S. 22 sehen in § 74c GVG den Versuch einer Legaldefinition bzw. eine „provisorische" Definition.

100 *Theile*, Wirtschaftskriminalität und Strafverfahren, S. 33.

101 2. WiKG vom 15.5.1986, BGBl I S. 721.

102 Münchner Anwaltshandbuch Wirtschafts- und Steuerstrafsachen/*Grunst/Volk* § 1, Rn. 17; *Heinz* in: Gropp S. 19; *Kaiser/Schöch*, Kriminologie, S. 146. Siehe hierzu insgesamt *Theile*, Wirtschaftskriminalität und Strafverfahren, S. 33.

Regelung, da die Katalogtaten der Nr. 1 bis 6b, insbesondere der Nr. 6a (Betrug, Computerbetrug, Untreue, Vorenthalten und Veruntreuen von Arbeitsentgelt, Wucher, Vorteilsannahme, Bestechlichkeit, Vorteilsgewährung und Bestechung) trotz der Beschränkung unterschiedlichste Verhaltensweisen erfassen können, die im Einzelfall auch dem Bereich der klassischen Vermögensdelikte entstammen können und keinesfalls zwangsläufig Ausdruck der strukturellen Gegebenheiten wirtschaftskriminellen Verhaltens sein müssen.[103]

Trotz dieser nicht von der Hand zu weisenden Schwächen ist die Abgrenzung anhand des Katalogs in § 74c Abs. 1 GVG für die vorliegende Arbeit vorzugswürdig. Wie bereits dargestellt, ist die gegenständliche Untersuchung aus dem Forschungsprojekt über „Die Arbeitsweise von Wirtschaftsstrafkammern" hervorgegangen. Die untersuchten Musterverfahren wurden jeweils von der nach § 143 Abs. 4 GVG zuständigen Schwerpunktstaatsanwaltschaft bearbeitet und anschließend vor der Wirtschaftsstrafkammer angeklagt. Voraussetzung für die Auswahl der Verfahren war daher die Verhandlung vor der Wirtschaftsstrafkammer und damit die Zugehörigkeit zum Straftatenkatalog des § 74c Abs. 1 GVG. Im weiteren Verlauf der Untersuchung sind demnach unter Wirtschaftsstrafverfahren diejenigen Verfahren zu verstehen, denen Straftaten aus der enumerativen Aufzählung des § 74c Abs. 1 GVG zugrunde liegen.

B. „Wahrheit" als Ziel des Strafverfahrens

Am Ende eines jeden Strafverfahrens soll die materiell richtige, prozessordnungsgemäß zustande gekommene, Rechtsfrieden schaffende richterliche Entscheidung über Schuld, Strafe oder sonstige strafrechtliche Maßnahmen stehen.[104] Um zu einer solchen Entscheidung zu gelangen, wird dem Verfahrensrecht oftmals eine dienende Funktion zugesprochen. Das formelle Strafrecht soll dem Geltungsanspruch des materiellen Rechts zur Durchsetzung verhelfen.[105] Nur so könne dieses seine Funktion, die elementaren Voraussetzungen friedlichen mitmenschlichen Zusammenlebens zu sichern, erfüllen. Unter dieser Prämisse wird die Feststellung und Durchsetzung des staatlichen Strafanspruchs

---

103 Siehe hierzu *Theile*, Wirtschaftskriminalität und Strafverfahren, S. 33. Vgl. auch *Kaiser*, Kriminologie, § 74 Rn. 9 f.; *Kaiser/Schöch*, Kriminologie, S. 146.

104 Vgl. *Meyer-Goßner* Einl. Rn. 2; *Roxin/Schünemann*, Strafverfahrensrecht, § 1 Rn. 3, jeweils m.w.N.

105 Vgl. *Eicker*, Die Prinzipien, S. 15; *Grunsky*, Grundlagen des Verfahrensrechts, § 1 S. 11; LR/*Kühne* Einl. Abschn. B Rn. 8; *Roxin/Schünemann*, Strafverfahrensrecht, § 1 Rn. 1.

als ein Ziel des Strafverfahrens ausgemacht.[106] Ob dem Strafprozessrecht tatsächlich ein vornehmlich dienender Charakter zugeschrieben werden kann, ist nicht Gegenstand der vorliegenden Arbeit.[107] Denn diese Frage kann allenfalls dann entscheidend sein, wenn die Bedeutung des Strafrechts für Steuerungs- oder Regulierungsmechanismen untersucht werden soll.[108] Legt man hingegen den Fokus der Betrachtung nicht auf die Feststellung und Durchsetzung des staatlichen Strafanspruchs, sondern auf das, was der gerichtlichen Entscheidung als tatsächliches Geschehen zwingend zugrunde liegt, steht die Frage nach der „Wahrheit" im Vordergrund des Strafprozesses.[109] Das zu fällende Urteil soll auf einem als „wahr" anerkannten Sachverhalt beruhen.[110] Die Forderung nach der Aufklärung des wahren Sachverhalts gründet bereits in der Konzeption der StPO. Im Ausgangspunkt ist das Strafverfahren ein Amtsprozess, in dem das Gericht gem. § 244 Abs. 2 StPO verpflichtet ist, im Rahmen der Beweisaufnahme den wahren Sachverhalt zu erforschen.[111] Vorherrschend ist damit das Prinzip der materiellen Wahrheit als Bedingung für eine richtige und gerechte Entscheidung.[112] Die zur Entscheidung berufenen Richter müssen nach § 261 StPO persönlich vollständig von der Richtigkeit der für das Urteil maßgebenden

---

106 Vgl. hierzu insgesamt *Beulke*, Strafprozessrecht, § 1 Rn. 3; *ders.*, FS-Amelung, S. 543; *Geppert*, GS-Schlüchter, S. 44 f.; *Roxin/Schünemann*, Strafverfahrensrecht, § 1 Rn. 3; *Schatz*, Das Beweisantragsrecht in der Hauptverhandlung, S. 190; *Senge* NStZ 2002, 225 (227). Kritisch *Murmann* GA 2004, 65 (67 f.). *Grunsky*, Grundlagen des Verfahrensrechts, § 1 S. 11 macht nicht die Durchsetzung des staatlichen Strafanspruchs als Ziel des Verfahrens aus, sondern die Durchsetzung des materiellen Strafrechts.

107 Siehe hierzu ausführlich *Murmann* GA 2004, 65 sowie *Stamp*, Die Wahrheit im Strafverfahren, S. 22 ff.

108 Siehe hierzu eingehend *Theile*, Wirtschaftskriminalität und Strafverfahren.

109 Vgl. *Eicker*, Die Prinzipien, S. 9.

110 Vgl. *Müller-Dietz* ZEE 1971, 257 (261, 264); *Nack/Park/Brauneisen* NStZ 2011, 310; *Schatz*, Das Beweisantragsrecht in der Hauptverhandlung, S. 191; *Schmidhäuser*, FS-Schmidt, S. 512, der aber die Wahrheit nicht als Prozessziel, sondern als Voraussetzung der Gerechtigkeit, die ihrerseits Prozessziel sei, sieht. *Stübinger*, Das „idealisierte" Strafrecht, S. 506.

111 BVerfGE 57, 250 (275); 63, 45 (61); BGHSt 1, 94 (96); 10, 116 (118); 23, 176 (187); BGH Wistra 2009, 242; BGH NStZ 2011, 230; LR/*Becker* § 244 Rn. 39; *Krauß*, FS-Schaffstein, S. 411.

112 BVerfGE 63, 45 (61); BVerfG NJW 2004, 210 (211); GGSt BGHSt 50, 40 (48); BGH NJW 1956, 1646 (1647); *Krey*, Strafverfahrensrecht Bd. 1, § 1 Rn. 15; vgl. auch LR/*Kühne* Einl. Abschn. B Rn. 43 f., Abschn. H Rn. 23; *Neumann* ZStW 101 (1989), 52; *Schmidhäuser*, FS-Schmidt, S. 512 f.; *Stübinger*, Das „idealisierte" Strafrecht, S. 506.

tatsächlichen Feststellungen überzeugt sein.[113] Grundlage der Überzeugung muss ein ausreichendes Maß an Sicherheit sein, demgegenüber vernünftige Zweifel nicht mehr laut werden können.[114] Erst dann ist der für eine Verurteilung geforderte gesetzliche Nachweis der Schuld erbracht.

Die Verteidigung kann auf die Tatsachenfeststellung und damit auf die Wahrnehmung des der gerichtlichen Entscheidung zugrunde liegenden und abzuurteilenden Sachverhaltes ganz erheblichen Einfluss nehmen. Denn die Verteidigung verfügt mit dem später ausführlicher darzustellenden Beweisantragsrecht über eine „scharfe Waffe", mit Hilfe deren der Umfang der Sachaufklärung auf die Tatsachen ausgeweitet werden kann, die für den Angeklagten sprechen.[115] Gleichzeitig ist ein Verteidiger nicht verpflichtet, sein ganzes Wissen über die Tatumstände preiszugeben, selbst wenn dadurch Teile der Tat im Dunkeln bleiben.[116]

I. Umfang der Wahrheitsermittlung im Strafprozess

Die Strafprozessordnung gibt mit § 264 Abs. 1 StPO vor, welcher Lebenssachverhalt wahrheitsgemäß zu erforschen ist: „die in der Anklage bezeichnete Tat".[117] Damit ist die „Wahrheit" im Strafprozess keine vollumfängliche, jeden Lebensbereich erfassende, sondern von vornherein auf bestimmte Gegenstände begrenzt. Auch das materielle Strafrecht ist geprägt von Selektionskriterien, die dem Rechtsanwender vorgeben, wonach im Strafverfahren gefragt werden soll bzw. welche nach seinen Vorgaben ausgewählte Fakten aufzusuchen sind.[118] Diese Normativierung der Wahrheitssuche bewirkt eine Beschränkung auf bestimmte vom materiellen Recht vorgegebene Aspekte.[119]

---

113 LR/*Sander* § 261 Rn. 1, 7.

114 LR/*Sander* § 261 Rn. 8.

115 *Wassermann* Kriminalistik 1984, 20 (22); siehe hierzu ausführlich unten dritter Teil Erste Kapitel B.III.

116 Siehe hierzu ausführlicher unten C.

117 *Gössel*, Ermittlung oder Herstellung von Wahrheit im Strafprozeß, S. 8.; vgl. auch *Kaufmann*, FS-Baumann, S. 130; *Krauß*, Materielle Wahrheit, S. 83.

118 *Hassemer* KritV 1990 (73), 260 (261); *ders.*, Grundlagen des Strafrechts, S. 116, 118; *Neumann* ZStW 101 (1989), 52 (53 ff.); vgl. auch *Theile* NStZ 2012, 666; *Volk*, FS-Salger, S. 413.

119 *Volk*, FS-Salger, S. 413; ähnlich *ders.*, Wahrheit und materielles Recht, S. 9. Auf die Einschränkung der Wahrheitssuche wurde bereits in einem vorherigen Abschnitt B.I. hingewiesen.

Doch wann sind diese, dem Gericht zur Ermittlung und Entscheidung vorgelegten Ausschnitte „wahr"? Damit gelangt man unweigerlich zur Pilatusfrage: „Was ist Wahrheit?"[120]

Vorweggenommen sei, dass an dieser Stelle eine endgültige Antwort weder gefunden werden kann noch gefunden werden muss.[121] Ziel der folgenden Darstellung ist es nicht, den grundsätzlichen Theorienstreit in extenso auszuführen.[122] Vielmehr sollen die für die vorliegende Untersuchungsfrage relevanten Erklärungsansätze in ihren Grundzügen nachgezeichnet werden und das dieser Arbeit zugrunde zu legende Verständnis erläutert werden.

1. Die Korrespondenztheorie der Wahrheit

Die älteste und am weitesten verbreitete Wahrheitstheorie ist die Korrespondenztheorie.[123] Ausgangspunkt der Korrespondenztheorie ist die Erkenntnis *Aristoteles, „zu behaupten, das Seiende sei nicht oder das Nichtseiende sei, ist falsch. Aber zu behaupten, daß das Seiende sei und das Nichtseiende nicht sei, ist wahr"*.[124] Im Laufe der Zeit wurde dieser aristotelische Grundgedanke bis hin zur Formel „veritas est adaequatio rei et intellectus" fortentwickelt.[125] Die Wahrheit liegt demnach in der Übereinstimmung (Korrespondenz) des Denkens mit dem Sein bzw. einer Aussage mit der Wirklichkeit.[126]

---

120 Johannes 18, 33-37. Diese Schwierigkeit betonten auch *Müller-Dietz* ZEE 1971, 257; *Theile* NStZ 2012, 666; *Volk*, FS-Salger, S. 411.

121 *Kaufmann*, FS-Baumann, S. 122 merkte zur Frage nach der Wahrheit an, dass man Jahre um Jahre schreiben müsse und doch nicht zu einem Ende kommen würde, wollte man dieser Pilatusfrage nachgehen.

122 Siehe zur Wahrheit im Strafverfahren ausführlich *Stamp*, Die Wahrheit im Strafverfahren.

123 *Puntel*, Wahrheitstheorien, S. 26. im Kontext der neueren Philosophie *ders.*, Wahrheitstheorien, S. 29 ff.; siehe zu den „Verwandten" der Korrespondenztheorie eingehend *Stamp*, Die Wahrheit im Strafverfahren, S. 36 ff.

124 *Aristoteles*, Metaphysik, 1011b, IV. Buch in der Übersetzung von *Schwarz* S. 107 f.

125 Die Formel wurde insbesondere von *Thomas von Aquin* geprägt: „Das erste Verhältnis des Seienden zum Verstand besteht darin, daß Seiendes und Verstand zusammenstimmen [...] darin vollendet sich der Sinngehalt von „Wahres". Dies also ist es, was „Wahres" zu „Seiendes" hinzufügt: die Gleichförmigkeit oder Angleichung eines Dinges und des Verstandes." *v. Aquin*, Von der Wahrheit, erster Artikel S. 9 in der Übersetzung von *Zimmermann*.

126 *Adomeit* JuS 1972, 628 (629) führt die Definition „veritas est adaequatio rei et intellectus" auf *Aristoteles* zurück, wohingegen *Puntel*, Wahrheitstheorien, S. 26 bei *Aristoteles* den Gedanken der Korrespondenz nicht ausdrücklich erkennt und auf

Gegen die Definition der Wahrheit als „veritas est adaequatio rei et intellectus“ wird hervorgebracht, dass diese bis zu einem gewissen Grad unbestimmt bleibt, schwer zu identifizieren ist und zu Widersprüchen führt.[127] Allein mit der Aussage „veritas est adaequatio rei et intellectus“ würden dem Rechtsanwender keine Kriterien an die Hand gegeben, um festzustellen, ob eine Aussage mit der Wirklichkeit übereinstimme.[128]

Um diese Schwierigkeiten zu überbrücken, wird der Korrespondenztheorie mitunter die Diskurstheorie vorgezogen.

2. *Die Diskurstheorie der Wahrheit*

Die Diskurstheorie wird insbesondere von *Habermas* vertreten.[129] Der Betrachtung wird im Ausgangspunkt zugrunde gelegt, dass Wahrheit ein Geltungsanspruch ist, der in Form von Diskursen überprüft werden muss.[130] Die Wahrheit bemesse sich danach, ob dieser Geltungsanspruch im Diskurs konsensfähig und damit „diskursiv einlösbar“ sei.[131] Der Konsens aller theoretisch denkbaren Diskurspartner stelle zugleich das notwendige als auch das hinreichende Kriterium der Wahrheit dar.[132] Da der Diskurs jedoch faktisch nicht mit allen denkbar Beteiligten geführt werden kann, forderte *Habermas* zunächst auch für

---

Thomas von Aquin verweist, der die Formel *Isaac Israeli* zugeschrieben habe. *Stamp*, Die Wahrheit im Strafverfahren, S. 34, 37 schreibt diese Definition *Thomas von Aquin* zu. Vgl. auch *Eicker*, Die Prinzipien, S. 10; *Käßer*, Wahrheitserforschung, S. 9; *Müller-Dietz* ZEE 1971, 257; *Schmidt* JuS 1973, 204 (205); *Volk*, Wahrheit und materielles Recht, S. 7.

127 *Eicker*, Die Prinzipien, S. 10; *Puntel*, Wahrheitstheorien, S. 26; *Stamp*, Die Wahrheit im Strafverfahren, S. 33. Siehe zu den kritischen Stimmen auch *Hilgendorf* GA 1993, 547 (550 f.), der die Antinomie des lügenden Kreters hervorhebt. Ein Kreter sagt: „Jetzt lüge ich“. Nach der Korrespondenztheorie liegt hierin ein Widerspruch. Sagt der Kreter die Wahrheit, lügt er. Lügt er hingegen, so sagt er die Wahrheit. Darüber hinaus eigne sich die Korrespondenztheorie nicht für die Verifizierung sogenannter Negativtatsachen.

128 Vgl. *Adomeit* JuS 1972, 628 (631); *Eicker*, Die Prinzipien, S. 10.

129 Zuerst veröffentlicht *Habermas*, Wahrheitstheorien, S. 211 ff.; die Abhandlung ist in gleicher Form erneut bei *Habermas*, Vorstudien und Ergänzungen, S. 127 ff. zu finden. Da beide Texte identisch sind, wird im Folgenden nur die Erstveröffentlichung erwähnt.

130 *Habermas*, Wahrheitstheorien, S. 218.

131 *Habermas*, Wahrheitstheorien, S. 219. Vgl. auch *Hamm/Hassemer/Pauly*, Beweisantragsrecht, Rn. 24; *Kamlah/Lorenzen*, Wahrheit und Wirklichkeit, S. 485 f.

132 *Jahn* GA 2004, 272 (281).

ein gerichtliches Verfahren eine „ideale Sprechsituation", in der alle Beteiligten gleichberechtigt sind, ihren Pflichten reziproke Rechte gegenüberstehen und die Kommunikation frei von jeglichen Einwirkungen und Zwängen – „herrschaftsfrei" – stattfindet.[133] Im gerichtlichen Verfahren soll die Prozessordnung den Rahmen, in dem dieser Diskurs stattfindet, definieren, schützen und strukturieren. So wird im weiteren Verlauf die strenge Forderung nach einer „idealen Sprechsituation" in einem gerichtlichen Verfahren relativiert und das Verfahrensrecht vielmehr als ein Vehikel verstanden, um Kommunikation zu generieren.[134]

Gegen die Vorstellung, dass Wahrheit auf diese Art und Weise intersubjektiv einlösbar ist, werden verschiedene Einwände erhoben.[135] Im Vordergrund stehen dabei zwei Ansätze. Zum einen wird die Diskurstheorie als für die juristischen Zwecke nicht praktikabel angesehen. In einem gerichtlichen Verfahren könne der Diskurs nicht endlos geführt werden, der Fall müsse irgendwann einer Entscheidung zugeführt werden. Zum anderen sei zumindest theoretisch denkbar, dass die Diskursteilnehmer darin übereinstimmten, dass eine Aussage richtig sei, auch wenn sie nachweislich falsch sei.[136] Die Schwäche der Diskurstheorie wird somit letztlich darin ausgemacht, dass sie nur einen formalen Rahmen liefert, der zu einem formal korrekt zustande gekommenen Ergebnis führen kann, ohne dabei den Inhalt des Ergebnisses zu berücksichtigen. Wahrheit könne jedoch nicht ohne Rekurs auf die Wirklichkeit bestimmt werden.[137]

---

133 *Habermas*, Theorie des kommunikativen Handelns Band 1, S. 48; 70; vgl. zur idealen Sprechsituation: *Habermas*, Wahrheitstheorien, S. 252 ff. 255.

134 *Habermas*, Faktizität und Geltung, S. 219; *Jahn* GA 2004, 272 (285).

135 Siehe beispielsweise *Adomeit* JuS 1973, 207; *Hilgendorf* GA 1993, 547 (554); *Hassemer*, Grundlagen des Strafrechts, S. 133 f. m.w.N. zur Übertragung der Theorie der „idealen Sprechsituation" auf den Strafprozess; *Kaufmann*, FS-Baumann, S. 124, 126 f.; *Kaufmann/Hassemer/Neumann*, Einführung in die Rechtsphilosophie und Rechtstheorie der Gegenwart, S. 139 f.; ausführlicher *Puntel*, Wahrheitstheorien, S. 158 ff.; *Schmidt* JuS 1973, 204 (206).

136 *Hilgendorf* GA 1993, 547 (554) macht dies an einem Beispiel deutlich. Auch wenn alle Diskursteilnehmer darin übereinstimmen, dass Gustav Radbruch 1750 geboren wurde, sei dies falsch.

137 *Hilgendorf* GA 1993, 547 (554); *Kaufmann/Hassemer/Neumann*, Einführung in die Rechtsphilosophie und Rechtstheorie der Gegenwart, S. 143; vgl. auch *Hassemer*, Grundlagen des Strafrechts, S. 132.

II. Festsetzung des zugrunde zu legenden Wahrheitsbegriffes

Die vorstehenden Ausführungen haben zwar nicht den einen Wahrheitsbegriff liefern können, der als Antwort auf die Frage nach der Wahrheit im Strafprozess herangezogen werden kann. Dies war weder bezweckt noch erscheint dies vorliegend notwendig. Doch sie liefern Erkenntnisse, die sowohl für den zugrunde zu legenden Wahrheitsbegriff als auch für die weiteren Ausführungen fruchtbar gemacht werden können.

Trotz der bestehenden Unzulänglichkeiten wird im juristischen Verständnis überwiegend die Korrespondenztheorie der Wahrheit zugrunde gelegt,[138] denn diese entspreche den juristischen Bedürfnissen am besten.[139] So wird es für pragmatisch richtig gehalten, wenn das Strafrecht als Instrument der Sozialkontrolle dieses Wahrheitsverständnis übernimmt, da auch das alltägliche Verständnis von Wahrheit durch die Korrespondenztheorie geprägt sei und Verhalten, Einschätzungen, Erwartungen und Reaktionen bedinge.[140] Demzufolge soll auch dieser Arbeit das korrespondenztheoretische Verständnis zugrunde gelegt werden. Dies bedeutet jedoch nicht, dass die Erkenntnisse der prozeduralen Wahrheitstheorien zu ignorieren sind, ein Rekurs auf die dargestellten Grundzüge wird sich verschiedentlich als hilfreich erweisen.

III. (Un-)Erreichbarkeit der materiellen Wahrheit

Obwohl mit der Formel „veritas est adaequatio rei et intellectus" zumindest für die vorliegende Arbeit eine Bestimmung dessen, was unter Wahrheit zu verstehen ist, getroffen wurde, bleibt die materielle Wahrheit häufig aus den verschiedensten Gründen ein nicht zu erreichendes Ideal.[141] Sei es, dass ein Vergleich von Aussage und Gegenständen daran scheitert, dass Letztere außerhalb unserer Wahrnehmung von ihnen und unserer Aussage über sie nicht in einer

---

138 Vgl. *Eicker*, Die Prinzipien, S. 13 ff; *Engisch*, Wahrheit und Richtigkeit, S. 5; *Hilgendorf* GA 1993, 547 (549); *Kaufmann*, Rechtsphilosophie, S. 96; LR/*Kühne* Einl. Abschn. H Rn. 24; *Müller-Dietz* ZEE 1971, 257; *Stamp*, Die Wahrheit im Strafverfahren, S. 37 ff; *Volk*, Wahrheit und materielles Recht, S. 7.

139 *Hilgendorf* GA 1993, 547 (554 ff., 559); vgl. auch *Kaufmann*, FS-Baumann, S. 128.

140 Vgl. *Hilgendorf* GA 1993, 547 (548); *Kaufmann*, FS-Baumann, S. 120; *Puntel*, Wahrheitstheorien, S. 26; *Volk*, Wahrheit und materielles Recht, S. 7.

141 Auch *Habermas*, Wahrheitstheorien, S. 257 geht von einem Ideal aus, ohne zu behaupten, dass dieses Ideal sich verwirklichen lässt oder zwingend verwirklicht werden muss. Vgl. auch *Hassemer*, Grundlagen des Strafrechts, S. 148; *Schatz*, Das Beweisantragsrecht in der Hauptverhandlung, S. 237; *Theile*, Wirtschaftskriminalität und Strafverfahren, S. 268.

Weise existierten, die einen bloßen Vergleich von Aussage und Gegenstand ermöglicht[142] oder dass ein Konsens aller zu einem Verfahren ohne erkennbares Ende führen würde.[143] Die Wahrheit bleibt auch dann ein Ideal, wenn die Aufklärungspflicht des Gerichts nicht auf die Ermittlung „objektiver" Wahrheit bezogen wird, sondern hierunter die Pflicht verstanden wird, eine Verurteilung nur auf das zu stützen, was zweifelsfrei erwiesen wurde.[144] Diese Ermittlung der zugrunde zu legenden Tatsachen wird sowohl durch das materielle Recht als auch durch das formelle Recht bedingt.[145] Auf diese Art und Weise entsteht vielmehr ein System der formalisierten „forensischen" Wahrheit, dessen Weg durch die prozessualen Rahmenbedingungen vorgezeichnet wird.[146] Eine Norm, die losgelöst von allen subjektiven Einflüssen den Weg zur „Wahrheit" weist, kann es nicht geben.[147] Akzeptiert man die zutage tretende Fehleranfälligkeit und die grundsätzliche Unerreichbarkeit der vollständigen Wahrheitsfindung, bleibt es bei einem gesetzlichen Ideal.[148]

1. Normative Grenzen der Wahrheitsermittlung: Gewährleistung eines rechtsstaatlichen und justizförmigen Verfahrens

Doch sowohl die Ermittlung der Wahrheit als auch die sich daran anschließende Durchsetzung des staatlichen Strafanspruchs können in einem Rechtsstaat nicht uneingeschränkt Vorrang genießen.[149] Daher wird die Wahrheitsfindung

---

142 *Hassemer*, Grundlagen des Strafrechts, S. 131.

143 Denn am Ende eines empirischen Prozesses stünde kein Ergebnis, das den Fall als „wahr" auszeichne, vielmehr sei dieser nur noch nicht falsifiziert *Hassemer*, Grundlagen des Strafrechts, S. 147 ff.

144 *Hassemer* KritV 1990 (73), 260 (270).

145 *Hassemer*, Grundlagen des Strafrechts, S. 119. Siehe insgesamt zur Herstellung des Falles *Hassemer*, Grundlagen des Strafrechts, S. 88 ff.

146 *Hassemer*, Grundlagen des Strafrechts, S. 153.

147 Vgl. *Hassemer*, Grundlagen des Strafrechts, S. 148 f. Vgl. auch *Nijober*, Beweisprobleme und Strafrechtssysteme, S. 28.

148 BverfGE 33, 367 (383) spricht in soweit von einer *„möglicht vollständigen Wahrheitsermittlung"*; ähnlich auch *Dahs*, Handbuch des Strafverteidigers, Rn. 6; *Krauß*, FS-Schaffstein, S. 411 (417, 419); *ders.*, Materielle Wahrheit, S. 75; LR/*Kühne* Einl. Abschn. B Rn. 32, 45; *Landau* NStZ 2007, 121 (125); *Perron*, Beweisantragsrecht, S. 38, der von einem „unverzichtbaren Leitprinzip" ausgeht; *Schmidhäuser*, FS-Schmidt, S. 514; *Weßlau*, Das Konsensprinzip, S. 29.

149 Siehe hierzu auch den Beschluss des BVerfG vom 12.10.2011 - 2 BvR 236/08, 2 BvR 237/08, 2 BvR 422/08, 2 BvR 237/08, 2 BvR 422/08 Rn. 249. *Beulke*, Strafprozessrecht, § 1 Rn. 5; LR/*Kühne* Einl. Abschn. H Rn. 19 spricht in diesem Zusammenhang von

auf normativer Ebene eingeschränkt.[150] Wahrheit darf es nicht um jeden Preis geben.[151] Der vom Bundesverfassungsgericht geprägte und aus dem Rechtsstaatsprinzip abgeleitete Topos von der „Aufrechterhaltung einer funktionstüchtigen Strafrechtspflege“, ohne die der Gerechtigkeit nicht zum Durchbruch verholfen werden könne,[152] darf nicht bemüht werden, um im Interesse von Entlastung und Vereinfachung des Strafverfahrens rechtsstaatliche Beschuldigtenrechte zu ignorieren.[153] Sowohl die prozessualen Teilhaberechte als auch die teilweise aus dem Verfassungsrecht abgeleiteten Prozessmaximen bezwecken einen weitreichenden Schutz des Beschuldigten. Der Beschuldigte ist beispielsweise berechtigt, am Zustandekommen der gerichtlichen Entscheidung aktiv und effektiv mitzuwirken.[154] Um dies zu gewährleisten, steht dem Beschuldigten unter anderem der Anspruch auf rechtliches Gehör sowie das Recht zu, sich

---

der Justizförmigkeit des Verfahrens; *Krauß*, Materielle Wahrheit, S. 65; *ders.* FS-Schaffstein, S. 411; bereits *Schmidhäuser*, FS-Schmidt, S. 523 betonte die der Wahrheitsermittlung gesetzten rechtsstaatlichen Grenzen; *Volk*, Grundkurs StPO, § 3 Rn. 5.

150 *Hassemer*, Grundlagen des Strafrechts, S. 152 ff.; so auch LR/*Kühne* Einl. Abschn. B Rn. 45, wenn er die Begrenzung der Wahrheitsfindung als „das Ergebnis der Konkurrenz unterschiedlicher Aspekte und Bezugspunkte von Gerechtigkeit“ anerkennt.

151 BGHSt 14, 358 (365); 31, 304 (309); 38, 214 (220); 38, 372 (374); 44, 243 (249); *Krey*, Strafverfahrensrecht, Bd. 1 § 1 Rn. 15; *Hassemer*, Grundlagen des Strafrechts, S. 153; *ders.* KritV 1990 (73), 260 (270); *Roxin/Schünemann*, Strafverfahrensrecht, § 1 Rn. 3 ff.; *Theile* NStZ 2012, 666. Wohl eher im Sinne einer materiellen Gerechtigkeit *Beulke*, Strafprozessrecht, § 1 Rn. 5.

152 BVerfGE 33, 367 (383). Vgl. zur Anwendung dieses „Topos“ im Einzelnen LR/*Kühne* Einl. Abschn. H Rn. 11. Die streitbare Problematik liegt nicht in erster Linie in der Anerkennung sondern vielmehr in der Art und Weise der Verwendung des Topos als einer übermächtigen Argumentationsgrundlage. Kritisch zur Ausdehnung des Anwendungsbereichs *Hassemer* StV 1982, 275; *ders.* StV 1990, 328 (331); *Landau* NStZ 2007, 212 (123 f.)

153 *Hassemer* StV 1982, 275 (279) *ders.* KritV 1990 (73), 260 (266); *ders.* StV 1990, 328 (331); *Kudlich*, Gutachten C zum 68. DJT, C 27 f. vermag einen grundsätzlichen Vorrang einer der betroffenen Rechtspositionen nicht festzustellen; *Roxin/Schünemann*, Strafverfahrensrecht, § 1 Rn. 7.; vgl. auch *Schatz*, Das Beweisantragsrecht in der Hauptverhandlung, S. 192 ff. entscheidend sei stets der Einzelfall und die konkrete Betroffenheit; dagegen *Kintzi* DRiZ 1994, 325 (327).

154 BVerfGE 26, 66 (71); ähnlich bereits BVerfGE 7, 275 (279); 9, 89 (95); 66, 313 (318); 70, 297 (323); 110, 226 (253); BVerfG NJW 2004, 210 (211); vgl. auch GGSt BGHSt 50, 40 (48); *Gaede* StV 2012, 51 (54); *Hassemer*, Grundlagen des Strafrechts, S. 139; AnwK-StPO/*Krekeler/Werner* Vor §§ 137 ff Rn. 1; *Landau* NStZ 2007, 121 (129); SK-StPO/*Wohlers* Vor §§ 137 Rn. 30.

sowohl aus Verfassungsgründen[155] als auch nach den Art. 47 und 48 der Charta der Grundrechte der Europäischen Union sowie des Art. 6 Abs. 3c EMRK[156] in jeder Lage des Strafverfahrens von einem Rechtsanwalt seines Vertrauens effektiv verteidigen zu lassen.[157]

Der Anspruch des Beschuldigten auf ein rechtsstaatliches Strafverfahren erschöpft sich jedoch nicht allein in den prozessualen Teilhaberechten. Weitere für den Schutz der Beschuldigtenrechte wesentliche Bestandteile des Rechtsstaatsprinzips sind die Unschuldsvermutung sowie die Maxime des „nemo tenetur se ipsum accusare".[158] Als übergeordneter Verfahrensgrundsatz soll Letztere den Beschuldigten davor schützen, verpflichtet zu werden, an seiner eigenen Verurteilung mitzuwirken.[159] Der Staat trägt die alleinige

---

155 BverfGE 26, 66 (71);39, 156 (163); 39, 238 (243); 66, 313 (318); 68, 237 (255); 70, 297 (323); 110, 226 (253); BVerfG NJW 1984, 862 (863); 2004, 210 (211); GSSt BGHSt 50, 40 (48); BGH StV 1992, 53; BGH NStZ-RR 2006, 272; *Gatzweiler* AnwBl 2005, 663 (665); KMR/*Hiebl* Vor § 137 Rn. 2; AnwK-StPO/*Krekeler/Werner* Vor §§ 137 ff Rn. 1; KK/*Laufhütte/Willnow* § 137 Rn. 1; LR/*Lüderssen/Jahn* § 137 Rn. 2; *Meyer-Goßner* § 137 Rn. 2; *Pfeiffer* StPO § 137 Rn. 1; SK-StPO/*Rogall* Vor § 133 ff. Rn. 95 ff.; 101 ff.; SK-StPO/*Wohlers* § 137 Rn. 2.

156 EGMR v. 13.05.1980 Artico./. Italien, EGMR-E 1, 480 (485) § 32; LR/*Lüderssen/Jahn* § 137 Rn. 2. Siehe zu der aktuellen Entwicklung auf europäischer Ebene *Corell/Sidhu* StV 2012, 246.

157 Nach der Rechtsprechung des EGMR wird eine konkrete und wirkliche Verteidigung gefordert, vgl. bereits EGMR Urteil v. 13.05.1980 Artico./.Italien, EGMR-E 1, 480 (485 f.) § 33; EGMR Urteil v. 09.04.1984 Goddi./.Italien, StV 1985, 441; umfassend hier zu *Esser*, Strafverfahrensrecht, S. 450 ff., 457, der von einen Anspruch auf eine angemessene und effektive Verteidigung ausgeht; vgl. auch SK-StPO/*Wohlers* Vor §§ 137 Rn. 32 m.w.N.

158 Vgl. aus der umfangreichen Literatur hierzu nur grundlegend *Kölbel*, Selbstbelastungsfreiheit, S 23 ff.; *Rogall*, Der Beschuldigte als Beweismittel, insbesondere S. 70 ff.; SK-StPO/*Rogall* Vor § 133 ff. Rn. 66, 130 ff.; *Volk*, Wahrheit und materielles Recht, S. 13.

159 AnwK-StPO/*Krekeler/Löffelmann*, Einl. Rn. 24; *Meyer-Goßner* Einl. Rn. 29a. Dieses Verständnis als ein Verbot, den Beschuldigten zur Selbstbelastung zu zwingen, hat erst mit der Normierung der RStPO dauerhaften Einzug in die deutsche Strafprozessrechtslehre erhalten. In seiner ursprünglichen Lesart kam dem „nemo tenetur-Grundsatz" eine andere Bedeutung zu. Im kanonischen Recht verpflichtete er den Angeklagten dem Richter gegenüber zur unbedingten Wahrheit bezüglich aller bereits bekannten Tatkomplexe. Im Laufe des 13. Jahrhunderts wurde diese Einschränkung immer weiter ausgedehnt, bis es schließlich möglich war, ohne jeden Anlass inquisitorisch gegen Personen vorzugehen. Kam der Angeklagte seiner Wahrheitspflicht nicht nach, drohten ihm erhebliche staatliche Sanktionen, bis

Beweislast.[160] Daneben sollen auch die in Rechtsprechung und Literatur entwickelten Beweisverwertungs- und Beweiserhebungsverbote den Beschuldigten vor rechtsstaatswidrigen Eingriffen schützen.[161]

An diesen verfassungs- und europarechtlichen Grundsätzen müssen sich strafprozessuale Maßnahmen stets messen lassen.[162]

2. Folgen der begrenzt möglichen Wahrheitsermittlung

Neben den beschriebenen normativen Grenzen kann sich die Ermittlung und Aufklärung des „wahren" Sachverhalts auch rein praktisch als eine kaum handhabbare Herausforderung darstellen. Umfang und Komplexität des Verfahrensstoffes sowie das Verteidigungsverhalten und der Sachverstand der Verteidigung können insbesondere in Wirtschaftsstrafsachen vermehrt dazu führen, dass nicht mehr ausschließlich eine einseitige gerichtliche Wahrheitsermittlung stattfindet, sondern eine gemeinsame Tatsachengrundlage erarbeitet wird.[163] Die Verfahrensbeteiligten „einigen" sich vor dem Hintergrund ihrer divergierenden Verfahrensinteressen auf eine Wahrheit. Diese Entwicklung der parteiprozessualen Tendenzen des Strafverfahrens, insbesondere im Zusammenhang mit den Verfahrensabsprachen, mag auf Widerstand stoßen,[164] ist aber letztlich kaum mehr

---

hin zur Folter. Insgesamt zur Geschichte des „nemo tenetur-Grundsatzes" *Kölbel*, Selbstbelastungsfreiheit, S. 214 ff, insbesondere S. 246 ff.; *Rogall*, Der Beschuldigte als Beweismittel, S. 67 ff.; *Volk*, Wahrheit und materielles Recht, S. 13. Zum Einzug in das deutsche Strafprozessrechtsverständnis *Rogall*, Der Beschuldigte als Beweismittel, S. 103.

160 LR/*Kühne* Einl. Abschn. J Rn. 74.

161 Aus der aktuelleren Rechtsprechung BGH StV 2012, 1; 2012, 269; 2012, 280; OLG Köln StV 2012, 6; zur Verwertbarkeit eines im Rahmen einer Verständigung erklärten Geständnisses OLG Düsseldorf StV 2012, 10; *Beulke*, Strafprozessrecht, § 23 Rn. 456 ff.; grundlegend zu den Beweisverwertungsverboten *Eisenberg*, Beweisrecht, Rn. 336 ff.; *El-Ghazi/Merold* JA 2012, 44; *Hassemer*, Grundlagen des Strafrechts, S. 152 f.; *Jahn* StraFo 2011, 117 ff.; LR/*Kühne* Einl. Abschn. B Rn. 36; *Neumann* ZStW 101 (1989), 52 (55, 60 ff.); *Schroth* JuS 1998, 969; ähnlich auch *Stübinger*, Das „idealisierte" Strafverfahren, S. 507 f.; *Rose/Witt* JA 1998, 400; *Volk*, Wahrheit und materielles Recht, S. 10. Siehe zu den Grundlagen der Lehre von den Beweisverboten *Rengier*, Die Zeugnisverweigerungsrechte, S. 283 ff.

162 BVerfGE 66, 313 (319); ähnlich auch Handbuch des FA/*Köllner* Rn. 101.

163 *Theile*, Wirtschaftskriminalität und Strafverfahren, S. 268. *ders.* NStZ 2012, 666 (668); *ders.* NK 2005, 142 (144).

164 S.u. drittes Kapitel C.

aufzuhalten.[165] Doch nicht allein die Verfahrensabsprache, sondern auch die fortschreitende Rechtsprechung zu Widerspruchslösung und Rügepräklusion, die den Rechtsschutz des verteidigten Angeklagten auch bei unstreitigen Fehlern des Gerichts an dessen Rüge knüpft, sind bemerkenswert.[166] Hier erscheint das Gericht nicht mehr als alleiniger Garant für Wahrheitsermittlung und Gerechtigkeit, vielmehr wird dem Verteidiger eine wesentliche Mitverantwortung aufgebürdet.[167] Führt man sich diese aktuellen Entwicklungen vor Augen, so entsteht der Anschein, dass in der täglichen Praxis von dem Postulat der einseitigen gerichtlichen Wahrheitsermittlung allmählich Abstand genommen wird.

Gleichzeitig bleibt es in der gerichtlichen Praxis ein entscheidendes Instrument der Wahrheitsfindung, Fehler bei der Tatsachenfeststellung anhand prozessualer Vorgaben zu vermeiden und Willkür auszuschließen.[168] Das Prinzip der materiellen Wahrheit wird erst dann durchbrochen, wenn Gerichte das Streben nach der möglichst vollständigen Wahrheitsermittlung aufgeben, bevor man sich unter Ausschöpfung aller prozessual zulässigen Mittel am Ende der Erkenntnismöglichkeiten sieht.[169]

IV. Zwischenergebnis

Die vorstehenden Ausführungen haben gezeigt, dass „die Wahrheit“ stets eine subjektive Komponente umfasst. Dies gilt unabhängig davon, welchen der

---

165 Einen vorläufigen Höhepunkt stellt die Normierung der Verfahrensabsprache in § 257c StPO dar.

166 Siehe z.B. BGHSt 38, 214 (225 f.); 39, 349 (352);42, 15 (22); 50, 272; 53, 112; 52, 38 (41); BGH NStZ 1997, 502f; BGH NJW 2007, 3587 (3588); BGH NJW-Spezial 2007, 522; *Basdorf* StV 1997, 488 (491). Aussagen des verteidigten Beschuldigten werden nach der sogenannte Widerspruchslösung trotz Verstoßes gegen § 136 StPO verwertet, wenn der Verwertung nicht rechtzeitig widersprochen wurde.

167 Siehe zu dem Ganzen auch *Gaede* wistra 2010, 210 (211); *ders.* StV 2012, 51 (52). Kritisch *Roxin*, FS-Hanack, S. 14. *König* StV 2010, 410 (411) versteht es dahingegen als Errungenschaft, dass die unabhängige, überwachende und begrenzende Funktion des Verteidigers in den Vordergrund tritt.

168 LR/*Kühne* Einl. Abschn. B Rn. 32; ebenfalls für die Wahrheitsermittlung anhand formalisierter Vorgaben votierte bereits *Hassemer*, Grundlagen des Strafrechts, S. 122 ff.; 135 ff. Dieser Gedanke wohnt zumindest in Grundzügen sowohl der Konsenstheorie als auch dem Bestreben, die Legitimation der Entscheidung durch Reduzierung von Komplexität anhand fester Vorgaben zu erreichen, inne. Ähnlich auch *Murmann* GA 2004, 65 (75), der fordert, dass das Fehlverurteilungsrisiko „tolerabel“ bleibe bzw. bei einem Freispruch dieser für die Rechtsordnung hinnehmbar sei.

169 BverfGE 33, 367 (383); *Weßlau*, Das Konsensprinzip, S. 30.

dargestellten Wahrheitsbegriffe man zugrunde legt. Zeigt sich Wahrheit als Übereinstimmung der Vorstellung bzw. der Aussage mit der Wirklichkeit, so lässt sich nicht verhindern, dass subjektive Einflüsse sowohl die Vorstellung als auch die Aussagen sowie das eigene Bild der Wirklichkeit prägen. Versteht man Wahrheit als einen intersubjektiv einlösbaren Geltungsanspruch, so wird die Zustimmung aller am Diskurs Beteiligten gefordert. Diese Zustimmung wird kaum von subjektiven Momenten freizuhalten sein.

Auch der Grundsatz der freien richterlichen Beweiswürdigung (§ 261 StPO), der das Gericht verpflichtet, nach *seiner* gewonnen Überzeugung über den zugrunde liegenden Prozessgegenstand zu entscheiden, greift in erster Linie auf das subjektive Verständnis der zur Entscheidung berufenen Richter zurück. Doch jeder Verfahrensbeteiligte wird diesen Prozessgegenstand aus seiner Warte anders sehen bzw. beurteilen und sich sein eigenes Bild vom wahrheitsgemäßen Geschehen schaffen.[170] Die am Verfahren Beteiligten werden sich zwar darauf einigen können, dass die Wahrheit als normative Vorgabe zur Grundlage der Entscheidung werden soll. Doch jeder Einzelne wird durch individuelle Vorverständnisse und subjektive Verhaltensformen geprägt, die zur Entstehung unterschiedlicher Wahrheitsbilder führen können, ohne dass dabei eine gesicherte Aussage darüber möglich wäre, welches Bild nun der „Wahrheit" entspricht. In der gerichtlichen Praxis wird „die Wahrheit" nicht ausnahmslos zu ermitteln sein, die Wahrheit wird stets von der erkennenden Person abhängig sein.[171] Die Wahrheit existiert also nicht als ein ontisches Substrat, das „nur" ermittelt, sprich gefunden werden muss. Die Verfahrensbeteiligten erkennen von ihrem professionellen Selbstverständnis geprägt „unterschiedliche Wahrheiten", sodass je nach Standpunkt ein einseitig verzerrtes Wahrheitsbild entstehen kann. Und umso mehr die Verteidigung bei der Wahrheitsermittlung mit in die Pflicht genommen wird, umso eher werden diese „unterschiedlichen Wahrheiten" in den Vordergrund treten.

Die Inquisitionsmaxime verpflichtet zwar insbesondere die Gerichte zur Erforschung der materiellen Wahrheit, doch diese Aufgabe obliegt nicht allein dem Gericht. Daneben ist auch die Staatsanwaltschaft gem. § 160 Abs. 1 bis 3 StPO zur Erforschung der materiellen Wahrheit berufen.[172] Eine vergleichbare ausdrückliche gesetzliche Normierung, die den Strafverteidiger zur Wahrheitserforschung verpflichtet, findet sich in der Strafprozessordnung nicht. Bereits aus der Stellung des Strafverteidigers als Beistand des Beschuldigten, der sich

---

170 *Gössel*, Ermittlung oder Herstellung von Wahrheit im Strafprozeß, S. 15; *Kaufmann*, FS-Baumann, S. 130; vgl. auch *Theile* NStZ 2012, 666 (667).

171 *Eicker*, Die Prinzipien, S. 14.

172 Vgl. *Theile* NStZ 2012, 666.

nicht selbst einer Straftat belasten oder überführen muss, wird klar, dass der Strafverteidiger nicht in gleichem Maße wie das Gericht verpflichtet sein kann, an der Ermittlung der materiellen Wahrheit mitzuwirken. Ob bzw. in welchem Umfang auch die Verteidigung zur Ermittlung der materiellen Wahrheit beitragen muss, kann nicht ohne die Betrachtung der verfahrensrechtlichen Stellung des Strafverteidigers beantwortet werden. Welche prozessuale Stellung der Strafverteidiger einnimmt und inwieweit er zur Wahrheitsermittlung berufen ist, soll daher Gegenstand der nachfolgenden Darstellung werden.

C. Die verfahrensrechtliche Stellung des Strafverteidigers

Über die Stellung des Rechtsanwalts im Strafprozess wird in Schrifttum und Rechtsprechung seit Jahrzehnten kontrovers diskutiert.[173] So leitet *Dahs* sein Handbuch des Strafverteidigers mit den Worten ein: „Verteidigung ist Kampf".[174] Diese Formulierung ist knapp, einprägsam und – wie *Dahs* selbst anmahnt – missverständlich.[175] Da der Beschuldigte bis zum Nachweis seiner Schuld als unschuldig gilt, sei es kein Kampf gegen den Staat und die Strafverfolgungsorgane, sondern vielmehr ein Kampf um die Rechte des Mandanten.[176] Allerdings sei es weder Ziel dieses Kampfes, die Strafrechtspflege zu „paralysieren", noch dürfe die StPO herangezogen werden, um unliebsames und unbequemes Verhalten zu unterbinden.[177]

Die Stellung des Verteidigers in diesem „Kampf" wird grundlegend durch das Spannungsverhältnis zwischen der in § 1 BRAO normierten Stellung als unabhängiges Organ der Rechtspflege und der sich aus § 137 Abs. 1 S. 1 StPO ergebenden Stellung als parteiischer Beistand des Beschuldigten bestimmt. Einigkeit herrscht nach nahezu einhelliger Ansicht nur insoweit, dass abgesehen von einigen gesetzlich geregelten Ausnahmefällen der Verteidiger nicht im zivilrechtlichen Sinne als Vertreter des Beschuldigten bezeichnet werden kann.[178]

---

173 Hier kann keine umfassende und abschließende Darstellung der Problematik erfolgen. Die Stellung des Strafverteidigers war u.a. bereits Gegenstand der Habilitationsschriften von Beulke (1980) und Wolf (2000) und der Dissertationen von Dornach (1994) und Jahn (1998).

174 *Dahs*, Handbuch des Strafverteidigers, Rn. 1. *ders.* NJW 1994, 909.

175 *Dahs* NJW 1994, 909.

176 *Dahs*, Handbuch des Strafverteidigers, Rn. 1.

177 *Dahs*, FS-Odersky, S. 317; *ders.* NJW 1994, 909; ähnlich *ders.*, Handbuch des Strafverteidigers, Rn. 36.

178 OLG Celle NStZ 1988, 426; *Beulke*, Der Verteidiger im Strafverfahren, S. 183; *ders.*, Strafprozessrecht, § 9 Rn. 148; AnwK-StPO/*Krekeler/Werner* Vor § 137 Rn. 8 f;

I. Die „klassische" Organtheorie

Nach der in ständiger Rechtsprechung und Literatur weitverbreiteten Ansicht nimmt der Verteidiger eine Doppelrolle ein. Er sei zugleich Beistand des Beschuldigten als auch ein selbstständiges Organ der Rechtspflege.[179] Die Organstellung verpflichte den Verteidiger, zugunsten des Mandanten die Durchsetzung seiner rechtsstaatlich zugesicherten Verfahrensrechte zu gewährleisten und für die verfassungsrechtlich garantierte Unschuldsvermutung einzutreten. Diese parteiische Interessenvertretung bezwecke die Herbeiführung von Waffengleichheit zwischen Beschuldigtem auf der einen und Staatsanwaltschaft und Gericht auf der anderen Seite.[180] Mit einer so verstandenen Organstellung soll der Strafverteidiger neben seiner Schutz- und Beistandsfunktion gleichzeitig das öffentliche Interesse an einer den rechtsstaatlichen Grundsätzen verpflichteten und wirksamen Strafrechtspflege wahrnehmen.[181] So wird der Verteidiger nicht als Gegner einer funktionstüchtigen Strafrechtspflege verstanden, sondern vielmehr als ein

---

Meyer-Goßner Vor § 137 Rn. 1; *Vehling* StV 1992, 86 (89); SK-StPO/*Wohlers* Vor §§ 137 ff. Rn. 5, 8. Anders sieht dies *Spendel*, FS-Kohlmann, S. 686 f., der Verteidiger sei nicht nur Beistand, sonder nauch Vertreter des Beschuldigten, lediglich der Umfang der Vertretungsmacht sei begrenzt. *Spendel* stütz sich insbesondere auf die Formulierung des § 3 Abs. 1 BRAO „der Rechtsanwalt ist der […] Vertreter in allen Rechtsangelegenheiten". Siehe zu den Ausnahmen §§ 145a, 234, 350 Abs. 2, 387 Abs. 1, 411 Abs. 2 StPO.

179 BVerfGE 16, 214 (216); 34, 293 (299 f.); 39, 156 (165); 39, 238 (242); BGHSt 9, 20 (22); 12, 367 (369); 15, 326 f.; 37, 395 (396); 38, 345 (347); 39, 310 (316); BGH NStZ 2011, 294 (295); BGH StV 2000, 418 (420); 427 (428); OLG Düsseldorf StV 1992, 57; OLG Hamburg NStZ 1998, 586; Beck'sches Rechtsanwalts-Handbuch/*Andrejtschitsch* § 11 Rn. 1 ff.; *Beulke*, Der Verteidiger im Strafverfahren, S. 200; *Dornach* NStZ 1995, 57 (60); KMR/*Hiebl* Vor § 137 Rn. 6; *Krekeler* NStZ 1989, 146 f.; AnwK-StPO/*Krekeler/Werner* Vor § 137 Rn. 2; *Maatz* NStZ 1992, 513 f.; *Meyer-Goßner* Vor § 137 Rn. 1; *Pfeiffer* StPO Vor § 137 Rn. 1; Beck'sches Rechtsanwalts-Handbuch/*Roxin* § 52 Rn. 43; *Vehling* StV 1992, 86 (87); SK-StPO/*Wohlers* Vor §§ 137 ff. Rn. 4.

180 BVerfGE 15, 226 (234); BVerfGE 63, 266 (284); vgl. BGHSt 29, 99 (106); *Beulke*, Strafprozessrecht, § 9 Rn. 150, *Vehling* StV 1992, 86 (87).

181 BVerfGE 110, 226 (252); BGH NJW 1964, 2402; BGH NJW 1992, 1245 (1246); ähnlich auch OLG Köln NStZ 2010, 653 (654) der Verteidiger sei zum einen Organ der Rechtspflege und zum anderen auf die Förderung des Verfahrens bedacht. *Beulke*, Strafprozessrecht § 9 Rn. 150; *Beulke/Ruhmannseder*, Die Strafbarkeit des Verteidigers, Rn. 11; *Böhm* NJW 2006, 2371; *Kindhäuser*, Strafprozessrecht § 7 Rn. 5; KK/*Laufhütte/Willnow* Vor § 137 Rn. 5 f.; SK-StPO/*Wohlers* Vor §§ 137 ff. Rn. 5.

Teilhaber.[182] Die Verteidigung dürfe sich daher nur der prozessual- und standesrechtlich erlaubten Mittel bedienen.[183] Der Berufsausübung würden durch diejenigen gesetzlichen Regelungen, die ihrerseits der Prüfung an dem Grundrecht der Berufsfreiheit aus Art. 12 GG standhalten, Grenzen gesetzt.[184] Vertreter der „klassischen" Organtheorie erblicken in dieser Doppelstellung sowohl eine einseitige „private" als auch eine „öffentliche" Schutzaufgabe.

II. „Eingeschränkte" Organtheorie

Diese Organeigenschaft darf jedoch – so *Beulke* – nicht als Legitimation für jedwede Beschränkung von Beschuldigten- und Verteidigerrechten bemüht werden.[185] *Beulke* stimmt mit der „klassischen" Organtheorie insoweit überein, dass er ein Begriffspaar fordert, das die unterschiedlichen Aufgaben vereint und so die Doppelstellung des Verteidigers auszudrücken vermag.[186] Der Verteidiger sei somit Beistand und unabhängiges Organ der Rechtspflege.[187] Die Organeigenschaft des Verteidigers verpflichte ihn, drei Ausprägungen des öffentlichen Interesses zu berücksichtigen. Neben dem Interesse der Allgemeinheit an einer effektiven Strafverteidigung müsse er auch ihr Interesse an der Effektivität der Rechtspflege

---

182 Handbuch des Wirtschafts- und Steuerstrafrechts/*Dierlamm* Kap. 29, Rn. 4; *Jaeger* NJW 2004, 1 (3); *Maatz* NStZ 1992, 513 (514); *Senge* NStZ 2002, 225 (227). Jüngst so auch in den Ergebnissen des 36. Strafverteidigertages Hannover 2012 Punkt 5 zu lesen, Dokumentation der Ergebnisse in StV 2012, 437 ff.

183 BGH NJW 1993, 273 (274); BGH StV 2000, 427 (428). Weitergehende Einschränkungen beinhaltet der teilweise als „strenge Organtheorie" bezeichnete Ansatz, der dem Verteidiger auch die Pflicht auferlegt, eine sachdienliche und in prozessual geordneten Bahnen verlaufende Durchführung des Verfahrens zu ermöglichen. Der Verteidiger dürfe seinen Mandaten nicht frei „schalten und walten" lassen, BGHSt 38, 111 (115); BGH NStZ 2005, 341; OLG Hamburg NStZ 1998, 586 (587); vgl. *Maatz* NStZ 1992, 513 (517); *Meyer-Goßner* Vor § 137 Rn. 2; *Roxin,* Strafverfahrensrecht, § 19 Rn. 11 f.; SK-StPO/*Wohlers* Vor §§ ff. 137 Rn. 6; a.A. *Gatzweiler* AnwBl 2005, 663 (664).

184 BVerfGE 22, 114 (122); 34, 293 (302); 50, 16 (29); 63, 266 (284 f.) Art. 12 GG schütze den Beruf des Rechtsanwalts darüber hinaus auch davor, in die Staatsorganisation eingebunden oder beamtenähnlichen Treuepflichten unterworfen zu werden. Folglich seien auch die für staatliche Bedienstete aus Art. 33 Abs. 5 GG entnommenen *politischen* Treuepflichten nicht auf die Anwaltschaft übertragbar. Vgl. *Müller* FS-Dahs S. 3 sowie § 1 Abs. 1 BORA.

185 Vgl. dazu ausführlich *Beulke,* Der Verteidiger im Strafverfahren, S. 200 f. Siehe zur Begrenzung der staatlichen Aufklärungsbemühungen oben B.III.1.

186 *Beulke,* Der Verteidiger im Strafverfahren S. 186 f.

187 *Beulke,* Der Verteidiger im Strafverfahren S. 200.

sowie der Sicherheit der Bundesrepublik Deutschland beachten.[188] Gleichwohl seien ihm nur solche Verteidigungshandlungen untersagt, die den Kernbereich der Funktionsfähigkeit der Rechtspflege beeinträchtigen.[189] Die Rechtstellung des Verteidigers soll so weder anhand des Verfassungsrechts noch des Standesrechts bestimmt werden. Allein entscheidend soll das geltende Verfahrensrecht sein.[190]

III. Die Interessenvertretertheorie

Die Vertreter der Interessentheorie entnehmen dem Wortlaut des § 137 Abs. 1 S. 1 StPO, der Bezeichnung als „Beistand“, die Pflicht des Verteidigers, einseitig parteiisch die Interessen des Beschuldigten zu wahren.[191] In dieser Funktion sei der Verteidiger ausschließlich zu dessen Entlastung tätig und im Gegensatz zu Staatsanwaltschaft und Gericht gerade nicht zur Unparteilichkeit verpflichtet.[192] Die Wahrheitserforschung werde damit nicht durch die staatliche Inpflichtnahme, sondern vielmehr durch die strenge Einseitigkeit des Verteidigers gefördert und gewährleistet.[193] Der Verteidiger müsse professionell, kompetent und mit einer gewissen Konfliktbereitschaft die strafprozessualen Rechte nutzen.[194]

---

188 *Beulke*, Der Verteidiger im Strafverfahren, S. 183. Diese Interessen sind bei der Abwägung mit den privaten Interessen des Beschuldigten unterschiedlich zu gewichten. So wird lediglich dem öffentlichen Interesse an einer effektiven Verteidigung stets Vorrang eingeräumt, nicht jedoch der Effektivität der Rechtspflege sowie der Sicherheit der Bundesrepublik, *Beulke*, Der Verteidiger im Strafverfahren, S. 200; *ders.* Strafprozessrecht § 9 Rn. 150. Der Verteidiger könne nicht aufgrund seiner Organstellung verpflichtet werden, Rechte des Beschuldigten aufzugeben, soweit dies nicht in dessen ureigenen, sondern im staatlichen Interesse liege, *Beulke*, Der Verteidiger im Strafverfahren, S. 134.

189 *Beulke*, Der Verteidiger im Strafverfahren, S. 201 f.; *ders.*, Strafprozessrecht § 9 Rn. 150; vgl. auch *Dornach*, Der Strafverteidiger als Mitgarant, S. 118, 122. Kritisch *Jahn*, Konfliktverteidigung, S. 152 f.

190 *Dornach*, Der Strafverteidiger als Mitgarant, S. 121 f.

191 Vgl. AnwK-StPO/*Krekeler/Werner* Vor § 137 Rn. 8 f.; Graf StPO/*Wessing* § 137 Rn. 3. Dort heißt es: „Der Beschuldigte kann sich in jeder Lage des Verfahrens des Beistandes eines Verteidigers bedienen.“

192 KMR/*Hiebl* Vor § 137 Rn. 4; *Meyer-Goßner* Vor § 137 Rn. 1.

193 AnwK-StPO/*Krekeler/Werner* Vor § 137 Rn. 8; so sieht auch *Jaeger* in NJW 2004, 1 (6) dass selbst die Gerichte, die der Amtsermittlung verpflichtet sind, die Anwälte nicht ersetzen können.

194 *Welp* ZStW 90 (1978), 804 (817) sieht in den prozessualen Teilhaberechten des Verteidigers nicht mehr als einen Reflex der Vertretung von Beschuldigteninteressen; SK-StPO/*Wohlers* Vor §§ 137 ff. Rn. 3.

Angesichts der prozessualen Stellung des Beschuldigten als Verfahrenssubjekt bedürfe es der Beratung und des Beistands eines insoweit unbeteiligten, aber fachkundigen Dritten. Dieser habe bereits nach Art. 2 Abs. 1 GG, der dem Beschuldigten das Grundrecht auf einen Verteidiger zuspreche, streng einseitig zu agieren und alle für den Beschuldigten sprechenden Umstände vorzutragen.[195] Mit der Mandatierung des Verteidigers nach § 137 StPO obliege die Wahrnehmung der prozessualen Verteidigungsrechte, die grundsätzlich dem Beschuldigten zustehen, auch dem Beistand, der diese sodann im vertraglichen Umfang selbstständig für den Beschuldigten geltend mache.[196] So dürfe der Verteidiger insbesondere selbstständig Ermittlungstätigkeiten entfalten[197] sowie Anträge gegen den Willen des Beschuldigten stellen.[198]

IV. Die Vertragstheorie

Lüderssen und *Jahn* legen für die Stellung des Strafverteidigers das Vertragsprinzip zugrunde.[199] Die Rolle des Beschuldigten als Verfahrenssubjekt werde nicht ernst genommen, wenn der Verteidiger Rechte des Beschuldigten ohne oder gegen dessen Willen ausübe. Bereits aus § 137 Abs. 1 StPO ergebe sich, dass sich der Beschuldigte eines Verteidigers „bedienen“ kann, letztlich also der Beschuldigte maßgeblicher Entscheidungsträger sei und nicht der Verteidiger.

---

195 LR/*Lüderssen/Jahn* Vor § 137 Rn. 73. Einen ähnlichen Ansatz verfolgt auch *Holtfort* KJ 1977, 313 (314 f.), der den Strafverteidiger als soziale Gegenmacht oder auch „Kontrollorgan“ versteht, die dem Bürger Schutz vor „Fehlgriffen der Staatsgewalt“ gewährt.

196 Vgl. AnwK-StPO/*Krekeler/Werner* Vor § 137 Rn. 10; KK/*Laufhütte/Willnow* Vor § 137 Rn. 4; *Pfeiffer* StPO Vor § 137-149 Rn. 1; *Scholderer* StV 1993, 227 (230). Darüber hinaus stehen einige Rechte nur dem Verteidiger zu, hier sei nur beispielhaft das Recht aus § 145 Abs. 3 StPO bei Neubestellung die Unterbrechung oder Aussetzung der Hauptverhandlung zu verlangen, das Akteneinsichtsrecht nach § 147 StPO, die Revisionsbegründung nach § 345 Abs. 2 StPO und die Stellung des Wiederaufnahmeantrags nach § 366 Abs. 2 StPO genannt. Auch das Recht aus § 240 Abs. 2 StPO auf Befragung des Mitangeklagten steht nur dem Verteidiger zu.

197 *Beulke/Ruhmannseder*, Die Strafbarkeit des Verteidigers, Rn. 84 ff.; AnwK-StPO/*Krekeler/Werner* Vor § 137 Rn. 11; Beck'sches Rechtsanwalts-Handbuch/*Roxin* § 52 Rn. 53.

198 *Krey*, Strafprozessrecht Bd. 1, Rn. 222 f. Neben Beweisanträgen kommen hier auch Anträge zur Unterbringung nach § 81 StPO in Betracht. Das eigene Beweisantragsrecht des Verteidigers ablehnend *Wolf*, Strafverteidigung, S. 177.

199 LR/*Lüderssen/Jahn* Vor § 137 Rn. 33 ff.

Der Anwaltsvertrag ist ein Dienstvertrag nach § 611 BGB, dessen Gegenstand die Geschäftsbesorgung i.S.d. § 675 BGB ist. Auf den Anwaltsvertrag sind damit die allgemeinen Vorschriften des Bürgerlichen Rechts anwendbar. Das Mandatsverhältnis werde insbesondere durch die §§ 134, 138, 276 BGB beeinflusst, die zur Unwirksamkeit bzw. Nichtigkeit führen könnten.[200] Dem Mandanten werde so die Möglichkeit genommen, dem Verteidiger seine geradezu „selbstmörderische Strategie“ aufzuoktroyieren.

Ansonsten umfasse die objektive Sorgfaltspflicht des Rechtsanwalts, dass die Weisungen des Mandanten grundsätzlich zu beachten seien, der Verteidiger könne nicht ohne Weiteres von dessen Vorgaben abweichen. Dem Grunde nach führe dies zu einer Weisungsgebundenheit des Verteidigers.[201] Auch das Institut der Pflichtverteidigung sei mit der Konzeption der Vertragstheorie vereinbar.[202]

V. Thesen der Bundesrechtsanwaltskammer

Die Bundesrechtsanwaltskammer hat zur Stellung des Strafverteidigers diverse Thesen veröffentlicht, die Wesenszüge verschiedener Theorien vereinen. So lautet die erste These: „*Der Verteidiger ist frei in der Gestaltung der Verteidigung im Rahmen der Gesetze, seiner Schutzaufgabe und seiner Einordnung in die Funktion der Strafrechtspflege. Dieser Freiraum umfasst alle Maßnahmen, die der Verteidiger zur Abwehr der gegen seinen Mandanten erhobenen strafrechtlichen Vorwürfe durchführt, veranlasst oder geschehen lässt*“.[203]

In der zweiten These wird die „Garantenstellung“ des Verteidigers eingehender behandelt:[204] „*Der Verteidiger ist nur im Rahmen seiner Aufgabe, den Mandanten wirksam zu schützen, Garant eines justizförmigen Verfahrens.*“[205] Verstöße gegen prozessuale oder materiellrechtliche Normen müsse der Verteidiger nur dann beanstanden, wenn diese sich zuungunsten seines Mandanten auswirken könnten. Der Verteidiger sei keinesfalls verpflichtet, zum Schutze der Strafrechtspflege jegliche Mängel aufzudecken.

200 LR/*Lüderssen/Jahn* Vor § 137 Rn. 33; 42.

201 LR/*Lüderssen/Jahn* Vor § 137 Rn. 60. Bei unüberbrückbaren Differenzen, insbesondere bei einem Verlangen nach berufsrechtswidrigem Handeln sei der Rechtsanwalt berechtigt, das Mandatsverhältnis auch fristlos nach § 627 Abs. 1 BGB zu kündigen.

202 LR/*Lüderssen/Jahn* Vor § 137 Rn. 70 ff.

203 Thesen der BRAK, These 1.

204 Gemeint ist damit die Stellung gegenüber der Strafrechtspflege.

205 Thesen der BRAK, These 2.

Der einseitige Schutz des Mandanten wird demnach zum Maßstab der Verteidigungsbemühungen, die sich ihrerseits wiederum an der Stellung als Organ der Rechtspflege messen lassen müssen.[206] Letztlich begrenzen sich die beiden widerstreitenden Aufgaben des Verteidigers damit gegenseitig. Dem Verteidiger wird der Rahmen seiner Verteidigungsbemühungen durch die Gesetze vorgegeben, gleichzeitig ist er jedoch in diesem Rahmen unabhängig und einseitiger Interessenvertreter seines Mandanten.

VI. Konkretisierung anhand gesetzlicher Vorgaben

Da trotz der mitunter entgegengesetzten Überzeugungen innerhalb der verschiedenen Begriffsbestimmungen die Schutzbedürftigkeit des Beschuldigten unbestritten bleibt, wird mitunter versucht, die Stellung des Strafverteidigers anhand der gesetzlichen Vorgaben zu konkretisieren. Der Verteidiger soll in erster Linie seinen Schutzauftrag erfüllen. Ob dieser gepaart mit einer öffentlich-rechtlichen Verpflichtung oder alleiniger Maßstab seiner Verteidigerbemühungen ist, mag dahin gestellt sein. Schutz des Beschuldigten bedeutet stets die bestmögliche Verteidigung des Mandanten. Dieses Postulat von der bestmöglichen Verteidigung setzt nicht nur die Unabhängigkeit des Verteidigers von der staatlichen Strafverfolgung voraus, sondern auch von seinem Mandanten. Unabhängigkeit im Innenverhältnis erlangt der Verteidiger über das Vertrauen seines Mandanten.[207] Ohne dieses Vertrauensverhältnis wird der Beschuldigte seinen Verteidiger kaum in die Lage versetzen können, eine sachgerechte Verteidigung zu erarbeiten.[208] Grundlage für ein solches Vertrauensverhältnis ist, dass der Mandant nicht befürchten muss, sein Verteidiger werde für staatliche Zwecke eingespannt.[209] Daher muss es für alle Beteiligten möglich sein, die Rechte und Pflichten des Verteidigers abstrakt und nachvollziehbar zu bestimmen. Allein die gesetzlichen Regelungen vermögen diese unverzichtbare Klarheit zu

206 Thesen der BRAK, Thesen 1 und 2.

207 BVerfGE 110, 226 (252); *Jaeger* NJW 2004, 1 (4 ff.); Münchner Anwaltshandbuch Strafverteidigung/*Salditt* § 1, Rn. 60 f., 71.

208 So auch schon *Welp* ZStW 90 (1978), 804 (808).

209 In letzter Zeit häufen sich die Entscheidungen zur Pflichtverteidigerbestellung und damit zum grundlegenden Wert des Vertrauensverhältnisses zwischen Anwalt und Mandant, siehe beispielsweise LG Hamburg StV 2011, 148 m. Anm. *Jahn/Kirsch*; LG Heilbronn StV 2011, 222 (223); LG Krefeld StV 2011, 274 (275); OLG Koblenz StV 2011, 349 (351).

schaffen und die verschiedenen widerstreitenden Interessenlagen in Einklang zu bringen.[210]

VII. Zwischenergebnis und Anmerkungen

Versucht man die soeben dargelegten Ansätze zu kategorisieren, lassen sich zwei verschiedene Grundstrukturen erkennen. Auf der einen Seite wird der Verteidiger zumindest auch den Interessen der Strafrechtspflege verpflichtet, auf der anderen Seite werden die Interessen des Mandanten zum leitenden Kriterium für die Bestimmung der Stellung des Verteidigers. Das jeweilige professionelle Selbstverständnis des Verteidigers wirkt sich maßgeblich auf die mit dem Verteidigerverhalten verfolgten Zwecke und Erwartungen aus. Fügt sich der Verteidiger in seine Rolle als Teil der Rechtspflege, so wird sein Handeln nicht allein an den Interessen des Beschuldigten ausgerichtet sein. Als Organ der Strafrechtspflege wird er zumindest auch deren Belange zu berücksichtigen haben. Fühlt sich der Verteidiger hingegen allen voran den Interessen des Mandanten verpflichtet oder wird die verfahrensrechtliche Stellung des Verteidigers anhand der gesetzlichen Vorgaben bestimmt, so werden die Belange des Beschuldigten zur Grundlage der Verteidigung. Im Regelfall hat dieser ein Interesse daran, dass eine Verurteilung im besten Falle ganz ausbleibt oder zumindest eine milde Rechtsfolge ausgesprochen wird. Dennoch unterliegt der Verteidiger nach überwiegender Meinung sowohl der Wahrheitspflicht als auch dem Verbot, die Wahrheitsfindung aktiv zu vereiteln.[211] Dabei bedeutet die Verpflichtung auf die Wahrheit „nur", dass alles, was der Verteidiger sagt, wahr sein muss, er

210 Vgl. *Barton*, Strafverteidigung, § 6 Rn. 71 ff.; Münchner Anwaltshandbuch Wirtschafts- und Steuerstrafsachen/*Knierim* § 7 Rn. 9; *Roxin*, FS-Hanack, S. 2; *Roxin/Schünemann*, Strafverfahrensrecht, § 19 Rn. 9 f.; vgl. auch *Wolf*, Strafverteidigung, S. 112 ff., 425 f., der in seinem eigenen Ansatz davon ausgeht, dass das „Recht der Strafverteidigung" als Teil eines rechtlichen Verfahrens das Problem um die Rolle des Verteidigers zu lösen vermag. Die Verfahrensrechte und damit auch die Rechte der Strafverteidigung unterliegen, so *Wolf*, dem numerus clausus der gesetzlichen Regelungen. Jeder Verfahrensbeteiligte könne nur die Rechte ausüben und geltend machen, die ihm gesetzlich ausdrücklich zustehen. Daher könne es keine „Einheitsformel" für die Stellung des Verteidigers geben.

211 BGHSt 9, 20 (22); BGH StV 1999, 153 (154); 2000, 427 (428) „Insbesondere ist es ihm untersagt, durch aktive Verdunkelung und Verzerrung des Sachverhalts die Wahrheitserforschung zu erschweren oder Beweisquellen zu verfälschen". *Beulke*, Strafprozessrecht, § 9 Rn. 151; *Haller/Conzen*, Das Strafverfahren, Rn. 230; *Kindhäuser*, Strafprozessrecht, § 7 Rn. 5; *Krey*, Strafverfahrensrecht Bd. 1, § 7 Rn. 262 f.; *Meyer-Goßner* Vor § 137 Rn. 2; *Satzger/Hanft* NStZ 2007, 185 (188).

aber nicht alles sagen darf, was wahr ist.[212] Diese Vorgabe führt unweigerlich zu Spannungen. Zum einen hat sich gezeigt, dass die Frage, was „wahr" ist, nicht eindeutig beantwortet werden kann, denn die subjektive Komponente führt mitunter zu divergierenden Wahrheiten. Zum anderen wird sich der Umfang der „Wahrheit", die aus Sicht des Verteidigers im Prozess zu ermitteln ist, oftmals nicht mit dem Ermittlungsbedarf aus Sicht des Gerichts und der Staatsanwaltschaft decken. Weder ist der Verteidiger berechtigt, die „ganze Wahrheit" preiszugeben noch wird sich ein solches Vorgehen als hilfreich für seinen Mandanten erweisen. Verteidiger und Mandant werden in vielen Fällen ein ganz erhebliches Interesse daran haben, dass die Wahrheit gerade nicht vollumfänglich ermittelt wird. Insoweit ist es völlig legitim und sogar in der Konzeption des deutschen Strafverfahrens angelegt, dass der Verteidiger nicht zwangsläufig die gleichen Ziele verfolgt wie Gericht und Staatsanwaltschaft.

---

212 BGH StV 2001, 506 (507); *Dahs*, Handbuch des Strafverteidigers, Rn. 49; KK/*Laufhütte/Willnow* Vor. § 137 Rn. 5; *Pfeiffer* DRiZ 1984, 341 (343); ähnlich *Senge* NStZ 2002, 225 (227); *Rudolphi*, FS-Bruns, S. 333. Ausführlich hierzu *Widmaier*, 50 Jahre BGH Festgabe, S. 1047 ff. Der Verteidiger habe weder ein Recht zur Lüge noch dürfe er zu einer solchen anraten. A.A. *Ostendorf* NJW 1978, 1345 (1349), der dem Verteidiger das dem Beschuldigten zustehende Recht zur Lüge zubilligt. *Jahn*, Konfliktverteidigung, S. 192 gibt zu bedenken, dass die strafprozessuale Wahrheit nicht unbedingt der objektiven entspricht, sondern justiziell und selektiv vorgeprägt ist.

Drittes Kapitel: Missbrauch prozessualer Rechte, Konfliktverteidigung und konsensuale Verteidigung

Zu Beginn der vorliegenden Untersuchung wurde bereits deutlich, dass die Begrifflichkeiten vom „Rechtsmissbrauch" und der „Konfliktverteidigung" oftmals im selben Atemzug erwähnt werden, ohne zwischen diesen zu differenzieren. Um die Diskussion auf eine sachlichere Ebene zu bringen, sollen diese Begrifflichkeiten nicht weiter als bloße Schlagwörter verwendet werden. Die bisherige dogmatische Diskussion soll vielmehr aus einer Metaperspektive analysiert werden, um eine Inhaltsbestimmung und Abgrenzung der Idealtypen zu erreichen.

A. Der Missbrauch prozessualer Rechte

Der Streit um den Missbrauch von Verfahrensrechten ist bereits in der Konzeption des deutschen Strafprozesses angelegt. Wie sich gezeigt hat, führt die gerichtliche Aufklärungspflicht des § 244 Abs. 2 StPO auf der einen Seite zu einer inquisitorischen Stellung des Gerichts, der auf der anderen Seite die verfahrensrechtlichen Befugnisse und Rechte des Beschuldigten und der Verteidigung gegenüberstehen, um die überlegene Position des Gerichts auszugleichen. Dem Verteidiger wird grundsätzlich die Befugnis zugestanden, mit prozessadäquaten Mitteln alles tun, was in gesetzlich nicht zu beanstandender Weise seinem Mandanten nützt, selbst wenn dadurch eine rechtskräftige Verurteilung verzögert wird.[213] Dennoch müsse es für das Verteidigerverhalten Grenzen geben, die ein „aus den Angeln heben" des Rechtsstaats verhindern.[214] Denn die Strafrechtspflege stoße an ihre Grenzen, wenn die Verteidigung zwar formal korrekt und im Rahmen des Standesrechts von den prozessualen Rechten Gebrauch mache, sich aber den traditionellen Zielen des Strafverfahrens, der Wahrheitsfindung

213 Grundlegend BGHSt 38, 345 (347 f.); siehe auch OLG Karlsruhe JZ 2006, 1129 (1131).

214 *Beulke*, FS-Roxin, S. 1182. Damit diese aber nicht ausufernd wahrgenommen werden, soll das allgemeine Missbrauchsverbot, das über die speziell geregelten Einzelfälle hinaus geht, als ein „Korrektiv" verstanden werden können *Basdorf*, Verständigung, S. 56.

in einem prozessordnungsgemäßen Verfahren, nicht verpflichtet fühle.[215] Ein solches Verhalten sei auch nicht mehr mit der Aufgabe der Verteidigung, dem Schutz des Angeklagten vor einem Fehlurteil oder einem prozessordnungswidrigen Verfahren, zu erklären.

Die Möglichkeit des Missbrauchs ist dem Gesetzgeber zwar keinesfalls verborgen geblieben. Gleichwohl hat er in der Strafprozessordnung nur einige wenige spezielle Missbrauchstatbestände normiert. Eine allgemeine Missbrauchsklausel kennt das deutsche Strafprozessrecht nicht.[216] Nach wie vor werden aufgrund dieser Ausgangslage im Wesentlichen zwei Problemkreise diskutiert. Zum einen wird immer wieder die Frage aufgeworfen, ob trotz der fehlenden Regelung de lege lata ein allgemeines Missbrauchsverbot anzuerkennen ist und – wenn ja – welche Verhaltensweisen hierunter zu subsumieren sind. Zum anderen steht die Einführung einer Regelung de lege ferenda, die eine allgemeine Missbrauchsklausel statuiert, im Mittelpunkt der Betrachtung.[217]

I. Allgemeines Missbrauchsverbot

Obwohl schon das Reichsgericht in seinem ersten Band festgestellt hat, dass es eine Handhabe geben müsse, um zu verhindern, dass der Angeklagte sein Recht auf Heranziehung von Beweismitteln, die in der jeweiligen Sache keine Beweismittel seien und nicht sein könnten, *„lediglich zum Verschleife des Prozesses chikanös gemißbraucht werde“* und die Beweise nur heterogene, also verfahrensfremde Umstände betreffen, existiert bis heute de lege lata keine gesetzlich normierte allgemeine Missbrauchsklausel.[218] Ob die Existenz eines allgemeinen Missbrauchsverbots trotz der fehlenden gesetzlichen Normierung anzuerkennen ist, wird in Rechtsprechung und Literatur kontrovers diskutiert. Die Befürworter

215 BGH NStZ 2005, 341.

216 Siehe zu den speziellen Missbrauchstatbeständen §§ 26a Abs. 1 Nr. 3, 29 Abs. 2, 137 Abs. 1 S. 2, 244 Abs. 3 S. 2; 245 Abs. 2 S. 3 und 266 Abs. 3 S. 1 StPO; *Beulke*, FS-Amelung, S. 544.

217 *Kempf*, FS-Hassemer, S. 1052 merkt hierzu an, dass diese Frage immer wieder in Wellen auftauche.

218 RG 1, 241 (244); ähnlich RG 45, 138 (141); 65, 304 (305); BGHSt 17, 28 (30). In BGHSt 7, 330 (331) wurde der Antrag auf Vernehmung eines erkennenden Richters wegen Verschleppungsabsicht abgelehnt, wenn dieser eine dienstliche Erklärung abgibt, keine Angaben machen zu können. In dieser Konstellation wurde auch in BGH StV 1991, 99 (100) ein Missbrauch des Antragsrechts bejaht, die Ablehnung aber auf § 244 Abs. 3 StPO gestützt und nicht auf ein allgemeines Missbrauchsverbot. Eine gesetzliche Regelung befürwortend BGH NJW 2005, 2466 (2468 f.).

können sich zwar auf die höchstrichterliche Anerkennung des allgemeinen Missbrauchsverbots berufen.[219] Gleichwohl formiert sich hiergegen erheblicher Widerspruch.[220] Soweit überhaupt das Bedürfnis des Rückgriffs auf eine allgemeine Missbrauchsregelung anerkannt wird, wird vielfach die Einführung einer gesetzlichen Regelung für vorzugswürdig erachtet.[221]

1. Herleitung und Begründung des allgemeinen Missbrauchsverbots

In seiner Grundsatzentscheidung begründet der *4. Strafsenat des Bundesgerichtshofs* in BGHSt 38, 111 die Existenz des allgemeinen Missbrauchsverbots, das über die gesetzlich normierten speziellen Missbrauchstatbestände hinaus geht gerade mit der Existenz einzelner spezieller Missbrauchstatbestände. Ihnen liege der im Strafverfahren wie in jedem anderen Prozess auch geltende Gedanke der Verhinderung des Rechtsmissbrauchs zugrunde. Demzufolge sei der Gebrauch

---

219 Vgl. BVerfG NJW 2009, 1469 (1471); BGHSt 38, 111 (112 f.); 51, 88 (92); KG JR 1971, 338, m. Anm. *Peters*; OLG Hamburg NStZ 1998, 586 (587). Siehe zu den Befürwortern *Beulke*, FS-Amelung, S. 558; *ders.*, Strafprozessrecht, § 7 Rn. 126a; *ders.*, Strafverteidigung im Spannungsfeld, S. 145; *ders.* StV 2009, 554 (555); *Beulke/Ruhmannseder*, Die Strafbarkeit des Verteidigers, Rn. 100, wobei bei *Beulke* das Verbot des Missbrauchs bereits aus der eingeschränkten Organtheorie entnommen wird und er sich gegen die „Filterfunktion" des Verteidigers wehrt; *Heinrich*, Konfliktverteidigung im Strafprozess, S. 18; *Kröpil*, JuS 1997, 355; *Kudlich*, Strafprozeß und allgemeines Mißbrauchsverbot, S. 289; *Meyer-Goßner* Einl. Rn. 111; *Niemöller* StV 1996, 501 (505); *Pfeiffer* StPO Einl. Rn. 26a; *Roxin*, FS-Hanack, S. 20; *Senge* NStZ 2002, 225 (226).

220 OLG Nürnberg StV 1995, 287 (289 f.) m. Anm. *Barton; Hamm* NJW 1993, 289 (296 f.); *Dahs*, FS-Odersky, S. 331; *Eschenhagen*, Der Mißbrauch des Beweisantragsrechts, S. 178, 183; *Herdegen*, GS-Meyer, S. 199; *Jahn*, Konfliktverteidigung, S. 265 ff.; *Kühne* NJW 1998, 3027; LR/*Lüderssen/Jahn* Vor § 137 Rn. 165; *Rüping* JZ 1997, 865 (869) spricht sich ebenfalls für die Begrenzung auf einzelne Prozessinstitute aus; SK-StPO/*Wohlers* Vor §§ 137 ff. Rn. 64. Siehe zur Kritik ausführlicher unten A.IV.

221 Vgl. *Beulke*, Der Verteidiger im Strafverfahren, S. 242 f., 262; *Fischer* StV 2010, 423 (426 f.); *Jahn* StV 2009, 663 (667); *Kröpil* DRiZ 2001, 335 (338); *ders.* AnwBl 2002, 624 (625); *ders.* DRiZ 2004, 6; *Rebmann* DRiZ 1979, 363 (369); *ders.* NStZ 1984, 241 (246); *Weber* GA 1975, 289 (305) fordert zwar keine allgemeine Missbrauchsklausel, aber dennoch Vorschriften, um den Rechtsmissbrauch zu unterbinden. Die Einführung einer gesetzlichen allgemeinen Missbrauchsklausel wird im dritten Teil der Untersuchung zu erörtern sein, s.u. dritter Teil, zweites Kapitel, B.I.

prozessualer Rechte zum Erreichen rechtlich missbilligter Ziele, die der gesetzgeberischen Intention zuwiderlaufen, untersagt.[222]

2. *Inhaltsbestimmung des allgemeinen Missbrauchsbegriffs*

Die inhaltliche Ausgestaltung des Missbrauchsbegriffs ist maßgeblich auf diese Grundsatzentscheidung des *4. Strafsenats* zum Missbrauch prozessualer Rechte zurückzuführen. Diese wurde zwar nicht ohne jede Kritik, aber im Ergebnis mit weitverbreiteter Zustimmung aufgenommen.[223] Ein Missbrauch prozessualer Rechte ist danach anzunehmen, *„wenn ein Verfahrensbeteiligter die ihm durch die Strafprozessordnung eingeräumten Möglichkeiten zur Wahrung seiner verfahrensrechtlichen Belange dazu benutzt, um gezielt verfahrensfremde oder verfahrenswidrige Zwecke zu verfolgen. So ist es rechtsmissbräuchlich, wenn ein Antrag nur zum Schein der Sachaufklärung gestellt wird, mit ihm in Wahrheit aber verfahrensfremde Zwecke verfolgt werden."*[224]

Abstrakt formuliert wird nach den Vorgaben des Bundesgerichtshofs die Verfolgung prozessfremder oder prozesswidriger Zwecke zum Merkmal des

---

222 BGHSt 38, 111 (113); bestätigt in BGHSt 51, 88 (92 f.); ähnlich *Berg* DRiZ 1994, 380 (383); *Fischer* NStZ 1997, 212 (215); *Kudlich*, Strafprozeß und allgemeines Mißbrauchsverbot, S. 21; *ders.* NStZ 1998, 588; *Weber* GA 1975, 289 (295).

223 *Fezer* JZ 1996, 655 (658); *Kröpil* JR 1997, 315; *Kudlich*, Strafprozeß und allgemeines Mißbrauchsverbot, S. 280, 289; *Roxin*, FS-Hanack, S. 20; *Scheffler* JR 1993, 170; *Widmaier* NStZ 1992, 519. Ein allgemeines Missbrauchsverbot bejahend, jedoch die Entscheidung ablehnend *Beulke*, Strafverteidigung im Spannungsfeld, S. 145; *Schatz*, Das Beweisantragsrecht in der Hauptverhandlung, S. 300 f. lehnt ein allgemeines Missbrauchsverbot zwar ab, hält die Entscheidung BGHSt 38,111 dennoch im Ergebnis für zutreffend, als extremer Einzelfall könne die Entscheidung „auf sich beruhen".

224 Vgl. BGHSt 38, 111 (113); bestätigt in BGHSt 51, 88 (92 f.); ähnlich BGH StV 1991, 99 (100); OLG Hamburg NStZ 1998, 586 (587); *Berg* DRiZ 1994, 380 (383); *Fahl*, Rechtsmissbrauch im Strafprozess, S. 119, 125, 723; *Kröpil* JR 1997, 315 (316); *ders.* AnwBl 2002, 624, der den Begriff der „Verfahrenszielkonformität" verwendet; *Kudlich*, Strafprozeß und allgemeines Mißbrauchsverbot, S. 21; *ders.* NStZ 1998, 588; *Meyer-Goßner* Einl. Rn. 111; *Niemöller* StV 1996, 501 (502); ähnlich auch *Fischer* StV 2010, 423 (425), der den Rechtsmissbrauch als „Fehlgebrauch" oder „unrechtmäßige" Ausübung eines Rechts bezeichnet. Kritisch *Widmaier* NStZ 1992, 519. Da die Grenzen des Verteidigungsverhaltens als prozessuales Gegengewicht keine formale Bestimmung erhalten hätten, sondern abhängig von den Verfahrenszielen gezogen werden, sei die Möglichkeit der missbräuchlichen Inanspruchnahme dieser Verfahrensrechte wesensimmanent, vgl. auch *Kempf*, FS-Hassemer, S. 1042.

Rechtsmissbrauchs. Dieses und ähnliche Begriffspaare werden bemüht, um dem Kriterium der Zweckwidrigkeit etwas mehr Kontur zu verleihen.

3. *Inhaltliche Ausgestaltung des Kriteriums der Zweckwidrigkeit*

a. Prozessfremdes und prozesswidriges Verhalten

Ein prozessfremdes Verhalten soll vorliegen, wenn der Gebrauch der Befugnis Zielen dient, die gänzlich außerhalb des Verfahrens liegen, insbesondere wenn die Form der Prozesshandlung für Beschimpfungen und Beleidigungen genutzt wird.[225] Der Begriff des prozesswidrigen Verhaltens erfasst Verhaltensweisen, die sich zwar auf Ablauf und Schicksal des Verfahrens beziehen, jedoch seiner Funktion insgesamt oder einzelnen Grundsätzen seiner rechtlichen Ordnung zuwiderlaufen.[226]

b. Verteidigungs- und verfahrensfremdes Verhalten

Verteidigungsfremdes Verhalten wird als ein prozessual unzulässiges Handeln bei Gelegenheit der Verteidigung verstanden, das nicht mehr vom Verteidigungszweck getragen wird, weil es sich zwar den äußeren Anschein statthafter Verteidigung gibt, in Wirklichkeit jedoch einem anderen Ziel jenseits aller denkbaren Verteidigungsziele dient und nichts zur Verteidigung beizutragen vermag.[227] Anders formuliert soll verteidigungsfremdes Verhalten vorliegen, wenn Ziele verfolgt werden, die nicht von der Verteidigungsaufgabe erfasst werden. Damit stimmt verteidigungsfremdes Verhalten im Wesentlichen mit dem dargelegten Verständnis von prozesswidrigem Verhalten überein.

Die Verfolgung verfahrensfremder Zwecke soll unter anderem dann vorliegen, wenn ein Prozessbeteiligter den Richter im Verfahren beleidigt, um einen Grund für einen Befangenheitsantrag zu provozieren und so sein Ziel – hier den Ausschluss des Richters – durch den Einsatz einer Prozessbefugnis zu erreichen.[228] Zwischen der Verfahrenshandlung und dem Verfahrensgegenstand bestehe kein denkbarer Zusammenhang. Diese absolute Zusammenhangslosigkeit wird zum Merkmal der Verfahrensfremdheit.[229]

---

225 *Niemöller* StV 1996, 501 (502 f.).

226 *Niemöller* StV 1996, 501 (503); ähnlich auch *Senge* NStZ 2002, 225 (227).

227 BGHSt 29, 99 (106), dort war als in Wirklichkeit verfolgtes Ziel die Unterstützung einer kriminellen oder terroristischen Vereinigung ausgemacht. BGHSt 30, 38 (39); 38, 7 (11); 46, 36 (45); BGH JZ 2006, 1129 (1133).

228 *Rüping/Dornseifer* JZ 1977, 417 (418). Vgl. auch *Beulke*, Der Verteidiger im Strafverfahren, S. 242, der in der Verfolgung missbilligendwerter und nicht hinnehmbarer verfahrensfremder Ziele einen Rechtsmissbrauch sieht.

229 *Breucker*, Verteidigungsfremdes Verhalten, S. 29.

Dem verfahrensfremden Verhalten liegt wiederum ein ähnliches Verständnis zugrunde wie dem des prozessfremden Verhaltens.

c. Externe und interne Handlungen

Dem verfahrens- und prozessfremden Verteidigungshandeln sind externe Handlungen vergleichbar. Hierunter werden Handlungen außerhalb des Prozessverlaufs verstanden.[230] Exemplarisch werden tatsächliche Handlungen wie tätliche Angriffe, Mobilisierung der Öffentlichkeit, Sprechchöre oder Zeugenbestechung zur Falschaussage genannt. Interne Handlungen hingegen spielten sich innerhalb des Prozessverlaufes ab und vereitelten oder erschwerten das Erreichen des Minimalziels, den Verfahrensabschluss.[231] Beispiele hierfür sind das Erzwingen des Abbruchs der Hauptverhandlung durch abgesprochene Niederlegung des Mandats zu Unzeiten, Vorenthalten oder Vernichten der zur Akteneinsicht erhaltenen Ermittlungsakte oder Beweismittel sowie die exzessive Inanspruchnahme von Rechten, insbesondere dem Beweisantragsrecht oder der Besetzungsrügen.[232] Damit entspricht dies im Wesentlichen dem verteidigungsfremden und prozesswidrigen Verhalten.

d. Objektiv und subjektiv rechtsmissbräuchliches Verhalten nach der Lehre vom institutionellen Rechtsmissbrauch

Für das Vorliegen eines subjektiven Rechtsmissbrauchs wird entscheidend auf die Motive des Handelnden abgestellt.[233] Dabei komme es – ebenso wie bei dem prozesswidrigen oder verteidigungsfremden Verhalten und den internen Handlungen – darauf an, welchen Zweck der Verfahrensbeteiligte mit der Wahrnehmung seiner Rechte verfolgt. Widerspricht diese subjektive Absicht dem der Verfahrensbefugnis zugrunde liegenden Zweck, sei der Einsatz subjektiv rechtsmissbräuchlich.[234] Als Beispiel wird die Prozessverschleppungsabsicht herangezogen. Diese müsse jedoch als ausschließliches Motiv des Antrags nachgewiesen werden können. Es müsste dem Antragsteller weder objektiv möglich sein, den

---

230 Vgl. *Jahn*, Konfliktverteidigung, S. 45 ff. mit weiteren Beispielen; *Weiss* AnwBl 1981, 321 (323).

231 *Jahn*, Konfliktverteidigung, S. 40 ff.

232 Siehe hierzu ausführlicher *Jahn*, Konfliktverteidigung, S. 41 ff; wobei die dort genannten Beispiele bei *Jahn* ZRP 1998, 103 ohne weitere Unterscheidung unter dem Begriff der Konfliktverteidigung angeführt werden.

233 *Weber* GA 1975, 289 (295 ff.).

234 Siehe zu dem Ganzen *Weber* GA 1975, 289 (293 f., 295 ff.). Vgl. auch *Eschenhagen*, Der Mißbrauch des Beweisantragsrechts, S. 23.

mit der Befugnis verfolgten Zweck zu erreichen, noch dürfte dieser subjektiv den eigentlichen Zweck der Verfahrensbefugnis erreichen wollen.[235] Objektiver Rechtsmissbrauch soll sich hingegen allein aus dem objektiven Erscheinungsbild des jeweiligen Prozessverhaltens ergeben. Ein objektiv rechtsmissbräuchliches Verhalten liege beispielsweise dann vor, wenn lediglich heterogene Umstände betroffen seien, die in keinem Zusammenhang mit der konkreten Untersuchung stünden und mit dem Einsatz der prozessualen Befugnis der verfolgte Zweck nicht erreicht werde bzw. die Untersuchung verzögere. Dies entspricht in den Grundzügen dem prozess- bzw. verfahrensfremden Verhalten sowie den beschriebenen externen Handlungen.

Letztlich zeigen die vorstehenden Ausführungen, dass die verschiedenen Begriffspaare in ihren Grundzügen übereinstimmen und den einzelnen Begriffen stets die Zweckwidrigkeit des verfolgten Ziels zugrunde liegt.[236]

4. *Adressat des allgemeinen Missbrauchsverbots*

Bei der Anerkennung des allgemeinen Missbrauchsverbots nimmt der Bundesgerichtshof keinerlei Einschränkung bezüglich des Adressaten vor. Bei einem Verstoß gegen das allgemeine Missbrauchsverbot wird die Einschränkung der Verfahrensrechte eines jeden Beteiligten grundsätzlich für möglich erachtet, wenn sein rechtsmissbräuchliches Verhalten die effektive Förderung des rechtsstaatlichen Strafverfahrens ernsthaft und nachhaltig infrage stellt.[237] Verfahrensbeteiligter und damit Adressat ist neben dem Beschuldigten in aller Regel – auch außerhalb der Fälle des § 140 StPO – der Verteidiger. Damit unterliegt auch dieser dem Verbot, seine prozessual gewährleisteten Rechte missbräuchlich einzusetzen. Wird ein Verstoß des Verteidigers festgestellt, so sei es beispielsweise ohne Verlust an Rechtsstaatlichkeit möglich, diesem das Recht zur Antragstellung zu entziehen und dem Angeklagten einen neuen Verteidiger beizuordnen.[238]

Jedoch legt der *4. Strafsenat* an das Verhalten von Verteidiger und Beschuldigten unterschiedliche Maßstäbe an.[239] Zum Teil wird – allgemeiner formuliert – ein Rechtsmissbrauch des Beschuldigten bei arglistigem Verhalten angenommen, während die Grenze beim Missbrauch der Verteidigerrechte aufgrund der besonderen Rolle, die der Verteidiger im Strafverfahren einnimmt, weiter gezogen

235 *Rüping/Dornseifer* JZ 1977, 417 (418 f.).
236 Vgl. auch *Niemöller* StV 1996, 501 (505).
237 Vgl. BGHSt 38, 111 (114), 51, 88 (92 f.)
238 *Senge*, FS-Nehm, S. 342.
239 BGHSt 38, 111; so auch BGH StV 2006, 113 (115).

wird. Ein Missbrauch der Verteidigerrechte soll erst dann vorliegen, wenn die Grenzen zur Prozesssabotage überschritten werden.[240]

5. *Anwendungsbereich des allgemeinen Missbrauchsverbots*

Auf das allgemeine Missbrauchsverbot soll jedoch erst dann zurückgegriffen werden können, wenn ein Fehlverhalten von einigem Gewicht feststellbar sei und ausschließlich ein Ziel verfolgt werde, das von der Verfahrensordnung missbilligt werde sowie keinerlei Anhaltspunkte dafür sprechen, dass eine verfahrensfremde Rechtsentwicklung noch geduldet werden solle. Im Zweifel sei bei der Anwendung des Missbrauchsprinzips zugunsten der Zulässigkeit des Verteidigungsverhaltens zu entscheiden.[241]

Zuweilen wird jedoch ein solch umfassendes Missbrauchsverbot nicht ganz allgemein und losgelöst von einer speziellen gesetzlichen Missbrauchsklausel anerkannt, sondern in Gestalt des Verbots des institutionellen Rechtsmissbrauchs nur insoweit, als es den Gerichten bei der Auslegung der einzelnen Vorschriften, denen ein Missbrauchsverbot zugrunde liegt, dient.[242] Doch inhaltlich geht auch die Lehre vom institutionellen Rechtsmissbrauch davon aus, dass ein Recht missbraucht werde, wenn es nicht der gesetzlichen Intention entsprechend, sondern zur Erreichung missbilligenswerter Ziele ausgeübt werde.[243] Grundlage der Lehre vom institutionellen Rechtsmissbrauch ist der verfassungsrechtliche Gedanke des gemeinschaftsgebundenen Individuums, das auf anderen gegenüber bestehende Rechtspflichten Rücksicht zu nehmen hat.[244]

6. *Übertragung auf „Rechtsmissbräuchliches Verteidigungsverhalten"*

Übernimmt man nun die Grundzüge dieser Unterscheidung zwischen einem Verteidigungsverhalten, das sich eher durch die Inanspruchnahme prozessualer Rechte auszeichnet, und einer Störung des Verfahrensablaufs durch sonstige Einflussnahmen von außen, wird deutlich, dass vor allem Ersteres zu Kontroversen führen kann. Man wird sich relativ einfach darauf einigen können, dass

---

240 *Beulke* StV 2009, 554 (555, 557); a.A. *Meyer-Goßner* Einl. Rn. 111. Bei der Ankündigung von über 8.500 Beweisanträgen zu einem „sachlich insgesamt überschaubaren Sachverhalt" wird auch ein arglistiges Verhalten anzunehmen sein. Siehe zur Prozesssabotage auch *Jahn*, Konfliktverteidigung, S. 65.

241 *Beulke*, Der Verteidiger im Strafverfahren, S. 231.

242 *Weber* GA 1975, 289 (300, 305).

243 *Weber* GA 1975, 289 (293 f., 295).

244 *Rüping/Dornseifer* JZ 1977, 417 (418).

der Verteidiger das Gericht weder beschimpfen noch beleidigen darf. Insofern werden weniger die verfahrensfremden bzw. die externen oder objektiv rechtsmissbräuchlichen Verhaltensweisen als vielmehr die verteidigungsfremden bzw. internen, subjektiv rechtsmissbräuchlichen, prozesswidrigen Verhaltensweisen im Zentrum der Betrachtung stehen. Ein solcher Rechtsmissbrauch wird beispielsweise dann angenommen, wenn das Gericht mit einer Vielzahl kaum zu bewältigender Anträge systematisch lahmgelegt werden soll.[245] Der Vorwurf des Rechtsmissbrauchs wurde ferner erhoben, wenn der Revisionsführer nach §§ 337, 338 StPO bewusst wahrheitswidrig einen Verfahrensverstoß geltend macht und sich zum Beweis auf ein als unrichtig anerkanntes Protokoll beruft.[246] Begründet wird dies damit, dass die Verfahrensrüge dazu diene, tatsächlich erfolgte Verfahrensfehler zu korrigieren. Es widerspreche dem Zweck der Verfahrensrüge, wenn wider besseres Wissen ein tatsächlich nicht geschehener Verfahrensfehler geltend gemacht werde. Eine solche Rüge sei unzulässig, da sie gegen das allgemeine Missbrauchsverbot verstoße.[247] Um einen solchen Missbrauch zu unterbinden, wird die nachträgliche Berichtigung des Protokolls für zulässig erachtet, selbst wenn diese dem Beschwerdeführer zum Nachteil gereicht und seiner bereits ordnungsgemäß erhobenen Verfahrensrüge die Tatsachengrundlage entzieht.[248]

II. Die Bildung des Idealtyps

Um nun aus den Ausführungen zum Rechtsmissbrauch und dem damit verbundenen allgemeinen Missbrauchsverbot einen Idealtyp abzuleiten, ist mindestens ein wesentliches Merkmal herauszuarbeiten, dem sich dann die Einzelphänomene fügen, sodass diese zu einem einheitlichen Gedankenkonstrukt zusammengefasst werden können.[249] Wie sich gezeigt hat, wird ein Rechtsmissbrauch im Wesentlichen dann angenommen, wenn die prozessual gewährten Befugnisse zur Verfolgung verfahrensfremder oder verfahrenswidriger Zwecke eingesetzt werden.[250] Zum entscheidenden Kriterium wird damit die Zweckwidrigkeit.

---

245 *Basdorf*, Verständigung, S. 56.

246 BGHSt 51, 88 (92 ff.); ablehnend *Beulke*, FS-Amelung, S. 557 ff. *ders.* StV 2009, 554 (556). Das unrichtige Protokoll kann nach GGSt BGHSt 51, 298 nunmehr auch unter bestimmten Voraussetzungen nachträglich berichtigt werden. Kritisch *Kempf*, FS-Hassemer, S. 1048 f.

247 BGHSt 51, 88.

248 BGHSt 51, 88.

249 Siehe zur Bildung der Idealtypen oben erstes Kapitel, B.II.

250 Siehe zu dieser Unterscheidung oben A.I.2.

Die dargestellten Einzelphänomene können per se alle diesem Merkmal der Zweckwidrigkeit als konstitutivem Element des Rechtsmissbrauchs zugeordnet werden, sei es ein Verhalten, das sich nur den äußeren Anschein statthafter Verteidigung gibt, sei es, dass zwischen dem Verteidigungsverhalten und dem Verfahrensgegenstand keinerlei Zusammenhang besteht oder Beleidigungen oder tätliche Angriffe verübt werden.

III. Bedeutung der Zweckwidrigkeit

Das beanstandete Verhalten muss nach alledem einem wie auch immer gearteten Zweck widersprechen. Zwei Bezugspunkte sind dabei als Abgrenzungskriterium für ein missbräuchliches Verhalten denkbar. Zum einen wird auf den Regelungsgehalt des jeweiligen prozessualen Rechts, dessen Anwendungsbereich im konkreten Fall betroffen ist, abgestellt. Zum anderen werden die dem Strafprozess zugrunde liegenden Ziele zur Ermittlung des Normzwecks und damit auch der Zweckwidrigkeit herangezogen.[251]

Hierin liegt der Kern der Problematik. Weder gibt es die „eine Wahrheit", deren Erforschung zum Ziel des Verfahrens werden kann, noch verfolgen alle hieran Beteiligten dieselben Verfahrenszwecke.[252] Wie bereits im Zusammenhang mit der Stellung des Strafverteidigers erörtert, verfolgt dieser aufgrund seines professionellen Selbstverständnisses nicht zwangsläufig dieselben Ziele wie die Strafverfolgungsbehörden. Sowohl für die Interessentheorie als auch die Vertragstheorie ist letztlich das unbestreitbare Interesse des Beschuldigten an der Verhinderung oder zumindest Milderung seiner Strafe entscheidend. Handelt der Verteidiger ausschließlich im Interesse des Beschuldigten, muss die Verhinderung der Verurteilung seiner Strategie zugrunde gelegt werden. Dabei wird man nicht umhin kommen zuzugeben, dass im Einzelfall auch ein prozessordnungswidriges Verhalten des Verteidigers eben dieses Ziel zu erreichen vermag. Hier sei nur an den Stuttgarter Rechtsextremistenprozess gedacht, bei dem der Abschluss des Verfahrens und damit auch eine Verurteilung maßgeblich durch

---

251 Vgl. *Breucker*, Verteidigungsfremdes Verhalten, S. 36. *Deckers* AnwBl 1981, 316 (317 f.); *Eschenhagen*, Der Mißbrauch des Beweisantragsrechts, S. 13; *Kindhäuser*, Strafprozessrecht, § 1 Rn. 19; *Kudlich*, Strafprozeß und allgemeines Mißbrauchsverbot, S. 199 ff., 253. *Fahl*, Rechtsmissbrauch im Strafprozess, S. 124 entnimmt der jeweiligen prozessualen Befugnis eine „Binnengrenze", an der das Recht endet und der Missbrauch beginnt. Werde diese Grenze überschritten, liege nur der Anschein der Rechtsausübung vor, der auch als „Rechtsmissbrauch" bezeichnet werden könne. Dabei sei der Inhalt des Rechts durch seinen Zweck beschränkt.

252 S.o. erstes Kapitel, B, C.

das Verteidigerverhalten verhindert wurden.[253] So kann es durchaus im Interesse des Beschuldigten liegen, sich über die Grenzen des prozessual Zulässigen hinwegzusetzen.

Demnach können die verschiedenen Verfahrensbeteiligten allein aufgrund ihres beruflichen Selbstbildes unterschiedliche Zwecke verfolgen. Solange jeder Verfahrensbeteiligte diese maßgeblichen Zwecke inhaltlich selbst bestimmt, werden sich alle Beteiligten auf einer abstrakten Ebene auf das Kriterium der Zweckwidrigkeit einigen können. Doch inhaltlich werden sich nur sehr schwer verallgemeinerungsfähige Kriterien finden lassen, welches Verhalten objektiv als zweckwidrig qualifiziert werden kann. Der Gedanke der Zweckentfremdung beruht demnach im Wesentlichen auf einer normativen Wertung. Die dieser Wertung zugrunde liegenden Tatsachen werden zwar durch empirische Erfahrungen zusammengestellt, die für die Bildung eines Idealtypus erforderliche Strukturierung dieser Phänomene erfolgt jedoch normativ anhand bestimmter Erfahrungen der Verfahrensbeteiligten.

Vor diesem Hintergrund werden auch die teilweise gegen die Anerkennung eines allgemeinen Missbrauchsverbots vorgebrachten Einwendungen nachvollziehbar, insbesondere der Vorwurf der Unbestimmtheit des Missbrauchsverbots.

IV. Einwendungen gegen ein allgemeines Missbrauchsverbot

1. Unbestimmtheit des Missbrauchsverbots

Einer der Hauptkritikpunkte, der gegen ein allgemeines ungeschriebenes Missbrauchsverbot vorgebracht werden kann, ist die Unbestimmtheit des Missbrauchsbegriffs. Wie bereits im vorherigen Abschnitt ausgeführt, ist es kaum möglich, anhand des konstitutiven Elements der Zweckwidrigkeit den einen allgemeinverbindlichen Zweck festzustellen, dem alle Verfahrensbeteiligte einen einheitlichen Inhalt zusprechen. Ebenso wenig ist es möglich, dass ein Verteidigungsverhalten von allen Verfahrensbeteiligten einhellig bewertet und einem bestimmten Idealtyp zugeordnet wird.

Gerade diese Unbestimmtheit des Missbrauchsbegriffs kann zu rechtsstaatlichen Konflikten führen. Eine generalklauselartige und unbestimmte Formulierung eines allgemeinen Missbrauchsverbots birgt die Gefahr des Verlustes der schützenden Formen des Strafprozesses. Das konturenlose Kriterium des Missbrauchs scheint mit dem an formale Vorgaben gebundenen Strafrecht nicht

253 Nach mehr als zwei Jahren Hauptverhandlung wurde das Verfahren abgebrochen; *Jahn* ZRP 1998, 103 (105); *Widmaier* NStZ 1994, 414 (415).

vereinbar zu sein.[254] So wird befürchtet, dass die Unbestimmtheit selbst zum Missbrauch verleitet, wenn die Gerichte nach freiem Ermessen über das Vorliegen eines Missbrauchs befinden dürften.[255]

Auch eine Art Kasuistik, die anhand einzelner Beispiele entwickelt werden könnte, vermag diese Bedenken nicht auszuräumen. Mit der Anerkennung, Anwendung und Fortschreibung in jedem Einzelfall würden die Gerichte eigene neue Verfahrensregeln aufstellen, aufgrund derer die selbst definierten und als dysfunktional empfundenen Verteidigungsweisen eingeschränkt werden könnten.[256] Würde die Rechtsprechung auf diesem Wege eine Art „kleine Strafprozessordnung" schaffen, würde sich unvermeidlich die Frage nach der Gewaltenteilung und der Überschreitung der Grenzen richterlicher Rechtsfortbildung stellen.[257] Eine richterliche Rechtsfortbildung, die den eindeutigen Gesetzeswortlaut außer Acht lässt, keine Stütze im Gesetz findet und vom Gesetzgeber nicht ausdrücklich oder stillschweigend gebilligt wird, überschreitet die Grenzen der Rechtsfortbildung und Gewaltenteilung. Gleichwohl sieht der Bundesgerichtshof den Einwand einer exzessiven und missbräuchlichen Anwendung des allgemeinen Missbrauchsverbots als widerlegt an.[258] Seit der grundlegenden Anerkennung im Jahre 1991 sei in der Rechtsprechung nur sehr zurückhaltend auf das prozessuale Missbrauchsverbot zurückgegriffen worden. Dennoch vermag dieser Einwand nicht ganz zu überzeugen, denn das Risiko einer ausufernden Anwendung wird durch die Feststellung, dass das Missbrauchsverbot bisher kaum bemüht wurde, keinesfalls unterbunden. Vielmehr kann man sich mit guten Gründen fragen, ob es überhaupt einer solchen Handhabe bedarf, wenn kaum von ihr Gebrauch gemacht wird. Das Bedürfnis der Gerichte, Missbrauch

---

254 *Niemöller*, StV 1996, 501 (502).

255 LR/*Lüderssen/Jahn* Vor § 137 Rn. 165; *Roxin*, Strafverfahrensrecht, § 19 Rn. 13; *Rüping* JZ 1997, 865 (869); *Schatz*, Das Beweisantragsrecht in der Hauptverhandlung, S. 304; *Senge*, FS-Nehm, S. 345 (354 f.); *Weber*, GA 1975, 289 (299).

256 *Fischer*, StV 2010, S 423 (428). A.A.: *Fahl*, Rechtsmissbrauch im Strafprozess, S. 260 f., der bei einer „engen Orientierung am Modell der Rechtsfindung durch normtextorientierte Rechtserzeugung" auf eine gesetzliche Regelung verzichtet.

257 *Beulke*, StV 2009, 554 (556); *Jahn*, StV 2009, 663 (668); andeutungsweise auch *Wohlers*, Die Reaktion auf missbräuchliches Verteidigungsverhalten, S. 47.

258 BGHSt 51, 88 (93); vgl. *Beulke*, FS-Amelung, S. 558; *Pfister*, StV 2009, 550 (552). Auch *Roxin*, FS-Hanack, S. 14 sieht keinen Anhaltspunkt, daran zu zweifeln, dass die höchstrichterliche Rechtsprechung die Einhaltung der Verteidigerrechte überwachen wird.

zu verhindern, scheint demnach nicht so dringlich zu sein, wie die eingangs aufgezeigten Befürchtungen vermuten lassen.[259]

2. *Ermangelung einer dogmatischen Grundlage*

Gegen die Anerkennung eines allgemeinen Missbrauchsverbots wird des Weiteren vorgebracht, dass diese eine ausreichende dogmatische Begründung vermissen lasse.[260] Das Missbrauchsverbot wird lediglich mit den speziellen Missbrauchstatbeständen und mit dem Bedürfnis der Gerichte nach einer Handhabe zur Unterbindung rechtsmissbräuchlichen Verteidigungshandelns begründet. Im Übrigen wird die Existenz des Missbrauchsverbots von der Rechtsprechung eher rein deklaratorisch festgestellt denn begründet,[261] wenn der *4. Strafsenat* und die auf ihn verweisende Rechtsprechung feststellen, dass es über die speziellen Missbrauchstatbestände hinaus weitere Fälle des Missbrauchs prozessualer Befugnisse gebe, die keine gesetzliche Normierung erfahren haben. Insoweit bestehe ein allgemeines Missbrauchsverbot, da im Strafverfahren – wie in jedem Prozess – der Gebrauch prozessualer Rechte zum Erreichen rechtlich missbilligter Ziele untersagt sei.[262]

Um den Vorwurf einer mangelnden dogmatischen Begründung entgegenzutreten, wurde zum Teil ein Vergleich zum Zivilprozess gezogen. Hier wird ein allgemeines Missbrauchsverbot aus § 242 BGB entnommen, obwohl auch die bürgerlich-rechtliche Normierung keine ausdrückliche allgemeine Missbrauchsklausel kennt.[263] Trotzdem wird auch der Zivilprozess von dem Grundsatz von Treu und Glauben beherrscht, so schlägt in der zivilrechtlichen

---

259 S.o. Einleitung.

260 *Kröpil*, JuS 1997, 355 (358); vgl. auch *Eschenhagen*, Der Mißbrauch des Beweisantragsrechts, S. 154 ff., die verschieden Begründungsansätzen nachgeht und dabei einer Herleitung anhand analoger Anwendung spezieller Missbrauchstatbestände eine Absage erteilt. *Kempf* StV 1996, 507 (510) spricht sich zwar nicht für eine gesetzliche Normierung aus, kritisiert aber ebenfalls das Fehlen einer Begründung für das allgemeine Missbrauchsverbot in BGHSt 38, 111; vgl. auch *Kudlich*, NStZ 1998, 588; *Kühne* StV 1996, 684 (686).

261 So bereits *Kudlich* NStZ 1998, 588, der das allgemeine Missbrauchsverbot dennoch mit dem Gesetzesvorbehalt für vereinbar hält. Siehe zur Legitimation und den Grundlagen des ungeschriebenen Missbrauchverbots ausführlich *Kudlich*, Strafprozeß und allgemeines Mißbrauchsverbot, S. 60 ff.

262 BGHSt 38, 111 (113).

263 Siehe zur zivil- und öffentlichrechtlichen Grundalge auch *Kudlich*, Strafprozeß und allgemeines Mißbrauchsverbot, S. 179 ff.

Missbrauchsdogmatik mit § 242 BGB eine materiell-rechtliche Regelung auf das Prozessrecht durch.[264]

Damit liegt ein wesentlicher Unterschied zwischen dem Zivil- und dem Strafprozess darin begründet, dass sich die Annahme des missbräuchlichen Verhaltens im Zivilprozess zumeist aus dem zugrunde liegenden materiell-rechtlichen Verhältnis ergibt.[265] Als missbräuchlich wird die prozessuale Geltendmachung des materiellen Rechts gewertet und nicht die Art der Prozessführung an sich. Darüber hinaus ist die im Zivilprozess mögliche Vereinbarung über die Vornahme oder Nichtvornahme bestimmter Prozesshandlungen nach dem Legalitätsprinzip des § 152 Abs. 2 StPO im Strafprozess grundsätzlich ausgeschlossen. Ebenfalls nicht disponibel ist die Pflicht zur Erforschung der materiellen Wahrheit nach dem Amtsermittlungsgrundsatz des § 244 Abs. 2 StPO.[266]

Auch wenn seit der Einführung des § 257c StPO das Prozessverhalten der Verfahrensbeteiligten ausweislich des § 257c Abs. 2 S. 1 StPO Gegenstand der Verständigung sein darf und damit auch die Vereinbarung über einen Verzicht auf Stellung weiterer prozessualer Anträge zulässig ist,[267] sind die Grundsätze von Treu und Glauben nicht ohne Weiteres im Strafverfahren anwendbar. Denn selbst eine Vereinbarung im Rahmen der Absprache nach § 257c StPO führt nicht dazu, dass der Angeklagte der Wahrheitspflicht unterliegt und an seiner eigenen Verurteilung mitzuwirken hat (nemo tenetur-Prinzip). Damit kann zwischen den Verfahrensbeteiligten im Strafprozess kein Prozessrechtsverhältnis mit den aus § 242 BGB vergleichbaren Pflichten entstehen. Das Strafrecht und der Strafprozess sind und bleiben Ausdruck staatlicher Macht, Grundlage ist das Strafmonopol des Staates und nicht ein Interessensausgleich zwischen den Beteiligten.[268] Daher eignet sich ein Rückgriff auf § 242 BGB als dogmatische Stütze für ein allgemeines ungeschriebenes Missbrauchsverbot nicht.[269]

Solange keine gesetzliche Normierung erfolgt ist, wird auch die Formstrenge des Strafprozessrechtes gegen den Entzug verfahrensrechtlicher Befugnisse und

---

264 Zur Geltung des Grundsatzes von Treu und Glauben im Zivilprozessrecht Palandt/*Grüneberg* § 242 Rn. 4.

265 *Weber* GA 1975, 289 (292).

266 Auch bei einer verfahrenserledigenden Verständigung besteht die Amtsermittlungspflicht nach § 257c Abs. 1 S. 2 StPO fort, siehe hierzu ausführlicher oben erster Teil, drittes Kapitel, C.III.1.a.bb.

267 *Meyer-Goßner* § 257c Rn. 14.

268 So auch *Fischer* NStZ 1997, 212 (214).

269 Ausführlicher zu dem Ganzen auch *Kudlich*, Strafprozeß und allgemeines Mißbrauchsverbot, S. 179 ff., 261 ff.

damit gegen die Geltung des allgemeinen Missbrauchsverbots im Strafprozess anhand eines Analogieschlusses in Stellung gebracht.[270]

3. *Erkennbar entgegenstehender Wille des Gesetzgebers*

Unter Hinweis auf die speziellen gesetzlich geregelten Missbrauchstatbestände wird der Schluss gezogen, dass den partiellen Regelungen der Wille des Gesetzgebers zu entnehmen sei, dass außerhalb ihres Anwendungsbereichs ein Missbrauch geduldet werden müsse und diese Lücke nicht durch ein allgemeines ungeschriebenes Missbrauchsverbot geschlossen werden dürfe.[271] Dem wird wiederum entgegen gehalten, dass der Missbrauch - verstanden als der zweckwidrige Einsatz prozessualer Befugnisse - von dem Gesamtzusammenhang der §§ 137 ff. StPO überhaupt nicht erfasst und behandelt wird, sodass von einer abschließenden Regelung nicht die Rede sein könne.[272]

Bereits 1974 wurde vom Bundesrat unter dem Eindruck der Terroristenprozesse ein Gesetzentwurf vorgelegt, der insbesondere mit § 138b StPO-E[273] die Ausschließung des Verteidigers ermöglichen sollte, wenn dieser versucht, die ordnungsgemäße Durchführung der Hauptverhandlung mit rechtswidrigen Mitteln zu sabotieren und weitere rechtswidrige Störungen zu befürchten sind.[274] Damit sollte verhindert werden, dass bereits jede bloße Belästigung unter den Ausschlusstatbestand fällt, auch ohne eine gewisse Erheblichkeitsschwelle zu überschreiten.[275] In der Begründung des Gesetzentwurfs wurde versucht, die Konkretisierung des Sabotage-Begriffs anhand einer deskriptiven Aufzählung

---

270 *Kühne*, Strafprozessrecht, Rn. 293; *Schatz*, Das Beweisantragsrecht in der Hauptverhandlung, S. 302.

271 *Danckert/Bertheau*, FS-Hanack, S. 37; *Jahn*, Konfliktverteidigung, S. 268; *Kühne* NJW 1998, 3027; LR/*Lüderssen/Jahn* Vor § 137 Rn. 165; *Niemöller*, StV 1996, 501 (502). A.A. *Fahl*, Rechtsmißbrauch im Strafprozeß, S. 727 f; *Niemöller* JR 2010, 332 (336 f.); *Wohlers*, Die Reaktion auf missbräuchliches Verteidigungsverhalten, S. 47.

272 *Kudlich* NStZ 1998, 588.

273 BT-Drucksache 7/2526 S. 31: „Ein Verteidiger ist auch dann von der Mitwirkung in einem Verfahren auszuschließen, wenn er mit rechtswidrigen Mitteln die geordnete Durchführung der Hauptverhandlung absichtlich und gröblich gefährdet, sofern die Ausschließung erforderlich ist, um weiterer Gefährdung zu begegnen."

274 Der Entwurf sah nicht ausdrücklich ein allgemeines Missbrauchsverbot vor, sondern vielmehr das Verbot der Prozesssabotage. Letztlich besteht zwischen diesen beiden Begrifflichkeiten jedoch kein gravierender Unterschied, so auch die Definition von Prozesssabotage bei *Jahn*, Konfliktverteidigung, S. 65 f. Wobei Sabotage nicht auf die formale Einhaltung der prozessualen Befugnisse beschränkt ist.

275 BT-Drucksache 7/2526 S. 31; *Jahn*, Konfliktverteidigung, S. 64 f.

einzelner Ausschließungsgründe zu bewältigen. So wurden insbesondere das wiederholte Stellen bereits abgelehnter Anträge, fortgesetzte gröbliche Beleidigungen, Zeugeneinschüchterung und Gewalttätigkeiten des Verteidigers genannt.

Dem Vorschlag des Bundesrates wurde von der Bundesregierung widersprochen und mit dem Entwurf eines Zweiten Gesetzes zur Reform des Strafverfahrensrechts eine klare Absage erteilt.[276] Von einer Generalklausel und der Verfahrenssabotage als allgemeinem Ausschließungsgrund wurde ausdrücklich abgesehen, da der Begriff nicht hinreichend klar abgrenzbar sei.[277]

Auch in der Folge ist der Gesetzgeber in Kenntnis der Missbrauchsproblematik nicht im Sinne einer allgemeinen Regelung tätig geworden, sondern beschränkte sich auf die Normierung einzelner Missbrauchstatbestände. Dieses bewusste Schweigen des positiven Rechts kann als Absage des Gesetzgebers an ein allgemeines Missbrauchsverbot gewertet werden. Den Gerichten stünden sowohl mit den strafprozessualen Regelungen als auch mit den in der Rechtsprechung entwickelten Grundsätzen ausreichende Abwehrmöglichkeiten zur Verfügung, die einen Rückgriff auf das allgemeine Missbrauchsverbot nicht erforderlich machen.[278]

Nach alledem sprechen gute Gründe gegen die Anerkennung eines allgemeinen ungeschriebenen Missbrauchsverbots. Welche Möglichkeiten den Gerichten de lege lata zur Verfügung stehen und wie diese de lege ferenda ausgeweitet werden könnten, ist an späterer Stelle zu diskutieren.[279]

B. Konfliktverteidigung

I. Konfliktverteidigung als Missbrauch der Verfahrensrechte?

Betrachtet man die Übersichten der einschlägigen Kommentarliteratur, findet sich die Kommentierung zur Konfliktverteidigung – sofern sie überhaupt erfolgt – zumeist im Zusammenhang mit den Grenzen zulässiger Strafverteidigung, mit deren Rechten und Pflichten oder, eine gewisse Tendenz vorwegnehmend, unter dem Abschnitt Missbrauch der Verteidigungsaufgabe.[280] Ohne eine eingehende Auseinandersetzung mit der Konfliktverteidigung

---

276 BT-Drucksache 7/2526, Gesetzentwurf vom 06.09.1974.

277 BT-Drucksache 7/2526 S. 11.

278 *Graf* StV 2010, 407 (409).

279 S.u. dritter Teil, zweites Kapitel, B.

280 So etwa bei KMR/*Hiebl* Vor § 137 Rn. 29 ff.,; KK/*Laufhütte/Willnow* Vor § 137 Rn. 10; SK-StPO/*Wohlers* Vor §§ 137 ff.

werden dort die bereits angesprochenen Entscheidungen des LG Wiesbaden,[281] LG Ansbach[282] und OLG Hamburg[283] als Nachweise genannt.[284] Dabei bleibt zumeist unklar, was mit Konfliktverteidigung gemeint sein soll. Wird auf die Entscheidung des OLG Hamburg rekurriert, so fällt auf, dass dort der Begriff der Konfliktverteidigung überhaupt nicht erwähnt wird. Die Entscheidung betrifft allein die Entpflichtung des Verteidigers wegen *Missbrauchs* prozessualer Rechte, nicht aufgrund einer wie auch immer gearteten Konfliktverteidigung.

Insgesamt drängt sich der Eindruck auf, dass Konfliktverteidigung verbreitet mit dem Missbrauch prozessualer Rechte gleichgesetzt wird bzw. keine klare Differenzierung erfolgt.[285] So wird unter dem Begriff der Konfliktverteidigung die rechtsmissbräuchliche Inanspruchnahme prozessualer Rechte verstanden.[286] Umgekehrt gewendet soll sich für den Missbrauch der Verteidigerrechte der Begriff der Konfliktverteidigung etabliert haben. Ziel sei es, vom sachlichen Inhalt des Verfahrens abzulenken oder zumindest die Ermittlung des wahren

---

281 LG Wiesbaden NJW 1995, 409.

282 LG Ansbach, abgedruckt in der Entscheidung des OLG Nürnberg StV 1995, 287 (288).

283 OLG Hamburg NJW 1998, 621.

284 Vgl. z.B. *Haller/Conzen*, Das Strafverfahren, Rn. 270; KMR/*Hiebl* Vor § 137 Rn. 29; KK/*Laufhütte/Willnow* Vor § 137 Rn. 11.

285 Neben den hier erwähnten Stellungnahmen lässt sich dieses Verständnis ebenfalls bei *Breidling* StraFo 2010, 398 (399); *Burhoff* StraFo 2008, 62 (65), der zwischen „aktiver Verteidigung" und „Konfliktverteidigung" unterscheidet; KMR/*Hiebl* Vor § 137 Rn. 29; *Krey*, Strafverfahrensrecht Bd. 1, § 7 Rn. 281, 290 ff.; *Senge*, FS-Nehm, S. 340 f.; SK-StPO/*Wohlers* Vor §§ 137 ff. Rn. 60 ff. ausmachen. Ansatzweise auch bei LR/*Lüderssen/Jahn* Vor § 137 Rn. 1, die die Kontroverse um den Vorwurf ansprechen, Rechtsanwälte würden „ihre Rechte *missbrauchen und Konfliktverteidigung* betreiben" sowie Rn. 39 und der Verweis für die Konfliktverteidigung auf Vor § 137 Rn. 165 ff., die sich nur mit einer Missbrauchs- oder Obstruktionsklausel befassen und die Konfliktverteidigung nicht erwähnen. *Krey*, Strafverfahrensrecht Bd. 1, § 7 Rn. 299; *ders.* Strafverfahrensrecht Bd. 2, § 38 Rn. 1040 spricht von „Konfliktverteidigern mit Hang zur Verfahrenssabotage" bzw. „Verfahrenssabotage durch Konfliktverteidiger"; *Nüsse* StraFo 1996, 34; *Spiekermann*, Der Mißbrauch des Beweisantragsrechts, S. 134 f.

286 Vgl. *Böhm* NJW 2006, 2371 (2372); *Grüner*, Über den Mißbrauch von Mitwirkungsrechten, S. 93; *Haller/Conzen*, Das Strafverfahren, Rn. 269; *Senge*, FS-Nehm, S. 340 der Missbrauch von Verfahrensrechten sei wesentliches Merkmal der Konfliktverteidigung, aus diesem Grund werde sie auch Missbrauchsverteidigung genannt.

Sachverhalts zu verhindern bzw. zu erschweren.[287] Es wird unterstellt, dass Konfliktverteidigung mit der exzessiven Inanspruchnahme von Verfahrensrechten das Ziel verfolge und auch erreiche, erhebliche Verlängerungen der tatrichterlichen Hauptverhandlungen herbeizuführen.[288]

Zum Teil geht dies sogar soweit, dass der sogenannte „neue Typ des Verteidigers" als eine Art Prototyp des Konfliktverteidigers bezeichnet wird.[289] Auch die „exzessive" Ausübung von Verteidigungsrechten wird mit Konfliktverteidigung gleichgesetzt. Doch wann ist die Ausübung exzessiv?[290] Wenn sie missbräuchlich ist? Nichts anderes kann der Schlussfolgerung „*Konfliktverteidigung [...], als Flucht ins Prozessrecht [...], als eine [...] sabotierende Verteidigungsstrategie, kurz: als Mißbrauch prozessualer Rechte durch Strafverteidiger ist nichts Neues*"[291] entnommen werden. Auf dieses Verständnis deutet auch die Bezeichnung der Entscheidung BGHSt 38, 111 als „leading case" im Bereich der Konfliktverteidigung hin, da diese ausdrücklich nur ein allgemeines Missbrauchsverbot formuliert, ohne die Konfliktverteidigung zu erwähnen.[292] Gleiches gilt für die im Ergebnis zutreffende, aber das soeben bemängelte Verständnis von Konfliktverteidigung zugrunde legende Feststellung, dass in dem Bestreben, den Missbrauch durch Konfliktverteidigung zu begrenzen, häufig Maßnahmen diskutiert würden, die zum Teil massiv in die bestehenden Verteidigerrechte eingreifen.[293]

Das LG Wiesbaden beschreibt in seiner bereits erwähnten Entscheidung die Konfliktverteidigung als eine Verteidigung, die „*darauf ausgerichtet [ist], eine ruhige, die Wahrheitsfindung fördernde Gerichtsatmosphäre durch ständigen Widerspruch und Kritik am Gericht, durch Befangenheitsanträge, durch das Fordern von Pausen und schließlich durch eine Unzahl von Beweisanträgen, wobei Beweisthema und Beweismittel teilweise erfunden werden, zu verhindern ebenso wie den Abschluß eines Verfahrens in angemessener Zeit.*"[294] Ein ähnliches

---

287 KK/*Laufhütte/Willnow* Vor § 137 Rn. 11, ähnlich *Krey*, Strafverfahrensrecht Bd. 1, § 7 Rn. 299 f; *Schaefer* NJW 1995, 1723 (1724). Teilwiese wird auch der wiederholte bzw. andauernde Rechtsmissbrauch als Konfliktverteidigung verstanden, vgl. *Heinrich*, Konfliktverteidigung im Strafprozess, S. 17.

288 *Senge*, FS-Nehm, S. 340.

289 *Krey*, Strafverfahrensrecht Bd. 1, § 7 Rn. 300.

290 SK-StPO/*Wohlers* Vor §§ 137 ff. Rn. 61.

291 *Malmendier* NJW 1997, 227.

292 So aber *Jahn* ZRP 1998, 103 (105); ähnlich *Haller/Conzen*, Das Strafverfahren, Rn. 270.

293 *Meyer-Goßner/Ströber* ZRP 1996, 354 (357).

294 LG Wiesbaden NJW 1995, 409 (410).

Verständnis von Konfliktverteidigung lässt sich auch dem Beschluss des LG Ansbach entnehmen.[295] Ein Verteidiger bediene sich der Konfliktverteidigung, wenn er eine Fülle von Prozessanträgen stelle oder eine Vielzahl von Prozesshandlungen vornehme, denen von vornherein erkennbar der Erfolg zu versagen sein werde. Auch wenn das Verhalten nach den konkreten Umständen erkennbar dem Zweck diene, eine Verhandlung in der Sache zu verhindern und die Durchführung des Verfahrens zu verzögern, handelt es sich nach Auffassung des LG Ansbach um Konfliktverteidigung.

1. Verteidigungsstrategien nach *Jahn*

Neben diesen Ansätzen, Konfliktverteidigung idealtypisch zu beschreiben, hat sich insbesondere die Monographie von *Jahn* „»Konfliktverteidigung« und Inquisitionsmaxime" hervorgetan.[296] Konfliktverteidigung stelle nur einen Teilaspekt kompensatorischer Verteidigungsstrategien dar. Als eine Art „Oberbegriff" wird unter Letzterer zunächst die Verteidigung verstanden, die unter Inanspruchnahme der strafprozessual gewährleisteten Rechte und Freiräume versucht, das „Funktionieren" des Strafprozesses zu beeinflussen.[297] Mit Hilfe der Verteidigung soll eine Art Gegengewicht zu den Strafverfolgungsbehörden geschaffen werden, die deren Übermacht und etwaige Ungleichgewichte im Strafverfahren kompensiert.[298] Der Verteidiger soll einen Ausgleich schaffen und Missbrauch seitens Gesetzgeber, Staatsanwaltschaft und Gericht begrenzen. Damit wird bereits der vielfach befürchtete „Missbrauch mit dem Missbrauch" in die Betrachtung miteinbezogen. Entscheidend sei die Differenzierung zwischen der legitimen Begrenzung von Missbrauch und der illegitimen Begrenzung des zulässigen Gebrauchs von Rechten.[299] Hierin unterscheidet sich die „kompensatorische" Verteidigung von einer missbräuchlichen Inanspruchnahme der Verteidigungsrechte.

Unter den so gefassten Begriff der kompensatorischen Verteidigung wird eine Vielzahl verschiedenster Verhaltensweisen erfasst. Die Konfliktverteidigung wird herausgegriffen und als eine Gattungsumschreibung rechtsmissbräuchlicher Verteidigungsstrategien verstanden.[300] Konstitutiv für den Begriff der

---

295 LG Ansbach, abgedruckt in der Entscheidung des OLG Nürnberg StV 1995, 287 (288).

296 *Jahn*, Konfliktverteidigung.

297 *Jahn*, Konfliktverteidigung, S. 39.

298 Vgl. *Jahn*, Konfliktverteidigung, S. 19, 29.

299 *Jahn*, Konfliktverteidigung, S. 29.

300 *Jahn*, Konfliktverteidigung, S. 62; *ders.*, ZRP 1998, 103 (105).

Konfliktverteidigung sei die nach außen hin wahrnehmbare Konflikthaftigkeit der Verteidigerhandlung, bei der es zu einer offenen Konfrontation der Verfahrensbeteiligten komme. Prägend seien Verteidigungshandlungen, die das Ziel verfolgten, das Verfahren (teilweise) zu vereiteln. „Konfliktverteidigung" beschreibe daher vielmehr einen Erfolg als eine Handlung.[301]

Würde der Begriff durch eine materiell-strafrechtliche Formulierung veranschaulicht, so läge der „Schwerpunkt der Vorwerfbarkeit" nicht im Unterlassen prozessfördernder Handlungen, sondern in einem aktiven Tun, das von einem entsprechenden Prozessvereitelungswillen getragen werde.[302] Der Zweck dieser Verteidigungsform liege darin, das Verfahren und seinen Abschluss zu verhindern.

a. Definition und Erscheinungsformen der Konfliktverteidigung

Aufgrund dieser Überlegungen wird Konfliktverteidigung als „von einem entsprechenden Willen getragenes Tun des Verteidigers, das unter Negation der Verfahrensherrschaft des Gerichts die (schnellstmögliche) Erreichung der Ziele des Strafverfahrens unter »Nichtführung sachbezogener Verteidigung« hemmen oder unmöglich machen soll", definiert.[303] In Erscheinung trete die Konfliktverteidigung durch Verteidigerverhalten, das als Prozesssabotage zu bezeichnen sei. Hierunter wird das von einem entsprechenden Rechtsmissbrauchswillen getragene Verteidigerverhalten verstanden, das dem Zweck des Strafverfahrens, auf justizförmige Weise innerhalb angemessener Zeit zu einer Aufklärung des Sachverhalts und einer Entscheidung über den staatlichen Strafanspruch zu gelangen, entgegenwirken soll.[304]

b. Eignung der Konfliktverteidigung

Jahn legt seiner Eignungsbewertung zugrunde, dass sich das mit der jeweiligen Verteidigungsform geschaffene Klima auf eine Vielzahl informeller Programme

---

301 *Jahn*, Konfliktverteidigung, S. 356. Wird bei der Konfliktverteidigung tatsächlich auf den Vereitelungserfolg abgestellt, so könnte man auf den ersten Blick durchaus die noch zu beantwortende Frage nach dem Zusammenhang mit der Strafbarkeit nach § 258 StGB aufwerfen.

302 *Jahn*, Konfliktverteidigung, S. 62.

303 *Jahn*, Konfliktverteidigung, S. 62 f.; *ders.* ZRP 1998, 103 (105). Diese Definition übernehmen auch *Beulke/Ruhmannseder*, Die Strafbarkeit des Verteidigers, Rn. 100a. Dennoch ist *Jahn* am Ende seiner Untersuchung zu dem Schluss gekommen, dass das Prozessziel in Wirklichkeit „schillernd" ist und damit auch der Begriff der „Konfliktverteidigung" weder bestimmt noch bestimmbar und folglich abzulehnen sei, *Jahn*, Konfliktverteidigung, S. 356.

304 *Jahn*, Konfliktverteidigung, S. 65.

des Strafprozesses auswirke. Das Zusammenspiel zwischen der Verteidigung und den übrigen Verfahrensbeteiligten werde vielfach durch stillschweigende Vereinbarungen und tradierte Grundsätze bestimmt. Deren Zustandekommen mit „Konfliktverteidigern" sei nur unwahrscheinlich.[305] Der Grund hierfür wird andeutungsweise in dem mangelnden Vertrauensverhältnis zwischen Verteidigung und Gericht gewähnt, dieses sei für informelle Regelungen unabdingbar.[306]

2. *Zwischenergebnis*

Möchte man die soeben dargelegte Auffassung der wohl herrschenden Rechtsprechung und Literatur auf den Punkt bringen, liegt es nahe, Konfliktverteidigung anhand des Missbrauchs prozessualer Rechte zu definieren. Legt man dieses Verständnis zugrunde, so wird das Kriterium der Zweckwidrigkeit auch zum konstitutiven Element der Konfliktverteidigung. Obwohl diese Gleichstellung weit verbreitet ist und der Begriff der Konfliktverteidigung mitunter zu einem Synonym für alle Formen unliebsamer Verteidigungsaktivitäten wurde, lässt sich dem auch ein anderes Verständnis gegenüberstellen.[307] Konfliktverteidigung muss nicht zwangsläufig als unzulässige und missbräuchliche Verteidigung verstanden werden.[308] Die folgenden Ausführungen sollen zeigen, welche weiteren Kriterien Grundalge der idealtypischen Konstruktion werden können.

II. Konfliktverteidigung als konfliktbereite Verteidigung

1. *Begriffliche Annäherung*

Für sich betrachtet bedeutet Konflikt (lat. conflictus) Zusammenstoß, Zwiespalt, Widerstreit. Betrachtet man also zunächst den Begriff „Konflikt" losgelöst von Verteidigungsstrategien, handelt es sich um eine Situation, die durch das Aufeinanderprallen widerstreitender Interessen oder Auffassungen entstanden ist und zum Zerwürfnis führen kann. Diese Form des Konflikts ist so alt wie die

305 *Jahn*, Konfliktverteidigung, S. 26.

306 *Jahn*, Konfliktverteidigung, S. 26 Fn. 40.

307 Siehe z.B. *Burhoff* StraFo 2008, 62 (65), der die Konfliktverteidigung grundsätzlich als rechtsmissbräuchliche Verteidigungsform anerkennt, dennoch zu bedenken gibt, dass ein anderes Verständnis in dem vorliegenden Sinne möglich ist. Ebenfalls kritisch *Gatzweiler*, FS-Jung, S. 217; *ders.* StraFo 2010, 397.

308 Vgl. *Beulke*, FS-Roxin, S. 1174, 1190; *ders.*, FS-Amelung, S. 560 f.; HK-StPO/*Julius* § 143 Rn. 8; Handbuch des FA/*Köllner* Rn. 84; *Schlothauer*, Vorbereitung der Hauptverhandlung, Rn. 18.

Menschheit selbst.[309] Im Ausgangspunkt enthält der Konfliktbegriff demnach keine Wertung, sondern besagt lediglich, dass verschiedene Interessen aufeinander treffen. Ein Widerspruch unterschiedlicher Interessen und Auffassungen ist per se weder unzulässig, noch sollte er in einem Rechtsstaat stigmatisiert werden.

Ganz im Gegensatz dazu ist der „Missbrauch" bereits im allgemeinen Sprachgebrauch negativ besetzt. Unter „missbrauchen" wird das „falsche" oder „böse" Gebrauchen bestimmter Zugeständnisse verstanden. Der Missbrauchsbegriff bedeutet in jedem Zusammenhang dasselbe, nämlich die zweck- oder bestimmungswidrige Verwendung.[310]

Die StPO greift den Missbrauchsbegriff zwar an zwei Stellen auf (§§ 138a Abs. 1 Nr. 2, 241 StPO), die Regelungen ermöglichen jedoch keine Inhaltsbestimmung. Dahingegen wurde der Missbrauchsbegriff im materiellen Strafrecht an vielen Stellen aufgenommen.[311]

Nachdem bereits diese abstrakte Betrachtung der zugrunde liegenden Begrifflichkeiten zeigt, dass Missbrauch und Konflikt nicht zwangsläufig gleichgesetzt werden können, sollen weitere Kriterien für eine anderweitige Bestimmung des Idealtyps herausgearbeitet werden.

2. Das Strafverfahren als symbolische Inszenierung eines Konflikts

Bereits die Ausgestaltung des deutschen Strafverfahrens mit dem Amtsermittlungsgrundsatz der Gerichte (§ 244 Abs. 2 StPO), dem Anklagemonopol der Staatsanwaltschaft (§ 152 Abs. 1 StPO) und dem Recht des Beschuldigten, sich in jeder Lage des Verfahrens des Beistands eines Verteidigers zu bedienen (§§ 137 ff. StPO), beinhaltet einen ihr innewohnenden Interessenwiderstreit.[312] So wird das Strafverfahren auch als die „symbolische Inszenierung eines Konflikts" verstanden.[313] Es ist das ureigenste Interesse eines jeden Menschen und damit eines jeden Beschuldigten, seine Bestrafung zu verhindern, zu verzögern oder zumindest abzumildern.[314] Dem steht das Interesse der Strafverfolgungsbehörde

---

309 Vgl. *Weiss* AnwBl 1981, 321.

310 *Niemöller* StV 1996, 501 (502).

311 §§ 70 Abs. 1 S. 1, 70b Abs. 1 Nr. 1, 108, 145 Abs. 1 Nr. 1, 174 ff., 265, 266 Abs. 1, 266b, 281, 309 StGB.

312 Vgl. *Dahs*, FS-Odersky, S. 317 f.; *Gatzweiler* AnwBl 2005, 663 (667); *Theile*, Wirtschaftskriminalität und Strafverfahren, S. 255.

313 Vgl. *Eschenhagen*, Der Mißbrauch des Beweisantragsrechts, S. 238; *Fischer*, StV 2010, 423 (424); ähnlich auch *Gatzweiler* AnwBl 2005, 663 (666).

314 Vgl. zu den widerstreitenden Interessen auch *Burhoff* StraFo 2008, 62 (66); *Schlothauer*, Vorbereitung der Hauptverhandlung, Rn. 4.

entgegen, den staatlichen Strafanspruch durchzusetzen. Hat sich ein Handeln des Beschuldigten tatsächlich als strafbar und der Beschuldigte damit grundsätzlich auch als strafwürdig erwiesen, ist ein Aufeinanderprallen der Interessen vorprogrammiert. Die Staatsanwaltschaft wird die Verurteilung verfolgen, das Gericht wird, wenn es nach dem Inbegriff der Hauptverhandlung von der Strafbarkeit überzeugt ist, zur Verurteilung kommen. In aller Regel wird der Beschuldigte jedoch ein anderes Interesse verfolgen. Der auszutragende Konflikt ist also bereits in der Institution Strafverfahren angelegt, das Bestehen einer Konfliktsituation im Strafverfahren geradezu typisch.[315] So wird es bisweilen zu den ureigensten Aufgaben eines Verteidigers gezählt, die Effektivität der Rechtspflege zu beeinträchtigen und auf diese Weise einen Störfaktor darzustellen. Die Verteidigung müsse grundsätzlich eine gewisse Konfliktbereitschaft aufweisen.[316] Die einschlägige Fachzeitschrift des Strafverteidigers – Strafverteidiger – verfolgt seit ihrem Bestehen das Ziel, dem Verteidiger praktische Handlungsanleitungen zur Verfügung zu stellen, um eine „kunstgerechte" Austragung dieser typischen Konfliktsituationen zu ermöglichen.[317] Dieser Konflikt wird nach bestimmten Regeln sowohl normativer Art – insbesondere nach den Vorschriften der StPO – als auch auf informeller Ebene geführt. Der Konfliktfähigkeit sowie der Professionalität des Strafverteidigers komme dabei eine entscheidende Rolle im Strafverfahren zu.[318] Oder um es mit anderen Worten zu sagen: „*Vereidigung ist Kampf und kein gesetzlich aufoktroyierter Kuschelkurs.*"[319] Ziel sei die optimale, höchstmöglich effiziente Abwehr strafrechtlicher Vorwürfe.[320] Entstehe für die

---

315 *Beulke*, FS-Roxin, S. 1189; *ders.*, FS-Amelung, S. 560; vgl. *Fahl*, Rechtsmißbrauch im Strafprozeß, S. 3; *Gatzweiler*, FS-Jung, S. 215; *Jahn*, Konfliktverteidigung, S. 79 f.; *Kempf*, Offen und offensiv, Schmuseverteidigung oder die Suche nach dem Konflikt, Stuttgarter Zeitung, 06.11.2000, S. 8.; LR/*Kühne* Einl. Abschn. H Rn. 42; *Seelmann* NJW 1979, 1128 (1131). Mit *Luhmann*, Legitimation durch Verfahren, S. 105 soll in diesem institutionalisierten Konflikt weder über das Recht zu streiten, noch über die Vertretbarkeit unterschiedlicher Darstellungen Streit bestehen.

316 *Beulke*, FS-Roxin, S. 1182; vgl. *ders.*, Strafverteidigung im Spannungsfeld, S. 148 f.; so auch *Burhoff* StraFo 2008, 62 (66).

317 Editorial StV 1981, 1; *Hassemer* StV 1982, 377.

318 *Hassemer* KritV 1990 (73), 260 (262 f.).

319 *Beulke*, FS-Roxin, S. 1190; *ders.*, FS-Amelung, S. 560 mit Verweis auf *Hamm* NJW 1997, 1288, ähnlich auch *Kempf*, Offen und offensiv, Schmuseverteidigung oder die Suche nach dem Konflikt, Stuttgarter Zeitung, 06.11.2000, S. 8, dem Verteidiger obliege es nicht, für eine ruhige Atmosphäre zu sorgen, eine „Schmuseverteidigung" könne keinesfalls gewollt sein.

320 *Richter II* NJW 1993, 2152 (2153).

Verteidigung in der Hauptverhandlung der Eindruck, dass das Gericht bereits aufgrund der Aktenlage von der Strafbarkeit des Angeklagten überzeugt sei, bereite es der Verteidigung mitunter erhebliche Schwierigkeiten, auf das Vorstellungsbild Einfluss zu nehmen.[321] Um das Gericht von der Fehlerhaftigkeit seiner bisherigen Vorstellung zu überzeugen und dieses zu „besserer Einsicht" zu bringen, müsse die Verteidigung intensive Bemühungen entfalten.[322] In dem Bestreben, dieses Gegengewicht zu den Strafverfolgungsbehörden zu wahren, sei der Verteidiger im Einzelfall gezwungen, seine Rechte bis an die Grenze des Missbrauchs zu wahren.[323] Eben diese Form der Verteidigung, die im Rahmen der prozessual zulässigen Möglichkeiten versucht, den Interessen des Mandanten aus sachlichen Gründen und fester Überzeugung zum Erfolg zu verhelfen, sei unter der Konfliktverteidigung zu verstehen.[324] Wenn sie im Interesse des Mandanten liege, dürfe ein Strafverteidiger diese Art der offenen Konfrontation nicht scheuen.[325] Eine Verteidigung, die die ihr zustehenden prozessualen Befugnisse nutze, sei nicht lästig oder unhöflich, sondern schlicht professionell.[326] Dennoch wird befürchtet, dass die Strafverfolgungsorgane diese Form der intensiven und engagierten Strafverteidigung von vornherein als Störfaktor für die Funktionstüchtigkeit der Strafrechtspflege empfinden.[327] Wenn das Gericht davon überzeugt sei, dass seine Aufklärungsbemühungen der materiellen Wahrheitsermittlung genügten und damit ein angemessener Schutz des Beschuldigten

---

321 Vgl. zu dem Ganzen *Schlothauer*, Vorbereitung der Hauptverhandlung, Rn. 18; ähnlich auch *Dahs*, FS-Schorn, S. 19 f.; *Widmaier* NStZ 1992, 519, 523. Wobei *Dahs*, FS-Schorn, S. 16 zu Recht feststellt, dass eine vorläufige Meinungsbildung insbesondere bei Vorentscheidungen wie der Untersuchungshaft kaum zu vermeiden sind.

322 *Schlothauer*, Vorbereitung der Hauptverhandlung, Rn. 18, vgl. auch *Dahs*, FS-Odersky, S. 325; *Gatzweiler*, FS-Jung, S. 218; *Sommer*, Effektive Strafverteidigung, S. 257.

323 *Deckers* AnwBl 1981, 316 (319 f.). Vgl. auch *Dahs*, Handbuch des Strafverteidigers, Rn. 444, für den irgendwann der Zeitpunkt kommt, an dem entschieden werden müsse, ob man sich einer „Verteidigung der verbrannten Erde" bediene, die bis zur Grenze des Missbrauchs alle prozessualen Möglichkeiten ausnütze.

324 *Schlothauer*, Vorbereitung der Hauptverhandlung, Rn. 18.

325 *Kempf*, Offen und offensiv, Schmuseverteidigung oder die Suche nach dem Konflikt, Stuttgarter Zeitung, 06.11.2000, S. 8.

326 *Sauer*, Konsensuale Verfahrensweise, S. 191, vgl. auch *Beulke*, FS-Roxin, S. 1182; ähnlich auch *Hanack*, Einführendes Referat, S. 30.

327 *Dahs*, FS-Schorn, S. 20; *ders.*, FS-Odersky, S. 327; *Eisenberg* NJW 1991, 1257.

bestehe, könne dies als Gefährdung der eigenen Verfahrensherrschaft empfunden werden[328] und zugleich den Sinn der Verteidigung infrage stellen.[329]

Konfliktverteidigung kann nach alledem als eine konfliktbereite, kämpferisch geführte und von allen Fesseln und Bevormundungen befreite Verteidigung verstanden werden.[330] Ohne die Last vermeintlich notwendiger prozessualer Harmonie könne durch eine derartige konfliktbereite Verteidigung eine Position erreicht werden, in der die Verteidigung bei verfahrensbeendenden Absprachen zu einem geeigneten Verhandlungspartner avancieren und so den Mandanteninteressen besser dienen könne.[331]

Versteht man die Konfliktverteidigung in dem hier dargelegten Sinn als kämpferisch aber noch im Rahmen des Zulässigen geführte Verteidigung, lässt sich auch die Feststellung akzeptieren, „Konfliktverteidigung ist ein Ehrentitel".[332]

III. Die Bildung des Idealtyps

Der vorstehend dargestellte unterschiedliche Bedeutungsgehalt der Begrifflichkeiten zeigt, dass die beiden Idealtypen Konfliktverteidigung und Rechtsmissbrauch nicht inhaltlich deckungsgleich zu bestimmen sind, sondern zwischen ihnen eine Grenze gezogen werden kann. Freilich ist allein mit der Absage an die Definition der Konfliktverteidigung als missbräuchliches Verteidigungsverhalten noch keine positive Aussage über den Inhalt getroffen worden. Betrachtet man diese beiden begrifflichen Konstrukte allein auf theoretischer Ebene, so kann der Unterschied in der Zweckwidrigkeit als dem konstituierenden Element des Rechtsmissbrauchs herausgearbeitet werden. Konfliktverteidigung stellt sich demnach idealtypischerweise als eine kämpferische, konfliktbereite aber dennoch zweckmäßige Wahrnehmung prozessual gewährleisteter Verteidigungsrechte dar, während demgegenüber bei einem zweckwidrigen Einsatz die Grenze

---

328 Vgl. *Basdorf* StV 1995, 310 (312); ähnlich bereits *Dahs*, FS-Schorn, S. 16 ff; zum Umgang mit Verteidigerverhalten siehe insbesondere aus richterlicher Sicht *Föhrig*, Kleines Strafrichter-Brevier, S. 53 ff.; *Vogtherr*, Strafverteidigung, S. 185.

329 *Gaede* StV 2012, 51 (54); dieser Gedanke wird auch bei *Beulke*, Strafverteidigung im Spannungsfeld, S. 156 sowie *Roxin/Schünemann*, Strafverfahrensrecht, § 19 Rn. 1 angedeutet.

330 *Gatzweiler* AnwBl 2005, 663 (665); ähnlich *ders.* StraFo 2010, 397 (398); *Hamm* NJW 1997, 1288.

331 HK-StPO/*Krehl* Vor §§ 151 ff. Rn. 7 (3. Auflage).

332 So zitiert *Kempf*, Offen und offensiv, Schmuseverteidigung oder die Suche nach dem Konflikt, Stuttgarter Zeitung, 06.11.2000, S. 8 die Stellungnahme des Strafverteidigers *Christian Richter* auf dem Deutschen Anwaltstag 1995.

zum Rechtsmissbrauch überschritten wird.[333] Gleichwohl handelt es sich bei der so verstandenen Konfliktverteidigung nicht um das vom Gesetzgeber beabsichtigte Leitbild des Verteidigungsverhaltens. Vielmehr wird mit diesem Idealtyp ein weiteres zu beobachtendes Phänomen anhand bestimmter normativer Kriterien beschrieben.

Welche Unsicherheiten mit dem Kriterium der Zweckwidrigkeit einhergehen, wurde bereits an anderer Stelle erörtert[334] und wird insbesondere Gegenstand des empirischen Teils der Untersuchung sein.[335]

C. Konsensuale Verteidigung

I. Wirtschaftsstrafverfahren als Beispiel eines konsensualen Prozessmodells

Wirtschaftsstrafverfahren werden mitunter als Beispiel für Großverfahren herangezogen, die nach einem konsensualen Prozessmodell verhandelt werden. Dahingegen soll in anderen Großverfahren, z.B. mit links- und rechtsextremistischen Straftaten, Verfahren der Organisierten Kriminalität und Betäubungsmittelverfahren ein konfrontatives Verfahrensmodell verfolgt werden.[336]

Zweifelsohne kann es zu unterschiedlichen Verfahrensabläufen kommen. Ob deren inhaltliche Bestimmung, insbesondere die Qualifizierung von Wirtschaftsstrafverfahren als Beispiel eines konsensualen Prozessmodells, beibehalten werden kann, wird im weiteren Verlauf der Untersuchung noch zu erörtern sein. Die Annahme, Absprachen würden überwiegend in großen Wirtschaftsstrafsachen getroffen, kaum in politischen Strafverfahren, vermag zwar häufig zu zutreffen.[337] Dies bedeutet aber nicht zwangsläufig, dass hiermit eine strikte Konsensorientierung der Wirtschaftsverfahren einherginge und sich die Verfahrensstruktur von dem kontradiktorischen Prozess hin zu einer Parteiherrschaft

---

333 Vgl. auch *Beulke*, FS-Amelung, S. 561 für den zwischen zulässiger Konfliktverteidigung und verbotener Verfahrensobstruktion ein „fundamentaler“ Unterschied besteht.

334 S.o. A.III.

335 S.u. dritter Teil.

336 *Jahn*, Konfliktverteidigung, S. 97 ff.

337 *Theile* MschrKrim 2010, 147 sieht Wirtschaftsstrafverfahren als bedeutendes Anwendungsfeld für Verfahrensabsprachen. Siehe zu den Ursachen *Theile* MschrKrim 2010, 148 ff.

im Strafverfahren entwickelt hätte.[338] Besinnt man sich auf die Stimmen aus Theorie und Praxis zurück, die den eingangs beschriebenen „Kollaps“ der Strafjustiz beklagen, scheint das Gegenteil der Fall zu sein.

Im Folgenden sollen dieser „zweite Weg“ und zugleich ein weiterer Idealtypus aufgezeigt werden: die konsensuale oder auch kooperative Verteidigung.[339]

II. Zum Begriff der konsensualen Verteidigung

Der hier gewählte Begriff des Konsens (lat. consensus) steht für Willensübereinstimmung oder Zustimmung. Die StPO enthielt bereits vor der Einführung des § 257c StPO eine Vielzahl von Verfahrensregelungen, die Wechselwirkung, Kooperation, Dialog, Kommunikation, Verständigung oder Konsens der Verfahrensbeteiligten zulassen.[340] Unter anderem ermöglichen sowohl das Strafbefehlsverfahren nach §§ 407 ff. StPO als auch die Anwendung des Opportunitätsgrundsatzes gem. §§ 153 ff. StPO einen einvernehmlichen (Teil-)Abschluss des Verfahrens, bei dem auf eine vollständige Ermittlung des infrage stehenden Sachverhalts verzichtet werden soll.[341]

III. Inhaltliche Ausgestaltung

Spricht man von konsensualer Verteidigung, werden unweigerlich Gedanken an die verfahrenserledigenden Urteilsabsprachen hervorgerufen. In erster Linie wird sich ein Konsens auch auf die Beendigung des Verfahrens beziehen.[342] Gleichwohl erschöpft sich das Konsensmodell nicht allein in der verfahrensökonomischen Aushandlungspraxis eines strafprozessualen Vergleichs mit dem Ziel einer einvernehmlichen, verfahrensabkürzenden Erledigung durch einen

338 Vgl. *Kühne* StV 1996, 684 (686); *Nüsse* StraFo 1996, 34; *Weber* GA 1975, 289 (300), die auch in Wirtschaftsstrafverfahren von Konfliktverteidigung, Rechtsmissbrauch und Prozesssabotage ausgehen.

339 Den Begriff der kooperativen Verteidigung verwendet z.B. *Hassemer* StV 1982, 377 (382). *Jahn*, Konfliktverteidigung, S. 66 stellt einem konflikthaften Verhalten ein kooperatives Verhaltensmuster gegenüber.

340 *Rückel* NStZ 1987, 297 (298). Siehe z.B. §§ 163a, 201, 245, 249, 266, 411, 470.

341 Vgl. *Nelle-Rublak*, Der modernisierte Strafprozess, S. 107; *Sauer*, Konsensuale Verfahrensweise, S. 1.

342 Ähnlich auch N/Sch/W VerstG/*Niemöller* § 257c Rn. 86. Dieses Verständnis klingt auch bei BVerfG 2 BvR 2628/10, 2 BvR 2883/10, 2 BvR 2155/11 Urteil vom 19.3.2013, S. 17 an.

„Tausch" von Geständnis im Sinne der Anklage gegen die Inaussichtstellung einer Strafmilderung.[343]

1. Unterschiedliche Bezugspunkte des Dialogs

Der Konsens ist nicht allein auf Fragen der unmittelbaren Beendigung des Verfahrens beschränkt, insbesondere die Praxis von Wirtschaftsstrafverfahren ist in vielerlei Hinsicht vom Konsens zwischen den Verfahrensbeteiligten geprägt.[344] Konsens im Sinne einer Übereinstimmung kann über rein praktische und eher organisatorische Fragen des Verfahrensablaufs, der Terminierung sowie der Gestaltung und Planung der Beweisaufnahme bis hin zur Prozessstrategie, zum zugrunde zu legenden Sachverhalt oder zu Verfahrenseinstellungen und -beschränkungen erzielt werden.[345] Diese Unterscheidung findet sich auch im Gesetz wieder. § 257c Abs. 1 S. 1 StPO nennt zwei mögliche Anknüpfungspunkte für eine Verständigung, den „weiteren Fortgang" und „das Ergebnis des Verfahrens". Der weitere Fortgang des Verfahrens bezieht sich nicht nur auf den Verlauf der Hauptverhandlung nach Beendigung der Beweisaufnahme, sondern umfasst bereits den Ablauf nach den Feststellungen zur Person und somit auch die Beweisaufnahme an sich.[346] Eine zusätzliche Klarstellung, was unter dem weiteren Fortgang des Verfahrens zu verstehen ist, erfolgt in § 257c Abs. 2 S. 1 StPO: „sonstige verfahrensbezogene Maßnahmen im Erkenntnisverfahren des Gerichts" und das „Prozessverhalten" der sonstigen Verfahrensbeteiligten.

Gleichwohl rückt die in § 257c Abs. 1 StPO vorgesehene Möglichkeit der Verständigung über das Ergebnis des Verfahrens dessen einvernehmliche Beendigung in den Fokus der folgenden Betrachtung. Die ebenfalls normierte Verständigung über den weiteren Fortgang des Verfahrens hat gerade nicht dessen unmittelbare Beendigung zum direkten Gegenstand und wird daher erst zu einem späteren Zeitpunkt weiter ausgeführt.[347]

---

343 Siehe zu diesem Verständnis *Nelle-Rublak*, Der modernisierte Strafprozess, S. 15 f.

344 *Sauer*, Konsensuale Verfahrensweise, S. 149.

345 Vgl. N/Sch/W VerstG/*Niemöller* § 257c Rn. 35; *Sauer*, Konsensuale Verfahrensweise, S. 150 sowie die Auflistung S. 181 ff; *Theile*, Wirtschaftskriminalität und Strafverfahren, S. 266.

346 N/Sch/W VerstG/*Niemöller* § 257c Rn. 30.

347 S.u. C.III.2. *Nelle-Rublak*, Der modernisierte Strafprozess, S. 108 unterscheidet ebenfalls zwischen verschiedenen Formen der Übereinstimmung und verwendet die Begriffe „Verständigung" und „Absprachen". Erstere sollen sich auf die Kommunikation über den weiteren Ablauf wie z.B. Fragen der Terminierung beziehen. Insoweit entspricht dies auch der hier zugrunde gelegten Unterscheidung zwischen

a. Verfahrenserledigende Urteilsabsprachen

Angesichts der eingangs aufgezeigten Schwierigkeiten und Befürchtungen überrascht es kaum, dass in Wirtschaftsstrafverfahren neben der Verfahrenseinstellung aus Opportunitätsgründen sowie dem Strafbefehlsverfahren der verfahrenserledigenden Urteilsabsprache eine erhebliche Bedeutung zugemessen wird.[348] Eine empirische Studie der Jahre 2004 bis 2006, die sich mit der Praxis von Absprachen in Wirtschaftsstrafverfahren befasst, kommt zu dem Ergebnis, dass 81 % der befragten Richter, Staatsanwälte und Rechtsanwälte Urteilsabsprachen für ein „unverzichtbares Instrument zur Bewältigung von Wirtschaftsstrafverfahren" halten.[349]

Die kontroverse Debatte um die Verständigung in Strafverfahren wird seit Jahrzehnten geführt.[350] Die Mindestbedingungen einer zulässigen verfahrenserledigenden Absprache formulierte zunächst der Bundesgerichtshof,[351] sodann wurden die Vorgaben durch den Großen Senat für Strafsachen bestätigt und präzisiert.[352] Mit der Einführung des § 257c StPO durch das Gesetz zur Regelung der Verständigung in Strafverfahren vom 29.07.2009 wurden die in der

Absprachen, die sich auf die Planung des Verfahrensablaufs beziehen und solchen, die die Beendigung des Verfahrens bezwecken. „Absprache" sei das Synonym für einen prozessualen Vergleich und bezwecke eine Einigung, die sich auf das Verfahrensergebnis bezieht.

348 *Altenhain*, Absprachen in Wirtschaftsstrafverfahren, S. 53 ff.; *Bussmann/Lüdemann*, Klassenjustiz oder Verfahrensökonomie? S. 3 f., 29 ff., 40; *dies.* MschrKrim 1988, 81 ff.; *Hassemer/Hippler* StV 1986, 360 (363); *Schünemann*, Gutachten B zum 58. DJT, B 18; *Siolek*, Verständigung in der Hauptverhandlung, S. 21, 31 ff.; *ders.* DRiZ 1993, 422 (423 ff.); *Theile*, Wirtschaftskriminalität und Strafverfahren, S. 213 ff.

349 *Altenhain*, Absprachen in Wirtschaftsstrafverfahren, S. 75. Wobei – dies mag angesichts der vorgezeichneten Befürchtungen überraschen – die größte Gruppe hierbei nicht Richter oder Staatsanwälte, sondern die Strafverteidiger ausmachen. Freilich sind die Unterschiede relativ gering, nach den einzelnen Berufsgruppen differenziert, entfielen auf die Richter 80,6 %, auf die Staatsanwälte 75,6 % und 86 % auf die Strafverteidiger. Vgl. auch *Wassermann* Kriminalistik 1984, 20 (22).

350 Keinesfalls kann diese Diskussion hier in extenso aufgegriffen werden. Siehe aus der umfangreichen Literatur: *Böttcher/Dahs/Widmaier* NStZ 1993, 375; *Deal*, StV 1982, 545; *Kudlich*, Gutachten C zum 68. DJT, C 36 ff.; N/Sch/W VerstG; *Rönnau*, Absprache im Strafprozess; *Sauer*, Konsensuale Verfahrensweise, S. 10 ff. Kritisch *Hassemer* StV 2006, 321 (327); *Schünemann*, Gutachten B zum 58. DJT, B 27 ff.; *ders.* StV 1993, 657 (659), der in der Absprachenpraxis einen „Generalangriff" auf die Struktur des deutschen Strafverfahrens sieht.

351 BGHSt 43, 195.

352 BGHSt 50, 40.

Rechtsprechung entwickelten Grundsätze weitestgehend in Gesetzesform übernommen.[353] Mit der nunmehr in § 257 c StPO normierten Möglichkeit der Verständigung über den weiteren Fortgang und das Ergebnis des Verfahrens soll der Prozess der Wahrheitsfindung und damit in aller Regel das gesamte Strafverfahren abgekürzt werden.[354] Jedoch soll dieses – unter Einhaltung bestimmter Vorgaben zulässige – Prozessverhalten nicht zur völligen Loslösung von tradierten Verfahrensgrundsätzen führen dürfen.[355] Obwohl der formal rechtliche Rahmen für die jahrzehntelange informelle Praxis mit der Einführung des § 257c StPO geschaffen wurde, erreichte die Diskussion, die „Züge eines Glaubensstreits" aufweise, ihren vorläufigen Höhepunkt erst in jüngster Vergangenheit.[356]

aa. Inhalt und Zustandekommen der Verständigung

Sowohl der Inhalt als auch der Ablauf der Verständigungsgespräche ist von Konsens der Verfahrensbeteiligten geprägt. Findet eine Urteilsverständigung nach § 257c StPO statt, wird der dreistufige Ablauf der Verständigungsgespräche von § 257c Abs. 3 StPO vorgegeben. Das Gericht gibt einen Verständigungsvorschlag in Form eines Beschlusses bekannt. Zuvor sind die Beteiligten anzuhören, dazu ist ihnen mitzuteilen, dass das Gericht einen Verständigungsvorschlag erwägt, ohne dass der genaue Inhalt bekannt gegeben werden muss. Wenn Staatsanwaltschaft und Verteidigung dem Vorschlag zustimmen und dies protokolliert wird, kommt die Verständigung zustande.[357]

bb. Verfahrenserledigende Absprachen und materielle Wahrheit

Die Idealvorstellung einer Einigung aller Verfahrensbeteiligten sieht vor, dass ein Disput über die im Verfahren entscheidenden Fragen erfolgt, bei dem die Interessen aller einbezogen werden und eine umfassende Problemaufbereitung

---

353 Vgl. *Theile* MschrKrim 2010, S. 147 ff.

354 Diese Feststellung legt auch *Kudlich*, Gutachten C zum 68. DJT, C 30 ohne eigene empirische Untersuchung seiner Betrachtung zugrunde. Ähnlich bereits vor der Normierung des § 257c StPO *Hettinger*, FS-Müller, S. 267, 268 Fn. 27 „da macht die Absprache die Beweisaufnahme überflüssig".

355 Vgl. BGHSt 43, 195 (204) insbesondere die Aufklärungspflicht soll bestehen bleiben.

356 http://www.faz.net/aktuell/politik/staat-und-recht/absprachen-in-strafprozessen-der-handel-mit-der-schuld-11953396.html so der Präsident des Bundesverfassungsgerichts. Siehe zur Entscheidung des Bundesverfassungsgerichts BVerfG 2 BvR 2628/10, 2 BvR 2883/10, 2 BvR 2155/11 Urteil vom 19.3.2013.

357 Ausführlicher N/Sch/W VerstG/*Niemöller* § 257c Rn. 22 ff.

zu einer allseitigen Akzeptanz des gefundenen Ergebnisses führt.[358] Die Verständigung diene demnach sehr viel mehr der Verwirklichung von Gerechtigkeit, als es das tradierte Verfahrenskonzept vermöge.[359] Zuweilen wird dem im Wege einer freiwilligen Kommunikation erzielten Verfahrensergebnis sogar eine spezifische Richtigkeitsgewähr zugesprochen.[360] Die Übereinstimmung der Verfahrensbeteiligten wird als eine Art konkludente Zustimmung verstanden, denn das Ergebnis würde nicht akzeptiert werden, wenn die Tatsachengrundlage nicht für wahr oder zumindest für richtig gehalten werde.[361] Dem kann jedoch entgegengehalten, dass ein erreichter Konsens zwar indizielle Wirkung entfalten kann, Gewähr für die „Wahrheit" des zugrunde gelegten Sachverhalts kann dieser nicht leisten.[362] Denn die Zustimmung zu einer Verständigung bedeutet nicht zwangsläufig, dass die Beteiligten auch die der Verständigung zugrunde gelegten Tatsachen für zutreffend erachten. Gleichwohl soll ein kooperativer Verhandlungsstil zu einer größeren Akzeptanz des Urteils führen.[363]

Trotz dieser teilweise befürworteten Wahrheitsfiktion bleibt das Gericht dem ersten Anschein nach dem Gebot der Wahrheitsfindung verpflichtet.[364] Das Geständnis, das nunmehr gem. § 257c Abs. 2 S. 2 StPO Bestandteil einer jeden Verständigung sein soll, müsse im Hinblick auf seine Glaubwürdigkeit geprüft werden, der Richter müsse bei der Urteilsfindung von der Richtigkeit überzeugt

---

358 Dieses Ideal schildert *Sommer*, Effektive Strafverteidigung, S. 635, um es anschließend selbst zu verwerfen.

359 *Sommer*, Effektive Strafverteidigung, S. 635.

360 BRAK-E Vorschlag des Strafrechtsausschusses der Bundesrechtsanwaltskammer vom September 2005, Vorbemerkung Nr. 7, abgedruckt in N/Sch/W VerstG Anhang 1 S. 223 (227). Vgl. LR/*Kühne* Einl. Abschn. B Rn. 38; Kritisch *Nelle-Rublak*, Der modernisierte Strafprozess, S. 17, die die These von einem Wahrheits- und Gerechtigkeitskompromiss aufstellt. Ebenfalls ablehnend *Volk*, FS-Salger, S. 419.

361 LR/*Kühne* Einl. Abschn. B Rn. 38; ablehnend *Volk*, FS-Salger, S. 419.

362 Vgl. *Kaufmann/Hassemer/Neumann*, Einführung in die Rechtsphilosophie und Rechtstheorie der Gegenwart, S. 143.

363 *Stern* AnwBl 1997, 90 (91) verweist auf eine unveröffentlichte Studie von *Backes* am Institut für Rechtstatsachenforschung und Kriminalpolitik im Auftrag des Justizministeriums NRW zur Dauer von Umfangsstrafsachen – Schwurgerichtsverfahren – Bielefeld 1989.

364 Dies wiederholt das BVerfG ausdrücklich in BVerfG 2 BvR 2628/10, 2 BvR 2883/10, 2 BvR 2155/11 Urteil vom 19.3.2013, S. 5, 17. So bereits die Rechtsprechung vor Einführung des § 257c StPO: BGHSt 43, 195 (204); BGH NJW 1999, 370 (371); ähnlich BGH wistra 2009, 242 (243); nunmehr ausdrücklich § 257c Abs. 1 S. 2 StPO. Kritisch zur Handhabung in der Praxis *Hettinger*, FS-Müller, S. 278, vgl. auch *Fezer* NStZ 2012, 177 (178).

sein.[365] Auf die Durchführung der weiteren Beweisaufnahme könne nur dann verzichtet werden, wenn an dem Wahrheitsgehalt des Geständnisses keinerlei Zweifel verblieben und das Geständnis eine besondere inhaltliche Qualität aufweise.[366] So bleibe auch im Rahmen der Verständigung nicht nur aufgrund des Verweises in § 257c Abs. 1 S. 2 StPO der Anspruch nach der Erforschung der materiellen Wahrheit bestehen.[367] Die Beteiligten könnten durch übereinstimmende Einlassung weder einen vereinbarten Sachverhalt verbindlich für wahr erklären noch könnten Tatsachen als wahr erachtet werden, die sich aus den formellen Beweisregeln ergeben, ohne dass deren Wahrheitsgehalt überprüft wurde.[368]

Obwohl das Gesetz mit dem Verweis in § 257 c Abs. 1 S. 2 StPO den Anschein erweckt, weiterhin die materielle Wahrheit zu verfolgen, wird dies mit guten Gründen bezweifelt. Allen voran offenbare § 257c Abs. 2 S. 1 StPO eine Abkehr sowohl von der materiellen Wahrheit als auch von der Inquisitionsmaxime.[369] Dem Gericht werde über die Anwendung der §§ 154, 154 a StPO als „sonstige verfahrensbezogene Maßnahmen" ermöglicht, von der – grundsätzlich notwendigen – weiteren Sachverhaltsaufklärung abzusehen. Ferner werde das Prozessverhalten des Beschuldigten und damit sein Verzicht auf weitere Beweisanträge zur Erforschung der Wahrheit zum möglichen Gegenstand einer Verständigung.[370] Der Prozess der Wahrheitsfindung werde abgekürzt. Nach der ursprünglichen Konzeption der StPO bewirkte die Inquisitionsmaxime, dass eine Entscheidung erst am Ende der Hauptverhandlung getroffen wurde. Nunmehr werde versucht, das Ergebnis bereits zu Beginn der Verhandlung „zu finden". Gelinge dies, gehe dem Prozess der Entscheidungsfindung kein aufwändiges, formalisiertes Verfahren voraus, sondern alle Beteiligten würden einvernehmlich auf kurzem Wege auf das bereits allseits akzeptierte Verfahrensergebnis zusteuern.[371] Die Motivation für eine solche Verfahrenserledigung wird nicht zuletzt in einer Prognose aller Verfahrensbeteiligten gesehen, ob es sich lohnt, den Prozess auf

---

365 GGSt BGHSt 50, 40 (49); BGHSt 43, 195 (204); 48, 161 (167); BGH NJW 1999, 370 (371).

366 *Schünemann*, Gutachten B zum 58. DJT, B 83 f.

367 Siehe hierzu ausführlich und m.w.N. N/Sch/W VerstG/*Niemöller* § 257 c Rn. 71 ff.

368 N/Sch/W VerstG/*Niemöller* § 257c Rn. 79; *Weßlau*, Das Konsensprinzip, S. 28.

369 *Theile* NStZ 2012, 666 (669).

370 *Theile* NStZ 2012, 666 (669).

371 Vgl. *Gatzweiler*, FS-Jung, S. 215 ff.; *Sommer*, Effektive Strafverteidigung, S. 640. Kritisch ebenfalls *Jahn*, Konfliktverteidigung, S. 91.

dem herkömmlichen und aufwendigen Weg zu führen, oder nicht.[372] Dies stößt auf Unbehagen, denn sowohl die dieser Prognoseentscheidung als auch die dem späteren Ergebnis zugrunde liegenden Tatsachen werden allein von den Ermittlungsbehörden erarbeitet. Die Gerichte treiben im Falle einer solchen Verständigung trotz Geltung des Amtsermittlungsgrundsatzes die Sachverhaltsaufklärung nicht weiter voran, sondern wählen die Aktenlage – soweit diese nicht völlig unplausibel ist – als alleinige Arbeitsgrundlage.[373] Verbleiben dennoch Unsicherheiten des Gerichts bei der Schuldfeststellung, so würden diese regelmäßig im Rahmen der Strafhöhe kompensiert.[374]

Insoweit kann eine verfahrensbeendende Absprache nicht ausnahmslos ein Beleg für die erfolgreiche Ermittlung der materiellen Wahrheit sein. Die vorstehenden Ausführungen zeigen, dass am Ende eines solchen Verfahrens keine materielle, sondern eine konsensuale Wahrheit steht.[375]

b. Weitere Formen konsensualer Verfahrensbeendigung

Absprachen über eine konsensuale Erledigung können nicht nur im Rahmen des § 257c StPO erfolgen, sondern auch über die „isolierte" Anwendung der §§ 153 ff. StPO und das Strafbefehlsverfahren nach §§ 407 ff. StPO erreicht werden.[376] In der Praxis der Strafverteidigung soll die einvernehmliche Verfahrensbeendigung über die § 153a StPO oder §§ 407 ff. StPO oftmals eine größere Rolle spielen als die „echte" Verständigung nach § 257c StPO.[377]

aa. Einstellung aus Opportunitätsgründen

In Wirtschaftsstrafverfahren wird im Rahmen der einvernehmlichen Verfahrensbeendigung der Einstellung nach § 153a StPO besondere Bedeutung zugemessen.[378] Kommt es zu einer Einstellung aus Opportunitätsgründen, ohne dass dies Gegenstand einer Verständigung nach § 257c StPO sein muss, geben die §§ 153, 153a StPO jeweils vor, mit wem ein Konsens erzielt werden muss. Die

---

372 *Sommer*, Effektive Strafverteidigung, S. 636.

373 Vgl. zum Ganzen *Sommer*, Effektive Strafverteidigung, S. 636.

374 *Sommer*, Effektive Strafverteidigung, S. 646.

375 Vgl. *Theile* NStZ 2012, 666 (668).

376 „Isoliert" ist die Anwendung des Opportunitätsgrundsatzes insoweit, als keine Verständigung zustande kommt, die den Vorgaben des § 257c StPO entspricht.

377 Vgl. *Sauer*, Konsensuale Verfahrensweise, S. 232, allerdings noch bezogen auf die Verständigung nach den Vorgaben des BGH. Diese wurden jedoch im Wesentlichen bei der normativen Regelung der Verständigung übernommen.

378 *Sauer*, Konsensuale Verfahrensweise, S. 67, 69. Siehe hierzu ausführlich *Theile*, Wirtschaftskriminalität und Strafverfahren, S. 199 ff., 211 f.

Anwendung des § 153 StPO verlangt erst nach Anklageerhebung den Konsens von Staatsanwaltschaft, Gericht und Beschuldigtem, zuvor ist die Zustimmung des Beschuldigten entbehrlich. Anders gestaltet sich die Einstellung nach § 153a StPO, der die Zustimmung des Beschuldigten unabhängig vom Verfahrenszeitpunkt erfordert.

bb. Strafbefehlsverfahren

Handelt es sich bei der zu ahndenden Tat um ein Vergehen, so ist auch die Möglichkeit des Strafbefehlsverfahrens nach §§ 407 ff. StPO in Betracht zu ziehen.

Voraussetzung für die Erledigung im Wege des Strafbefehls ist der Konsens zwischen Staatsanwaltschaft, Gericht und Beschuldigtem, wenngleich dieser nicht ausdrücklich kundgetan werden muss. Die Staatsanwaltschaft verleiht ihrem Ansinnen nach einer einvernehmlichen Erledigung bereits durch den Strafbefehlsantrag gem. § 407 Abs. 1 S. 1 und 2 StPO Ausdruck, das Gericht stimmt dieser Form der Verfahrensbeendigung durch Erlass des Strafbefehls nach § 408 Abs. 3 StPO zu und der Beschuldigte erklärt seine Zustimmung, indem er nicht innerhalb der Frist des § 410 Abs. 1 S. 1 StPO Einspruch einlegt. Grundsätzlich werden Gespräche der Verteidigung mit den anderen Verfahrensbeteiligten – in der Regel wird dies die Staatsanwaltschaft sein – darüber, ob ein Vorgehen im Strafbefehlsverfahren in Betracht gezogen wird, für zulässig erachtet.[379] Für den Mandanten kann das Strafbefehlsverfahren erhebliche Vorteile, aber auch Risiken mit sich bringen. Insbesondere in Wirtschaftsstrafverfahren besteht nicht selten ein gesteigertes Interesse der Öffentlichkeit. Durch die vollständige Vermeidung der Hauptverhandlung oder zumindest durch die Möglichkeit, sich gem. § 411 Abs. 2 S. 1 StPO in der Hauptverhandlung nach Einspruch von einem Verteidiger vertreten zu lassen, stellt das Strafbefehlsverfahren eine relativ diskrete Form der einvernehmlichen Verfahrensführung dar. Für die Staatsanwaltschaft erweitert sich hierdurch der „Spielraum" möglicher Sanktionen. Denn in dem Bestreben, eine Hauptverhandlung zu vermeiden, sollen im öffentlichen Leben stehende Beschuldigte oftmals bereit sein, einen Strafbefehl zu akzeptieren, der in seiner Höhe einem sonst zu erwartenden Geldstrafenurteil entspricht.[380] Keinesfalls sollte jedoch übersehen werden, dass über den Verweis in § 411 Abs. 2 S. 2 StPO auf § 420 StPO und dort insbesondere auf Abs. 4 in Verfahren vor dem Strafrichter dieser unbeschadet des § 244 Abs. 2 StPO den Umfang der Beweisaufnahme bestimmt. Dieser Verweis

---

379 *Sauer*, Konsensuale Verfahrensweise, S. 67, 73.

380 *Backes*, FS-Hassemer, S. 993

führt zum Verlust des strengen Beweisantragsrechts. Der Strafrichter ist bei der Ablehnung der Beweisanträge nicht mehr an die Vorgaben des § 244 Abs. 3 bis 5 StPO gebunden. Ferner steht der Strafbefehl nach § 410 Abs. 3 StPO einem rechtskräftigen Urteil gleich, sodass die Unschuldsvermutung nicht weiter aufrecht erhalten wird.

2. *Sonstige Erscheinungsformen konsensualer Verteidigung*

Verständigungsgespräche können nicht erst im Rahmen der Hauptverhandlung mit dem Ziel einer verfahrenserledigenden Absprache geführt werden. Die ebenfalls neu eingefügten §§ 160b und 202a, 212 StPO ermöglichen es der Staatsanwaltschaft im Ermittlungsverfahren bzw. dem Gericht im Zwischen- und Hauptverfahren, bis zur Eröffnung der Hauptverhandlung Gespräche mit den Beteiligten zu führen.[381] Zunächst kann über §§ 153 Abs. 1, 153a Abs. 1, 154 Abs. StPO die Verfahrenserledigung im Ermittlungsverfahren verfolgt werden. Wenn bereits feststeht, dass es zu einer Hauptverhandlung kommt, können auch verfahrensstrukturierende Entscheidungen zur Vorbereitung der Hauptverhandlung erörtert werden wie die Beschränkung nach §§ 154 Abs. 1, 154a Abs. 1 StPO. Gegenstand der Erörterung soll auch die Frage sein können, zu welchem Gericht angeklagt werde.[382] Die mit § 202a StPO eröffnete Möglichkeit der Erörterung bezieht sich auf den Stand des Verfahrens nach Erhebung der Anklage, sodass der nun prognostizierte Verfahrensfortgang zum Gegenstand der Übereinkunft wird. Neben der Nichteröffnung und der Verfahrenseinstellung soll auch schon jetzt die Möglichkeit einer späteren Verständigung in der Hauptverhandlung Inhalt der Gespräche sein können. In diesem Stadium könne aber auch die frühzeitige Begrenzung und Strukturierung der Hauptverhandlung auf die wesentlichen entscheidungserheblichen Tatsachen erörtert werden. Auf der Basis eines gesicherten Konsenses aller Beteiligten könne so der Verfahrensaufwand verringert werden.[383]

IV. Zusammenspiel von Konfliktverteidigung und konsensualer Verteidigung

Ein „bemerkenswerter" Zusammenhang zwischen Konfliktverteidigung und konsensualer Erledigung wird erkannt, wenn Erstere eingesetzt wird, um einen

381 N/Sch/W VerstG/*Schlothauer* § 160b Rn. 16 ff.

382 Siehe hierzu N/Sch/W VerstG/*Schlothauer* § 160b Rn. 17 ff.

383 N/Sch/W VerstG/*Schlothauer* § 202a Rn. 10 ff.

zunächst nicht absprachegeneigten Richter zu einer solchen zu bewegen.[384] Werden Verfahrensbefugnisse in diesem Sinne eingesetzt, um Gerichte „weich zu kochen", wohnt dem stets eine negative Komponente inne. Doch der Übergang von einer Verteidigung, die den Konflikt nicht scheut, zu einer konsensualen Erledigung muss nicht zwangsläufig mit einem Makel behaftet sein.[385] Durch konfliktbereite Verteidigung kann eine erkämpfte aber auch respektierte Verhandlungsposition erreicht werden, die ein Verhandeln auf Augenhöhe überhaupt ermöglicht und dem Verteidiger bei verfahrenserledigenden Absprachen die Position eines gleichwertigen Verhandlungspartners verschafft.[386] Die Verhandlungsmasse der Verteidigung bzw. die „Gegenleistung" kann genau darin liegen, mögliches und unter Umständen bereits angedeutetes Verteidigungspotential nicht auszuschöpfen. Genannt sei nur der Verzicht auf Widersprüche, Befangenheits- und Beweisanträge oder die Zustimmung zu Opportunitätsentscheidungen für einen Teil der angeklagten Taten.[387] So kann auch nach jahrelangen durchaus konfrontativ geführten Auseinandersetzungen am Ende der Hauptverhandlung eine Verständigung stehen.[388] Gleichwohl steht der Verteidigung das Recht zu, trotz Anbahnung oder Führung von Gesprächen mit den übrigen Verfahrensbeteiligten weiterhin von ihren prozessualen Befugnissen Gebrauch zu machen.[389]

Ebenso gut kann der Dialog beendet werden und der Weg der Konfrontation eingeschlagen werden.[390]

V. Idealtyp konsensuale Verteidigung

Eine konsensuale Verteidigung zeichnet sich nach alledem insbesondere durch einen Dialog der Verteidigung mit Staatsanwaltschaft und Gericht aus. Dabei ist

---

384 *Senge*, FS-Nehm, S. 339. Ob dieses Vorgehen tatsächlich erfolgreich sein kann und wie es sich in der Praxis darstellt, wird im Dritten Teil der Untersuchung zu erörtern sein.

385 Vgl. *Theile*, Wirtschaftskriminalität und Strafverfahren, S. 269.

386 Vgl. *Gatzweiler*, FS-Jung, S. 220, *ders.* AnwBl 2005, 663 (664, 668); HK-StPO/*Krehl* Vor §§ 151 ff. Rn. 7 (3. Auflage); *Sauer*, Konsensuale Verfahrensweise, S. 180, 193; ähnlich *Sommer*, Effektive Strafverteidigung, S. 646.

387 *Sommer*, Effektive Strafverteidigung, S. 647.

388 *Sauer*, Konsensuale Verfahrensweise, S. 173. Dies beobachtete bereits *Theile*, Wirtschaftskriminalität und Strafverfahren, S. 278, dies sei auf den hohen Grad an Professionalisierung in Wirtschaftsstrafverfahren zurückzuführen.

389 *Sauer*, Konsensuale Verfahrensweise, S. 180.

390 *Theile*, Wirtschaftskriminalität und Strafverfahren, S. 256.

der Gegenstand einer möglichen Übereinkunft nur insoweit begrenzt, als gesetzliche Bestimmungen entgegenstehen. Eine Verständigung zwischen den am Verfahren Beteiligten kann angefangen von rein organisatorischen Fragen bis hin zur Straferwartung erzielt werden. Der Verständigungsprozess kann vom Beginn des Ermittlungsverfahrens bis zum Ende des Hauptverfahrens gesucht werden. Entscheidend ist, dass ein gegenseitiger Austausch der jeweiligen Interessen stattfindet. Dabei wird zwar nach wie vor um die Durchsetzung und Abwehr des staatlichen Strafanspruchs gerungen, doch nicht in Form von Konfrontation, sondern im Dialog und gegenseitigem Nachgeben.[391] Welche Interessen sich letztlich durchsetzen, ist für den reinen Kommunikationsprozess nicht maßgeblich. Entscheidend ist, dass die Beteiligten ihre jeweiligen Interessen nicht vollständig durchsetzen, sondern den anderen entgegenkommen. Somit wird ein vom gegenseitigen Nachgeben und eingehen von Kompromissen geprägter Dialog zum konstituierenden Element einer konsensualen Verteidigung.

D. Zwischenergebnis

Anhand der vorstehenden Ausführungen haben sich drei Idealtypen ableiten lassen: der Rechtsmissbrauch, die Konfliktverteidigung und die konsensuale Verteidigung. Um insbesondere die beiden konfrontativen Verteidigungsstrategien abzugrenzen, hat sich das Kriterium der Zweckwidrigkeit ergeben. Verfolgt die Verteidigung mit dem Einsatz der prozessualen Befugnis weder den dieser zugrunde liegenden Zweck noch das allgemeine Ziel der Wahrheitsfindung, so kann es grundsätzlich als zweckwidrig qualifiziert werden. Doch wie sich gezeigt hat, ist eine eindeutige Abgrenzung anhand dieses Merkmals nicht immer möglich. Etwaige Unsicherheiten sind vor allem darauf zurückzuführen, dass Zweckwidrigkeit nicht eindeutig definiert ist. Weder existiert die eine Wahrheit, die alle Verfahrensbeteiligten als solche akzeptieren, noch verfolgt jeder Beteiligte dasselbe Verfahrensziel. Dennoch steht dies der Bildung von Idealtypen nicht entgegen, da mit der idealtypischen Begriffsbildung von vornherein keine allgemeingültige und trennscharfe Abgrenzung bezweckt werden kann.

Im folgenden Abschnitt wird zu untersuchen sein, inwieweit bisherige empirische Studien geeignet sind, Erkenntnisse für die Bildung von Idealtypen zu liefern, bevor im Anschluss daran im dritten Teil die Ergebnisse der empirischen Untersuchung zu den soeben dargestellten Idealtypen in Bezug gesetzt werden können.

391 *Theile*, Wirtschaftskriminalität und Strafverfahren, S. 256.

Zweiter Teil
Die methodische Konzeption der Untersuchung und die Musterverfahren

Erstes Kapitel: Methoden der Sozialforschung und bisherige empirische Untersuchungen

A. Methoden der Sozialforschung

Die Sozialforschung kennt zwei grundsätzliche Vorgehensweisen. Neben der Möglichkeit, empirische Erkenntnisse über einen quantitativen Ansatz zu gewinnen, kann es sich anbieten, einen qualitativen Forschungsansatz zu wählen.[392] Dieser zielt auf die tiefer gehende Exploration einzelner Untersuchungsfragen ab.[393] Entscheidend ist nicht die Vielzahl der erhobenen Daten, sondern der Gehalt der einzelnen Informationen. Die qualitative Forschung gewinnt ihre Erkenntnisse beispielsweise durch die Durchführung von Interviews, die zwar zahlenmäßig begrenzt sind, jedoch in jedem Einzelfall die interessierenden Fragen ausführlich beleuchten können. Eine quantitative Sozialforschung bedient sich dahingegen der Erhebung, Klassifizierung und Analyse der jeweils interessierenden Daten in großem Umfang.[394] Typischerweise handelt es sich um ein standardisiertes Vorgehen bei der Erhebung einer Vielzahl von Daten, die im Anschluss nach bestimmten Vorgaben ausgewertet werden.[395] Solche mathematischen Methoden setzten voraus, dass der Untersuchungsgegenstand zumindest in seinen Grundzügen bekannt ist.[396] Die methodische Konzeption der Untersuchung hängt demnach zum einen davon ab, ob die bisherigen empirischen Forschungsarbeiten ausreichende Erkenntnisse über verschiedene Verteidigungsstrategien in Wirtschaftsstrafverfahren sowie über deren Intention und Auswirkung auf das Verfahren als solches liefern können. Zum anderen bestimmt sich die Forschungsmethode nach dem jeweiligen Erkenntnisinteresse der empirischen Arbeit.

---

392 Vgl. *Flick/v. Kardorff/Steinke*, Was ist qualitative Forschung? S. 24 f.; *Heinze*, Qualitative Sozialforschung, S. 28 ff.

393 Siehe zu den Vor- und Nachteilen sowohl der quantitativen als auch der qualitativen Sozialforschung ausführlicher die Darstellungen unter C.

394 *Schnell/Hill/Esser*, Methoden der empirischen Sozialforschung, S. 1.

395 Vgl. *Kunz*, Kriminologie, § 2 Rn. 4; *Lamnek*, Qualitative Sozialforschung, S. 490.

396 *Cicourel*, Methode und Messung in der Soziologie, S. 12 f.; *Theile*, Wirtschaftskriminalität und Strafverfahren, S. 109.

B. Bisherige empirische Forschung

Seit Ende der 1970er, Anfang der 1980er Jahre wurden vereinzelt empirische Studien durchgeführt, die die Erledigung von Strafverfahren und mögliche Ursachen für einen etwaigen Anstieg der Verfahrensdauer untersuchen. Sofern diese bisherigen Forschungsprojekte für die vorliegende Arbeit von Bedeutung sind, soll im Folgenden jeweils ein kurzer Überblick über die methodische Konzeption sowie die hier interessierenden Ergebnisse gegeben werden. Soweit Letztere auch für die Bildung der im vorherigen Teil herausgearbeiteten Idealtypen herangezogen werden können, sind die idealtypischen Konstruktionen um zusätzlich Erkenntnisse zu erweitern.

I. Die Untersuchung von *Barton*

„Ein weißer Fleck auf der Landkarte der Kriminologen: Die Strafverteidigung“.[397] Vor fast 30 Jahren wurde mit diesen Worten der Mangel an eingehenden empirischen Untersuchungen zur Strafverteidigung kritisiert. Von dem Gedanken geleitet, diese Landkarte zu vervollständigen, schaffte die Untersuchung von *Barton* Anfang der 1980er Jahre in Zusammenarbeit mit Studierenden aus Hamburg einen ersten empirischen Zugang zur Nutzung von Verteidigungsrechten.[398]

1. Methodische Konzeption

Zunächst wurden im Wege der teilnehmenden Beobachtung 90 Strafverfahren erfasst. Dafür verfolgten die Studierenden jeweils die Hauptverhandlung und hielten die gewonnenen Erkenntnisse mittels eines standardisierten Beobachtungsbogens fest. Begleitet wurde die Untersuchung von einem zweiten quantitativen Ansatz. Dieser beschränkte sich auf die Aktenanalyse formaler Daten. Hierfür wurden 131 aus einem anderen Gerichtsbezirk stammende Verfahren ausgewertet.[399] Die durch diese zwei unterschiedlichen Forschungsansätze gesammelten Daten wiesen nach Analyse der Forscher keine signifikanten Unterschiede auf. Die erhobenen Daten wurden anschließend durch die Vergabe von sogenannten Interventionspunkten bzw. Non-Interventionspunkten veranschaulicht. Für die Inanspruchnahme von Verteidigerrechten bzw. deren Verzicht wurden jeweils Punkte vergeben und anschließend zusammengezählt. Anhand dieser Punkteskala wurde die Prozessaktivität der Verteidiger gemessen.

397 *Barton* StV 1984, 394.
398 *Barton* StV 1984, 394.
399 *Barton* StV 1984, 394 (395).

2. *Relevante Erkenntnisse*

Die Studie kam bei sämtlichen erfassten Verteidigungsbefugnissen zu dem Ergebnis, dass diese statistisch gesehen häufiger nicht ausgeübt werden, als dass von ihnen Gebrauch gemacht wird. In 85,1 % der untersuchten Verfahren wurde auf das Recht, die Beweiserhebung nach den §§ 244, 245 StPO zu beeinflussen, verzichtet. Befangenheitsanträge wurden nur in 1 % der untersuchten Fälle gestellt. Insgesamt wurden in nur 22,2 % der 221 untersuchten Verfahren formale Verteidigungsaktivitäten festgestellt. Dies bestätigte *Barton* in der Annahme, dass im Justiz-Alltag weitaus weniger von Verteidigungsrechten Gebrauch gemacht wird als allgemein erwartet. „Routine"-Strafverteidigung zeichne sich demnach nicht durch eine besondere Konflikthaftigkeit aus. Selbst wenn eine „Konflikthaftigkeit" registriert wurde, wurden maximal neun von zwanzig Interventionspunkten erreicht.

Ein abweichendes Ergebnis liefert die Untersuchung hinsichtlich der Verteidigung in Wirtschaftsstrafverfahren. Hier sei das Gegenteil zu beobachten, der Anteil konflikthafter Verteidigung steige sprunghaft an.[400] Erklärt wird dieser Anstieg mit der Zahlungskräftigkeit der Beschuldigten, die im Gegenzug von ihren Verteidigern ein hohes Maß an Einsatzbereitschaft verlangten. Dennoch könne auf Grundlage der durchgeführten Untersuchung auch in diesen Verfahren von einem Missbrauch von Verteidigerrechten „*kaum die Rede sein*".[401]

Darüber hinaus wurde bei auswärtigen Verteidigern eine deutlich höhere Verteidigungsaktivität festgestellt als bei ortsansässigen. *Barton* erklärt dies zum einen damit, dass auswärtige Verteidiger oftmals nicht über vergleichbare informelle Kontakte verfügten (Stichwort: „kurzer Dienstweg"). Zum anderen würden „heimische" Verteidiger auch in Hinblick auf die künftige Zusammenarbeit mit den Gerichten konflikthaftes Verhalten vermeiden.[402]

3. *Stellungnahme*

Die Studie vermag einen ersten Eindruck zu liefern, ist aber für die hier interessierende Frage, insbesondere im Hinblick auf die Art der untersuchten Verfahren, nicht erschöpfend. Die vorliegende Arbeit widmet sich der Untersuchung von Verteidigungsaktivitäten in Wirtschaftsstrafverfahren und damit handelt es sich gerade nicht um die von *Barton* in erster Linie untersuchte *Routine*-Strafverteidigung. Auch die Feststellung, von Missbrauch „könne kaum die

400 *Barton* StV 1984, 394 (400).
401 *Barton* StV 1984, 394 (400).
402 *Barton* StV 1984, 394 (400).

Rede sein", vermag keine Klarheit zu verschaffen, solange nicht dargelegt wird, ab wann ein Missbrauch anzunehmen ist. Ist ein Missbrauch ab zehn von 20 möglichen Interventionspunkten gegeben? Oder erst ab elf oder gar noch mehr? Die Untersuchung gibt auch keine eindeutige Antwort auf die Frage, welches Verständnis von Rechtmissbrauch dieser zugrunde liegt. Jedenfalls scheint eine rechtsmissbräuchliche Inanspruchnahme von Verteidigerrechten über eine ausufernde Antragsflut hinauszugehen.[403]

Nicht aus den Augen verloren werden sollte die damit im Zusammenhang stehende Tatsache, dass die Interventions- bzw. Non-Interventionspunkte für Verteidigeraktivitäten vergeben werden, die dem Beschuldigten bzw. der Verteidigung nach der Strafprozessordnung zustehen. Die Inanspruchnahme von Verteidigungsrechten wird so zum Indikator der Konflikthaftigkeit des Verteidigungsverhaltens. Da bei dieser Erhebungsmethode die das Prozessverhalten mitbestimmenden Motive ausgeblendet werden, können jedoch keine Aussagen darüber getroffen werden, was Konflikthaftigkeit bedeutet und in welchem Verhältnis diese zum Rechtsmissbrauch steht.[404] Dennoch scheint nach dieser Untersuchung eine gewisse gegenseitige Bedingung von Missbrauch und Konflikt(-verteidigung) zu bestehen, denn die Annahme eines Missbrauchs wurde bei neun Interventionspunkten abgelehnt, wenngleich die Punkteskala ihrerseits die Konflikthaftigkeit der jeweiligen Handlung ausdrücken soll. Der Rechtsmissbrauch könnte demnach als eine gesteigerte Form einer konflikthaften Verteidigung verstanden werden. Dies lässt zwar keine Rückschlüsse auf etwaige Abgrenzungskriterien zu, stützt jedoch die Annahme, dass rechtsmissbräuchliches und konfliktbehaftetes Verteidigungsverhalten nicht gleichzusetzen sind und damit verschiedene Idealtypen konstruiert werden können.

II. Die Untersuchung von *Nehm* und *Senge*

Ziel dieses Forschungsansatzes war es, Ursachen von Verfahrensverzögerungen zu ermitteln, gleich welchem Verantwortungsbereich diese entstammen.

1. Methodische Konzeption

Gegenstand der Untersuchung von *Nehm* und *Senge* waren drei Großverfahren, in denen sich die Verteidiger des Verdachts auf Missbrauch prozessualer

403 *Barton* StV1984, 394 (397).

404 Kritisch auch *Perron*, Beweisantragsrecht, S. 282.

Antragsrechte ausgesetzt sahen.[405] Die Analyse erfolgte allein anhand der Aktenlage, empirische Befunde durch Expertengespräche lagen nicht vor.

Der Schwerpunkt der Untersuchung wurde auf die Auswertung einiger ausgewählter Verfahrensausprägungen gelegt, wie z.B. die Dauer der Sitzungstage und der reinen Verhandlungszeiten, die Befangenheitsanträge und die Anträge nach § 238 Abs. 2 StPO.[406]

2. *Relevante Erkenntnisse*

Die Aktenanalyse ergab unter anderem, dass sowohl die Dauer des gesamten Sitzungstags als auch die reine Verhandlungszeit bei zunehmender Dauer des Verfahrens abnehmen. Der Grund für Letzteres wird zum einen in der geringeren Gesamtdauer des Sitzungstages vermutet, zum anderen habe in zwei der untersuchten Verfahren nachweislich ein Zusammenhang zwischen der geringen durchschnittlichen reinen Verhandlungszeit und dem Antragsverhalten der Verteidigung bestanden.[407]

Die Studie lässt zwar keine abschließenden Aussagen darüber zu, welche Verzögerungen mit dem einzelnen Ablehnungsantrag bzw. der Summe aller Ablehnungsgesuche einhergingen. Hinsichtlich eines der Verfahren kamen die Autoren jedoch zu der Überzeugung, dass sich von den dort gestellten 33 Befangenheitsanträgen 32 allein als „Trotzreaktion" darstellten.[408] In der Annahme, dass das Ablehnungsrecht dort bewusst rechtsmissbräuchlich eingesetzt wurde, sahen sich die Autoren durch die Bemerkung eines Verteidigers zum ersten Befangenheitsantrag bestätigt.[409] In der Folge sei es zu sogenannten

405 *Nehm/Senge* NStZ 1998, 377.

406 *Nehm/Senge* NStZ 1998, 377 (380). Im Folgenden werden nur diese drei der sieben untersuchten Verfahrensausprägungen weiter ausgeführt, da diese im Rahmen der von *Nehm* und *Senge* durchgeführten Untersuchung den größten Aussagegehalt zu rechtsmissbräuchlichen Verteidigungsaktivitäten enthalten und einen Zusammenhang zu der vorliegenden Untersuchung aufweisen.

407 *Nehm/Senge* NStZ 1998, 377 (381).

408 *Nehm/Senge* NStZ 1998, 377 (382).

409 *Nehm/Senge* NStZ 1998, 377 (382) dort Fn. 37. Ein Verteidiger habe nach Zurückweisung der Anträge auf Aufhebung der Haftbefehle angekündigt, dass von nun an ein anderes Prozessklima herrschen würde. Seinen ersten Befangenheitsantrag habe dieser mit den Worten eingeleitet, *„man wisse doch hoffentlich, wen man vor sich habe, er sei einer der besten Kenner des Befangenheitsrechts. Auf diesem Gebiet sei er besser als alle Richter am BGH."*

Kettenablehnungsgesuchen und willkürlichem Einsatz der Befangenheitsanträge als Reaktion auf nicht gebilligte gerichtliche Maßnahmen gekommen.

In einem weiteren Verfahren begründeten die Autoren den Verdacht des Rechtsmissbrauchs bereits mit der „außergewöhnlich großen" Anzahl von 192 Ablehnungsgesuchen gegen Richter und Schöffen.[410] Bestätigt werde dieser erste Befund durch die Anträge selbst. Mit Ausnahme eines Gesuches sei keiner der Anträge „auch nur annähernd begründet" gewesen.[411] Da dies den Verteidigern bei Kenntnis der einschlägigen Rechtsprechung bekannt gewesen sein müsste, dränge sich die Annahme eines Rechtsmissbrauchs zum Zwecke der Verfahrensverzögerung geradezu auf. So hätten verfahrensbeteiligte Verteidiger im Nachgang eingeräumt, dass es in einem der Verfahren darum gegangen sei, eine zunächst nicht vorhandene „Dealbereitschaft" des Gerichts herbeizuführen, um die von der Verteidigung für angemessen gehaltenen Rechtsfolgen zu erzielen.[412]

3. *Stellungnahme*

Nehm und *Senge* geben selbst zu bedenken, dass es anhand einer rein auf Aktenanalyse gestützten Untersuchung nicht möglich ist, belastbare Aussagen zu den Ursachen abnehmender Verhandlungszeiten zu machen.[413] Der nach Ansicht der Autoren geführte Nachweis über den Zusammenhang zwischen der Abnahme der reinen Verhandlungszeit und dem Antragsverhalten der Verteidiger kann zumindest anhand der dort ausgewerteten Daten nicht widerlegt werden, verwundert aber auch nicht weiter. Es leuchtet durchaus ein, dass die reine Verhandlungszeit abnimmt, umso mehr Anträge das Gericht zu bescheiden hat. Jeder gestellte Antrag, der in der Folge beschieden werden muss, kostet Zeit und verringert damit die reine Verhandlungsdauer. Daraus kann jedoch kein Rückschluss gezogen werden, ob die zunehmende Antragstellung in irgendeiner Form „missbräuchlich" ist oder eine „Konfliktverteidigung" darstellt. Bei der Erhebung der Daten wird in der von *Nehm* und *Senge* durchgeführten Studie der den Anträgen zugrunde liegende Zweck vollständig ausgeblendet und deren Anzahl rein quantitativ erfasst. Dies verwundert, denn bei der Auswertung der Erkenntnisse wird auf einen Zweck abgestellt, der mit dieser rein quantitativen Konzeption kaum ermittelt werden kann. Gleichwohl kommt die Studie zu dem Ergebnis, dass das Ablehnungsrecht bewusst rechtsmissbräuchlich eingesetzt wurde, da es sich zum

---

410 *Nehm/Senge* NStZ 1998, 377 (382).

411 *Nehm/Senge* NStZ 1998, 377 (383).

412 *Nehm/Senge* NStZ 1998, 377 (383) dort Fn. 44.

413 *Nehm/Senge* NStZ 1998, 377 (381).

einen um reine „Trotzreaktionen" gehandelt habe und zum anderen den Verteidigern bekannt gewesen sei, dass diese Anträge unbegründet gewesen seien. Damit wird der mit dem Einsatz der Befugnis verfolgte Zweck zum Kriterium des Rechtsmissbrauchs, obwohl dieser nicht Gegenstand der Datenerhebung war. Auch wenn hier gewisse Zweifel erhoben werden können, wie diese Erkenntnisse gewonnen werden konnten, so spricht die Auswertung für das Verständnis des Rechtsmissbrauchs als zweckwidrigen Einsatz der Verteidigungsbefugnisse.

III. Die Untersuchung von *ter Veen*

Vor über 15 Jahren hat *ter Veen* eine Strukturanalyse angestellt, um Ausmaß und Entwicklung der Strafjustiz vor dem LG Hamburg festzustellen und die Gründe überlanger Verfahrensdauer aufzuklären.[414]

1. Methodische Konzeption

Im Rahmen dieser rein quantitativen Studie wurden erstinstanzliche Verfahren vor dem LG Hamburg mit einer Dauer von mindestens 10 Hauptverhandlungstagen untersucht. *ter Veen* qualifizierte diese als „Großverfahren". Da aufgrund der Einschränkung nur ein Ausschnitt aller Strafverfahren untersucht wurde und die Situation in einem Stadtstaat wie Hamburg von anderen LG Bezirken abweichen kann, beanspruchten die Autoren keineswegs eine bundesweite Allgemeingültigkeit ihrer Schlussfolgerungen.[415]

2. Relevante Erkenntnisse

Die Untersuchung kommt zu dem Ergebnis, dass die überdurchschnittlich lange Verfahrensdauer vor dem LG Hamburg in I. Instanz auf verschiedene Gründe zurückgeführt werden kann.[416] Unter anderem wurde die Verteidigung für die

414 Siehe ausführlich *ter Veen*, Strukturanalyse; *ders.* StV 1997, 374 (376).

415 *ter Veen* StV 1997, 374 (377).

416 Als Ursachen wurden u.a. die vergleichsweise schwere Deliktsstruktur, die damit einhergehende Praxis der Staatsanwaltschaft, eine Mehrzahl an Beschuldigten anzuklagen, sowie im Zusammenhang mit schwerer Drogen- und Ausländerkriminalität die Verteidigungs- und Antragsintensität, Beweisprobleme, Aufklärungsschwierigkeiten, fehlende Geständnisbereitschaft und die Notwendigkeit von Übersetzungsdiensten ausgemacht. Ferner werde nur an wenigen Tagen pro Woche verhandelt, wobei ein Teil der Hauptverhandlungstage nur aus „Durchrufterminen" bestehe. Im Rahmen der Hauptverhandlung machten die Gerichte nur sehr zurückhaltend von ihrem Ablehnungsrecht bei Beweisanträgen Gebrauch, *ter Veen* StV 1997, 374 (379 ff.).

Dauer der Verfahren verantwortlich gemacht.[417] Der mehrmalige Wiedereintritt in die Beweisaufnahme sowie die insgesamt überproportional hohe Anzahl an (stattgegebenen) Beweisanträgen würden zu einem 50 %igen Anstieg der Hauptverhandlungstage führen.[418] Ein Viertel der untersuchten Verfahren habe diese Form der kontradiktorischen Verteidigung mit „extremen" Zügen aufgewiesen. So wird das Antragsverhalten in Großverfahren, insbesondere der Einsatz von Beweis- und Befangenheitsanträgen sowie Anträgen nach § 238 Abs. 2 StPO als ein Hinweis auf die Konflikthaftigkeit des Verteidigerverhaltens und im Anschluss als ein Grund für die überlange Verfahrensdauer gewertet.[419]

3. *Stellungnahme*

Die nach der quantitativen Erhebungsmethode ermittelten Zahlen sollen nicht in Zweifel gezogen werden, doch die Schlussfolgerungen überzeugen nicht vollständig. Zunächst wird das zurückhaltende Ablehnungsverhalten der Gerichte, genauer die Tendenz, in 50 % der Fälle dem Beweisbegehren nachzukommen, als Grund für die überlange Dauer gewertet. Die Zahlen mögen dies belegen. Doch greift die Schlussfolgerung zu kurz. Zum einen könnte man hier das Verständnis vermuten, dass ein ordnungsgemäßer Verfahrensablauf nur dann gewährleistet sei, wenn ein Großteil der Anträge abgelehnt werde, unabhängig von der Zielsetzung des Antrages. Zum anderen bleibt bei dieser Betrachtung unberücksichtigt, ob die Anträge dem Ziel der Sachaufklärung dienten und ihnen aus diesem Grund zu folgen war. Damit in engem Zusammenhang steht auch die Schlussfolgerung, dass das Verteidigungsverhalten einen Anhaltspunkt für die Konflikthaftigkeit bietet, wenn die Anzahl und der Zeitpunkt der gestellten Anträge „extreme" Züge aufweisen. Allein daraus können jedoch keine Erkenntnisse für die Bildung der Idealtypen gewonnen werden. Denn mit dem Merkmal „extrem" ist keinerlei quantitativ messbare Erkenntnis verbunden, ab wann von einer Konflikthaftigkeit ausgegangen werden kann.

IV. Die Untersuchung von *Vogtherr*

Vogtherr hat sich der quantitativen Untersuchung von Rechtswirklichkeit und Effizienz der Strafverteidigung angenommen.[420]

---

417 *ter Veen*, Strukturanalyse, S. 288 f., 294 f.

418 *ter Veen* StV 1997, 374 (382).

419 *ter Veen* StV 1997, 374 (382); *ders.*, Strukturanalyse, S. 295 f.

420 *Vogtherr*, Strafverteidigung.

1. *Methodische Konzeption*

Neben einer Aktenanalyse von 570 Verfahren wurden 70 leitfadenbasierte Interviews mit Rechtsanwälten geführt. Die Auswahl der Anwälte erfolgt über fünf verschiedene Teilgruppen, die mit den in der Dokumentenanalyse untersuchten Verfahren nicht im Zusammenhang standen. Vier dieser Gruppen wurden von strafrechtlich spezialisierten Anwälten gestellt, eine wurde anhand der Region ausgewählt, um auch solche Anwälte zu erfassen, die sich nicht schwerpunktmäßig mit Strafrecht befassen. Die Untersuchung beschäftigte sich unter anderem mit der Auswirkung der Organstellung des Strafverteidigers auf seine Arbeit, dem Problem der Mehrfachvertretung, dem Verhältnis zwischen Verteidiger und Mandant, Staatsanwaltschaft und Gericht, der Wirkung des Plädoyers sowie den Institutionen von Pflicht- und Wahlverteidigung.

2. *Relevante Erkenntnisse*

Vogtherr kam zu dem Ergebnis, dass 10 % der Befragten eine Konfliktverteidigung oder auch „Störungsstrategie" für besonders erfolgreich halten.[421] Mit Beweisanträgen als einem wesentlichen Bestandteil der Verteidigung werden in aller Regel die Erweiterung des gerichtlichen Beweisprogrammes, das Schaffen von Revisionsgründen und der Erkenntnisgewinn über die gerichtliche Einschätzung der bisherigen Beweislage verfolgt. Nur in Ausnahmefällen werde das „Platzenlassen" des Prozesses beabsichtigt.[422]

„Spannungen" zwischen Verteidigung und Gericht werden insbesondere auf die Verhandlungsleitung nach § 238 StPO zurückgeführt.[423] Im Gegenzug gelangt *Vogtherr* zu der Erkenntnis, dass eine gute Beziehung zwischen den Verfahrensbeteiligten, Konsens über den Ablauf des Verfahrens, prozessuale Vereinfachungen, wie das Vorgehen nach § 154 StPO oder auch ein Geständnis des Angeklagten zu einer entspannten Atmosphäre beitragen.[424]

3. *Stellungnahme*

Die Studie von *Vogtherr* konzentriert sich zwar auf die Strafverteidigung und damit auf die für die vorliegende Untersuchung relevante Institution. Obwohl *Vogtherr* zu dem Ergebnis kommt, dass 10 % der Befragten eine

---

421 *Vogtherr*, Strafverteidigung, S. 178 f.
422 *Vogtherr*, Strafverteidigung, S. 182.
423 *Vogtherr*, Strafverteidigung, S. 185.
424 *Vogtherr*, Strafverteidigung, S. 187.

Konfliktverteidigung bzw. Störungsstrategie für besonders erfolgreich halten, wird nicht deutlich, welches Verteidigungsverhalten hierunter zu fassen ist. Anhand der Interviews wird zwar der Frage nachgegangen, welche Ziele die Verteidigung beim Einsatz prozessualer Befugnisse wie dem Beweisantragsrecht verfolgt. Gleichwohl sind diese nicht einem bestimmten Verteidigungsverhalten zuordnen, sodass eine Inhaltsbestimmung der von *Vogtherr* selbst angesprochenen Konfliktverteidigung auch anhand der dargestellten Motive nicht möglich ist.

V. Die Untersuchung von *Perron*

Die Untersuchung von *Perron* zielte darauf ab, Erkenntnisse darüber zu gewinnen, inwieweit das Beweisantragsrecht den Bedürfnissen von Verteidigung und öffentlicher Strafverfolgung tatsächlich entspricht und ob sich die aus normativer Sicht bestehenden Probleme in der Praxis tatsächlich entsprechend negativ auswirken.[425]

1. Methodische Konzeption

Gewählt wurden zwei verschiedene Ansätze. Zum einen wurden anhand einer Aktenanalyse erfolgreiche Revisionsentscheidungen des Bundesgerichtshofs aus den Jahren 1983 und 1988 ausgewertet. Zum anderen wurde die explorative Methode der offenen, intensiven Befragung von 27 Richtern, Staatsanwälten und Rechtsanwälten angewandt. Die Auswahl der Interviewpartner umfasste ein breites Spektrum verschiedener Berufsträger in unterschiedlichen Funktionen, Tätigkeitsbereichen und Landgerichtsbezirken.

2. Relevante Erkenntnisse

Im Bezug auf das Ermittlungsverfahren erbrachte die Studie unterschiedliche Erkenntnisse. Die Verteidigung mache zwar „nicht sehr häufig" von ihrem Recht, Beweisanträge zu stellen Gebrauch, doch wenn sie dieses Recht in Anspruch nehme, dann werde es in einigen Verfahren als taktisches Mittel eingesetzt, um die Staatsanwaltschaft in Schwierigkeiten zu bringen.[426] Oftmals nehme die Verteidigung bereits in diesem frühen Stadium den Kontakt mit der Staatsanwaltschaft auf, um sich über den Ermittlungsstand und die zu erwartenden Rechtsfolgen zu unterhalten. Ähnliche Gespräche zwischen Verteidigung und Gericht würden häufig im Zusammenhang mit der Terminsabstimmung

425 *Perron*, Beweisantragsrecht, S. 281 ff.

426 Siehe zu den Erkenntnissen ausführlich *Perron*, Beweisantragsrecht, S. 287 ff.

stattfinden, wobei sich diese inhaltlich vorwiegend mit der Frage beschäftigten, ob der Beschuldigte ein Geständnis ablegen werde und die Beweisaufnahme somit abgekürzt werden könne. Im Rahmen der Hauptverhandlung stehe die Verteidigung vor einer dreifachen Aufgabe, deren jeweilige Ziele eine mit den anderen Zielen kaum zu vereinbarende Verhaltensweise erfordere. Primär werde ein Freispruch angestrebt. Falls ein solcher nicht zu erreichen sei, werde versucht, eine günstige Strafzumessung zu erreichen oder bei einem „inakzeptablen" Ergebnis Ansatzpunkte für die Revision zu schaffen.[427] Während eine milde Strafzumessung durch ein frühes Geständnis und eine kooperative Zusammenarbeit erreicht werden soll, erfordern sowohl eine auf einen Freispruch ausgerichtete als auch eine im Blickwinkel der Revision geführte Verteidigung ein aktives und in Teilen opponierendes Verhalten.

Die Ergebnisse der Studie können die eingangs aufgezeigten Befürchtungen, dass das Verhalten der Verteidigung insbesondere in Wirtschaftsstrafverfahren zunehmend konfrontativ sei und damit die Funktionsfähigkeit der Strafrechtspflege gefährde, nicht bestätigen.[428] Vornehmlich prozesstaktisch motivierten Beweisanträgen wird ein weitaus geringerer Stellenwert eingeräumt, als dies die erhobenen Klagen über Prozessverschleppungen befürchten lassen. Dennoch wurde als Motiv für das Stellen von Beweisanträgen unter anderem die Herbeiführung von Revisionsgründen, das Erschweren der Prozessführung, die Prozessverzögerung, das Erlangen von Erkenntnissen über die bisherige Beweiswürdigung des Gerichts sowie die Möglichkeit, abweichende Sachverhaltsversionen in das Protokoll aufzunehmen, ausgemacht. Ein Zusammenhang zwischen der Deliktsart und der Anzahl von Beweisanträgen konnte hingegen nicht festgestellt werden, wenngleich der Person des Verteidigers insofern maßgebliche Bedeutung für die Antragsaktivität zugestanden wird, als bestimmte Verteidiger regelmäßig viele Beweisanträge stellten, während andere in aller Regel nur wenig Gebrauch von diesem Recht machten.[429] Verfolgt die Verteidigung das Ziel, durch Kooperation eine mildere Sanktion zu erreichen, werde ein Geständnis abgelegt und von dem Beweisantragsrecht weniger Gebrauch gemacht.

3. *Stellungnahme*

Die Untersuchung brachte wichtige Erkenntnisse über den Einsatz des Beweisantragsrechts, die für die vorliegende Untersuchung fruchtbar gemacht werden

---

427 *Perron*, Beweisantragsrecht, S. 308.
428 *Perron*, Beweisantragsrecht, S. 294, 309, 325 ff.
429 *Perron*, Beweisantragsrecht, S. 314, 316.

können und bei der Konzeption der Interviewleitfäden Berücksichtigung gefunden haben. Im Gegensatz zu der Studie über die „Arbeitsweise der Wirtschaftsstrafkammern" bezieht sich *Perron* dabei allein auf den Einsatz von Beweisanträgen, der Einsatz weiterer Verteidigungsbefugnisse wird nicht untersucht. Hinsichtlich der dargestellten Idealtypen vermag die Studie vor allem das Verständnis der Konsensverteidigung zu stützen. Der Konsens zeigt sich auch in der Untersuchung von *Perron* als ein vielschichtiges Phänomen, das vom Dialog der Verfahrensbeteiligten geprägt ist. Darüber hinaus lassen sich die Erkenntnisse für das Verständnis der Konfliktverteidigung als einer konfliktbereiten und gerade nicht rechtsmissbräuchlichen Verteidigung nutzen. Zum einen wird die Konfliktfähigkeit des Verteidigers zum Qualitätsmerkmal und zum anderen wird ein aktives und teilweise opponierendes Verhalten für eine Verteidigung, die einen Freispruch oder eine erfolgreiche Revision anstrebt, für erforderlich gehalten.

VI. Die Untersuchung von *Dölling* u.a.

Im Jahr 2000 haben *Dölling* u.a. eine Untersuchung zur „Dauer von Strafverfahren vor den Landgerichten" veröffentlicht.[430]

1. Methodische Konzeption

Gegenstand dieser Forschungsarbeit waren Strafverfahren, die in erster Instanz vor den Landgerichten erledigt wurden. Dabei wurden zunächst bestimmte Variablen ausgewählt und für alle Landgerichte Deutschlands die entsprechenden Daten erhoben. Diese Variablen wurden in einem nächsten Schritt so weit reduziert, bis schließlich zwei Gruppen, sogenannte Cluster, übrig geblieben sind. Anschließend wurden die Landgerichte dem jeweiligen Cluster zugeordnet. Aus diesen Clustern wurden insgesamt 5 Landgerichte ausgewählt und von diesen jeweils 250 Verfahrensakten angefordert.[431] Die verwertbaren Akten wurden anschließend anhand eines vollstandardisierten Erhebungsbogens ausgewertet.

2. Relevante Erkenntnisse

Neben der Dauer der Verfahren, insbesondere in den einzelnen Verfahrensstadien, wurde unter anderem das Beweisantragsverhalten untersucht. Der Großteil der Anträge sei von Verteidigerseite im Hauptverfahren, insbesondere in

430 *Dölling*, Die Dauer von Strafverfahren.

431 Siehe zu den Auswahlkriterien und zur Vorgehensweise insgesamt *Dölling*, Die Dauer von Strafverfahren, S. 84 ff.

der Hauptverhandlung gestellt worden.[432] Auf die einzelnen Deliktsgruppen bezogen kam die Untersuchung zu dem Ergebnis, dass in bestimmten Verfahren, wie beispielsweise in Wirtschaftsstrafverfahren, überdurchschnittlich viele Beweisanträge gestellt wurden. In diesen Verfahren wurde ein Zusammenhang zwischen der Dauer des Verfahrens und der Deliktsart angenommen, es sei eine längere Gesamtverfahrensdauer zu verzeichnen.[433] Prozessverschleppung spielt der Studie zufolge als Grund für die Ablehnung von Beweisanträgen keine sehr bedeutende Rolle. Bezogen auf alle Deliktsgruppen würden nur 2,3 % der ablehnenden Entscheidungen hierauf gestützt. Ferner habe die Verteidigeraktivität zwar keinen Einfluss auf die Verfahrensdauer insgesamt, die Dauer der Hauptverhandlung werde jedoch von der Aktivität der Verteidiger, deren Anzahl und Herkunft beeinflusst.[434]

3. *Stellungnahme*

Die Erkenntnis, dass das Verteidigerverhalten die Dauer der Hauptverhandlung beeinflusst, verwundert kaum. Da jeder Verteidiger das Recht hat, sich zu den gestellten Anträgen seiner Kollegen zu äußern, kann eine höhere Anzahl an Verteidigern auch ohne Weiteres zu einer gesteigerten Dauer der Hauptverhandlung führen. Die Feststellung, dass in Wirtschaftsstrafverfahren besonders viele Beweisanträge gestellt wurden, könnte – wie bereits ausgeführt – auch mit der gesteigerten Komplexität der Verfahren im Zusammenhang stehen. Eine Aussage darüber, welche Motive für das Antragsverhalten der Verteidigung ausschlaggebend waren und wie sich unterschiedliche Verteidigungsformen darstellen bzw. voneinander abgegrenzt werden können, lässt diese Untersuchung nicht zu.

VII. Sonstige quantitative Ansätze

Zur Vorbereitung der Konferenz der Präsidentinnen und Präsidenten der Oberlandesgerichte, des Kammergerichts und des Bundesgerichtshofs im Jahr 2007 wurde eine weitere quantitative Untersuchung durchgeführt. Die Auswertung von 345 erstinstanzlichen Verfahren der Wirtschaftsstrafkammern aus fünf Oberlandesgerichtsbezirken ergab unter anderem, dass die Verfahrensdauer bei den Wirtschaftsstrafkammern durchschnittlich doppelt so lang sei wie bei den allgemeinen Strafkammern.[435] Der größte Anteil der Verfahrensdauer

---

432 *Dölling*, Die Dauer von Strafverfahren, S. 127, 145, 220, 287.

433 *Dölling*, Die Dauer von Strafverfahren, S. 138, 204, 288.

434 *Dölling*, Die Dauer von Strafverfahren, S. 217, 289.

435 *Hirsch*, Die Initiative zum Dialog, S. 10.

entfalle dabei auf das Ermittlungsverfahren mit etwa 26 Monaten, während das Hauptverfahren im Schnitt nach zehn Monaten abgeschlossen werden könne. Die Untersuchung kam ferner zu dem Ergebnis, dass ca. 60 % der Verfahren vor den Wirtschaftsstrafkammern durch eine verfahrenserledigende Absprache erledigt werden.[436]

Eine belastbare Aussage über die Gründe der längeren Verfahrensdauer und das Verteidigerverhalten lässt sich anhand dieser Zahlen nicht treffen.

Im Jahre 1981 wurde eine Untersuchung von *Berckhauer* über „Die Strafverfolgung bei schweren Wirtschaftsdelikten" veröffentlicht.[437] Unter anderem wurden die Delikts- und Täterstruktur sowie der Ablauf des Ermittlungs- und Hauptverfahrens analysiert. Aufgrund dieser Erkenntnisse wurde bereits vor über 30 Jahren die lange Dauer der Wirtschaftsstrafverfahren kritisiert und eine Verfahrensbeschleunigung angemahnt.[438] Gleichwohl gibt der Autor unumwunden zu, dass die reine Aktenanalyse nicht geeignet ist, die Gründe für die beklagte Verfahrensdauer zu erhellen.[439] Ferner findet die Frage nach der Verteidigung und deren Auswirkungen kaum Eingang in die Untersuchung. Schließlich sollte nicht übersehen werden, dass die für die Aktenanalyse ausgewählten Verfahren bereits 1974 abgeschlossen waren, mithin also fast 40 Jahre alt sind.

Über 30 Jahre alt sind nunmehr auch die Daten, die der „Bundesweiten Erfassung von Wirtschaftsstraftaten nach einheitlichen Gesichtspunkten" (BWE) zugrunde liegen.[440] Ausgewertet wurden Verfahren aus dem Zeitraum 1974 bis 1981, um ein Bild von Umfang, Struktur und Erledigungsmuster von Wirtschaftsstraftaten zu erhalten. Für die Bestimmung dessen, was Wirtschaftskriminalität ist, wurde § 74c GVG in seiner jeweiligen Fassung als Maßstab herangezogen. Im Durchschnitt wurden jährlich etwa 3.300 Verfahren erfasst. Untersucht wurde das Ausmaß der Wirtschaftskriminalität bezogen auf die Anzahl der Verfahren, der Beschuldigten und der Schadenshöhe. Gegenstand der Analyse war auch die Dauer des Ermittlungsverfahrens in Wirtschaftsstrafverfahren, das Anklageverhalten sowie insgesamt die Art der Erledigung. Für die vorliegende Forschungsfrage vermag die BWE keine ausreichenden Erkenntnisse zu bringen. Zum einen wurde die Erfassung 1981 abgebrochen und seither nicht weiter geführt. Zum anderen fand die Frage nach der Verteidigung in Wirtschaftsstrafverfahren bei der BWE keine Berücksichtigung.

436 *Hirsch*, Die Initiative zum Dialog, S. 10.
437 *Berckhauer*, Die Strafverfolgung bei schweren Wirtschaftsdelikten.
438 *Berckhauer*, Die Strafverfolgung bei schweren Wirtschaftsdelikten, S. 248.
439 *Berckhauer*, Die Strafverfolgung bei schweren Wirtschaftsdelikten, S. 250.
440 *Liebl*, Die Bundesweite Erfassung, S. XXVII ff.

VIII. Zwischenergebnis

Aus den bisherigen empirischen Studien konnten einige für die vorliegende Untersuchung relevante Erkenntnisse gewonnen werden, insbesondere für die Konzeption der eigenen empirischen Forschungsarbeit. Betrachtet man die Strafverfahren in ihrer Allgemeinheit, scheint von den Verteidigungsrechten weniger Gebrauch gemacht zu werden, als die eingangs dargestellten Stimmen befürchten lassen.[441] Ob diese Befugnisse in Wirtschaftsstrafverfahren tatsächlich vermehrt zum Einsatz kommen und so zu einer längeren Dauer führen, kann nicht verlässlich beurteilt werden, insoweit widersprechen sich die Erkenntnisse unterschiedlicher Forschungsprojekte.

Die im vorausgegangenen Teil der Untersuchung herausgearbeiteten Idealtypen lassen sich teilweise auch in den früheren Forschungsarbeiten wiederfinden. Dennoch sind für die vorliegende Untersuchungsfrage noch weitere Erhebungen notwendig. Zwar wurden die Motive der Verteidigung vereinzelt aufgeführt, eine eingehende Betrachtung des Verteidigungsverhaltens findet sich hingegen nicht. Gerade dies erscheint unerlässlich, da der Einsatz von Verteidigungsrechten stets einen bestimmten Zweck verfolgt, unabhängig von seiner „Güte". Bereits im Rahmen der Darstellung der dogmatischen Diskussion hat sich gezeigt, dass die Beweggründe der Verteidigung in die Bewertung mit einbezogen werden müssen, um die Begrifflichkeiten wie Konfliktverteidigung, Missbrauch von Verteidigungsrechten oder eine zunehmend konsensuale Verteidigung inhaltlich auszufüllen und voneinander abzugrenzen.

C. Die Methode der Wahl

I. Ungeeignetheit eines quantitativen Forschungsansatzes zur Beantwortung der Untersuchungsfrage

Die vorstehenden Ausführungen haben gezeigt, dass die Untersuchungsfragen, wie Verteidigungsbefugnisse in Wirtschaftsstrafverfahren eingesetzt werden, welche Motive für den Einsatz ausschlaggebend sind, welche Wirkungen sie gegebenenfalls entfalten und wie unterschiedliche Verteidigungsformen voneinander abgegrenzt werden können, anhand der bisherigen Forschungsprojekte

441 A.A. wohl *ter Veen*, Strukturanalyse, S. 288 f., 294 f., dieser sieht zumindest bei den von ihm untersuchten „Großverfahren" die hohe Anzahl an Beweisanträgen und den mehrmaligen Wiedereintritt in die Hauptverhandlung als Mitursache für die überdurchschnittlich lange Dauer dieser Verfahren.

nicht beantwortet werden können.[442] Ebenso wenig eignen sich die bestehenden Justizstatistiken, um ausreichende Erkenntnisse zu gewinnen. Dies liegt zum einen darin begründet, dass das Verteidigungsverhalten maßgeblich vom Einsatz der Verteidigungsbefugnisse geprägt wird, die eingesetzten Verteidigungsmittel in den Statistiken jedoch nicht erfasst werden.

Ferner kann mit Hilfe der bestehenden Justizstatistiken weder eine Aussage zu der Verfahrensdauer vor den Wirtschaftsstrafkammern getroffen noch ein Rückschluss auf die Verteidigung gezogen werden. Die Verfahrensstatistik „Staatsanwaltschaften" (Fachserie 10 Reihe 2.6 des Statistischen Bundesamts) bildet Geschäftsanfall und -erledigungen bei den Staats- und Amtsanwaltschaften ab. Erhebungsinhalt ist unter anderem auch die Verfahrensdauer. Dabei werden zwar die unterschiedlichen Sachgebiete – wie z.B. „Wirtschafts- und Steuerstrafsachen sowie Geldfälschungsdelikte" – gesondert ausgewiesen. Da sich die Erhebung allein auf die Staatsanwaltschaften bezieht, lässt dies jedoch keine Aussage über die Dauer der Verfahren vor der Wirtschaftsstrafkammer zu.

Im Gegensatz dazu erfasst die Verfahrensstatistik „Strafgerichte" (Fachserie 10 Reihe 2.3 des Statistischen Bundesamts) die Geschäftsentwicklung der Straf- und Bußgeldsachen vor den Amts-, Land- und Oberlandesgerichten sowie vor dem Bundesgerichtshof. Die Geschäftsentwicklung setzt sich zusammen aus dem Verfahrensbestand zu Beginn und zum Ende des Berichtsjahrs sowie der Zahl der Neuzugänge und Erledigungen. Hierbei wird zwar die Geschäftsentwicklung, also der Verfahrensbestand für die großen Strafkammern der Landgerichte nach Schwurgericht, Wirtschaftsstrafkammer und Großer Jugendkammer differenziert ausgewiesen, allein der jeweilige Verfahrensbestand vermag jedoch über die Dauer des einzelnen Verfahrens keine Auskunft zu geben. Anders stellt es sich bei den ebenfalls erfassten Angaben zur Art der Verfahrenseinleitung, der Art der Erledigung, der Zahl der Beschuldigten, der Anzahl der Hauptverhandlungen und der Verfahrensdauer dar. Insbesondere die Angaben zur Anzahl der Hauptverhandlungstage und zur Verfahrensdauer könnten für die Untersuchungsfrage nützlich gemacht werden. Hier erfolgt jedoch keine differenzierte Ausweisung nach den einzelnen Strafkammertypen. Somit ist auch die Verfahrensstatistik „Strafgerichte" nicht geeignet, Anhaltspunkte für die Dauer des einzelnen Verfahrens vor der Wirtschaftsstrafkammer zu liefern.

Doch auch eine statistische Erfassung der Dauer von Strafverfahren vor den Wirtschaftsstrafkammern würde allein noch keine Aussage über die Gründe und die hier interessierenden Zusammenhänge mit dem Verteidigungsverhalten

---

442 Siehe zu den bisherigen empirischen Arbeiten oben B.

zulassen. Freilich mag es nahe liegen, gewisse Rückschlüsse von der Dauer des Verfahrens auf die Verteidigungsaktivität zu ziehen. Kann ein Verfahren nach wenigen Verhandlungstagen abgeschlossen werden, so wird diesem kaum eine langwierige Beweisaufnahme mit einer Vielzahl an aufwendigen Beweisanträgen vorausgegangen sein. Ob dies auf das Verhalten der Verteidigung zurückzuführen ist und welche Intentionen diesem gegebenenfalls zugrunde lagen, bleibt dabei im Dunkeln. Noch eindringlicher zeigt sich die Unsicherheit bei einem allein auf quantitativen Erkenntnissen beruhenden Rückschluss im entgegengesetzten Fall. Zieht sich ein Verfahren über eine Vielzahl an Hauptverhandlungstagen und werden in dieser Zeit Hunderte Beweis-, Befangenheits- oder sonstige Anträge gestellt, könnte man gewillt sein, dieses Verhalten zumindest als mitursächlich zu erachten. Insoweit wäre eine quantitative Untersuchung zum Einsatz der Verteidigungsrechte und gegebenenfalls zum Zusammenhang mit der Dauer des jeweiligen Verfahrens denkbar.[443] Gleichwohl würde dies keinerlei Rückschlüsse auf die Frage zulassen, welche Intention den Anträgen zugrunde lag. Gerichte können ebenso tatsächlich befangen sein, wie auch Beweisanträge aufgrund unzureichender Sachverhaltsaufklärung dringend geboten sein können. Insoweit ist eine quantitative Analyse, etwa anhand von standardisierten Fragebögen, nicht in der Lage, die unterschiedlichen Facetten des Verteidigungsverhaltens zu erfassen. Die vorliegende Untersuchung dient daher nicht der quantifizierenden Erfassung eines in seinen Grundzügen bereits bekannten Gegenstandes, sondern vielmehr der systematischen Gewinnung von Erkenntnissen darüber, wie sich die Verteidigung in Wirtschaftsstrafverfahren darstellt. Demzufolge entzieht sich der Untersuchungsgegenstand einer quantitativen Erfassung.[444]

II. Der qualitative Ansatz als Methode der Wahl

Der qualitative Ansatz ermöglicht es dahingegen, den Untersuchungsgegenstand in seiner Tiefenstruktur zu analysieren und nicht nur danach zu fragen, ob etwas geschehen ist, sondern auch wie und warum.[445] Der Forschungsfrage liegen zu einem Großteil subjektive Einschätzungen der Verfahrensbeteiligten sowie Entscheidungen der Verteidigung zugrunde, die auf dem jeweiligen Einzelfall sowie der Persönlichkeit des Verteidigers und des Angeklagten beruhen. Die Untersuchung beschäftigt sich damit, „wie" Wirtschaftsstrafkammern operieren, um

443 Im Ansatz hat dies die oben dargestellte Untersuchung von *Dölling*, u.a. geleistet.

444 Vgl. zu dieser Einschätzung auch *König* AnwBl 1997, 94 (96).

445 Vgl. *Karliczek*, Strukturelle Bedingungen von Wirtschaftskriminalität, S. 38. *dies.*, Vom Nutzen qualitativer Forschung in der Kriminologie, S. 210.

den Umfang des einzelnen Verfahrens und die Vielzahl der Verfahren bearbeiten zu können. Für die vorliegende Untersuchung war dabei von besonderem Interesse, welchen Einfluss die Verteidigung auf die Arbeitsweise der Wirtschaftsstrafkammern haben kann.

Standardisierte Instrumente lassen jedoch die jeweiligen Beteiligten nicht zu Wort kommen.[446] Qualitative Sozialforschung ist in ihrer Zugangsweise offener und dadurch näher am Untersuchungsgegenstand als andere Forschungsstrategien.[447] Ein solches Vorgehen bietet sich immer dann an, wenn der Gegenstand ganz oder teilweise unbekannt ist.[448] So können die im Laufe der Untersuchung gewonnene Erkenntnisse in die weitere Forschung aufgenommen werden und diese beeinflussen.

Auch die Heterogenität des Untersuchungsgegenstandes und die bereits vor Beginn der qualitativen Untersuchung anzunehmenden Wechselwirkungen zwischen verschiedenen Faktoren lässt sich mit Hilfe des qualitativen Ansatzes veranschaulichen. So war aufgrund bisheriger Untersuchungen zu erwarten, dass zwischen dem Einsatz von Verteidigungsbefugnissen wie dem Recht, Beweisanträge zu stellen und der Erledigung des Verfahrens ein Zusammenhang bestehen kann.

Um dem zugrunde liegende Erkenntnisinteresse und der Vielschichtigkeit des Untersuchungsgegenstandes Rechnung zu tragen, ist der qualitative Forschungsansatz daher Mittel der Wahl.

1. Grounded Theory

Die auf *Glaser* und *Strauss* zurückgehende „Grounded theory", im Deutschen ein als gegenstandsbezogene Theorie bekannter Ansatz, dient der Überbrückung der Kluft zwischen Theorie und empirischer Forschung.[449] Es handelt sich um ein Vorgehen, bei dem schon während der Datenerhebung die Bildung von Theorien und Konzepten ermöglicht wird.[450] Die entwickelten Theorien sind in der Empirie verankert, „grounded".[451] Erhebung und Auswertung finden gleichzeitig

446 Diese Bedenken hegt auch *Mayring*, qualitative Sozialforschung, S. 9 f.

447 *Flick/v. Kardorff/Steinke*, Was ist qualitative Forschung? S. 17.

448 *Heinze*, Qualitative Sozialforschung, S. 27; *Karliczek*, Vom Nutzen qualitativer Forschung in der Kriminologie, S. 210 f.

449 Zur Generierung formaler Theorien *Glaser/Strauss*, Grounded Theory, S. 86 ff. Ausführlich zum Ganzen *Lamnek*, Qualitative Sozialforschung, S. 101 ff.

450 *Mayring*, qualitative Sozialforschung, S. 103 f.; vgl. *Karliczek*, Vom Nutzen qualitativer Forschung in der Kriminologie, S. 212.

451 Siehe zur Entwicklung der Theorien ausführlich *Lamnek*, Qualitative Sozialforschung, S. 102 ff.

statt.[452] So werden die Ausgangsüberlegungen im Verlauf der Untersuchung schrittweise modifiziert und vervollständigt. Dabei entsteht ein theoretischer Bezugsrahmen, der die Untersuchung fortschreitend strukturiert. Vorherrschend ist ein induktives Forschungskonzept, dass allerdings um deduktive Elemente erweitert wird.[453] Zumindest in ihren Grundzügen konnte die „Grounded theory“ für das Forschungsprojekt genutzt werden. Bereits während der Interviewphase drängten sich bestimmte Erkenntnisse auf, sodass die Auswertung der Interviews teilweise parallel zu ihrer Erhebung erfolgte, um den jeweiligen Erkenntnisfortschritt im weiteren Verlauf einbringen zu können und bisherige Annahmen ergänzen, bestätigen oder widerlegen zu können. Somit wurde nicht bereits vorhandene empirische Befunde analysiert, sondern neue empirische Erkenntnisse gewonnen und diese zum Gegenstand der weiteren Interpretation.

2. Auswahl der Verfahren und Ablauf der Untersuchung

Wie bereits an anderer Stelle erwähnt, ist die vorliegende Arbeit aus dem Forschungsprojekt über die „Arbeitsweise der Wirtschaftsstrafkammern“ des Instituts für Rechtstatsachenforschung der Universität Konstanz in Zusammenarbeit mit dem Justizministerium Baden-Württemberg hervorgegangen. Ziel dieses Forschungsprojektes war es unter anderem, Erkenntnisse über das Management der Wirtschaftsstrafkammern in Bezug auf die Vielzahl der Verfahren sowie den Umgang mit dem Umfang des einzelnen Verfahrens zu erzielen. Insbesondere Letzteres wird nicht unerheblich vom Verteidigungsverhalten und gewählten Verteidigungsstil beeinflusst.

Für die Untersuchung wurden drei noch ausführlicher darzustellende Strafverfahren ausgewählt, die vor verschiedenen Wirtschaftsstrafkammern desselben Landgerichts verhandelt wurden. Das Auswahlverfahren begann zunächst mit einer informellen Befragung von Richtern und Staatsanwälten nach typischen konfliktreichen Wirtschaftsstrafverfahren. Dabei wurden insbesondere zwei Verfahren, das Verfahren A und das Verfahren B hervorgehoben und sodann im Einvernehmen mit dem Justizministerium Baden-Württemberg sowie dem Präsidenten des die Verfahren führenden Landgerichts und dem Behördenleiter der Anklage erhebenden Staatsanwaltschaft ausgewählt. Beide Verfahren wiesen eine erhebliche Verhandlungsdauer von 112 (Verfahren A) bzw. 66 (Verfahren B) Hauptverhandlungstagen auf, wobei Ersteres trotz dieser erheblichen Verfahrensdauer durch eine verfahrensbeendende Absprache

452 *Glaser/Strauss*, Grounded Theory, S. 108 ff.

453 *Theile*, Wirtschaftskriminalität und Strafverfahren, S. 113.

erledigt und ohne weitere Instanz rechtskräftig wurde. Das zweite Verfahren wurde „streitig" zu Ende geführt. Das erste landgerichtliche Urteil wurde auf die Revision des Angeklagten aufgehoben und das Verfahren zurückverwiesen. Das zweite landgerichtliche Urteil wurde auf die Revision des Angeklagten ebenfalls aufgehoben und das Verfahren zurückverwiesen. Auch das dritte landgerichtliche Urteil hatte nicht vollumfänglich Bestand und wurde auf die Revision des Angeklagten teilweise aufgehoben und abgeändert.

Das dritte Verfahren unterscheidet sich vor allem in seiner Dauer sehr deutlich von den beiden anderen. Bereits nach sechs Hauptverhandlungstagen wurde dieses mit einer Urteilsabsprache beendet. Auch hinsichtlich der Zahl der Angeklagten weist das Verfahren C Unterschiede auf. Wurden im Verfahren A 5 Beteiligte angeklagt, waren dies im Verfahren B 2 und im Verfahren C lediglich 1 Angeklagter.

Um möglichst vielschichtige Erkenntnisse zu gewinnen, unterscheidet sich der Prozessverlauf des dritten Verfahrens in vielfacher Hinsicht von den beiden anderen Verfahren. Da die Verfahren A und B beide eine sehr lange Verfahrensdauer sowie einen umfangreichen Aktenbestand aufweisen, sollte zur Kontrastierung ein drittes Verfahren ausgewählt werden, das ohne nennenswerte Konflikte zwischen den Verfahrensbeteiligten in überschaubarer Zeit zu einem Ende gebracht werden konnte. Vertreter der in den Verfahren A und B Anklage erhebenden Staatsanwaltschaft fertigten eine Aufstellung mehrerer stichwortartig beschriebener Strafverfahren an, die nach ihrer Ansicht sowohl unter straf- und strafprozessualen Gesichtspunkten als auch unter dem Aspekt des Verfahrensumfangs als „Normalverfahren" angesehen werden können. Unter Zugrundelegung der genannten Kriterien wählten die Forscher anhand dieser Aufstellung schließlich das Verfahren C als drittes Verfahren aus. Freilich lässt sich gegen dieses Vorgehen einwenden, dass allein diejenigen Verfahren im Auswahlprozess Berücksichtigung gefunden haben, die von Richtern und Staatsanwälten vorgeschlagen wurden. Zum einen fand durch diese Vorauswahl bereits zu Beginn eine starke Reduktion der möglichen Verfahren statt. Eine Vielzahl von potentiellen Verfahren konnte daher von den Forschern bei der Auswahl nicht berücksichtigt werden. Zum anderen ist es in weiten Teilen eine subjektive Entscheidung, welche Verfahren als konflikthaft empfunden werden oder eher einem Normalverfahren entsprechen. Dieser Selektionsprozess war nur begrenzt überprüfbar und zu beeinflussen. Gleichwohl ist ein solches Vorgehen unumgänglich, um einen ersten Zugang zu potentiellen Musterverfahren zu gewinnen. Denn die Forscher haben als Außenstehende weder einen Überblick noch Einsicht in laufende oder abgeschlossene Verfahren und können deshalb keine potentiell geeigneten Verfahren identifizieren. Insoweit waren die Forscher zunächst darauf angewiesen, dass ihnen von Seiten der Justiz Einblicke in verschiedene Verfahren gewährt wurden. Da die Forscher aber auch bei der Masse der Verfahren, die theoretisch als Musterverfahren hätten in Betracht kommen können, nicht jedes Verfahren in den weiteren Auswahlprozess miteinbeziehen konnten, musste eine Vorauswahl erfolgen. Diese Leistung konnte allein von den jeweiligen Beteiligten erbracht werden, die aufgrund ihrer beruflichen Stellung ausreichende Verfahrenskenntnis hatten. Die Subjektivität der Identifizierung möglicher Musterverfahren konnte durch die Befragung einer Vielzahl von Verfahrensbeteiligten aus verschiedenen Berufsgruppen ausgeglichen werden.

Die drei auf diese Art und Weise ausgewählten Musterverfahren sollen sowohl als Grundlage für das Forschungsprojekt als auch für die Beantwortung der für diese Arbeit gestellten Untersuchungsfrage dienen.

a. Die Aktenanalyse

Einen ersten empirischen Zugang sowie einen Überblick über potentielle Interviewpartner vermittelte die Analyse von Anklage, Urteil, Protokollen und Gerichtsakten der Verfahren.

Zwar sind darüber hinaus persönliche Gespräche, die in Form von Experteninterviews durchgeführt wurden, unerlässlich, um herauszufinden, welche Intention der Verteidigeraktivität zugrunde lag und üblicherweise zugrunde liegt. Betrachtet man einzelnes ausgewähltes Verteidigungsverhalten, so bietet es sich an, dieses nicht eindimensional zu beobachten, sondern sich die verschiedenen zur Verfügung stehenden Erkenntnisquellen zunutze zu machen, um den Gegenstand der Betrachtung in seiner Tiefenstruktur zu analysieren. Aus diesem Grund kommt der Aktenanalyse auch über den primären Zugang noch weitere Bedeutung zu. Wird beispielsweise ein bestimmter Beweisantrag ausführlicher untersucht, so kann die Aktenanalyse Auskunft über die genaue Formulierung und Begründung des Beweisantrags, etwaige Stellungnahmen der Staatsanwaltschaft und die Gründe der ablehnenden gerichtlichen Entscheidung geben. All diese Erkenntnisse vermögen einzelne Interviewaussagen zu erhellen, zu unterstützen oder gar zu relativieren. Diese ausführliche Analyse ermöglicht einen zusätzlichen Erkenntnisgewinn.

b. Das qualitative Experteninterview

„Experten“ sind Personen, die ein besonderes Wissen über soziale Sachverhalte besitzen, der Erschließung dieses Wissen dienen die Experteninterviews.[454]

454 *Gläser*, Experteninterviews und qualitative Inhaltsanalyse, S. 10. Siehe zu den Experteninterviews auch *Karliczek*, Vom Nutzen qualitativer Forschung in der Kriminologie, S. 215 f.

Bezogen auf den Untersuchungsgegenstand sind Experten Personen, die ein besonderes Wissen über den Ablauf eines Strafverfahrens und die Einflüsse der Verteidigung besitzen. Da dem Forschungsprojekt, aus dem diese Arbeit hervor gegangen ist, drei Musterverfahren als Grundlage gedient haben, kommen vornehmlich die beteiligten Rechtsanwälte, Richter und Staatsanwälte als Interviewpartner in Betracht. Zur Arrondierung der Ergebnisse wurden zusätzliche Interviews mit Berufsträgern aus einem anderen Bundesland geführt, die keinen Zusammenhang zu den Musterverfahren aufwiesen. Insgesamt wurden 12 Experteninterviews mit Rechtsanwälten, Richtern und Staatsanwälten geführt, die jeweils eine Dauer von bis zu 3,5 Stunden aufwiesen.

Anhand dieser qualitativen Interviews wird eine gewisse Verallgemeinerung verfolgt.[455] Um verallgemeinerungsfähige und vergleichbare Ergebnisse erzielen zu können, wurden die Interviews problemindiziert anhand eines für jede Berufsgruppe eigens konzipierten Leitfadens geführt.[456] Dabei wurde Wert darauf gelegt, dass die Offenheit des Gesprächs nicht durch strukturelle Vorgaben eingebüßt wird oder es zu einer „Leitfadenbürokratie“ kommt, bei der die Fragen nur oberflächlich abgehandelt und abgehakt werden. Zudem wurde den Interviewpartnern stets die Möglichkeit gegeben, noch eigene Punkte anzusprechen, die ihres Erachtens Eingang in die Untersuchung finden sollten. Nach den Vorgaben qualitativer Sozialforschung wurde der Leitfaden im Verlauf der Untersuchung stets weiterentwickelt, angepasst und präzisiert, ohne dass dabei seine Grundstruktur verändert wurde. Der Leitfaden enthielt unter anderem Fragen zum beruflichen Werdegang des Interviewten, zum Ablauf des Strafverfahrens in Wirtschaftsstrafverfahren, zu strukturellen Besonderheiten bei der Verfahrensführung vor der Wirtschaftsstrafkammer, zu speziellen Erscheinungsformen der Verteidigung in Wirtschaftsstrafverfahren und zum Komplex der Verständigung, insbesondere in Wirtschaftsstrafverfahren.[457] Dabei dienten die Musterverfahren als Ausgangspunkt und Anstoß der Überlegungen bzw. als Anschauungsmaterial.[458]

---

455 *Heinze*, Qualitative Sozialforschung, S. 159; *Mayring*, qualitative Sozialforschung, S. 70.

456 Siehe zu den verschiedenen Varianten des qualitativen Interviews und auch zum leitfadenorientierten Interview *Hopf*, Qualitative Interviews, S. 351 ff; *Lamnek*, Qualitative Sozialforschung, S. 364; *Mayring*, Qualitative Sozialforschung, S. 67 ff.

457 Muster der verschiedenen Interviewleitfäden finden sich im Anhang.

458 Dies gilt für die mit den Verfahrensbeteiligten geführten Interviews. Die zur Arrondierung durchgeführten Gespräche mit nicht verfahrensbeteiligten Berufsträgern aus einem anderen Bundesland wurden ohne konkreten Verfahrensbezug geführt.

Da sich im Verlauf der Interviews zeigte, dass bestimmte Anträge von besonderem Interesse für die Beantwortung der Untersuchungsfrage sein können, wurden die Interviewpartner hierauf teilweise vorab hingewiesen. Somit konnten sich die Interviewpartner vorbereiten und die aus ihrer Sicht entscheidenden Begleitumstände rekonstruieren. Auf diese Art und Weise sollten möglichst umfangreiche Erkenntnisse gewonnen werden.

Die Expertengespräche wurden auf Tonband aufgezeichnet und in einem nächsten Schritt transkribiert.[459] Anschließend wurden die Transkripte anonymisiert und pseudonymisiert, sodass weder original Namen noch Orte in den Niederschriften genannt werden.[460] So soll möglichst verhindert werden, dass Rückschlüsse auf die Person des Interviewten oder der sonstigen Verfahrensbeteiligten gezogen werden können. Gleichwohl offenbarte sich bei dieser Form der qualitativen Forschung anhand einer begrenzten Anzahl von Interviews ein Spannungsverhältnis zwischen dem Bestreben, sensible Daten zu schützen und gleichzeitig möglichst viele Interviewpartner für ein offenes Gespräch zu gewinnen. Denn trotz der erfolgten Anonymisierung und Pseudonymisierung kann nicht ausgeschlossen werden, dass zumindest die jeweiligen Verfahrensbeteiligten einzelne Aussagen zuordnen können. Um angesichts dieses Risikos die Teilnahmebereitschaft potentieller Interviewpartner zu fördern und etwaigen Bedenken entgegentreten zu können, wurden die Interviewleitfäden daher vereinzelt vorab zugänglich gemacht. Zwar birgt dieses Vorgehen die Gefahr, dass Antworten vorformuliert oder zumindest überdacht werden können. Dennoch erschien dies in Einzelfällen als unerlässlich, um die Teilnahmebereitschaft zu erhöhen und möglichst umfassende Informationen zu erlangen, die sonst möglicherweise verschlossen geblieben wären. Nachdem die betreffenden Interviewpartner einen Einblick hatten, welche Themenbereiche Gegenstand des Expertengesprächs sein werden, konnten diese für das Projekt gewonnen werden.

c. Auswertung der Daten

Die Transkripte wurden anschließend einer regelgeleiteten qualitativen Inhaltsanalyse unterzogen.[461] Hierfür wurden zunächst spezifische, auf das gewonnene

459 Vgl. *Mayring*, qualitative Sozialforschung, S. 89 ff.

460 Siehe zur Forderung der Anonymisierung *Gläser*, Experteninterviews und qualitative Inhaltsanalyse, S. 271 ff.

461 Siehe zum Vorgehen *Gläser*, Experteninterviews und qualitative Inhaltsanalyse, S. 197 ff.; *Mayring*, Qualitative Sozialforschung, S. 99 ff.; *Schmidt*, Analyse von Leitfadeninterviews, S. 448 ff.

Untersuchungsmaterial angepasste Kategorien gebildet. Jedes Interview wurde einzeln anhand der dynamisch fortentwickelten Kategorien strukturiert. Dabei wurden die entsprechenden Passagen ihrem jeweiligen Inhalt der passenden Kategorie zugeordnet, sogenannte Codierung und Extraktion.[462] Gleichzeitig wurden Redundanzen beseitigt und das Interview durch die Kategorisierung und Extraktion zusammengefasst. Diese Zusammenfassungen werden im Anschluss an die Darstellung der Musterverfahren ausgewertet und interpretiert, um schlussendlich zur Beantwortung der Forschungsfrage herangezogen werden zu können.[463]

3. *Gütekriterien qualitativer Sozialforschung*

Um den Forschungsergebnissen Schlussfolgerungen entnehmen zu können, müssen die erhobenen Befunde den Gütestandards qualitativer Sozialforschung genügen.[464] Im Gegensatz zur quantitativen Sozialforschung müsse die empirische Beobachtung nur intersubjektiv nachvollziehbar sein.[465] Entscheidend ist demnach die nachvollziehbare Dokumentation und Transparenz des Forschungsprozesses. Im Rahmen der Untersuchung wurden die Transkripte und Zusammenfassungen der Interviews stets dokumentiert und die Aussagen der Experten für Dritte objektiv nachvollziehbar einer jeweils höheren Abstraktionsstufe zugeführt.

Angesichts der relativ geringen Anzahl der geführten Interviews und der im Wesentlichen erfolgten Beschränkung auf einen Landgerichtsbezirk, beanspruchen die Ergebnisse zumindest im Hinblick auf die Anzahl der geführten Interviews keine Allgemeinverbindlichkeit bezogen auf das gesamte Bundesgebiet und jede einzelne Verteidigerinteraktion. Bereits aufgrund der Ausführlichkeit der Einzelnen Interviews konnte die Anzahl der befragten Experten nicht auf eine größere Gruppe ausgeweitet werden. Doch ein qualitativer Ansatz kann und will im Vergleich zu einem quantitativen keine gleich repräsentativen und reliablen Ergebnisse erzielen, sondern die einzelnen Forschungsfragen in ihrer

---

462 Ausführlich zur sogenannten qualitativen Inhaltsanalyse *Gläser*, Experteninterviews und qualitative Inhaltsanalyse, S. 43 f.; 191 ff; *Kelle/Kluge*, Vom Einzelfall zum Typus, S. 56 ff.; *Mayring*, qualitative Sozialforschung, S. 114 ff.

463 Vgl. auch *Gläser*, Experteninterviews und qualitative Inhaltsanalyse, S. 240 ff.; 253 ff.

464 Vgl. sehr ausführlich *Lamnek*, Qualitative Sozialforschung, S. 146 ff.; *Mayring*, qualitative Sozialforschung, S. 140, 144 ff.; *Karliczek*, Vom Nutzen qualitativer Forschung in der Kriminologie, S. 211 ff.; 222 f.

465 *Steinke*, Gütekriterien qualitativer Forschung, S. 324 ff.

Tiefenstruktur analysieren.[466] Um gleichwohl ausreichend reliable Erkenntnisse zu gewinnen, muss sichergestellt sein, dass die Interpretation der Befunde nicht isoliert und einschichtig auf die Beurteilung eines einzelnen Forschers zurückgeführt wird. Durch den Einsatz mehrer Forscher, die im Dialog sowohl nachvollziehbare Kategorien bilden als auch die durch die Codierung und Extraktion gewonnenen Erkenntnisse und Deutungen in gemeinsamen Sitzungen diskutieren, wird sichergestellt, dass die Befunde nicht unterschiedlich, willkürlich oder von subjektiven Vorverständnissen geprägt, interpretiert werden.

Darüber hinaus muss sich auch ein qualitativer Forschungsansatz an dem Maßstab der Validität messen lassen.[467] Als Validierungsstrategie dient die Technik der Triangulation.[468] Der Begriff der Triangulation beschreibt in der Sozialforschung die Betrachtung eines Forschungsgegenstandes von (mindestens) zwei Punkten aus.[469] Die Kombination komplementärer Messverfahren soll so zur Reduktion von Wahrnehmungsverzerrungen beitragen und Mängel der einen Zugriffsweise durch Stärken der anderen ausgleichen.[470] Der Vorgabe der Triangulation wurde aus mehreren Blickwinkeln entsprochen. Zum einen erfolgte eine Daten-Triangulation,[471] bei der Daten unterschiedlicher Quellen gegenübergestellt werden. Neben den gewonnenen Daten aus den Interviews standen zum einen die Ergebnisse der Aktenanalyse zur Verfügung. Zum anderen wurde die Forschungsfrage anhand dreier unterschiedlicher Musterstrafverfahren untersucht und kontrastiert. Auch die Befragung unterschiedlicher Berufsträger wie Staatsanwälte, Richter und Rechtsanwälte ermöglichte die Betrachtung des Untersuchungsgegenstandes aus der Sicht dreier verschiedener Expertengruppen.[472] Hinzukommt die Arrondierung der Erkenntnisse

---

466 *Theile*, Wirtschaftskriminalität und Strafverfahren, S. 117. Vgl. auch *Karliczek*, Vom Nutzen qualitativer Forschung in der Kriminologie, S. 222; *Lamnek*, Qualitative Sozialforschung, S. 167 ff., 183.

467 *Steinke*, Gütekriterien qualitativer Forschung, S. 324 ff.; *Theile*, Wirtschaftskriminalität und Strafverfahren, S. 117.

468 *Flick*, Triangulation in der qualitativen Forschung, S. 310, vgl. *Karliczek*, Vom Nutzen qualitativer Forschung in der Kriminologie, S. 221.

469 *Flick*, Triangulation in der qualitativen Forschung, S. 309.

470 *Lamnek*, Qualitative Sozialforschung, S. 158.

471 Siehe zu den unterschiedlichen Triangulationsformen *Flick*, Triangulation in der qualitativen Forschung, S. 311.

472 *Stern* AnwBl 1997, 90 (91) sieht das Interview ohnehin als „höchst problematische" Untersuchungsmethode, die noch fragwürdiger werde, wenn nur bestimmte Prozessparteien, wie Staatsanwälte und Richter zu Wort kommen. Zumindest letzterem Einwand kann durch die gewählte Vorgehensweise entgegengetreten werden.

durch Interviews mit den nicht-verfahrensbeteiligten Experten. Durch dieses methodische Vorgehen konnte eine sogenannte multikontextuale Fallstrukturanalyse erstellt werden, bei der der Untersuchungsgegenstand durch den Einsatz verschiedener Erkenntnisquellen, insbesondere durch die Befragung unterschiedlicher Berufsträger zu verschiedenen Fällen, auf mehreren Ebenen betrachtet werden konnte.[473]

Schließlich konnten durch den Einsatz mehrerer Forscher, der Investigatoren-Triangulation, sowohl bei der Datenerhebung als auch bei der Auswertung subjektive Einflüsse Einzelner ausgeglichen werden und die gewonnenen Erkenntnisse durch die Beteiligung mehrerer Forscher in einer fortlaufenden Diskussion weiter verarbeitet werden.

Auch *Eschenhagen*, Der Mißbrauch des Beweisantragsrechts, S. 61 f. kritisiert das einseitige Vorgehen von *Nehm* und *Senge* und die mangelnde Berücksichtigung der anwaltlichen Sicht.

473 Siehe hierzu bereits *Boers*, Wirtschaftskriminalität und die Privatisierung der DDR-Betriebe, S. 149 f.; vgl. auch *ders.* MschrKrim 2001, 335 (345 f.), *Boers/Theile/Karliczek* KZfSS-Sonderheft Nr. 43/2003, 469 (473). *Theile*, Wirtschaftskriminalität und Strafverfahren, S. 118.

Zweites Kapitel: Die untersuchten Strafverfahren

Nachdem die relevanten Erkenntnisse der bisherigen empirischen Studien sowie die methodische Konzeption dargestellt wurden, soll ein kurzer Überblick über die untersuchten Strafverfahren gegeben werden, bevor die nach den soeben aufgezeigten Maßstäben gewonnenen Erkenntnisse dargestellt und analysiert werden können. Die Ausführungen beruhen im Wesentlichen auf der jeweiligen Anklageschrift sowie den Strafurteilen, einzelne Angaben entstammen auch den durchgeführten Interviews.

A. Das Verfahren A

Mit dem Verfahren A verbindet sich die Begehung einer Vielzahl verschiedener und voneinander abhängiger Straftaten und Ordnungswidrigkeiten zugunsten eines Familienunternehmens aus dem Speditionsgewerbe. Nach und nach entwickelte sich so ein ganzes System, das von Staatsanwaltschaft und Gericht sogenannte System A.

I. Die Verfahrensbeteiligte und die Angeklagten

Das Speditionsunternehmen A setzte sich aus mehreren deutschen und ausländischen Gesellschaften zusammen. Die zentrale Gesellschaft dieser Unternehmensgruppe war die Firma A. Vor dem Hintergrund der Festsetzung einer Geldbuße nach § 30 OWiG wurde deren Verfahrensbeteiligung nach § 444 Abs. 1 StPO gerichtlich angeordnet. Die Angeklagten A1, A2 und A3 stammen aus dem Firmenumfeld.

Angeklagt wurde unter anderem der Sohn des Firmengründers (A1), der die Geschäfte des Unternehmens nach außen hin weitgehend allein führte. Dieser befand sich abgesehen von einer kurzen Unterbrechung von wenigen Tagen für 2 ½ Jahre in Untersuchungshaft.[474]

474 Die Untersuchungshaft dauerte zunächst vom 26.03.2003 bis zum 10.04.2003, Haftbefehl des AG vom 06.03.2003. Mit Haftbefehl des AG vom 16.09.2005 wurde der Angeklagte A1 am 22.09.2005 bis zur Außervollzugsetzung des Haftbefehls am 01.10.2007 erneut inhaftiert. Diese Entscheidung wurde mit Beschluss des OLG

Der Angeklagte A2 war in verschiedenen Positionen innerhalb der Firma A tätig, insbesondere im Aufgabenbereich Osteuropa.

Des Weiteren wurde der Geschäftsbereichsleiter und Prokurist der Firma A (A3) angeklagt. Zu dessen Aufgabenbereich gehörte unter anderem die Beschaffung von Visa für ausländische Lastkraftwagenführer, wenn diese außerhalb ihres Heimatstaates für das Speditionsunternehmen tätig wurden.

Ferner wurde eine Georgierin (A4) angeklagt, die nach eigenen Angaben vorübergehend bei einer georgischen Tochtergesellschaft der Unternehmensgruppe gearbeitet hat, ohne dort festangestellt gewesen zu sein. Während des angeklagten Tatzeitraumes hielt sich A4 zeitweise als Studentin in Deutschland auf.

Der Angeklagte A5 war verbeamteter Abteilungsleiter und Vizepräsident des Bundesamtes für Güterverkehr (BAG). Die ihm unterstellten Abteilungen waren mitunter für Kontrollen von LKW und die Durchführung von Ordnungswidrigkeitenverfahren zuständig.

II. Das „System A"

Dem „System A" lag kein von Anfang an durchdachter Plan zugrunde, vielmehr entwickelte sich dieses über die Jahre hinweg aus einer Vielzahl von Einzelentscheidungen. Maßgebliches Ziel war stets die Minimierung der Transportkosten, um die Wettbewerbsposition des Unternehmens zu verbessern und so letztlich den Gewinn zu steigern. Dabei machten sich die Angeklagten A1, A2 und A3 die internationale Struktur der Unternehmensgruppe zu Nutzen. Im Wesentlichen stellte sich das System A wie folgt dar:

Um den Warenverkehr zwischen den verschiedenen Ländern, insbesondere die Einfuhr aus Osteuropa, zu erleichtern und unter Umgehung bürokratischer Hürden schneller liefern zu können, wurden internationale Transportgenehmigungen - sogenannte CEMT-Genehmigungen - entgegen den rechtlichen Bestimmungen erworben. Diese Genehmigungen erleichtern die grenzüberschreitende Beförderung im gewerblichen Straßengüterverkehr. Jedem Ausstellerstaat steht eine bestimmte Quote an Konzessionen zu, die von der zuständigen nationalen Behörde (etwa dem Verkehrsministerium) ausschließlich für nationale Unternehmen erteilte werden dürfen. Die Anzahl der Genehmigungen, die ein einzelnes Unternehmen bewilligt bekommt, ist abhängig von der Kapazität des Antragstellers und der Anzahl der im Ausstellerstaat auf diesen zugelassenen LKW. Eine deutsche CEMT-Genehmigung kann beispielsweise nur für ein

---

aufgehoben, sodass sich der A1 ab dem 12.10.2007 bis zur Urteilsverkündung am 17.3.2008 erneut in Untersuchungshaft befand.

deutsches Unternehmen erteilt werden. Die Anzahl der möglichen Genehmigungen ist zum einen davon abhängig, wie viele Konzessionen die Bundesrepublik überhaupt erteilen darf, und zum anderen, in welchem Umfang Fahrzeuge auf den Antragsteller zugelassen sind. Zur Unternehmensgruppe A gehörten unter anderem Tochterfirmen in verschiedenen osteuropäischen Staaten, die grundsätzlich die Ausstellung solcher Konzessionen beantragen konnten. Doch zum einen lagen nicht alle Genehmigungsvoraussetzungen, wie beispielsweise die Zulassung der LKW, im Ausstellerstaat vor. Ferner konnten einige der osteuropäischen Tochterunternehmen nur in einem sehr geringen Umfang tatsächliche Transportleistungen erbringen, sodass ihnen nur eine geringe Anzahl an CEMT-Genehmigungen hätte erteilt werden dürfen. Da die notwendigen Genehmigungsvoraussetzungen rechtswidrig geschaffen werden mussten und auch mehr als die zulässigen Genehmigungen erteilt werden sollten, leisteten die Angeklagten in diesen Staaten an die jeweils zuständigen Amtsträger über Jahre hinweg Bestechungszahlungen in Millionenhöhe. Im Anschluss wurden diese Genehmigungen rechtswidrig auf westeuropäische Tochtergesellschaften der Unternehmensgruppe A übertragen und von diesen genutzt. Da jeder Staat nur eine begrenzte Anzahl an CEMT-Genehmigungen ausstellen darf, standen dem Speditionsunternehmen in Deutschland und Westeuropa auf diese Art und Weise viel mehr Genehmigungen zur Verfügung als zulässig. Die Bestechungszahlungen für einen der beteiligten osteuropäischen Amtsträger wurden über seine zeitweise in Deutschland lebende Schwester, die A4, geleistet.

Da es trotz der Bestechungszahlungen nicht immer gelang, für die LKW Zulassungsbescheinigungen und Kennzeichen aus dem jeweiligen Ausstellerstaat zu erlangen, gaben die Angeklagten die Fälschung der Fahrzeugscheine und Kennzeichen in Deutschland teilweise selbst in Auftrag.

Nach der Übernahme eines weiteren osteuropäischen Speditionsunternehmens (S) wurde dieses ebenfalls in die Unternehmensgruppe eingegliedert. Die dort beschäftigten Fahrer waren zwar nicht vollständig ausgelastet, ein Stellenabbau war jedoch durch den Übernahmevertrag stark reglementiert. In der Folgezeit wurden die dort offiziell weiter beschäftigten Fahrer für die deutsche Muttergesellschaft A tätig, ohne dass diese Beschäftigung den deutschen Sozialversicherungsträgern angezeigt wurde und die Pflichtbeiträge abgeführt wurden. Die Tochtergesellschaft S stellte Bescheinigungen aus, die eine Entsendung der Kraftfahrer auf die Transportrouten der deutschen und westeuropäischen Unternehmen vorsahen. Damit die in der Tochterfirma angestellten osteuropäischen Fahrer unter Umgehung der gesetzlichen Bestimmungen und Abgaben zu geringen Löhnen in Deutschland und Westeuropa eingesetzt werden konnten, erschlichen sich die Angeklagten auch die entsprechenden Visa. Da die S weiterhin eigene Transportaufträge durchführte, wurden ihr die bereits erwähnten CEMT-Genehmigungen erteilt. Im Zusammenhang mit diesen Genehmigungen wurden den Fahrern Visa erteilt, die jedoch streng an die auf die S ausgestellten CEMT-Genehmigungen gekoppelt waren. Somit waren die Visa ausschließlich für Transporte gültig, die für die S als Arbeitgeberin ausgeführt wurden und nicht – wie tatsächlich geschehen – für die deutsche Firma A. So wurden die Fahrer ohne gültige Visa und ohne Abführung von Sozialversicherungsabgaben auf der gesamten Fahrzeugflotte der Unternehmensgruppe A eingesetzt.

Da das Bundesamt für Güterverkehr auf deutschen Autobahnen immer wieder Kontrollen durchführt, bestand die Gefahr, dass sowohl die falschen Fahrzeugscheine und Kennzeichen als auch die rechtswidrig erlangten Genehmigungen und Visa zu Problemen führen könnten. Um dies zu vermeiden, wurden an den Vizepräsidenten des BAG (A5) Bestechungszahlungen geleistet. Dieser informierte die Angeklagten über Gesetzesvorhaben, die Behördenpolitik des BAG, warnte vor etwaigen Kontrollmaßnahmen und griff bei Schwierigkeiten und Problemen im Rahmen von Kontrollen der A-Fahrzeuge vermittelnd ein, um Beschlagnahmen und Fahruntersagungen oder sonstige Sanktionen zu verhindern bzw. abzumildern.

III. Besonderheiten des Verfahrens

Die Hauptverhandlung zog sich über einem Zeitraum von eineinhalb Jahren, in denen an 112 Tagen vor der Wirtschaftsstrafkammer verhandelt wurde. Das Verfahren gegen den Vizepräsidenten des Bundesamtes für Güterverkehr wurde bereits nach einem halben Jahr abgetrennt und mit gesondertem Urteil abgeschlossen. Nachdem das Verfahren gegen die A4 mehrmals abgetrennt werden musste, da diese nicht zur Verhandlung erschienen war, wurde das Verfahren kurz vor Verkündung des Urteils gegen A1, A2 und A3 endgültig abgetrennt und ebenfalls mit gesondertem Urteil abgeschlossen.

Die Kammer verhandelte in voller Besetzung mit drei Berufsrichtern und zwei Schöffen nach § 76 Abs. 1 GVG sowie mit jeweils einem Ergänzungsrichter und einem Ergänzungsschöffen. Nachdem der Vorsitzende am 78. Hauptverhandlungstag ausgeschieden war, trat der Ergänzungsrichter ein. Die Angeklagten hatten neben den bestellten Pflichtverteidigern bis zu drei Wahlverteidiger, die Verfahrensbeteiligte A hatte zwei Vertreter.

Die Sitzungsvertretung nahmen insgesamt fünf Staatsanwälte in unterschiedlicher Besetzung wahr.

Im Rahmen der Beweisaufnahme wurden über 90 Zeugen und Sachverständige gehört und zahlreiche Urkunden verlesen sowie mittels Leinwandprojektion in Augenschein genommen. Auf das Verteidigungsverhalten wird im anschließenden Teil noch ausführlicher einzugehen sein. An dieser Stelle sei nur erwähnt, dass die Verteidigung im Verlauf der Hauptverhandlung über 130 Beweisanträge und mehrere Befangenheitsanträge gestellt hat.

Am Ende der Beweisaufnahme legten die Angeklagten A1, A2 und A3 ein Geständnis ab und das Verfahren wurde mit einer Urteilsabsprache beendet. Die Angeklagten wurden unter anderem wegen Bestechung im internationalen geschäftlichen Verkehr, Einschleusen von Ausländern, Verstoß gegen das Ausländergesetz durch Erschleichen von Visa, Urkundenfälschung, Betrug sowie Bestechung zu Freiheitsstrafen von fünf Jahren und einer Gesamtgeldstrafe von 540 Tagessätzen zu je 4.000 Euro (A1), zwei Jahren auf Bewährung (A2) sowie einem Jahr auf Bewährung (A3) verurteilt. Gegen die Verfahrensbeteiligte A wurde jeweils in Millionenhöhe eine Verbandsgeldbuße verhängt und Verfall angeordnet. Darüber hinaus leistete die Verfahrensbeteiligte Schadenswiedergutmachung in Höhe von mehreren Millionen Euro.

B. Das Verfahren B

Gegenstand des Verfahrens B waren im Wesentlichen zwei Tatvorwürfe. Zum einen handelte es sich um sogenannte Graumarktgeschäfte, zum anderen ging es um die Befreiung von der Umsatzsteuer im innergemeinschaftlichen Warenverkehr.

Die B-Firmengruppe umfasst den Ermittlungen zufolge mehrere Gesellschaften, die zumeist in Form einer GmbH gegründet worden sind. Die einzelnen Firmen waren untereinander in vielfältiger Weise personell und gesellschaftsrechtlich verbunden. Geschäftsführer waren zumeist die Angeklagten bzw. die Ehefrau des Angeklagten B1, Gesellschafter waren oftmals dessen Söhne.

I. Die Angeklagten

Der Angeklagte B1 leitete in einigen Fällen als bestellter, in anderen als faktischer Geschäftsführer zum Zeitpunkt seiner Festnahme neun Unternehmen. Von da an befand sich der Angeklagte B1 für 2 ½ Jahre in Untersuchungshaft. Unter anderem beherrschte er eine zur B-Gruppe gehörende Speditions-GmbH, die ganz wesentlich von den angeklagten Geschäftspraktiken partizipierte. Die Vielzahl an Gesellschaften nutzte der Angeklagte B1, um den Eindruck eines Großunternehmens mit 1.000 Mitarbeitern zu erwecken, obwohl nur 14 Angestellte bei der B-Gruppe tätig waren.

Ferner wurde B2 als eingetragener Geschäftsführer einiger zur B-Gruppe gehörende Gesellschaften, unter anderem der genannten Speditions-GmbH, angeklagt. Gleichwohl war es der Angeklagte B1, der die tatsächliche Geschäftsführung innehatte. Der Angeklagte B2 befand sich fast 2 Jahre in Untersuchungs- bzw. nach Teilrechtskraft des Urteils in Strafhaft.

II. Das Tatgeschehen

Graumarktgeschäfte respektive Parallelmarktgeschäfte bezeichnen einen bestimmten Verkaufsvorgang in der Automobilbranche. Im Wesentlichen liegt dem Folgendes zugrunde. Ein Automobilhersteller (X) verfolgt ein Vertriebssystem, bei dem Neuwagen ausschließlich direkt bei X-Niederlassungen oder bei einem der autorisierten Vertragshändler erworben werden können. Ein Verkauf von Neuwagen durch sonstige Fahrzeughändler soll damit unterbunden werden. Um dennoch zu ermöglichen, dass Kunden, bei Abnahme einer größeren Anzahl von Fahrzeugen einen Mengenrabatt erhalten, können Sondervereinbarungen getroffen werden, sogenannte Mengenrabattabkommen. Dieser Vereinbarung zufolge sind die Käufer verpflichtet, die Neufahrzeuge nach dem Erwerb mindestens sechs Monate zu halten, bevor sie diese weiterverkaufen. Hierdurch soll verhindert werden, dass Kunden die den Mengenrabatt erhalten, diesen nutzen, um die günstiger erworbenen PKW als Neuwagen gewinnbringend weiterzuverkaufen. Werden die Fahrzeuge dennoch vor Ablauf der Haltefrist veräußert, geschieht dies auf dem sogenannten Grau- oder Parallelmarkt.

Erfolgen Neuwagenlieferungen innerhalb der sechsmonatigen Haltefrist auf dem Graumarkt in das Verkaufsgebiet, so haben im In- und Ausland ansässige Vertragshändler die Möglichkeit, bei dem Hersteller X eine sogenannte Übergrenzprovision als eine Art Entschädigung für das entgangene Geschäft geltend zu machen.

Unter Abschluss der dargestellten Mengenrabattabkommen kaufte der Angeklagte B1 als Vertreter der verschiedenen, zur B-Gruppe gehörenden Gesellschaften innerhalb eines Zeitraums von 2 Jahren über 1.000 Fahrzeuge bei X. Dabei vertrauten die Verantwortlichen bei X auf die Einhaltung der Haltefrist und gewährten einen Rabatt von 10 % auf den Kaufpreis. Tatsächlich verkauften die Angeklagten die Fahrzeuge gewinnbringend vor Ablauf der sechs Monate. Die Verstöße sind bei X aufgefallen, nachdem sich die Anzeigen der erwähnten Übergrenzprovisionen häuften.

Ein Großteil der Fahrzeugverkäufe erfolgte in das EU-Ausland. Grundsätzlich sind Lieferungen innerhalb der Europäischen Union von der anfallenden Umsatzsteuer ausgenommen. Voraussetzung für die Befreiung ist jedoch die Beförderung oder Versendung der Ware innerhalb des Gemeinschaftsgebiets. In den meisten Fällen veranlassten weder die Angeklagten noch die Abnehmer eine körperliche Verbringung der Fahrzeuge in einen anderen Mitgliedstaat tatsächlich, sondern täuschten diese lediglich vor. Die Fahrzeuge wurden entweder direkt ab Werk oder ab einem von den Angeklagten bestimmten Ort abgeholt und in die Häfen von Hamburg, Bremen oder Rostock transportiert. Von dort wurden die Fahrzeuge dann in das Drittausland, zumeist in den asiatischen Raum exportiert. Dennoch gaben die Angeklagten die Lieferungen in den jeweiligen Umsatzsteuervoranmeldungen wahrheitswidrig als steuerfrei an.

Den Ermittlungen zufolge dienten die Verkäufe dem Anstoß eines Umsatzsteuerkarussells. Nachdem die Fahrzeuge von Deutschland in das EU-Ausland verkauft worden sind, wurden sie von dort aus ohne Ausweisung der Umsatzsteuer an einen Autohandel in Hannover fakturiert. Dieser stellte unter Ausweis der Umsatzsteuer fiktive Rechnungen an eine weitere Firma in Hannover, welche die Fahrzeuge unter Ausweisung der Umsatzsteuer an einen Autohändler in Bremen weiterverkaufte. An diesen Autohändler in Bremen wurde ein Teil der Fahrzeuge auch geliefert. Die zwischengeschalteten Firmen in Hannover existierten nur auf dem Papier und waren zu keiner Zeit in den tatsächlichen Verkauf bzw. Transport der Fahrzeuge eingebunden. Die Firmen in Hannover führten beide keinerlei Umsatzsteuer ab und wurden von alkoholkranken, arbeits- und mittellosen Personen geführt. Diese wurden für ihre Unterschriftsleistung auf den fingierten Rechnungen in bar bezahlt. Der Autohändler in Bremen, an den tatsächlich auch geliefert wurde, war somit in der Lage, Vorsteuern in Millionenhöhe geltend zu machen, ohne dass die entsprechende Umsatzsteuer je abgeführt worden ist. Mit dem Weiterverkauf hatten die Angeklagten gerechnet und diesen zumindest billigend in Kauf genommen, um die für sie lukrativen Geschäfte durchzuführen. Eine Beteiligung an dem Umsatzsteuerkarussell konnte ihnen dennoch nicht nachgewiesen werden.

Die Angeklagten wurden in erster Instanz des gemeinschaftlichen Betrugs und der gemeinschaftlichen Umsatzsteuerhinterziehung zu Gesamtfreiheitsstrafen von vier (B1) bzw. drei (B2) Jahren verurteilt.

III. Besonderheiten des Verfahrens

Das Verfahren B zog sich von der Anklageerhebung bis zur rechtskräftigen Aburteilung aller angeklagten Taten über 4,5 Jahre hin. In erster Instanz dauerte das Verfahren vor dem Landgericht – Wirtschaftsstrafkammer – knapp ein Jahr. In dieser Zeit wurde an 66 Sitzungstagen verhandelt. Die Kammer verhandelte in der vollen Besetzung mit drei Berufsrichtern und zwei Schöffen nach § 76 Abs. 1 GVG sowie jeweils einem Ergänzungsrichter und einem Ergänzungsschöffen.

Für den Angeklagten B1 waren in erster Instanz zwei Verteidiger, für den Angeklagten B2 vier Verteidiger beteiligt. Im Rahmen der Beweisaufnahme stellte die Verteidigung über 300 Beweisanträge und mehrere Befangenheitsanträge. Hierauf wird im nächsten Kapitel ausführlicher einzugehen sein.

Die Sitzungsvertretung nahmen in erster Instanz elf unterschiedliche Staatsanwälte wahr, wobei die Anklage selbst nur von einem Dezernenten bearbeitet wurde.

Das erstinstanzliche Urteil wurde auf die Revision des Angeklagten B1 hinsichtlich der Verurteilung wegen Betrugs und im Ausspruch über die Gesamtstrafe aufgehoben. Gemäß § 357 StPO erstreckte sich diese Aufhebung auch auf den Mitangeklagten B2. Soweit eine Verurteilung wegen Betrugs erfolgt ist, wurden die Angeklagten darüber hinaus freigesprochen. Nach Zurückverweisung wurde der Angeklagte B1 wegen Umsatzsteuerhinterziehung zu einer Gesamtfreiheitsstrafe von 2 Jahren und 8 Monaten und der Angeklagte B2 zu 2 Jahren verurteilt. Dieses Urteil wurde bezüglich des Angeklagten B2 rechtskräftig, nachdem seine Revision verworfen worden war. Hinsichtlich des Angeklagten B1 wurde dieses Urteil auf seine Revision hin erneut aufgehoben und zurückverwiesen. Daraufhin wurde der Angeklagte zu einer Gesamtfreiheitsstrafe von 2 Jahren und 3 Monaten verurteilt, eine Haftentschädigung wurde nicht gewährt. Gegen dieses Urteil legte der Angeklagte erneut Revision sowie sofortige Beschwerde ein. Die Revision wurde verworfen, die sofortige Beschwerde gegen die Versagung einer Haftentschädigung hatte Erfolg. Damit wurde dem Angeklagten für die Dauer der über die Gesamtfreiheitsstrafe hinausgehenden Untersuchungshaft Entschädigung gewährt. Dieser Beschluss wurde am darauffolgenden Tag rechtskräftig.

Bemerkenswert ist der neben dem strafrechtlichen Verfahren durchgeführte steuerrechtliche Streit. Denn das zuständige Finanzamt forderte von einer der B-Gesellschaften insgesamt ca. 8 Mio. Euro Steuernachzahlungen ein. Der hiergegen eingelegte Einspruch wurde als unbegründet zurückgewiesen. Daraufhin erhob die Steueradressatin erfolgreich Klage zum Finanzgericht. Dieses beurteilte die Fahrzeugverkäufe in das EU-Ausland, die der strafrechtlichen Verurteilung zugrunde lagen, gänzlich anders. Das Gericht folgte der Argumentation von B1 und B2 dahingehend, dass diese keine Kenntnis von dem tatsächlichen Lieferweg der Fahrzeuge gehabt hätten. Das Finanzgericht ging davon aus, dass B1 und B2 auf eine körperliche Verbringung der Fahrzeuge vertraut haben. Sie hätten keinen Grund gehabt, an der Richtigkeit zu zweifeln und seien daher den Verpflichtungen eines ordentlichen Kaufmannes nachgekommen. Sowohl B1 und B2 als auch die Klägerin haben sich auf den Gutglaubensschutz nach § 6a Abs. 4 UStG berufen können. Trotz der tatsächlich nicht erfolgten Verbringung der Fahrzeuge sei der Verkauf als umsatzsteuerfrei anzusehen. Die Steuerbescheide wurden folglich aufgehoben. Die Beschwerde des beklagten Finanzamts wurde vom Bundesfinanzhof zurückgewiesen. Obwohl die Angeklagten von den Strafgerichten rechtskräftig der Umsatzsteuerhinterziehung schuldig gesprochen wurden, vermochte das Finanzgericht unter Zugrundelegung desselben Sachverhalts keine Steuerhinterziehung zu sehen.

C. Das Verfahren C

Das dritte Verfahren wurde zur Kontrastierung ausgewählt. Im Gegensatz zu den anderen beiden Verfahren lag zum einen zwischen Anklageerhebung und Urteilsverkündung nur ein halbes Jahr und zum andern wurde lediglich an 6 Sitzungstagen verhandelt. Die Tatvorwürfe stützten sich auf ein Schneeballsystem aus dem Bereich des Aktienhandels.

I. Der Angeklagte

Nachdem der Angeklagte C eine Ausbildung zum Bankkaufmann absolviert hatte, machte er sich mit einem eigenen Unternehmen, einer Wertpapierberatung, selbstständig. Er spezialisierte sich auf Geldanlagen in nordamerikanische Unternehmen aus der Rohstoffbranche. Noch während des Ermittlungsverfahrens verlagerte der Angeklagte seinen Lebensmittelpunkt nach Kanada. Einige Zeit nach seiner Auswanderung wurde er international zur Fahndung ausgeschrieben und in Kanada festgenommen. Dort befand er sich kurzzeitig in Auslieferungshaft. Gegen eine Kaution wurde er auf freien Fuß gesetzt. Anschließend wurde ein Auslieferungsantrag gestellt und die Auslieferung verfügt. Hiergegen legte der Angeklagte Rechtsmittel ein. Am Tag vor dem Verhandlungstermin nahm der Angeklagte sein Rechtsmittel zurück und wurde so am selben Tag bis zu seiner Überstellung nach Deutschland wieder in Auslieferungshaft genommen. Bei seiner Einreise nach Deutschland wurde er vorläufig festgenommen und am nächsten Tag in Untersuchungshaft überstellt. Von diesem Zeitpunkt an bis zur Urteilsverkündung befand sich C ca. ein halbes Jahr ununterbrochen in Untersuchungshaft.

II. Das Tatgeschehen

Der Anklage lagen im Grunde zwei verschiedene Tatkomplexe zugrunde. Ende der 1980er Jahre gründete der Angeklagte die Aktienpool GbR (im Folgenden AP). Der Angeklagte war deren alleiniger Geschäftsführer, die Anleger deren Gesellschafter. Die Anlagestrategie bestand darin, das Gesellschaftsvermögen – sprich die Einlagen der Anleger – in Aktien, Optionsscheine und festverzinsliche Wertpapiere zu investieren. Mit einer Einlage von 1 Mio. DM war der Angeklagte selbst größter Gesellschafter. Als Geschäftsführer konnte er nach freiem Ermessen ohne Weisungsrecht der Gesellschafter über die Anlageinvestitionen entscheiden. Die Anleger konnten sich jederzeit an der AP beteiligen oder ihre vorhandene Einlage aufstocken. Bemessungsgrundlage war hierbei der Wert der AP-Anteile zum Ende des Vormonats. Die Anzahl der erworbenen Anteile berechnete sich nach der jeweiligen Einlage geteilt durch den Anteilswert. Den Anteilswert veröffentlichte der Angeklagte in der ersten Hälfte des Folgemonats in den Anlegermitteilungen und machte diese auch zum Gegenstand der Anlageverträge. Über 90 % des Gesellschaftsvermögens wurde in Aktien eines kanadischen Unternehmens investiert. Obwohl dessen Kurse stetig gesunken sind, wies der Angeklagte überhöhte und damit falsche Anteilswerte aus. Bei den Anlegern wurde dadurch der Eindruck erweckt, dass es sich um eine im Wert steigende und renditeträchtige Kapitalanlage handele. Daraufhin schlossen weitere Anleger Aufnahme- bzw. Aufstockungsverträge ab und zahlten die jeweils vereinbarte Summe ein. Da die ausgewiesenen Anteilswerte nicht den tatsächlichen Werten entsprachen, zahlten die Anleger zu viel für die vertraglich vereinbarte Anzahl der Anteile bzw. erhielten für ihr eingezahltes Kapital weniger Anteile, als ihnen bei Ansatz der wahren Anteilswerte zugestanden hätte. In dieser Differenz bemisst sich der Schaden der Anleger. Der Angeklagte hat den Schaden einzelner Anleger vor Beginn der Hauptverhandlung ganz oder teilweise wiedergutgemacht.

Darüber hinaus schloss C mit einem weiteren Anleger einen Depotverwaltungsvertrag in Höhe von ca. 1 Mio. DM ab. Dieses Kapital sollte er in bestimmte Aktien investieren, wobei dem Angeklagten insoweit ein Ermessensspielraum eingeräumt wurde, als er befugt war, die weiteren Anlageentscheidungen zu treffen, insbesondere den Verkaufszeitpunkt zu bestimmen. In der Folge überwies der Anleger die vereinbarte Summe auf das Konto des Angeklagten. Dieser investierte das Kapital abredewidrig nicht in die gewünschten Aktien, sondern überwies einen Betrag von ca. 60.000 DM in Einzeltransaktionen für verschiedene Zwecke auf Konten Dritter, unter anderem auf das seiner damaligen Ehefrau und seines Sohnes. Der Angeklagte wurde wegen Untreue und Betruges zu einer Gesamtfreiheitsstrafe von 2 Jahren und einer Gesamtgeldstrafe von 180 Tagessätzen verurteilt.

Neben den soeben dargestellten Tatkomplexen wurden noch weitere vergleichbare Taten des Schneeballsystems angeklagt, jedoch auf Antrag der Staatsanwaltschaft nach § 154 Abs. 1 und 2 StPO eingestellt. Im Wesentlichen liegen den Tatvorwürfen Abschlüsse von Depotverwaltungsverträgen zugrunde, die der Angeklagte aufgrund mehrerer selbstständiger Tatentschlüsse mit einer Vielzahl von Anlegern abgeschlossen haben soll. Dabei habe der Angeklagte regelmäßig die gezahlten Einlagen abredewidrig nicht in Aktien investiert, sondern die Gelder verwendet, um sonstige Verbindlichkeiten zu begleichen sowie Teilbeträge seinem Sohn und seiner damaligen Ehefrau zukommen lassen.

III. Besonderheiten des Verfahrens

Obwohl zwischen Anklageerhebung und Verkündung des Urteils nur ein halbes Jahr lag, zog sich das Ermittlungsverfahren über einen Zeitraum von mehr als zehn Jahren hin. Zum einen wanderte der Angeklagte in diesem Zeitraum aus, sodass das Ermittlungsverfahren zeitweilig vorläufig eingestellt wurde. Zum anderen wurde das Ermittlungsverfahren durch den häufigen Wechsel bei der Staatsanwaltschaft von acht unterschiedlichen Dezernenten geführt. Einer der Sachbearbeiter brachte das Verfahren schließlich zur Anklage und nahm die Sitzungsvertretung auch selbst wahr. Das Gericht entschied in reduzierter Besetzung mit dem Vorsitzenden und einem Beisitzer. Sowohl bei Anklageerhebung als auch bei Urteilsverkündung hatte der Angeklagte drei Verteidiger, wobei einer der Verteidiger wechselte. Die Verteidigung stellte keine Beweis- oder Befangenheitsanträge. Nachdem sich der Angeklagte im Wesentlichen geständig eingelassen hatte, wurde das Verfahren mit einer Urteilsabsprache beendet.

Dritter Teil
Die Erkenntnisse der empirischen Untersuchung und deren Bedeutung für die Diskussion um rechtsmissbräuchliches Verteidigungsverhalten

Nachdem die theoretischen und begrifflichen Grundlagen sowie die methodische Konzeption der Untersuchung dargelegt worden sind, soll es in diesem Kapitel um die Darstellung und Analyse der für die Untersuchungsfrage relevanten empirischen Erkenntnisse gehen. Hierbei sind die Ergebnisse der Interviews den im ersten Teil konstruierten Idealtypen gegenüber zu stellen. Dadurch können die empirischen Erkenntnisse an den Idealtypen gemessen, verglichen und veranschaulicht werden. Anhand dieses Vergleichs kann überprüft werden, ob der jeweils beschriebene Sachverhalt dem Phänomen, dem er zugeordnet werden soll, entspricht. Diese Kontrastierung ermöglicht es, insbesondere die Einzelphänomene zu untersuchen, die sich nicht eindeutig zuordnen lassen.[475]

Bei der Darstellung dieser Idealtypen hat sich bereits gezeigt, dass mit dem Kriterium der Zweckwidrigkeit immerhin ein normatives Kriterium existiert, das zur Unterscheidung zwischen dem Missbrauch der Verteidigungsrechte, der Konfliktverteidigung und einer konsensualen Verteidigung herangezogen werden kann, auch wenn die Abgrenzung zwischen Ersteren mitunter problembehaftet sein kann. In den folgenden Abschnitten soll nunmehr aufgezeigt werden, wie sich das Verteidigungsverhalten aus Sicht der am Verfahren beteiligten Berufsträger darstellt. Dabei soll auch anhand einzelner Anträge aus den Musterverfahren aufgezeigt werden, wie die Verteidigung tatsächlich von ihren Rechten Gebrauch macht. Anschließend soll die bisherige Diskussion um rechtsmissbräuchliches Verteidigungsverhalten im Lichte der gewonnenen Befunde dargestellt und um neue Erkenntnisse bereichert werden.

475 Siehe zu den Idealtypen ausführlicher oben erster Teil, erstes Kapitel, B.

Erstes Kapitel: Darstellung und Analyse der empirischen Befunde

A. Idealtypisches Verteidigungsverhalten in Wirtschaftsstrafverfahren

An dieser Stelle sei vorweggenommen, dass die Interviewpartner angehalten waren, ihre eigenen beruflichen Erfahrungen wiederzugeben und damit letztlich Verhaltensweisen und Beweggründe zu beschreiben, die sie sowohl bei sich selbst als auch bei anderen Verfahrensbeteiligten beobachtet bzw. diesen zugeschrieben haben. Dabei konnte von den Interviewpartnern eine begriffliche Differenzierung zwischen den verschiedenen Idealtypen selbstverständlich nicht erwartet werden. Anhand der Interviewaussagen soll untersucht werden, ob die eingangs konstruierten Idealtypen auch in der empirischen Realität beobachtet werden können. Letztlich kann so durch einen Vergleich des zu untersuchenden Sachverhalts mit den Idealtypen festgestellt werden, ob das beobachtete Phänomen dem Idealtyp entspricht. Kann ein Prozessverhalten auf diese Art und Weise als rechtsmissbräuchlich qualifiziert werden, so könnte auch der Frage nach einer geeigneten Missbrauchsreaktion nachgegangen werden.

Da es sich bei den Idealtypen um gedankliche Konstruktionen handelt, kann es nicht entscheidend sein, wie die Interviewpartner ein Verhalten bezeichnen und welchem Idealtyp sie es zuordnen. Vielmehr kommt es darauf an, welche Erfahrungen beobachtet und beschrieben wurden. Demzufolge sind die beschriebenen Phänomene durch den Forscher zu betrachten und ihrem Inhalt nach zu strukturieren, ohne dass den Begrifflichkeiten der Interviewpartner eine bindende Wirkung zukommt.

I. Missbrauch der Verfahrensrechte

Im ersten Teil der Untersuchung wurde bereits dargestellt, dass nach nahezu einhelliger Meinung eine missbräuchliche Inanspruchnahme prozessualer Befugnisse bejaht wird, wenn ein Verfahrensbeteiligter diese nutzt, um gezielt verfahrensfremde oder verfahrenswidrige Zwecke zu verfolgen.[476]

476 Vgl. BGHSt 38, 111 (113); bestätigt in BGHSt 51, 88 (92 f.); OLG Hamburg NStZ 1998, 586 (587). Siehe zum Begriff des Rechtsmissbrauchs und zur Unterscheidung

1. Rechtsmissbrauch bei formal korrekter Wahrnehmung der Verteidigungsbefugnisse

In den Interviews zeigte sich, dass es aus Sicht der Verfahrensbeteiligten oftmals die formal korrekte Wahrnehmung der Verteidigungsbefugnisse ist, die den Fortgang des Verfahrens erschwert oder unmöglich macht.

„Ich sehe nur, dass die Strafprozessordnung dem Anwalt solche Möglichkeiten einräumt, dass er Dinge tut, die tatsächlich nur darauf ausgerichtet sind, ein Verfahren zu torpedieren“ (2-5, 1816-1819).

„[...] die StPO [...] erlaubt dem Verteidiger sehr viel, völlig legal, um einen Prozess so lang und so kompliziert zu machen, dass wir mit unseren Mitteln und unserem Personal nicht mehr durchkommen“ (2-1, 1412-1416).

„Und wenn ein Anwalt [...] nur noch Befangenheitsanträge stellt, dann gibt ihm das Gesetz die Möglichkeit dazu, auch wenn das in meinen Augen keinen Sinn macht (2-5, 1791-1795).

Im Folgenden soll untersucht werden, ob hinter dieser rein formal korrekten Wahrnehmung der Verteidigungsrechte auch das Merkmal der Zweckwidrigkeit erblickt werden kann und eine empirische Basis insoweit aufweist, als die Interviewpartner es gleichermaßen als Kriterium verwenden.

2. Die Zweckwidrigkeit als konstituierendes Element des Rechtsmissbrauchs

Das untersuchte Verteidigungsverhalten wurde von den Interviewpartnern oftmals als eine Art Gesamtphänomen beschrieben, ohne dass stets auf die Wahrnehmung einzelner Verteidigungsbefugnisse im Detail eingegangen wurde. Auch wenn die Interviewpartner dabei nicht ausdrücklich auf das Merkmal der Zweckverfremdung zurückgriffen, wurde es in ihren Ausführungen vielfach erkennbar.

In diesem Zusammenhang sprach ein Interviewpartner der Staatsanwaltschaft von „unsinnigen Anträgen“, bei denen man Zweifel habe, ob der Verteidiger wirklich meine, er könne damit etwas aufklären. Vielmehr werde das Ziel verfolgt, den Fortgang des Verfahrens und damit eine Verurteilung bereits durch reinen Zeitablauf zu verhindern oder zumindest zu verzögern und so das Verfahren insgesamt zu sabotieren und zu torpedieren (1-1, 2165-2168; 2173-2174; 2185-2186; 2405-2408; 2463; 2538-2540).

Auch ein interviewter Verteidiger lehnte es ab, Beweisanträge zu stellen, die dem Gericht oder der Staatsanwaltschaft den Einwand ermöglichen, dass er sich sein Vorbringen nur aus den „Fingern gesogen“ hätte (3-3, 1318-1322).

---

verfahrensfremder und verfahrenswidriger Zwecke ausführlich oben erster Teil, zweites Kapitel, A.

Demzufolge wird auch in der Praxis zwischen zwei grundsätzlich verschiedenen Antragszielen differenziert. Ein Teil der Anträge soll der Aufklärung des wahren Sachverhalts dienen, während mit anderen Anträgen verfahrensfremde oder verfahrenswidrige Ziele wie die Verzögerung oder Verhinderung der Urteilsfindung verfolgt werden.

Um ein aus ihrer Sicht nicht mehr hinnehmbares Verteidigungsverhalten zu beschreiben, bedienten sich die interviewten Verteidiger zusätzlicher Begriffe wie der „Krawallstrategie" und der „obstruktiven" Verteidigung, wenngleich sie ein solches Verhalten einiger Kollegen ablehnen.

Krawallverteidigung sei grundsätzlich kein Konzept, allenfalls dann, wenn man einem unerträglichen Richter begegne (3-1, 517-521). Doch einige ihrer Kollegen machten „von der ersten bis zur letzten Minute Remmidemmi" (3-1, 1519-1529; 1510-1512; 502-507; 3-2, 598-602; 995-996).

Hinter diesem Verteidigungsverhalten lassen sich anhand der empirischen Erkenntnisse unterschiedliche Beweggründe ausmachen. So soll beispielsweise die Bereitschaft der Gerichte erhöht werden, eine für den Beschuldigten günstige verfahrenserledigende Absprache zu treffen.

Die Strategie ziele darauf ab, die erkennenden Richter „zu zermürben" oder sogar „kaputt zu machen", wenn diese noch nicht bereit seien, Bewährung zu geben, auf die Wünsche der Verteidigung einzugehen oder einen „Vergleich" zu schließen (1-1, 2168-2170; 2457-2475; 2-3, 1521-1523).

„Da werden Nebelkerzen geworfen, auf die es gar nicht ankommt [...]" (1-4, 1825-1826)

„Das ist eine Art psychologische Kriegsführung" (1-2, 1745).

Zum einen wird darauf abgestellt, ob das jeweilige Vorbringen und Antragsbegehren der Verteidigung überhaupt von Relevanz sein kann und einen Erkenntnisgewinn verspricht. Zum anderen erlangt auch der Zeitfaktor Bedeutung, denn die Kammer muss die Verhandlung immer wieder unterbrechen, beraten und beschließen, das nimmt aus staatsanwaltlicher Sicht erheblich Zeit in Anspruch.

„Das ist einfach, [...] wenn die Verteidigung da Sand ins Getriebe bringen will, [...] dann geht das sehr gut, dann verzögert sich alles sofort" (1-3, 363-365).

Zuweilen scheint die Verteidigung sogar zu beabsichtigen, den Prozess zum „Platzen" zu bringen, wenngleich ein interviewter Verteidiger dies zu einem illegitimen Verteidigungsziel erklärte.

Wenn man den Prozess zum „Platzen" bringe, indem man den Richter entweder in den Selbstmord treibe oder dieser so schwer erkranke, dass er nicht mehr weiter verhandeln könne, dann sei das Verfahren beendet (1-1, 1405-1408; 2-5, 2604-2616).

Auch Haftprüfungsanträge beschäftigen das Gericht in hohem Maße, denn die anschließende Beschwerde zum OLG zwingt die Kammer nach Angaben eines Richters, eine Art „Mini-Urteil“ als Vorlage an das OLG zu schreiben.

Stellt man diese ersten Eindrücke aus den Interviews den eingangs herausgearbeiteten Idealtypen gegenüber, zeigt sich, dass insbesondere das für den Rechtsmissbrauch charakteristische Merkmal der Zweckwidrigkeit des jeweiligen Verteidigerverhaltens auch in der empirischen Wirklichkeit beobachtet werden kann. In der Praxis existiert eine Form der Verteidigung, die auf die Sabotage, das Torpedieren und „Platzenlassen“ des Prozesses sowie das „Zermürben“ und „Kaputtmachen“ der Richter abzielt. Hierbei handelt es sich weniger um die zweckwidrige Wahrnehmung einzelner Verteidigungsbefugnisse als vielmehr um eine Gesamtbetrachtung des Verteidigungsverhaltens, das sich aus einer Vielzahl einzelner Handlungen zusammensetzt.[477] Gleichwohl stellt sich dieses Verteidigungsverhalten rein formal als korrekte Wahrnehmung der Verfahrensrechte dar.

Dennoch können diese Angriffe auf das Verfahren und die hieran beteiligten Richter von vornherein nicht der Wahrheitsfindung dienen, ganz unabhängig davon, welches Verständnis man dem Begriff der Wahrheit zugrunde legt. Im Gegenteil, denn die Wahrheitsfindung ist ein fortschreitender Prozess, der auf diese Art und Weise vorzeitig abgebrochen wird. Zweifelsohne führt auch eine Absprache nach § 257c StPO zum Ende des Verfahrens, doch im Unterschied zu dem erzwungenen Ende eines „geplatzten“ Prozesses, soll die Wahrheitsfindung nach der gesetzlichen Intention des § 257c Abs. 1 S. 2 StPO i.V.m. § 244 Abs. 2 StPO nicht vorzeitig abgebrochen, sondern abgeschlossen werden, wenngleich erhebliche Zweifel angebracht sein können, ob die Praxis diesen Vorgaben gerecht wird.[478]

Verfolgt der Antragsteller nicht mehr die Sachaufklärung, sondern lediglich verfahrens- oder verteidigungsfremde Ziele, kann das jeweilige Prozessverhalten demnach als rechtsmissbräuchlich qualifiziert werden. Da sich jedoch an anderer Stelle bereits gezeigt hat, dass eine so eindeutige Zuordnung auch problembehaftet sein kann,[479] wird im weiteren Verlauf sowohl anhand einzelner Verteidigungsbefugnisse als auch unter Rekurs auf konkrete Beispiele aus

---

477 Ob eine Verteidigungsstrategie insgesamt einen bestimmten Idealtyp zugeordnet werden kann, wird unten ausführlicher dargestellt C.V.

478 Siehe hierzu unten III.1 sowie *Nippgen*, im Erscheinen. Diese Gefahr erkennt auch jüngst das BVerfG 2 BvR 2628/10, 2 BvR 2883/10, 2 BvR 2155/11 Urteil vom 19.3.2013.

479 S.o. erster Teil, drittes Kapitel, A.III.

den Musterverfahren zu untersuchen sein, inwieweit die Verfahrensbeteiligten sowohl aufgrund ihrer professionellen Stellung als auch durch ein subjektiv geprägtes Wahrheitsbild unterschiedliche Zwecke verfolgen können und so das Kriterium der Zweckwidrigkeit infrage gestellt werden kann.

II. Konfliktverteidigung als konfliktbereite Verteidigung

Im ersten Teil der vorliegenden Untersuchung wurde entgegen einem weitverbreiteten Verständnis neben dem soeben dargestellten missbräuchlichen Einsatz der Verteidigungsbefugnisse die Konfliktverteidigung als ein eigenständiger Idealtyp herausgearbeitet.[480]

Allen voran die Interviews mit den Strafverteidigern haben gezeigt, dass es eben diese Form einer konfliktbereiten und kämpferisch geführten Verteidigung, die nicht schlechterdings als zweckwidrig und somit missbräuchlich verstanden werden muss, gibt. Dabei kommt es in erster Linie nicht entscheidend darauf an, wie diese Verteidigung genannt wird: sei es eine Konfliktverteidigung, eine Verteidigung lege artis, eine sachliche oder auch antragsintensive Verteidigung.[481]

Doch auch von Seiten der Richterschaft wurde dieses Verständnis einer Konfliktverteidigung als konfliktbereite Verteidigung vereinzelt geteilt.

> *Konfliktverteidigung sei „[...] die Verteidigung, die jedenfalls nicht im Konsens zur Anklageschrift steht, die aber grundsätzlich völlig in Ordnung ist. Jeder hat das Recht, sich zu verteidigen und auch zu bestreiten. [...], dass man eben sozusagen im klaren Dissens zur Anklage steht, aber mit einem freundlichen vernünftigen Klima verteidigt und die Rechte als Anwalt seriös wahrnimmt“ (2-6, 2559-2565).*

Eine so verstandene Konfliktverteidigung bedeutet weder, dass die Atmosphäre zwischen den Verfahrensbeteiligten zwangsläufig schlecht sein muss, noch wird eine sachliche Zusammenarbeit zwischen Gericht und Verteidigung ausgeschlossen. Als problematisch wird die Verteidigung erst angesehen, wenn die sachliche Ebene verlassen wird und die Möglichkeiten der StPO missbräuchlich eingesetzt werden.

1. Konfliktverteidigung als Pflicht des Verteidigers

In einem streitigen und konfrontativen Verfahren fühlen sich die Verteidiger oftmals geradezu verpflichtet, ihre Befugnisse wahrzunehmen, allerdings ohne diese dabei zu missbrauchen. Ein Verteidiger machte dies sehr deutlich.

---

480 S.o. erster Teil, drittes Kapitel, B.II

481 Vgl. zu diesen Bezeichnungen 1-1, 2043; 1-4, 1271; 3-1, 522.

Wenn es im Gerichtssaal „Krach" gebe und der Vorsitzende ihm vorhalte, dass er zu dem beanstandeten Verhalten nicht berechtigt sei, dann stimme er diesem zu, denn er sei nicht berechtigt, sondern verpflichtet (3-3, 1224-1233; ähnlich auch 3-2, 1707-1711).

Mit der Inanspruchnahme der prozessual gewährleisteten Rechte bediene sich die Verteidigung keinesfalls eines „Krawallrezeptes", sondern erfülle ihre Aufgabe ordnungsgemäß und lege artis (3-1, 1038-1040; ähnlich 3-2, 789-792).

Diese Überzeugung lässt sich ohne Weiteres auf das berufliche Selbstverständnis des Strafverteidigers zurückführen. Eingangs wurde bereits dargestellt, dass die Stellung des Strafverteidigers von unterschiedlichen Rollenverständnissen geprägt wird.[482] Im Kern stimmen die Vertreter der verschiedenen Ansätze jedoch überein, dass der Verteidiger zumindest auch parteiischer Beistand seines Mandanten ist und dessen Interessen zum Zwecke der Herbeiführung von Waffengleichheit zu vertreten hat. Um diesem Schutzauftrag nachzukommen, hat der Verteidiger die zur Verfügung stehenden prozessualen Rechte wahrzunehmen. Die damit einhergehende prozessuale Konfrontation ist bereits in den unterschiedlichen Verfahrenspositionen angelegt. Die interviewten Verteidiger verstehen sich in dieser Situation als Vertreter der Interessen ihres Mandanten und damit zugleich als Gegenpart zu Staatsanwaltschaft und Gericht. Sobald Staatsanwaltschaft und Verteidigung nicht mit gleichlautenden Anträgen verhandelten, liege ein Konflikt vor.

Das könne man – so ein Verteidiger – durchaus mit dem „Florett ausfechten", aber immer im Rahmen der StPO (3-2, 811-815; 996-999). Konfrontation bedeute, sich das „Rüstzeug anzuziehen" und den „Strauß auszufechten". Nicht gemeint sei damit die „Radauverteidigung" und die reine Verfahrensverschleppung und -verzögerung (3-2, 989-992; ähnlich auch 3-3, 1313-1318).

Bei einem Prozess von Gewicht sowie zu einer ordentlichen Verteidigung gehöre es dazu, zunächst die Besetzung zu überprüfen und gegebenenfalls einen Besetzungseinwand zu erheben, um sich die Rüge für die Revision zu erhalten. Ein Besetzungseinwand wird insbesondere dann als erfolgversprechend erachtet, wenn ein „Mammutfall" in reduzierter Besetzung verhandelt werden soll. Dieser Einwand wird aus Verteidigersicht weder als eine „Kampfansage" noch als ein spezifisches Druckmittel im Wirtschaftsstrafprozess verstanden, vielmehr handle es sich um eine Verteidigung lege artis.[483] Für diese Ansicht streitet zum einen § 76 Abs. 3 GVG, der die volle Besetzung bei Wirtschaftsstrafsachen in der Regel für notwendig erachtet. Zum anderen hat der Bundesgerichtshof in jüngerer Zeit erneut

---

482 S.o. erster Teil, zweites Kapitel, C.

483 Siehe zu den weiteren von der Verteidigung vorzunehmenden Überlegungen Münchner Anwaltshandbuch Strafverteidigung/*Krause* § 7 Rn. 45 ff.

eindringlich darauf hingewiesen, dass die Besetzung mit drei Berufsrichtern besser geeignet ist, die dem Gericht obliegenden Aufgaben wahrzunehmen, den Tatsachenstoff zu würdigen und schwierige Rechtsfragen zu klären.[484] Der Besetzung der Strafkammer wird so unmittelbarer Einfluss auf die Qualität des Erkenntnisverfahrens zugesprochen. Die Besetzungsreduktion ist gem. § 76 Abs. 2 Nr. 3 GVG unter anderem dann ausgeschlossen, wenn nach dem Umfang der Sache die Mitwirkung eines dritten Richters notwendig erscheint. Zwar wird den Gerichten bei der Beurteilung des Umfangs der Sache ein gewisser Spielraum zugestanden, doch sobald im Zeitpunkt der Eröffnung des Hauptverfahrens eine Dauer von mindestens zehn Hauptverhandlungstagen absehbar ist, hält es der Bundesgerichtshof für angezeigt, dass von einer „Dreierbesetzung“ nicht abgesehen werden darf.[485] Somit ist in einem umfangreichen Verfahren die Rüge der Besetzung mit lediglich zwei Berufsrichtern in der Tat kaum als „Kampfansage“ zu verstehen.

In gleicher Weise nahmen die interviewten Verteidiger für sich in Anspruch, auch von den weiteren Verteidigungsrechten wie beispielsweise dem Ablehnungsrecht und dem Beweisantragsrecht Gebrauch zu machen, wenngleich sie das Verteidigungsverhalten einiger Kollegen kritisch beurteilen.

> *„Es ist unklug, mit einer Überflut von Anträgen, die nur scheinbar sachbezogen sind oder sich nur wiederholen, das Gericht in der Erwartung einzudecken, ‚da machen die schon was falsch und wir kriegen Revisionsgründe‘“ (3-1, 507-512).*

Trotzdem wird eine konfliktbereite Verteidigung von den interviewten Verteidigern in manchen Situationen als ein „Muss“ verstanden. Aus Verteidigersicht eignet sich nicht jedes Verfahren dazu, mit einer verfahrensbeendenden Absprache zum Abschluss gebracht zu werden, einige Verfahren müssten entschieden werden. Doch auch in diesen Verfahren wird eine ruhige und sachliche Verhandlungsebene angestrebt, wenngleich die Verteidigung von ihren Antragsbefugnissen Gebrauch macht. Diese Einschätzung bestätigten auch einzelne Richter.

> *Es gebe viele Verfahren, die würden „normal“ und lege artis von allen Beteiligten mit umfangreichen Anträgen und ohne Verständigung am Ende der Hauptverhandlung „durchverhandelt“ (2-1, 1936-1940; ähnlich auch 2-6, 316-320).*

2. *Einbringung eines gegenläufigen Wahrheitsbildes und der eigenen Rechtsauffassung*

Ein weiterer Grund für eine aktive Verteidigung wurzelt aus Verteidigersicht in der Natur der Wirtschaftsstrafverfahren. In aller Regel handelt es sich um

484 BGH NJW 2010, 3045 (3047); so auch *Widmaier* NStZ 2011, 305 (307) Fn. 27.
485 BGH NJW 2010, 3045 (3047).

komplexe und umfangreiche Sachverhalte, die weder auf das Strafrecht begrenzt noch eindeutig rechtlich zu beurteilen sind. Um diese verschiedenen Sichtweisen zur Geltung zu bringen, muss sich die Verteidigung Gehör verschaffen.[486] Die Verteidiger sehen sich insbesondere dann „gezwungen“, intensiv von ihren Rechten Gebrauch zu machen, wenn für sie der Eindruck entsteht, dass die richterliche Überzeugungsbildung vorschnell abgeschlossen wurde. Ein Verteidiger hierzu:

> *„[...] vor allen Dingen weiß er (Anm. PE: gemeint ist der Vorsitzende) das Ergebnis schon acht Tage, nachdem die Anklageschrift vorliegt [...] und [...] Argumenten oder auch anderen Auffassungen, so hat man den Eindruck, hört er gar nicht mehr zu“ (3-2, 473-476).*[487]

Verteidigungsrechte werden demzufolge eingesetzt, um der eigenen Überzeugung, sei sie rechtlicher oder tatsächlicher Art Ausdruck zu verleihen. Dahinter kann man den Versuch der Verteidigung erblicken, sowohl ihrem eigenen subjektiv geprägten Wahrheitsbild als auch der eigenen Rechtsauffassung Geltung zu verschaffen. Verfolgt die Verteidigung demnach weiterhin die Aufklärung des Sachverhalts, wie er sich aus ihrer Perspektive darstellt, so kann dies nicht von vornherein als zweckwidrig qualifiziert werden. Gleichwohl kann sich ein solches Verhalten aus Sicht der Strafverfolgungsbehörden anders darstellen, wenn die Verteidigung auf ihrer Ansicht insistiert und wiederholt versucht, diese mit Hilfe von Beweisanträgen zur Geltung zu bringen.

> *Das Verhalten der Verteidigung wird als „obstruktiv“ empfunden, wenn bereits abgelehnte Anträge in leicht geänderter Fassung wiederholt werden oder eine erneute Beweiserhebung zu einem bereits aufgeklärten Verfahrensgegenstand beantragt wird (2-3, 1339-1344; 1-2, 1772-1779).*[488]

Doch auch die Verteidiger halten eine solche Verteidigungsform nicht ohne jede Einschränkung für angemessen. Wenn sie sich der Lächerlichkeit oder der Unglaubwürdigkeit preisgeben würden, sei die Grenze erreicht.

Erneut zeigt sich, dass die Beurteilung des infrage stehenden Verhaltens maßgeblich von subjektiven Bewertungen abhängig ist. Zwar könnte man objektiv nachvollziehen, ob ein bestimmter Beweisantrag in dieser oder ähnlicher Form

---

486 S.o. II.1.

487 Ähnliche Erkenntnisse finden sich bereits bei *Perron* ZStW 108 (1996), 128 (144). Siehe hierzu auch oben erster Teil, drittes Kapitel, B.II.

488 War die Ablehnung des ersten Antrags fehlerhaft, wird ein hiervon „nur minimal“ abweichender Antrag erneut gestellt und zutreffend abgelehnt, hat die Revision gestützt auf die erste Ablehnung trotz der Fehlerhaftigkeit keinen Erfolg BGHSt 2013, 73.

bereits gestellt wurde, doch damit ist noch keine Aussage darüber möglich, weshalb der Antragsteller den Antrag erneut stellt. Ist die Sachaufklärung aus seiner Perspektive noch nicht vollständig gelungen, kann er nur durch das Stellen von Beweisanträgen versuchen, eine weitere Aufklärung zu erreichen. Ein solches Vorgehen kann nicht per se als missbräuchlich oder obstruktiv qualifiziert werden. Gleiches gilt auch für Beweisanträge zu einem „bereits aufgeklärten" Verfahrensgegenstand. Dieser mag aus richterlicher oder staatsanwaltlicher Sicht tatsächlich aufgeklärt sein. Dennoch kann aus der Perspektive der Verteidigung und des Beschuldigten noch weiterer Ermittlungsbedarf bestehen.

Wenn es der Verteidigung trotzdem nicht gelingt, das Gericht von ihrer Sicht zu überzeugen, wird jeder einzelne Schritt des Gerichts kritisch betrachtet, an den Vorgaben der StPO gemessen und gegebenenfalls mit Blick auf die Revision gerügt. Ein Verteidiger erinnerte sich:

> *„[...] dann hat die Verteidigung gefolgert, machen wir ‚Strafprozess' und gehen auch auf die formalen Fragen zu [...]" (3-2, 493-494 vgl. auch* 3-2, 942-956; 972- 977; 3-1, 447-448*)*.

Damit wird der Fokus auf die für die Verteidigung ganz erhebliche Frage nach etwaigen Revisionsgründen gelenkt. Die Interviews haben deutlich gezeigt, dass die Möglichkeit einer Überprüfung des Urteils in der Revision für die Verteidigung stets Teil der strategischen Überlegungen ist.

3. *Verteidigung im Blickwinkel der Revision*

In aller Regel erklären die interviewten Verteidiger nach eigenen Angaben zwar den Freispruch zum primären Ziel ihrer Strategie, gleichzeitig bemühen sie sich jedoch um eine Revisionsgrundlage. So werden zum einen die erforderlichen (Besetzungs-)Einwände erhoben, um sich eine Rüge für die Revision zu erhalten. Zum anderen werden Beweisanträge mit dem Ziel einer weitergehenden Sachaufklärung auch dann gestellt, wenn zu erwarten ist, dass dieser Antrag abgelehnt wird.[489] Denn nur dann kann eine fehlerhafte Ablehnung in der Revision geltend gemacht werden. Dies macht für einen Verteidiger die Konfliktverteidigung aus.

> *„[...] bei der Schaffung der Revisionsgrundlage bin ich ständig im Konflikt mit der Staatsanwaltschaft. Dazu passt das Wort Konfliktverteidigung (3-3, 1399-1402; 1305-1307).*

Etwas anderes soll auch aus Verteidigersicht gelten, wenn wiederholt Beweisanträge ohne Sachbezug gestellt werden, allein um einen revisiblen Fehler des

---

489 Auch *Schatz*, Das Beweisantragsrecht in der Hauptverhandlung, S. 205 sieht in der Möglichkeit der revisionsrechtlichen Geltendmachung eine Funktion des Beweisantragsrechts.

Gerichts zu provozieren. Wenngleich dieses Vorgehen bei den Interviewpartnern verbreitet auf Ablehnung stieß, so scheinen Verteidiger mitunter tatsächlich Anträge zu stellen, allein um eine fehlerhafte Ablehnung zu erreichen. Dabei kommt neben einer Vielzahl an Beweis- und Befangenheitsanträgen vor allem die Beanstandung einer jeden Anordnung des Vorsitzenden nach § 238 Abs. 2 StPO in Betracht.[490]

Stellt sich heraus, dass ein Antrag tatsächlich mit dem alleinigen Ziel gestellt wurde, einen Fehler des Gerichts zu provozieren, der in der Revision gem. §§ 337, 338 StPO gerügt werden soll, wird weder der allgemeine Verfahrenszweck – die Ermittlung der materiellen Wahrheit – noch die gesetzgeberische Intention verfolgt, die der einzelnen Befugnis innewohnt. Nach dem hier zugrunde gelegten Verständnis handelt es sich dabei um einen zweckwidrigen und damit missbräuchlichen Einsatz der Verfahrensrechte.

Grundsätzlich wird die Rüge der fehlerhaften Ablehnung eines Beweisantrages in der Revision jedoch nur dann Erfolg haben, wenn das Gericht die Ablehnung auf einen Grund gestützt hat, der tatsächlich nicht vorlag.[491]

Eine solch fehlerhafte Ablehnung kann zum einen darauf zurückgeführt werden, dass die Beweggründe des Antragstellers verkannt wurden und trotz gegenteiliger Auffassung des Gerichts ein legitimes Ziel verfolgt wurde. Als Beispiel sei hier der Ablehnungsgrund der Verschleppungsabsicht nach § 244 Abs. 3 Var. 6 StPO genannt. Sofern der Antragsteller versucht hat, sein eigenes Wahrheitsbild zur Geltung zu bringen, und somit zumindest auch die Sachaufklärung bezweckt hat, kann nicht von einer Verschleppungsabsicht ausgegangen werden.[492] Würde der Antrag dennoch wegen Verschleppungsabsicht abgelehnt, wäre dies fehlerhaft und die Revision gem. § 337 StPO begründet, sofern die Entscheidung hierauf beruht. Denn jede fehlerhafte Ablehnung oder Übergehung eines Beweisantrags stellt zugleich eine Verletzung der Aufklärungspflicht aus § 244 Abs. 2 StPO und damit in aller Regel auch einen Revisionsgrund dar.[493] Deshalb legen die interviewten Verteidiger Wert darauf, dass bei Staatsanwaltschaft und Gericht nicht der Eindruck entsteht, dass es sich bei dem Vorbringen um ein fingiertes Beweisthema des Verteidigers handelt, denn wenn dem

---

490 Siehe zu den Anträgen nach § 238 Abs. 2 StPO *Heinrich*, Konfliktverteidigung im Strafprozess, S. 38 ff.

491 Vgl. *Alsberg/Nüse/Meyer*, Der Beweisantrag, S. 372; Radtke/Hohmann/*Kelnhofer* § 244 Rn. 184.

492 Siehe hierzu ausführlicher unten C.III.

493 Vgl. *Alsberg/Nüse/Meyer*, Der Beweisantrag, S. 868; KK/*Krehl* § 244 Rn. 35; *Quedenfeld*, FG- Peters, S. 228.

so wäre, müsste der Revision der Erfolg versagt werden. Für eine solche Rüge ist daher grundsätzlich entscheidend, dass ein Sachaufklärungsinteresse erkennbar wird. Denn wenn die Sachaufklärung nicht verfolgt wurde, wäre die Ablehnung zutreffend und damit nicht revisibel.

Auf der anderen Seite kann eine fehlerhafte Ablehnung eines Antrages auch allein darauf zurückzuführen sein, dass das Gericht die Ablehnung des Antrages auf eine nicht tragfähige Begründung gestützt hat, während ein anderer Ablehnungsgrund die Entscheidung getragen hätte. Eine solche – oftmals von der Verteidigung beabsichtigte – Fehlentscheidung kann selbst dann zur Aufhebung führen, wenn der Antrag im Ergebnis zu Recht abgelehnt wurde, allerdings mit der falschen Begründung.[494] Es fällt schwer, bei einer so provozierten Fehlentscheidung nicht den Verdacht einer rechtsmissbräuchlichen Verteidigungsstrategie zu hegen.

Die vorstehenden Ausführungen haben gezeigt, dass zunächst Phänomene des Rechtsmissbrauchs und der Konfliktverteidigung auch in der empirischen Wirklichkeit beobachtet werden können.[495] Die bisher beschriebenen empirischen Erfahrungen konnten anhand dieser beiden gedanklichen Konstrukte strukturiert und voneinander abgegrenzt werden. Ob es damit auch gelingt, einzelnes Prozessverhalten der einen oder anderen Kategorie zuzuordnen, wird anhand ausgewählter Anträge aus den Musterverfahren zu untersuchen sein.[496]

Gleichzeitig wurden in den Interviews Aspekte deutlich, die in der bisherigen Diskussion kaum beachtet wurden, jedoch Aufschluss darüber geben können, welche weiteren Faktoren ein konfliktträchtiges Verteidigungsverhalten beeinflussen. Die Forschung nach weiteren Ursachen für die Konfliktträchtigkeit eines Verfahrens verspricht zugleich neue Erkenntnisse, die bei der Suche nach geeigneten Lösungsansätzen berücksichtigt werden können.

4. *Faktoren konfliktträchtigen Verteidigungsverhaltens*

a. Professionalität der Verfahrensbeteiligten

Interviewpartner aller Berufsgruppen machten einen Themenbereich zum Gegenstand ihrer Ausführungen, der bisher kaum Berücksichtigung gefunden hat: die Professionalität und Qualität der Verfahrensbeteiligten.[497]

---

494 KK/*Krehl* § 244 Rn. 233.

495 Siehe zu den Idealtypen ausführlicher oben erster Teil, drittes Kapitel, A, B.

496 S.u. C.

497 Siehe hierzu bereits *Theile*, Wirtschaftskriminalität und Strafverfahren, S. 278 ff.

aa. „Unvorsätzliche" Konfliktverteidigung

Insbesondere der Professionalität und der Qualität des Verteidigers wird ein wesentlicher Einfluss auf die Verteidigungsstrategie zugeschrieben, obwohl die Verteidiger in Wirtschaftsstrafsachen aus richterlicher Sicht in aller Regel als seriös, angenehm und wenig querulatorisch empfunden werden.

> *Aus Sicht eines Verteidigers kommt zu den Schwächen des Gerichts noch das ‚Versagen' mancher Verteidiger hinzu, die dem Gericht nicht die Chance geben würden, sachlich vernünftig über den Fall zu reden, sondern von vornherein Radau machten (3-1, 233-236).*

Ein Verteidiger, der auf diese Art und Weise auftritt, wird als nicht „gut" genug empfunden. Hierin deutet sich ein Aspekt an, der einhellig von Richtern, Staatsanwälten und Strafverteidigern vorgetragen wurde. Es scheint eine Art „unvorsätzliche" Konfliktverteidigung zu existieren. In diesen Fällen beschwört der Verteidiger etwaige Konflikte nicht absichtlich oder wissentlich herauf. Dies kann zu ungewollten und unvorhersehbaren Verzögerungen führen. Einige Interviewpartner sind der Ansicht, dass manche Verteidiger die Auswirkungen ihres Handelns nicht reflektieren würden.

> *„Da wird nur auf Krawall gebürstet und man fragt sich, ob der Verteidiger nicht eher strafschärfend zu berücksichtigen ist, weil man überhaupt keine Verteidigungsstrategie erkennt"* (1-4, 1237-1240).

Diese „unvorsätzliche" Konfliktverteidigung bereitet Staatsanwälten und Richtern nach eigenen Angaben erhebliche Probleme.

> *„Wo wir mit Verteidigern Probleme haben, die Konflikte heraufbeschwören [...], das sind Verteidiger, die [...] wenig Ahnung von Wirtschaftsstrafsachen haben, die die Akten nicht ausreichend gelesen haben, die offensichtlich ein bisschen herumschwimmen und dann irgendetwas für ihren Mandanten tun wollen, damit mal irgendwas getan ist. Aber eigentlich auch gar kein so richtiges Konzept damit verfolgen [...]" (2-5, 1669-1675 ähnlich auch 1-4, 1240-1241; 1348-1358).*

> *„Also der unerfahrene Anwalt ist ja auch gerade der unberechenbare" (2-6, 2081-2082).*

bb. Die „Qualität" der Richter

Vor allem die interviewten Verteidiger prangerten nicht allein die mangelhafte Professionalität und Kompetenz ihrer Kollegen an. So wurden mitunter erhebliche Defizite in der Qualität der richterlichen Arbeit ausgemacht, wobei diese Kritik nicht das richterliche Fachwissen in den Mittelpunkt stellt, sondern vielmehr die „soft skills". Die Mängel bei den sogenannten soft skills wirken sich wiederum auf das Auftreten der Verteidiger aus. Der Vorsitzende muss aus anwaltlicher Sicht mit seinem Können, seiner Persönlichkeit und vertieften Aktenkenntnis überzeugen sowie einen sachlichen und offenen Verhandlungsstil vorgeben, dann entstünden viele Konfliktsituationen von vornherein nicht.

> *„Das ist wie in Kindergärten, wenn die Kindergartentante bei renitenten Lausbuben sich nicht mit ihrer Persönlichkeit in Zaum halten kann. Dann geht's furchtbar zu. Und wenn das erst mal losgelassen ist, und der Streit da ist, dann kann man es nicht mehr einfangen. Und dann sind meine Verteidigungskollegen auch wie die kleinen Lausbuben"* (3-1, 458-462).

Auch ein Richter bestätigte dies:

> *„Und in einem vernünftigen Klima kann man auch mit vernünftigen Argumenten kommen" (2-6, 1320-1321).*

Im Vordergrund steht damit nicht die fachliche Qualität der Richter, insbesondere der Vorsitzenden, sondern vielmehr die Berufserfahrung und die aus der Persönlichkeit folgende Eignung. Damit kommt den sogenannten soft skills ganz wesentliche Bedeutung für den weiteren Fortgang des Verfahrens zu. Insofern erscheint es auch nachvollziehbar, dass ein Verteidiger die Entscheidungen der Präsidien, wer Vorsitzender einer Wirtschaftsstrafkammer wird, in den Vordergrund stellt. Als Beispiel wurde das Verfahren A genannt.

> *„Das war eine unglücklich besetzte Kammer. Der Vorsitzende war zwar freundlich und gutwillig aber er konnte das nicht und hat sich aufgerieben. [...] Der Vorsitzende hatte bisher eine kleine Strafkammer und der ist mit so einem Mammut-Prozess nicht zurechtgekommen" (3-1, 968-970, 979-981).*

In den Interviews mit den Richtern wurde jedoch der Eindruck gewonnen, dass die Präsidien in der Praxis hierauf kaum Rücksicht nehmen (können). Die Besetzung des Vorsitzenden einer Wirtschaftsstrafkammer scheint in erster Linie nicht auf Eignung und Berufserfahrung zu beruhen. Häufig scheint kein anderer Richter bereit gewesen zu sein, diese Position einzunehmen.

> *„Es ist ein großes Problem, die Wirtschaftsstrafkammern zu besetzen. Meistens muss man die Leute zwingen. Und ich hatte gesagt: ‚Ja, o.k., wenn ihr meint, das ist so wichtig, dann mache ich das.' Und da war ich natürlich sofort gebongt. Wenn sich einer nicht wehrt, dann ist er geradezu gebongt für die Wirtschaftsstrafkammer" (2-7, 103-108).*

> *Es sei das alte juristische Prinzip, wonach man Handball trainiert, Fußball prüft, und die Leute zum Schluss in einem Rugby-Team einsetzt (2-7, 92-94).*

Ohne dass an dieser Stelle auf die hierfür ausschlaggebende Problematik der mangelnden Ressourcen eingegangen werden kann, so könnte eine geeignete Besetzung der Wirtschaftsstrafkammern, insbesondere des Vorsitzenden dazu beitragen, die Verfahren sachlicher und schneller zu einem Ende zu bringen.

b. Ortsansässige und ortsfremde Verteidiger

Bereits in früheren empirischen Arbeiten, wie beispielsweise in den Untersuchungen von *Barton* und *Perron*, wurde ein Zusammenhang zwischen der Herkunft des Verteidigers und dem Grad seiner Konfliktbereitschaft hergestellt.[498] Im Rahmen der vorliegenden Untersuchung zeigte sich, dass dieser Eindruck auch bei einigen Interviewpartnern vorherrscht, wenngleich nicht alle diese Einschätzung teilten. Demnach würden bestimmte Verteidiger bei Gerichten außerhalb des eigenen Landgerichtsbezirks anders auftreten als am „Heimatgericht". Dies wurde darauf zurückgeführt, dass die Hemmschwelle sinkt, wenn man nicht befürchten muss, in naher Zukunft erneut vor diesem Gericht verhandeln zu müssen. Vielfach beabsichtigen Verteidiger offensichtlich, einen Ruf als „Konfliktverteidiger" zu haben, um „Angst und Schrecken" zu verbreiten und gleichzeitig „zu Hause mit den Kollegen Kaffee trinken" zu können. Obwohl aufgrund der vorstehenden Ausführungen vermutet werden könnte, dass Verteidiger außerhalb des eigenen Gerichtsbezirkes konfliktbereiter auftreten, kann anhand der Interviews keine abschließende Antwort auf diese Frage gefunden werden. Denn auch wenn diese Strategie nach Ansicht eines interviewten Staatsanwalts Aussicht auf Erfolg haben kann, teilen nicht alle Interviewpartner diese Auffassung. Auch bei ortsansässigen Verteidigern wurde ein solches Verhalten beobachtet. Verteidiger, die einen schlechten Ruf haben, treten demnach auch vor ihrem „Heimatgericht" entsprechend auf, sodass auch mit ortsansässigen Verteidigern Schwierigkeiten entstehen können. Der Eindruck, auswärtige Verteidiger seien eher konfliktbereit, wird als eine Fehlwahrnehmung empfunden, vielmehr sei es eine Frage der Persönlichkeit des Verteidigers.

Gegen die Annahme, dass die Herkunft der Verteidiger Einfluss auf die Konfliktbereitschaft hat, spricht insbesondere in Wirtschaftsstrafverfahren auch der folgende Einwand eines Staatsanwaltes:

> *„Es gibt nicht so viele auf Wirtschaftsstrafrecht spezialisierte Verteidiger in einem Bundesland. Das heißt, die, die bekannt sind für Verteidigung in Wirtschaftsstrafsachen, die gucken auch bei auswärtigen Gerichten drauf, dass sie sich ordentlich verhalten, weil es immer wieder sein kann, dass sie auch in dieses Gericht zurückkehren" (1-4, 1335-1341).*

Ob die Herkunft des Verteidigers ein Faktor für ein konfliktträchtiges Verteidigungsverhalten ist, muss daher offen bleiben.

c. Einfluss der finanziellen Ressourcen

Die wirtschaftliche Leistungsfähigkeit des Beschuldigten stellt aus Sicht verschiedener Interviewpartner einen entscheidenden Faktor bei der Wahrnehmung der

498 S.o. zweiter Teil, erstes Kapitel, B.I, B.V.

Verteidigungsbefugnisse und Ausgestaltung der Verteidigungsstrategie dar. Insbesondere in Wirtschaftsstrafverfahren verfügen die Beschuldigten über erhebliche finanzielle Ressourcen, die sie für ihre Verteidigung aufbringen können. Zunächst kann sich ein vermögender Beschuldigter die Mandatierung mehrerer hochqualifizierter Verteidiger leisten. Nicht nur aus Verteidigersicht erscheint dies unerlässlich, um in umfangreichen Verfahren überhaupt den Inhalt der Akten zu erfassen und auch auf rechtlicher Ebene erfolgreich argumentieren zu können. Wenn die Verteidigung wiederum einen großen finanziellen Spielraum hat, kann zusätzlicher Sachverstand, etwa durch Gutachter für spezielle wirtschaftliche Fragen akquiriert werden, mit dessen Hilfe die Tatsachenfeststellung zugunsten des Mandanten beeinflusst werden kann.[499]

Ein interviewter Staatsanwalt berichtete, dass diese Möglichkeiten „gnadenlos" ausgenutzt werden. Zum Teil würden Millionen Euro in Gutachten und in mehrere Hundert Seiten umfassende Schriftsätze investiert.[500] Interviewpartner aller Berufsgruppen schilderten in diesem Zusammenhang, dass es Verteidiger gibt, die allein aufgrund der hohen Honorare besonders aktiv und konfliktbereit auftreten.

> *„Ich habe das auch erlebt von Verteidigern, die gesagt haben, der Mandant hat das bezahlt, also muss ich was dafür tun und Remmidemmi machen" (3-2, 599-601).*

Doch auch wenn die Verteidigung eines vermögenden Beschuldigten dem Gericht damit droht, das Verfahren noch lange führen zu können, so kann es sich nach Einschätzung der Interviewpartner kaum ein Beschuldigter länger als ein Jahr leisten, mehrere hochqualifizierte Wahlverteidiger zu bezahlen. Spätestens dann scheint ein Denkprozess einzusetzen. Dies erklärt sich vor allem, wenn man bedenkt, dass oftmals pauschale Honorare in Höhe von 2500 € pro Verhandlungstag und Verteidiger vereinbart werden.[501]

Nach alledem dürfte feststehen, dass sich die wirtschaftliche Leistungsfähigkeit des Beschuldigten nicht unerheblich auf das Verfahren auswirkt. Dennoch folgt daraus nicht zwangsläufig, dass die finanziellen Ressourcen des Mandanten und ein darauf aufbauendes Verteidigungsverhalten stets zu Verzögerungen führen. Denn Verteidiger, die eine vertiefte Aktenkenntnis und das notwendige Fachwissen besitzen, sind viel eher in der Lage, sich auf das Wesentliche zu konzentrieren, überflüssige und möglicherweise sogar zweckwidrige Anträge zu vermeiden und an geeigneter Stelle einen Konsens mit den anderen Verfahrensbeteiligten zu suchen. In aller Regel kostet es den Verteidiger jedoch Zeit,

---

499 Vgl. auch *Theile* NK 2005, 142 (143).

500 1-2, 336-339.

501 So Interviewpartner 3-3, 1047.

sich dieses Wissen anzueignen, Zeit, die der Beschuldigte sich zumindest im Rahmen der Wahlverteidigung leisten können muss. Insoweit hat die finanzielle Leistungsfähigkeit nicht allein Einfluss auf die Konfliktträchtigkeit des Verteidigungsverhaltens, sondern kann zu einem entscheidenden Faktor für eine konsensuale Verteidigung werden.

III. Konsensuale Verteidigung

Zweifelsohne eignet sich der hier gewählte qualitative Untersuchungsansatz nicht, um verlässliche quantitative Erkenntnisse über die Häufigkeit einer verfahrensbeendenden Absprache zu treffen. Gleichwohl erscheint es bemerkenswert, dass alle Interviewpartner einhellig der Meinung waren, dass in der Mehrzahl der Verfahren eine Absprache getroffen wird. Die wenigsten Verfahren werden demnach noch konfrontativ geführt.

1. Bezugspunkt des Konsenses

Im ersten Teil der Untersuchung wurde bereits dargestellt, dass eine konsensuale Verteidigungsstrategie vielfältiger Art sein und der Konsens auf unterschiedlicher Ebene gefunden werden kann. So kann ein Konsens bereits über den reinen Verfahrensablauf oder die maßgeblich aufzuklärenden Tatvorwürfe erzielt werden, wenngleich insbesondere Letzteres im Hinblick auf rechtsstaatliche Grundsätze nicht unproblematisch erscheint.[502]

Dies bestätigten auch die Interviewpartner.

Um zu sehen, wie das Verfahren laufen werde, verhandle man an. Dann könne man über eine Verständigung sprechen. Vorher könne man sich auf das Prozedere verständigen (3-1, 427-432). Es sei durchaus möglich, dass man sich mit dem Staatsanwalt „einige" und dieser vorgebe, welche Punkte für ihn von Interesse seien. Die Möglichkeit eines solch offenen Gesprächs sei großartig und in Europa einzigartig (3-3, 743-757).

Obwohl der Begriff des Konsenses nicht ausschließlich die verfahrensbeendenden Absprachen umfasst, so stellt dies doch die prominenteste Form einer Übereinstimmung dar. Im Verlauf der Interviews wurde deutlich, dass die Verfahrensbeteiligten einen Konsens in aller Regel suchen, um das Verfahren abzuschließen. Gleichwohl fand dabei keine Beschränkung auf eine Verständigung nach § 257c StPO statt. Dies könnte zum einen darauf zurückgeführt werden, dass die Musterverfahren, die als Ausgangspunkt der Ausführungen dienen,

502 Siehe zur konsensualen Verteidigung ausführlicher oben erster Teil, drittes Kapitel, C. Zu den Friktionen mit den rechtsstaatlichen Grundsätzen *Nippgen*, im Erscheinen.

vor der Einführung des § 257c StPO beendet wurden. Auf der anderen Seite machten insbesondere die interviewten Richter deutlich, dass sie auch nach der gesetzlichen Normierung der verfahrensbeendenden Absprache weiterhin eine informelle Absprache bevorzugen und sich nicht streng an die gesetzlichen Vorgaben halten.[503] Da sich durch eine Verständigung nach § 257c StPO das Gericht in weiten Teilen bindet, während dem Angeklagten die Möglichkeit eines Rechtsmittels unbenommen bleibt, wird insbesondere der Ausschluss des Rechtsmittelverzichts gem. § 302 Abs. 1 S. 2 StPO als hinderlich empfunden.[504]

Unter einer konsensualen Erledigung ist daher im Folgenden grundsätzlich jede Form der Erledigung zu verstehen, bei der durch Übereinstimmung der jeweils notwendig Beteiligten das Verfahren zu einem Ende gebracht wird. Sei dies durch Einstellung einzelner Tatvorwürfe oder des ganzen Verfahrens nach §§ 153 ff. StPO, eine Erledigung im Strafbefehlsverfahren nach §§ 407 ff. StPO, eine formale Verständigung im Sinne des § 257c StPO oder auch eine informelle Verständigung, wie sie vor dessen Einführung erzielt wurde.[505]

Zur Beantwortung der Untersuchungsfrage ist die konsensuale Erledigung des Verfahrens darüber hinaus in erster Linie im Hinblick auf eine konsensuale Verteidigung zu betrachten. Von besonderem Interesse ist demnach, welche Motive die Verteidiger selbst für ausschlaggebend halten und welche Beweggründe Dritte – vorliegend die interviewten Richter und Staatsanwälte – der Verteidigung zuschreiben.

2. *Zeitpunkt des Konsenses*

Zunächst haben die Interviews gezeigt, dass es sowohl aus anwaltlicher als auch aus richterlicher und staatsanwaltlicher Sicht nicht den einen allgemeinverbindlichen Zeitpunkt gibt, zu dem ein Konsens erzielt werden kann und muss. Je nach Einzelfall können sich unterschiedliche Verfahrensstadien anbieten.

---

503 Ebenfalls kritisch *Bittmann* wistra 2009, 414 (416); *Fezer* NStZ 2010, 177 (180, 182); angedeutet *Niemöller* StV 2012, 387 (390); *ders.* in N/Sch/W VerstG § 273 Rn. 31, § 302 Rn. 18. Siehe hierzu bereits *Theile* StraFo 2005, 409 (410 ff.).

504 Zu dieser Erkenntnis gelangte auch *Altenhain* anlässlich einer Untersuchung zur Vorbereitung der Verhandlung des Bundesverfassungsgerichts, in der mittelbar über die Verfassungsmäßigkeit der Verständigungsvorschriften entschieden wurde, *Altenhain/Dietmeier/May*, Die Praxis der Absprachen in Strafverfahren (im Erscheinen); BVerfG 2 BvR 2628/10, 2 BvR 2883/10, 2 BvR 2155/11 Urteil vom 19.3.2013. Siehe zur Studie von *Altenhain* insbesondere S. 13 f.

505 Siehe hierzu bereits oben erster Teil, drittes Kapitel, C.III. Ähnlich auch *Bussmann/Lüdemann*, Klassenjustiz oder Verfahrensökonomie? S. 29.

Die interviewten Verteidiger suchen nach eigenen Angaben das Gespräch mit der Staatsanwaltschaft im Ermittlungsverfahren erst, wenn sie selbst ausreichend Aktenkenntnis besitzen. Wenn der Vorwurf berechtigt erscheint, versucht die Verteidigung meist schnell, eine Einigung zu finden. Ein Staatsanwalt berichtete von einem Verteidiger, der ihm dieses Vorgehen deutlich gemacht habe.

> *„Man muss immer nur darauf achten, dass der Staatsanwalt nichts zu arbeiten braucht. Sobald ich weiß, da ist was, rufe ich gleich mal an und sage [...]: ‚Lesen Sie die Akten nicht. Was sollen wir gestehen?'" (1-1, 1314-1317).*

Häufig macht die Staatsanwaltschaft im Ermittlungsverfahren jedoch auch selbst ein „Angebot". Wenn sich die Verteidigung in diesem Stadium nicht auf den Vorschlag einlassen kann oder will, wird Anklage erhoben. Dann kommt es aus Verteidigersicht entscheidend darauf an, wie das Gericht den Fall beurteilt, wobei die Eröffnung des Hauptverfahrens in den meisten Fällen nicht verhindert werden kann. Dies bestätigte auch ein Richter:

> *„Im Regelfalle eröffnen wir sozusagen fast alles" (2-6, 327).*

Die Verteidigung versucht dann, im Hauptverfahren mit Gericht und Staatsanwaltschaft einen Konsens zu erzielen und zumindest die Einstellung einzelner Tatkomplexe zu erreichen. Richter und Staatsanwälte berichteten, dass das Gericht zu diesem Zeitpunkt oftmals die Initiative für eine Verständigung selbst ergreift, beispielsweise im Zusammenhang mit der Terminsbestimmung.

Doch nicht immer erscheint es ratsam, eine Verständigung bereits zu Beginn des Verfahrens zu suchen. Manche Verständigungen sind zu einem frühen Zeitpunkt nicht möglich. Aus den Interviews ergibt sich, dass es wichtig ist, den richtigen Zeitpunkt nicht zu verpassen. Man darf weder zu früh noch zu spät einen Verständigungsversuch unternehmen.

So wäre der Angeklagte A1 nach sicherer Überzeugung eines beteiligten Richters weder zu Beginn noch nach einem halben Jahr oder einem Jahr Verhandlungsdauer zu einer Freiheitsstrafe von „nur" fünf Jahren verurteilt worden:

> *„Wenn Sie mich das nach einem halben Jahr gefragt hätten, ich hätte das auch als ‚Science-Fiction' bezeichnet. Das ist ein Ergebnis des letzten halben Jahres gewesen" (2-1, 2146-2148).*

Interessanterweise steht diese Einschätzung im Gegensatz zu den Einschätzungen der beteiligten Staatsanwälte. Ihrer Ansicht nach haben der Verteidigungsstil und die lange Dauer keinerlei Vorteile gebracht, was dem Angeklagten A1 dann auch gegen Ende bewusst geworden sei. Doch dem widerspricht zumindest teilweise, dass einer der beteiligten Staatsanwälte für die Taten des A1 bevor die Verständigung zustande gekommen ist eine Freiheitsstrafe von zehn Jahren beantragen wollte, im Rahmen der Verständigung wurde A1 zu fünf Jahre Freiheitsstrafe verurteilt.

Unabhängig davon, ob der Konsens in diesem Verfahren zum „richtigen" Zeitpunkt gesucht wurde, stimmten Verfahrensbeteiligte aller Berufsgruppen überein, dass es auch einen Punkt gibt, an dem eine Verständigung kaum noch eine Strafmilderung erzielen kann.

> *„Es gibt einen Frühbucherrabatt und es gibt aber eben auch die Primetime und das muss eben jeder für sich entscheiden, ob er sich sein Sahnehäubchen verdienen will oder nicht (2-7, 839-841).*

Diese Haltung ist nicht zuletzt auf die stets bemängelte Ressourcenproblematik zurück zuführen. So spielt auf Seiten der Justiz die Ressourceneinsparung eine erhebliche Rolle für die Verständigung.

> *„Bei der Vielzahl der Verfahren, die reinkommt, könnten wir unser Geschäft, das in einem Jahr reinkommt, in zwei Jahren nicht rauskriegen, wenn wir keine Verständigungen schließen dürften" (2-1, 2234-2236).*

Wenn ein Verfahren mit einer umfassenden Beweisaufnahme bis zur Urteilsreife verhandelt worden ist, ist auch die Zeitersparnis durch eine Absprache begrenzt. Darüber hinaus kann einem Geständnis bei der Strafzumessung nach § 46 Abs. 2 StGB nicht mehr die gleiche strafmildernde Bedeutung beigemessen werden, wenn die Tatvorwürfe im Rahmen der Beweisaufnahme bereits nachgewiesen werden konnten. So muss in jedem Einzelfall entschieden werden, ob und wann eine konsensuale Verteidigung dem Mandanten zum Vorteil gereichen kann.

3. *Strategische Überlegungen*

Eine Konfliktstrategie scheint nicht stets geeignet, das bestmögliche Ergebnis für den Beschuldigten zu erzielen, oftmals wird sich ein dialogisierender Stil als vorteilhafter erweisen.

Betrachtet man quantitative Untersuchungen, so zeigt sich, dass zumindest in Baden-Württemberg die Verurteilungsquote vor den Wirtschaftsstrafkammern in den letzten Jahren zwischen 98,9 % und 100 % liegt.[506] Nur in seltenen Fällen kann ein Beschuldigter daher wirklich davon ausgehen, dass ein Freispruch erreicht wird. Im Vergleich dazu liegt die Verurteilungsquote bei allgemeinen Strafsachen in der gesamten Bundesrepublik „nur" bei 93,9 %. Diese unterdurchschnittliche Freispruchsquote in Wirtschaftsstrafverfahren kann unter Heranziehung der Interviewbefunde im Wesentlichen auf

---

506 Siehe hierzu *Nippgen*, im Erscheinen.

deliktsspezifische Phänomene zurückgeführt werden. Zunächst sind die der Entscheidung zugrunde zu legenden Tatsachen in allgemeinen Strafsachen häufig eindeutig nachweisbar bzw. nicht nachweisbar. Entweder kann dem Beschuldigten die Tatbegehung nachgewiesen werden oder nicht. Anders erscheint dies bei Wirtschaftsstraftaten. In welcher Höhe beispielsweise ein Schaden im Sinne der §§ 263, 266 StGB entstanden ist, kann mitunter zu erheblichen Nachweisproblemen führen und nicht immer abschließend geklärt werden.[507] Sobald der Anfangsverdacht besteht, wird in aller Regel eher die Höhe des Schadens zu relativieren sein als der Beweis gelingen, dass der Beschuldigte nicht der Täter war oder zumindest gar kein Schaden eingetreten ist. Des Weiteren umfasst eine Anklage in Wirtschaftsstrafverfahren meist mehrere Vorwürfe, der Umfang der Taten ist ungleich größer. Oftmals wird es nicht gelingen, alle Tatvorwürfe zu entkräften, ein Teil der Taten bleibt damit abzuurteilen.

> *„Bei Wirtschaftsstrafsachen ist ja letztlich der Freispruch selten, einfach deshalb, weil Sie so viel Material haben. Das ist ja, wie wenn Sie mit Schrot aus drei Metern Entfernung schießen. Es ist unwahrscheinlich, dass nichts trifft. Irgendwas ist nachher drin" (2-7, 1601-1605).*

Ferner betreffen Wirtschaftsstrafverfahren nicht das „Alltags- und Massengeschäft" der Staatsanwaltschaften, sodass für den einzelnen Fall mehr Ressourcen zur Verfügung stehen. Durch diese verstärkte Ermittlungsarbeit, kann bereits im Vorfeld eine intensiverer Aufklärung erfolgen, die dann auch die Verurteilungswahrscheinlichkeit erhöht.

Deshalb kann eine erhebliche Konfrontation, die das gesamte Verfahren geprägt hat, eine konsensuale Verteidigungsstrategie auch begünstigten. Die unterschiedlichen Standpunkte der Verfahrensbeteiligten führen mitunter dazu, dass intensiver ermittelt und aufgeklärt werden muss.

> *„[…] denn mit so was erreicht man natürlich genau das Gegenteil. Da wird der Ehrgeiz geweckt […]Man sagt sich: „Also, der will mich jetzt mürbe machen. Das kann überhaupt nicht sein!"* (2-3, 1523-1527).

Dabei ist es nicht ausgeschlossen, dass zusätzliches belastendes Material sowie weitere Taten aufgedeckt werden. Insoweit kann es je nach Einzelfall sinnvoller erscheinen, einen Konsens zu suchen und möglichst keine weiteren Ermittlungen zu forcieren.

> *Wenn der Staatsanwaltschaft nicht entgegen gekommen werde – so ein Staatsanwalt –, dann sei sie gezwungen, unglaubliche Massen von Beweismitteln auszuwerten (1-1,*

507 Ausführlich beispielsweise *Schönke/Schröder* § 263 Rn. 99 ff.

485-486). Dadurch werde sehr viel mehr gefunden, als wenn man ausreichend Material am Anfang „servieren" würde, da die Staatsanwaltschaft ja nicht wisse, was ihr entgehe (1-1, 711-714; 1-3, 1099-1102).

Kommt die Verteidigung nach einer intensiven und umfänglichen Sachaufklärung zu dem Schluss, dass sowohl die Tatvorwürfe als auch die bisherige Beweislage erdrückend sind, so nimmt die Bereitschaft zu einer konsensualen Verfahrensführung im Regelfall zu.

Steht nach den vorliegenden Erkenntnissen fest, dass eine konsensuale Verfahrensführung für den Mandanten im Einzelfall erfolgversprechend erscheint, so schließt sich die Frage an, welche Faktoren eine konsensuale Verteidigung begünstigen.

4. Parameter einer konsensualen Verteidigung

a. Das Verhandlungsklima

An anderer Stelle zeigte sich bereits, dass der Kommunikation zwischen den Verfahrensbeteiligten eine nicht unbedeutende Rolle für den Fortgang des Verfahrens zukommt.[508] Das Verhandlungsklima bzw. die Stimmung unter den Verfahrensbeteiligten bestimmt die Möglichkeiten, auf einer konsensualen Ebene zueinanderzufinden. Dies wird anhand der Ausführungen eines Verteidigers aus dem Verfahren B besonders deutlich. In diesem Verfahren hat das Gericht zu Beginn des Hauptverfahrens einen Verständigungsversuch unternommen, der jedoch erfolglos geblieben ist. Aus Verteidigersicht war der Vertreter der Staatsanwaltschaft hierfür maßgeblich verantwortlich:

> *„Der Staatsanwalt hat in dieser Besprechung jede Deal-Stimmung zerstört, indem er ganz barsch und hart gesagt hat, dass das ganze B-Imperium auf Lug und Betrug und strafbaren Handlungen beruhe" (3-3, 456-462).*

Auch ein Vergleich der Musterverfahren A und C zeigt die Bedeutung einer zumindest neutralen Atmosphäre. Wie bereits bei der Darstellung der Musterverfahren erörtert, unterscheiden sich die Verfahren A und C insbesondere in ihrer Dauer erheblich. Während im Verfahren A an 112 Sitzungstagen über eineinhalb Jahre hinweg verhandelt worden ist, wurde das Verfahren C schon nach sechs Sitzungstagen beendet. Beide Verfahren konnten mit einer verfahrensbeendenden Urteilsabsprache abgeschlossen werden, im Verfahren A hat der Weg dorthin jedoch 106 Sitzungstage länger gedauert. Ein Grund für diesen unterschiedlichen Verfahrensablauf kann in der Kommunikation zwischen den

508 S.o. II.4.a.

Verfahrensbeteiligten, insbesondere zwischen Staatsanwaltschaft und Verteidigung gesehen werden. Einer der interviewten Verteidiger war sowohl im Verfahren A als auch im Verfahren C tätig. In Anbetracht der Vorwürfe, die gegen den Angeklagten C erhoben worden sind, hätte das Verfahren C seiner Einschätzung nach ebenfalls ein langes Verfahren werden können. Warum diese beiden Verfahren gleichwohl einen so unterschiedlichen Verlauf genommen haben, erklärt er unter anderem wie folgt:

> *„Das Verfahren A hat einen auch wirklich mitgenommen und belastet. C war im Verhältnis dazu ein ‚Freundschaftsspiel' […] Da war von Bedeutung, dass persönliche Dinge (Anm. PE: Gemeint ist das Verfahren C) überhaupt keine Rolle spielten. Also, das A-Verfahren, muss man ganz offen sagen, hat auch darunter gelitten, dass verschiedene Verfahrensbeteiligte, da beziehe ich mich mit ein, miteinander nicht konnten. Das ging soweit, dass wir zum Hauptabteilungsleiter gegangen sind und gesagt haben: ‚Kommen Sie bitte dazu. Das wird sonst nichts. Wir können nicht miteinander' (3-2, 1837-1850).*

b. Die finanzielle Seite einer konsensualen Verfahrenserledigung

Im Verlauf der empirischen Untersuchung wurde deutlich, dass die wirtschaftlichen Ressourcen des Beschuldigten nicht nur im Rahmen einer konfrontativen Verteidigung Bedeutung erlangen, vielmehr wird der finanziellen Leistungsfähigkeit des Beschuldigten auch bei einer konsensualen Verfahrenserledigung von allen Interviewpartnern erhebliches Gewicht zu geschrieben.

> *Er habe erlebt – so ein Verteidiger –, dass Vorsitzende ganz offen sagen, dass der Angeklagte mit einem „blauen Auge" davon kommen würde, wenn er Geld auf den Tisch lege (3-1, 2338-2339).*

Auch aus staatsanwaltschaftlicher Sicht hängt das Inaussichtstellen einer bestimmten Strafhöhe bisweilen davon ab, dass ein finanzieller Ausgleich erzielt werden kann. Dabei wurde insbesondere die Möglichkeit hervorgehoben, Schadenswiedergutmachung leisten zu können bzw. etwaige Beiträge oder Steuern nachträglich entrichten zu können. Auf diese Art und Weise kann die finanzielle Leistungsfähigkeit des Beschuldigten in Wirtschaftsstrafverfahren oftmals eine größere Bedeutung für den weiteren Fortgang des Verfahrens haben als in allgemeinen Strafverfahren. Grundsätzlich können in Wirtschaftsstrafverfahren die durch die Tat verursachten (finanziellen) Schäden ausgeglichen werden, während diese Möglichkeit bei vielen allgemeinen Straftaten wie Körperverletzungs- und Tötungsdelikten nicht besteht.

Dies zeigt sich recht deutlich am Beispiel der Verfahren A und C. Nach Ansicht der Interviewpartner war die umfangreiche Entschädigung der Anleger im Verfahren C ein wesentlicher Faktor, um eine Verständigung erreichen zu können, die eine Aussetzung der Strafe zur Bewährung ermöglichte. Auch im Verfahren A wurden die nachträglich entrichteten Steuern und Abgaben, die Geldbußen, der Verfall und die Geldstrafe in Höhe von mehreren Millionen Euro für alle Verfahrensbeteiligten zu einem entscheidenden Kriterium für die verfahrensbeendende Absprache.

> *„Und dann öffnen sich natürlich auch Türen, die sonst verschlossen blieben, was das Strafmaß anbelangt oder das im Wirtschaftsstrafverfahren ja an sich sehr häufig zu erzielende Traumergebnis der berühmten zwei Jahre mit Bewährung" (2-6, 300-303).*

Gleichzeitig bedeutet die Zustimmung des Beschuldigten und der Verteidigung jedoch nicht zwangsläufig, dass auch die Höhe der Zahlung, seien es Schadenswiedergutmachung, eine Geldstrafe, eine Geldauflage oder eine sonstige Zahlungsverpflichtung von Verteidigung und Beschuldigten als angemessen anerkannt werden.

Ein Strafverteidiger machte deutlich, weshalb der Verständigung oftmals gleichwohl zugestimmt wird:

> *Da der Richter am Ende am längeren Hebel sitze, sei auch noch nie eine Verständigung an der finanziellen Seite gescheitert (3-1, 2370-2373).*

Insbesondere wenn im Rahmen der Verständigung eine Einstellung nach § 153a StPO gegen eine Geldauflage diskutiert wird, bedeute dies gleichzeitig, dass mit an Sicherheit grenzender Wahrscheinlichkeit eine Verurteilung erfolgen würde, wenn eine Verständigung nicht zustande kommt. Wenn die öffentliche Hauptverhandlung vermieden werden soll, könne man aus Verteidigersicht nur zustimmen und die Geldauflage bezahlen.

Teilweise operierten die Beteiligten nach dem sogenannten ‚Münchner Modell' in der Weise, dass das betroffene Unternehmen anerkenne, dass es durch die Bestechung seinen Gewinn erhöht habe.[509] Ob die Bestechung durch einen Mitarbeiter erfolgt ist, bleibe offen. Grundsätzlich könnte diese auch von Dritten vorgenommen worden sein, für diese würde das Unternehmen nicht haften. Sodann werde zwischen der Verteidigung und der Staatsanwaltschaft ein Betrag ausgehandelt, in dessen Höhe das Unternehmen durch die Bestechung bereichert worden sei. In dieser Höhe werde nach § 29a OWiG der Verfall angeordnet. Über § 130 OWiG werde die Tat zwar zunächst der Aufsichtsperson zugerechnet, das Verfahren jedoch sodann nach § 152 StPO oder § 47 OWiG eingestellt.

Wenn dagegen ein Angestellter nachweisbar bestochen habe, würde gegen Mitarbeiter der zweiten oder dritten Ebene „durchermittelt". Die Ermittlungen

509 Siehe hierzu Interview 3-1, 2032-2097.

würden zum Großteil unternehmensintern von eigenen Revisionsabteilungen bzw. von Anwaltskanzleien geführt, denen die Staatsanwaltschaft vertraue und die sich verpflichtet hätten, alle Erkenntnisse preiszugeben.[510]

> *„Ist jetzt, wo ich dabei war, bei einer Weltfirma für 35 Millionen gemacht worden, wo wir die schönsten ‚Persilscheine' für die amtierenden Vorstandsmitglieder und den CEO gekriegt haben" (3-1, 2069-2072). „[…] ist toll gemacht. Toll, aber nachdrücklich! Und teuer. Also, das ist keine Freikaufsstaatsanwaltschaft. Die gehen schon hart ran, aber man muss sie respektieren und sagen: ‚Herrgott, die sind gut'" (3-1, 2094-2097).*

In Bezug auf das „Münchner Modell" wurde in den Interviews wiederholt thematisiert, ob in Wirtschaftsstrafverfahren die zugrunde liegenden Taten noch mit den Mitteln des Strafrechts, das an die persönliche Schuld anknüpft, geahndet werden können, oder ob die Erledigung dieser Verfahren nicht vielmehr auf eine Entpersonalisierung des Strafrechts hinaus läuft. Da eine Antwort auf diese Fragen den Rahmen der vorliegenden Untersuchung überschreiten würde und auch für die vorliegende Untersuchungsfrage nicht entscheidend ist, kann und muss dies offen bleiben.[511]

c. Untersuchungshaft als „Motor" einer konsensualen Verteidigung

Anordnung und Vollzug der Untersuchungshaft werden ein „dynamisierender Effekt" zugeschrieben, der nicht zu unterschätzen sei.[512] Vereinzelt wird deshalb befürchtet, dass diese Feststellung als ein Appell an den Rechtsanwender verstanden wird, häufiger eine Anordnung der Untersuchungshaft zu erwirken.[513] Ob dieser „Aufruf" tatsächlich vermehrt zu Anordnung bzw. zu einer höheren Vollzugsquote der Untersuchungshaft führt, kann anhand des vorliegenden qualitativen Konzepts nicht untersucht werden. Gleichwohl bestätigte ein Teil der Interviewpartner, dass sich die Untersuchungshaft auf die Kooperationsbereitschaft des Beschuldigten und späteren Angeklagten auswirkt. Ein Richter hierzu:

> *„Ich gehe generell davon aus, dass eine Untersuchungshaft durchaus für den Angeklagten aus seiner subjektiven Sicht ein Druckmittel ist, dass er sich möglichst schnell einigen sollte" (2-5, 2517-2519).*

---

510 Vgl. hierzu auch *Theile* StV 2011, 381 ff.

511 Siehe zu der Frage, ob Wirtschaftsstrafverfahren noch mit den Mitteln des geltenden Straf- und Strafprozessrechts zuhandhaben sind *Theile* NK 2005, 142 (143, 145).

512 *Huber* NStZ 1996, 530 (532).

513 *Stern* AnwBl 1997, 90 (91) spricht von einem „bizarren" Appell. Wird dieser Effekt absichtlich herbeigeführt, findet sich im Schrifttum hierfür der Begriff der „Geständniserzwingungshaft" vgl. *Sauer*, Konsensuale Verfahrensweise, S. 190. Siehe zu den apokryphen Haftgründen in Wirtschaftsstrafverfahren *Theile* wistra 2005, 327 ff.

Die Interviewbefunde haben gezeigt, dass ein inhaftierter Angeklagter in aller Regel ein erhebliches Interesse daran hat, das Verfahren und vor allem die Untersuchungshaft alsbald zu beenden. Für den Angeklagten erscheint es „sinnlos", die Untersuchungshaft über Jahre hinweg aufrechtzuerhalten. Zum einen könnte die Strafhaft durch Lockerungsmöglichkeiten wie beispielsweise den offenen Vollzug deutlich erträglicher gestaltet werden. Zum anderen besteht unter Umständen sogar die Möglichkeit, mit Urteilsverkündung auf freien Fuß zu gelangen. Betrachtet man zunächst den gesetzlichen Strafrahmen der Delikte, die nach der hier zugrunde gelegten Definition dem Wirtschaftsstrafrecht unterfallen, so könnte zwar grundsätzlich eine Freiheitsstrafe von bis zu 15 Jahren verhängt werden.[514] Geht man nunmehr davon aus, dass der Rest der Strafe gem. § 57 Abs. 1 Nr. 1 StGB nach Zwei-Drittel-Verbüßung zur Bewährung ausgesetzt wird, würde der Angeklagte zehn Jahre verbüßen. So lange werden kaum ein Prozess und auch keine Untersuchungshaft andauern. Wenn aufgrund der Taten eher eine Strafe im „unteren einstelligen Bereich" angemessen erscheint, der Angeklagte jedoch aufgrund eines langen Ermittlungsverfahrens bei Eröffnung des Hauptverfahrens bereits seit einem Jahr in Untersuchungshaft ist, wäre bei einer verwirkten Haftstrafe von drei Jahren der „gedachte" Zweidrittelzeitpunkt bereits nach einem Jahr Hauptverhandlung erreicht.

Ein Interviewpartner ist deshalb zu dem Schluss gekommen, dass in dieser Größenordnung jedenfalls, aber auch bei einer Straferwartung von vier oder fünf Jahren, die Bereitschaft des Angeklagten sinke, das Verfahren noch weiter zu betreiben (2-5, 1438-1440).

Auch wenn in der Diskussion um die „Konfliktverteidigung" und den Rechtsmissbrauch den Verteidigern verschiedentlich vorgeworfen wird, das Verfahren zu verzögern, um das Gericht „weich zu kochen" und zu einer günstigen Absprache zu drängen, lassen die vorstehenden Ausführungen hieran Zweifel.[515] Denn gerade die Untersuchungshaft kann auf den Angeklagten einen nicht unerheblichen Druck ausüben, das Verfahren nicht länger als nötig hinauszuzögern, sodass der Vollzug der Untersuchungshaft sowohl seine Bereitschaft als auch die der seinen Interessen verpflichteten Verteidigung erhöht, einen zeitnahen konsensualen Abschluss des Verfahrens zu suchen. So zeigt sich erneut ein Zusammenhang zwischen einer zunächst konfliktträchtigen

---

514 Vgl. § 30a BtMG. Siehe zum Begriff der Wirtschaftsstrafverfahren oben erster Teil, zweites Kapitel, A.

515 Siehe zu den Stimmen, die der Verteidigung ein solches Kalkül vorwerfen, sowohl die Einleitung als auch die Erörterung der empirischen Erkenntnisse unter I.2.

Situation, wie der Anordnung der Untersuchungshaft und einem konsensualen Verfahrensfortgang.[516]

d. Voraussetzungen des Konsenses

Nach alledem kann sich eine konsensuale Verteidigung im Einzelfall als die vorteilhafteste Lösung erweisen.[517] Um diese Frage sachgerecht beurteilen zu können, obliegt es dem Verteidiger, sich so früh wie möglich umfassende Kenntnis vom Verfahrensstoff anzueignen. Er muss eine Vorstellung darüber haben, welche Folgen sein Mandant im besten und im schlimmsten Fall am Ende des Verfahrens zu erwarten hat.[518]

Im Verlauf der Interviews wurde berufsgruppenübergreifend deutlich, dass ein Konsens und insbesondere die Erörterung einer verfahrensbeendenden Absprache neben dieser notwendigen Aktenkenntnis vor allem ein gewisses Maß an Respekt und gegenseitigem Vertrauen aller Beteiligten voraussetzen.

Verteidiger, die eine vertiefte Aktenkenntnis besitzen und realistische Vorstellungen hinsichtlich der möglichen Inhalte einer Verständigung formulieren, werden von den Interviewpartnern der Strafverfolgungsbehörden als geeignete und ebenbürtige Gesprächspartner empfunden. Diese suchen oftmals von sich aus das Gespräch mit Gericht und Staatsanwaltschaft, um ihre eigene Sichtweise darzulegen.

> *Man könne – so ein interviewter Staatsanwalt – mit sachorientierten Verteidigern den Verfahrensstoff relativ leicht abschichten und müsse sich nicht um einen komplexen „Brei von Sachverhalt" kümmern (1-4, 1230-1236).*

Darüber hinaus wird dem persönlichen Kontakt zwischen den verschiedenen Berufsträgern erhebliche Bedeutung beigemessen. Wenn sich die Verfahrensbeteiligten aus früheren Prozessen kennen, bringen insbesondere die Richter einigen Verteidigern einen Vertrauensvorschuss entgegen.

> *„Ich kenne jetzt hier nach einiger Zeit schon eine ganze Anzahl von Anwälten, da würde ich für manche meine Hand ins Feuer legen, dass die es nie drauf anlegen würden, über einen aus dem Himmel gegriffenen Befangenheitsantrag Zeit zu schinden […]" (2-1, 1943-1947).*

> *Mit dieser „alten Garde" könne man ganz offen ins Gespräch kommen, ohne befürchten zu müssen, dass man anschließend wegen Befangenheit abgelehnt werde (2-1, 2301-2403).*

---

516 Siehe hierzu bereits oben erster Teil, drittes Kapitel, C.IV.

517 Siehe hierzu auch oben III.3.

518 Vgl. *Gatzweiler*, FS-Jung, S. 219; *Sauer*, Konsensuale Verfahrensweise, S. 111 f., 173, 204.

In diesem Zusammenhang erklärt sich auch, dass man aus richterlicher Sicht zu vielen Anwälten, die fast ausschließlich in Wirtschaftsstrafverfahren tätig sind, einen „besseren Draht" aufbauen kann. Denn die Zahl der Rechtsanwälte, die auf Wirtschaftsstrafverfahren spezialisiert sind, ist begrenzt, sodass diese häufiger als Verteidiger auftreten und sich deshalb die Verfahrensbeteiligten kennen.[519]

Solche Gespräche finden jedoch nicht immer erst zwischen Verteidigung und Gericht statt. Wie bereits erörtert, können Staatsanwaltschaft und Verteidigung sich bereits zu einem frühen Zeitpunkt auf ein Vorgehen verständigen, bevor das gerichtliche Verfahren eröffnet wurde.

Ein Staatsanwalt berichtete, dass man mit Verteidigern, die man länger kenne, offen darüber sprechen könne, dass es im Nachhinein betrachtet ein „furchtbares Verfahren" geworden wäre oder es unklar sei, ob es je zu einer Anklage gekommen wäre und wie das Urteil gegebenenfalls ausgefallen wäre, wenn man sich nicht schon in einem frühen Stadium über ein Vorgehen geeinigt hätte (1-1, 2433-2437).

Damit wird deutlich, dass einer der wesentlichen Gewinne eines konsensualen Verfahrens, und zwar nicht allein einer verfahrensbeendenden Absprache, für alle Verfahrensbeteiligte in der Verhinderung eines langwierigen Prozesses mit ungewissem Ausgang gesehen wird.[520]

5. *Gewinn durch Konsens für die Verteidigung und den Mandanten*

Die interviewten Verteidiger erblicken den Gewinn einer verfahrensbeendenden Verständigung zunächst in den Vorteilen für den Mandanten, nämlich auf die Rechtsfolge einzuwirken und die zu verhängende Strafe zu mildern. Dabei erfolgt eine Art „Staffelung" der angestrebten Rechtsfolgen: angefangen bei einer Einstellung nach § 153a StPO, über eine Geldstrafe von nicht mehr als 90 Tagessätzen bzw. einer Freiheitsstrafe von nicht mehr als drei Monaten, um die Eintragung im Führungszeugnis nach § 32 Abs. 2 Nr. 5 BZRG zu vermeiden, über eine Erledigung im Strafbefehlsverfahren nach §§ 407 ff. StPO, bis hin zum Erreichen einer Freiheitsstrafe von nicht mehr als zwei Jahren mit der gleichzeitigen Aussetzung der Vollstreckung gem. § 56 Abs. 2 StGB, und falls eine Aussetzung zur Bewährung nicht mehr möglich erscheint, eine möglichst geringe zu verbüßende Freiheitsstrafe.

Darüber hinaus werden dem Angeklagten wie auch allen anderen Verfahrensbeteiligten durch eine verfahrensbeendende Absprache zusätzliche Verhandlungstage erspart, wenngleich gem. § 257c Abs. 1 S. 2 StPO der gerichtlichen

519 S.o. II.4.b.

520 Siehe zu Vor- und Nachteilen auch *Bussmann/Lüdemann*, Klassenjustiz oder Verfahrensökonomie? S. 5.

Aufklärungspflicht weiterhin nachzukommen ist. Da die Angeklagten in Wirtschaftsstrafverfahren in aller Regel berufstätig sind und teilweise selbstständig ein Unternehmen führen, kostet jeder Verhandlungstag neben den Verteidigerhonoraren auch eigene Arbeitszeit. Zudem gibt ein interviewter Verteidiger zu bedenken, dass auch der Verteidiger zeitlich unter Druck geraten kann, wenn er schon ein neues Verfahren eingeplant hat. So kommt der Ressourceneinsparung nicht allein Bedeutung aus Sicht der Gerichte und der Staatsanwaltschaft zu, sondern beeinflusst auch Mandant und Verteidiger.

6. *Gefahren einer Verständigung*

Doch neben den Vorteilen weisen insbesondere die interviewten Verteidiger auch auf Gefahren einer konsensualen Verfahrensführung, insbesondere einer verfahrensbeendenden Absprache hin. Es scheint so, dass Absprachen mitunter auch dann getroffen werden, wenn der Angeklagte hätte freigesprochen werden müssen. Die Gründe hierfür wurden zum einen in der „Faulheit" und der mangelnden Aktenkenntnis der Verteidiger ausgemacht. Manche Verteidiger treffen vorschnell eine Absprache, auch wenn eine Verurteilung aufgrund der Aktenlage nicht zwingend erscheint. Zum anderen scheuen in manchen Verfahren offensichtlich auch die Mandanten eine langwierige öffentliche Hauptverhandlung, sodass sie ein Geständnis ablegen, um ein schnelles Ende des Verfahrens sowie eine möglichst milde Sanktion zu erreichen, auch wenn das Geständnis nicht vollumfänglich der materiellen Wahrheit entspricht.

Doch können ein frühes Geständnis, um beispielsweise die Anordnung oder zumindest den Vollzug der Untersuchungshaft zu vermeiden, das Herausgeben von Unterlagen, die vom Durchsuchungsbeschluss nicht erfasst werden, der Verzicht auf Beweisanträge oder sonstige Kooperation, um sich den „good will" der Strafverfolgungsbehörden zu erkaufen, zur Preisgabe von Verhandlungspositionen mit nicht wiedergutzumachenden Nachteilen führen.[521] Demnach bleibt ein Verfahrenskonzept, das eine „Interessensharmonie" aller Beteiligten suggeriert und so regelmäßig als Grundlage für die Beschränkung der Rechte des schwächsten Glieds der Kette, des Beschuldigten, herangezogen wird, mit Vorsicht zu genießen.[522] So wird angemahnt, dass die Herstellung von Konsens nicht Ziel des Strafverfahrens sei, vielmehr sollte eine „geregelte Verarbeitung von

---

521 So auch *Sauer*, Konsensuale Verfahrensweise, S. 191, 209.

522 *Hassemer* KritV 1990 (73), 260 (264 f.); vgl. auch *Sauer*, Konsensuale Verfahrensweise, S. 170.

Dissens" erfolgen.[523] Auch in jüngster Vergangenheit erkennt das Bundesverfassungsgericht diese Gefahr und weist wiederholt auf die Bedeutung der gerichtlichen Aufklärungspflicht nach § 244 Abs. 2 StPO hin, die „Falschgeständnisse" im Rahmen einer Verständigung verhindern soll.[524]

Neben diesen eher unmittelbaren Folgen sind auch die zu erwartenden außer(straf)rechtlichen Konsequenzen einer Verurteilung zu beachten und bei der Konzipierung der Verteidigungsstrategie und des Verteidigungsziels einzustellen. Zu berücksichtigen sind beispielsweise die Folgen durch das Bekanntwerden in der Öffentlichkeit, arbeitsrechtliche Konsequenzen, Mitteilungsmöglichkeiten und -pflichten der Strafverfolgungsbehörden gegenüber Dritten – insbesondere dem Bundeszentralregister –, steuerrechtliche Folgen sowie sonstige zivilrechtliche und öffentlichrechtliche Konsequenzen. Insbesondere in Wirtschaftsstrafverfahren können berufsbezogene Beschränkungen, wie die Gewerbeuntersagung nach § 35 GewO, der Verlust der Organstellung in einer GmbH oder einer AG gem. § 6 Abs. 2 Nr. 3 GmbHG bzw. § 76 Abs. 3 Nr. 3 AktG sowie nach §§ 33 Abs. 1 Nr. 2, 3; 35 Abs. 2 Nr. 3 KWG die Versagung oder Aufhebung der Erlaubnis, im Bankgeschäft tätig zu werden oder Finanzdienstleistungen anzubieten, einschneidende Folgen für den Mandanten haben. Für Freiberufler, insbesondere für Rechtsanwälte, Steuerberater und Wirtschaftsprüfer, besteht darüber hinaus das Risiko einer berufsrechtlichen Ahndung nach dem jeweiligen Standesrecht, dessen Maßnahmen von der einfachen Rüge bis hin zum Ausschluss aus dem Berufsstand reichen können.[525]

7. *Konsens als Richtigkeitsgewähr*

Bereits im ersten Teil der Untersuchung wurde erörtert, dass ein Konsens mitunter als Richtigkeitsgewähr verstanden wird.[526] Auch im Verlauf der Interviews deutete sich an, dass ein Konsens als Indiz für die erfolgreiche Ermittlung der materiellen Wahrheit gewertet wird.

> *Denn die Beweisaufnahme hatte ja, wie die anschließende Verständigung auch zeigt, für alle sichtbar ergeben, dass die Anklage richtig war."* (1-1, 2195-2199)

---

523 *Hassemer* KritV 1990 (73), 260 (265); *ders.*, Grundlagen des Strafrechts, S. 132.

524 BVerfG 2 BvR 2628/10, 2 BvR 2883/10, 2 BvR 2155/11 Urteil vom 19.3.2013 S. 1, 18 f.

525 Vgl. zum Ganzen auch *Sauer*, Konsensuale Verfahrensweise, S. 112 ff. Eine Darstellung aller möglichen Folgen kann in diesem Rahmen nicht vorgenommen werden, sodass hier nur einzelne insbesondere in Wirtschaftsstrafverfahren bedeutende Folgen aufgezeigt werden sollen.

526 S.o. erster Teil, drittes Kapitel, C.IV.

Dies wird darauf zurückgeführt, dass alle Verfahrensbeteiligte, die einen Konsens erzielen, die Akten und das bisherige Beweisergebnis kennen und sowohl Gericht und Staatsanwaltschaft als auch die Verteidigung durchaus in der Lage seien, dieses zu bewerten und eine Prognoseentscheidung zu treffen.

> *„Ich persönlich meine, wenn neben der Staatsanwaltschaft, die völlig andere Interessen hat als die Verteidigung, auch das Gericht – somit alle drei – im Boot sind, kann so eine Entscheidung ganz falsch nicht sein" (2-6, 1239-1242). Aus diesem Grunde handle es sich auch nicht um einen „schmutzigen Deal" (2-6, 247-251).*

Auch wenn es kein „schmutziger Deal" ist, können durchaus Einwendungen erhoben werden, ob der erzielte Konsens tatsächlich als Richtigkeitsgewähr verstanden werden darf. Dagegen spricht zum einen, dass das Gericht am Ende am „längeren Hebel" sitzt und der Angeklagte sowie seine Verteidigung einer Verständigung zuweilen auch trotz Vorbehalten zustimmen und sogar falsche Geständnisse abgegeben werden.[527] Auf diese Art und Weise können die Verfahrensbeteiligten zumindest in einem gewissen Umfang über die Tatsachengrundlage disponieren. Da ein solcher Konsens nicht zwangsläufig eine Richtigkeitsgewähr bietet, bestehen auch Zweifel, ob dieser im Anschluss eine Legitimation für eine konsensuale Verteidigung darstellen kann. Auch wenn der Mandant bereit ist, bestimmte Zugeständnisse zu machen und Tatsachen entgegen der eigenen Überzeugung zuzugestehen, orientiert sich ein so erzielter Konsens nicht mehr an dem Postulat der Wahrheitsfindung. Dies vermag den Interessen des Angeklagten – zumindest auf den ersten Blick – am besten entsprechen. Doch selbst wenn der Verteidiger nicht als Organ der Rechtspflege verstanden wird, so ist er dem Grunde nach auch der Wahrheit verpflichtet, zumindest muss sein Vortrag nach seiner eigenen Überzeugung wahr sein. Allein das Zugestehen bestimmter Tatsachen kann weder aus richterlicher Sicht noch aus Sicht der Verteidigung eine konsensuale Verfahrensstrategie legitimieren.

Zum anderen mahnte einer der interviewten Verteidiger in diesem Zusammenhang an, in Wirtschaftsstrafsachen mit Begriffen wie „Geständnis" und „Schuld" vorsichtig umzugehen.

> *„Geständnis hat ja immer [...] etwas damit zu tun, persönlich auch ein Unrecht einzusehen und einzuräumen, zu gestehen. Mir fällt jetzt in den Fällen, wo dann das sogenannte Geständnis abgegeben wurde, ad hoc kein Fall ein, in dem das ein echtes Geständnis in diesem Sinne war. Sondern man hat dieses Geständnis abgegeben, um das Verfahren zum Ende zu bringen, um zum vereinbarten Ergebnis zu kommen" (3-2, 660-666).*

527 S.o. III.4.b., III.6.

Freilich liegt der Zustimmung zu einer Verständigung eine Abwägung zugrunde, bei der die verschiedenen Vor- und Nachteile berücksichtigt werden. Doch es zeigt sich, dass eine Verständigung auch dann zustande kommen kann, wenn nicht alle Verfahrensbeteiligte von der inhaltlichen Richtigkeit überzeugt sind. Inwieweit eine solche Verständigungspraxis zu Zweifeln an der Verfassungsmäßigkeit der zugrunde liegenden gesetzlichen Regelung führt, kann an dieser Stelle dahingestellt bleiben, denn aus Sicht des Bundesverfassungsgerichts führt der in „erheblichem Maße defizitäre Vollzug" des Verständigungsgesetzes zumindest derzeit nicht zur Verfassungswidrigkeit des Gesetzes.[528]

Unabhängig davon, ob solche „Geständnisse" geeignet sind, bei der Strafzumessung nach § 46 Abs. 2 StGB zu Gunsten des Täters herangezogen zu werden, zeigt sich, dass weder ein Geständnis noch ein Konsens stets Gewähr für die Ermittlung des wahren Sachverhalts bieten kann.

IV. Zwischenergebnis

Anhand der vorstehenden Ausführungen wurde deutlich, dass die Bestätigung der verschiedenen Idealtypen möglich ist. So lässt sich in Anlehnung an die Ausführungen im ersten Teil der Untersuchung ein Verteidigungsverhalten beobachten, das unter Rückgriff auf das Kriterium der Zweckwidrigkeit als rechtsmissbräuchlich qualifiziert werden kann. Insbesondere die Ausführungen der Verteidiger haben gezeigt, dass ein konfliktbereites und antragsaktives Prozessverhalten nicht zwangsläufig missbräuchlich ist, sondern mitunter als verpflichtend empfunden werden kann. Freilich sieht sich eine solche Sichtweise dem Vorwurf ausgesetzt, dass die Verteidiger wohl kaum ihr eigenes Verhalten oder das ihrer Kollegen als zweckwidrig und damit als rechtsmissbräuchlich qualifizieren werden. Doch die Erkenntnis, dass sich der Rechtsmissbrauch von der Konfliktverteidigung idealtypisch durch das Merkmal der Zweckwidrigkeit abhebt, beruht nicht allein auf Angaben der Verteidiger, sondern findet seine Stütze auch in den Interviews mit Richtern und Staatsanwälten. Daher kann das im ersten Teil der Untersuchung entwickelte Verständnis der Konfliktverteidigung als konfliktbereite Verteidigung, die sich bis an die Grenzen des Rechtsmissbrauchs vorwagt, beibehalten werden. Darüber hinaus wurde deutlich, dass eine konsensuale Verteidigung in aller Regel auf den Abschluss des Verfahrens abzielt, wenngleich nicht ausschließlich eine verfahrenserledigende Verständigung nach § 257c StPO angestrebt wird.

528 BVerfG 2 BvR 2628/10, 2 BvR 2883/10, 2 BvR 2155/11 Urteil vom 19.3.2013.

Schließlich wird der Verteidigungsstil von verschiedenen Faktoren beeinflusst, die nicht ausnahmslos steuerbar sind. Insbesondere die Professionalität der Verfahrensbeteiligten und das damit einhergehende Verhandlungsklima scheinen einen entscheidenden Einfluss auf den weiteren Fortgang des Verfahrens zu haben. Auch die finanziellen Möglichkeiten des Beschuldigten sowie die Anordnung der Untersuchungshaft können den Abschluss des Verfahrens nicht unwesentlich beeinflussen. Diese Erkenntnisse sind auch im weiteren Verlauf der Untersuchung, insbesondere bei den Überlegungen, wie ein rechtsmissbräuchliches Prozessverhalten verhindert werden kann, zu berücksichtigen.

Zwar lassen sich die im ersten Teil der Untersuchung erarbeiteten Idealtypen im Grunde auch in der empirischen Wirklichkeit beobachten und voneinander abgrenzen. Doch die Zweckwidrigkeit des Einsatzes einer Verteidigungsbefugnis hängt nicht allein vom allgemeinen Verfahrensziel eine materiell richtige, prozessordnungsgemäß zustande gekommene, Rechtsfrieden schaffende richterliche Entscheidung zu treffen ab, vielmehr ist für die Zuordnung des einzelnen Verteidigungsverhaltens auch der der jeweiligen Verfahrensbefugnis zugrunde liegende Zweck entscheidend. Sodass eine idealtypische Kategorisierung auch die Identifizierung zweckbestimmender Merkmale der jeweiligen Verteidigungsbefugnis erforderlich macht.

Im Anschluss sollen daher ausgewählte, der Verteidigung zur Verfügung stehende prozessuale Befugnisse eingehender dargestellt werden, um zu untersuchen, welche Merkmale einzelnen Verteidigungsverhaltens als Abgrenzungskriterien dienen können. Anhand einer Kontrastierung der Idealtypen mit den empirischen Erkenntnissen über das Verteidigungsverhalten in den Musterverfahren soll auch aufgezeigt werden, welche Schwierigkeiten mit einer idealtypischen Zuordnung als Teil einer Konfliktverteidigung, als Ausdruck des Rechtsmissbrauchs oder als Merkmal einer konsensualen Verteidigung einhergehen können. Neben einer generalisierenden Betrachtung einzelner Verteidigungsbefugnisse sollen ausgewählte Anträge aus den Musterverfahren eingehender untersucht werden.

B. Relevantes Verteidigungsverhalten

Bereits an anderer Stelle wurde festgestellt, dass die drei Musterverfahren ein ganz unterschiedlich ausgeprägtes Verteidigungsverhalten aufweisen. Am deutlichsten wird dies anhand objektiver Kriterien wie der Anzahl der gestellten Befangenheits- und Beweisanträge. Im Verfahren A wurden ca. 130 Beweis- und 5 Befangenheitsanträge gestellt, im Verfahren B wurden sogar ca. 300 Beweis- und 6 Befangenheitsanträge gestellt, während im Verfahren C weder ein

Beweis- noch ein Befangenheitsantrag gestellt wurde. Da der Einsatz dieser beiden Verteidigungsbefugnisse in den Verfahren A und B am deutlichsten hervortritt, sind sowohl das Recht, einzelne Richter wegen Besorgnis der Befangenheit abzulehnen als auch das Beweisantragsrecht eingehender zu betrachten. Bei der Durchsicht der einzelnen Anträge zeigte sich insbesondere im Verfahren A bei nahezu allen Beweis- und Befangenheitsanträgen darüber hinaus, dass sich die Verteidiger der Angeklagten A1, A2, A3 sowie der Vertreter der Verfahrensbeteiligten A jeweils gegenseitig den Anträgen ihrer Kollegen angeschlossen haben. Diese sogenannte Sockelverteidigung soll ebenfalls Gegenstand der nachfolgenden Untersuchung werden.

I. Sockelverteidigung als Teil der Verteidigungsstrategie

1. Der Aufbau einer Sockelverteidigung

Einer Sockelverteidigung liegen strategische und taktische Gemeinsamkeiten in der Verteidigung mehrerer Beschuldigter zugrunde, die auf Dauer oder nur temporär, umfassend, partiell oder sogar nur punktuell angelegt ist.[529] Diese Form der Verteidigung versucht, eine gemeinsame Basis zur Abwehr strafrechtlicher Vorwürfe zu definieren und auf dieser aufbauend eine Verteidigungskonzeption zu entwickeln und durchzuführen.[530] Dabei wird gleichzeitig das Ziel verfolgt, eine effiziente Individualverteidigung zu ermöglichen.[531] Dies kann im Einzelfall bedeuten, dass keine generellen und umfassenden Gemeinsamkeiten bestehen, sondern lediglich die Ausübung einzelner Verteidigungsbefugnisse, wie das Stellen von Befangenheitsanträgen der Verwirklichung der Sockelverteidigung dient.[532] Werden in einem Verfahren mehrere Personen beschuldigt, muss dies bei einer Verteidigung lege artis zumindest in Betracht gezogen werden.[533]

Nach Meinung eines interviewten Strafverteidigers bietet sich eine solche „geschlossene Verteidigung“ insbesondere in Wirtschafts- und Steuerstrafsachen an, da die Beschuldigten in der Regel in „einem Boot sitzen“. Etwas

---

529 *Richter II* NJW 1993, 2152. Ähnlich auch *Brüssow/Gatzweiler/Krekeler/Mehle*, Strafverteidigung, § 9 Rn. 24.

530 Thesen der BRAK, These 13; Münchner Anwaltshandbuch Strafverteidigung/*Pfordte/Tsambikakis* § 17 Rn. 5; vgl. auch *Taschke* StV 2007, 495 (499).

531 Handbuch des FA/*Köllner* 1. Teil Rn. 94.

532 *Richter II* NJW 1993, 2152 (2156); *Schlothauer*, Vorbereitung der Hauptverhandlung, Rn. 30 f.

533 Handbuch des FA/*Groß-Bölting/Kaps* 2. Teil 4. Kapitel Rn. 35; Münchner Anwaltshandbuch Strafverteidigung/*Pfordte/Tsambikakis* § 17 Rn. 41.

kritischer beurteilte ein interviewter Richter diesen vermeintlichen Gleichlauf der Interessen.

„Besonders häufig tritt es (Anm. PE: Gemeint ist die Sockelverteidigung) auf in Konstellationen, in denen man einen kapitalen Hirsch und mehrere kleine Hirschkühe im Saal sitzen hat. Der kapitale Hirsch hat das Geld und er hat auch den hochkarätigen Verteidiger. Und diese wählen und bezahlen die Mitverteidiger der anderen. Die sind so blöd, dass sie glauben, ihnen würde etwas geschenkt, sie müssten dafür nichts zahlen" (2-7, 774-781).

Darüber hinaus sieht einer der Staatsanwälte in der Sockelverteidigung eine Möglichkeit, den Abschluss des Verfahrens hinauszuzögern.

„[...] bei der sogenannten Sockelverteidigung tun sich zunächst alle Verteidiger zusammen und sagen: ‚Wir kämpfen gemeinsam dagegen.' Dann kommt es mal von links, mal von rechts. Einer argumentiert und alle anderen schließen sich an. Es finden Treffen aller Verteidiger statt, bei denen das abgesprochen wird. Wenn genügend Geld und Zeit vorhanden ist, kann man das unbegrenzt machen (1-2, 1728-1735).

Eine solche taktische und aus Verteidigersicht arbeitsökonomische Absprache wird dadurch gefördert, dass jedem Verteidiger die Befugnis zusteht, im Rahmen eines einheitlichen Verfahrens auch zu den Anklagevorwürfen Stellung zu nehmen, die nicht gegen seinen Mandanten erhoben wurden.[534] Diese Absprachen betreffen insbesondere die Frage, ob, wann und zu welchen Anklagepunkten sich die Beschuldigten einlassen.[535] Eine solche Kooperation war für die Interviewpartner im Verfahren A deutlich erkennbar. Ein Vertreter der Staatsanwaltschaft erinnerte sich:

„[...] das war eine sogenannte Sockelverteidigung. Da A1 nicht geständig war, waren die anderen auch nicht geständig" (1-1, 1503-1506).

In aller Regel wird die Verteidigungsabsprache nicht unmittelbar zwischen den Mitangeklagten oder etwaigen Verfahrensbeteiligten getroffen, sondern zwischen den Berufsträgern.[536] So auch im Verfahren A.

„[...] da waren wir [Anm. PE: gemeint sind die Verteidiger] eine Front [...] (3-2, 1560-1562).

Trotz allem muss diese einheitliche Verteidigungsstrategie auch vom Mandanten mitgetragen werden, denn die Sockelverteidigung birgt für diesen auch Risiken.[537]

534 Handbuch des FA/*Groß-Bölting/Kaps* 2. Teil 4. Kapitel Rn. 37.

535 Handbuch des FA/*Groß-Bölting/Kaps* 2. Teil 4. Kapitel Rn. 37; Münchner Anwaltshandbuch Wirtschafts- und Steuerstrafsachen/*Salditt* § 8 Rn. 22, 66.

536 *Schlothauer*, Vorbereitung der Hauptverhandlung, Rn. 27 ff.

537 Handbuch des Wirtschafts- und Steuerstrafrechts/*Dierlamm* Kap. 29 Rn. 18; Thesen der BRAK, S. 39.

2. Risiken und Zulässigkeit der Sockelverteidigung

Zweifellos stehen bei einer einheitlichen Verteidigungskonzeption die Vorteile für den Mandanten im Vordergrund. Gleichwohl dürfen die Gefahren einer solchen Kooperation nicht übersehen werden. Die Sockelverteidigung kann insbesondere in Abhängigkeitsverhältnissen dazu führen, dass versucht wird, die strafrechtliche Verantwortung zu übertragen. Dies kann in Wirtschaftsstrafverfahren von besonderer Bedeutung werden, wenn es sich nicht nur um die Koordinierung zwischen Mitbeschuldigten handelt, sondern über § 30 OWiG auch der Arbeitgeber als Verfahrensbeteiligter einer möglichen Sanktionierung ausgesetzt ist.[538] Auch in diesen Fällen muss das Individualinteresse des Mandanten stets vorrangig bleiben.[539] Doch ob dessen Interessen stets gewahrt werden, mag bezweifelt werden, betrachtet man die Ausführungen eines Richters.

> *„Das Ergebnis ist, dass alle aus einem Ton sprechen. Die Kammer weiß genau, das ist im Sinne des kapitalen Hirsches. Der kann keinen brauchen, der ihn in die Pfanne haut. Jeder weiß aber auch, das ist nicht im Interesse der kleinen Hirschkuh" (2-7, 781-785).*

> *„Das Interesse des „Chefs" ist ein anderes, der denkt nicht an das Bauernopfer" (2-7, 851-852).*

Diese Gefahr ist wohl kaum von der Hand zu weisen, insbesondere wenn der Hauptangeklagte die Verteidiger der Mitangeklagten bezahlt.

Gleichwohl ist nach ganz überwiegender Meinung kein Beschuldigter verpflichtet, sich an bestimmte Absprachen, wie beispielsweise das vereinbarte Schweigen zu halten, denn die Vereinbarung ist stets nur auf Zeit geschlossen, ohne eine Bindungswirkung auf Dauer entfalten zu können. Damit besteht aber auch jederzeit das Risiko, dass ein Beschuldigter vorzeitig ein Geständnis ablegt und den internen Wettlauf um das früheste Geständnis eröffnet.[540] Diese Gefahr bestand zwar bereits vor der Einführung des § 46b StGB, dennoch bietet die neue Kronzeugenregelung einen zusätzlichen Anreiz, aus der gemeinsamen Verteidigungslinie auszuscheren.[541]

Dieses in der Literatur erkannte Risiko beschreibt auch ein Interviewpartner. Am Anfang sei man noch „ein Herz und eine Seele", aber die Wege könnten sich

538 Münchner Anwaltshandbuch Strafverteidigung/ *Pfordte/Tsambikakis* § 17 Rn. 44.

539 Thesen der BRAK, These 13, S. 40; Handbuch des Wirtschafts- und Steuerstrafrechts/*Dierlamm* Kap. 29 Rn. 19; *Richter II* NJW 1993, 2152; Münchner Anwaltshandbuch Strafverteidigung/*Pfordte/Tsambikakis* § 17 Rn. 7 ff., 21 ff.

540 *Richter II* NJW 1993, 2152 (2156); Münchner Anwaltshandbuch Strafverteidigung/ *Pfordte/Tsambikakis* § 17 Rn. 37 ff.

541 *Dann* CCZ 2010, 30 (34).

im Laufe des Verfahrens trennen. Wichtig erscheint es daher, Kollegen anderer Sozietäten mit einzubeziehen und eine Vertretung mehrerer Beschuldigter durch Berufsträger derselben Kanzlei zu vermeiden.

Trotz dieser Risiken ist die Sockelverteidigung nach ganz überwiegender Meinung im Grundsatz zulässig.[542] Dem steht auch nicht die Regelung des § 146 StPO entgegen.[543] Allein durch die interne Absprache der Verteidigung wird kein Mandatsverhältnis zu den jeweiligen Mitangeklagten begründet. Gleichwohl wird dieser gemeinsamen Verteidigungsarbeit bereits auf gesetzlicher Ebene Grenzen gezogen. Explizit wird neben der Vereinbarkeit mit § 146 StPO und der Umgehung der Versagung der Akteneinsicht nach § 147 Abs. 2 StPO die Strafbarkeit des Verteidigers nach §§ 203, 258, 356 StGB thematisiert.[544] Allgemeiner gesprochen soll eine Sockelverteidigung nur dann unzulässig sein, wenn die Effektivität der Rechtspflege in ihrem Kern beeinträchtigt wird oder die Verteidigungsstrategie zu einer verfahrenswidrigen Kollusion führt.[545] Hiervon nicht erfasst seien Verfahrensverzögerungen oder Erschwerungen der Ermittlungen, die als zulässiges Verteidigungsverhalten hingenommen werden müssen.[546] Versteht man das Streben nach der Aufrechterhaltung einer funktionsfähigen

---

542 *Brüssow/Gatzweiler/Krekeler/Mehle*, Strafverteidigung, § 9 Rn. 26; Handbuch des FA/*Groß-Bölting/Kaps* 2. Teil 4. Kapitel Rn. 38 ff.; Beck'sches Formularbuch für den Strafverteidiger/*Hassemer* I. B. 5.; Münchner Anwaltshandbuch Wirtschafts- und Steuerstrafsachen/*Knierim* § 7 Rn. 267; Handbuch des FA/*Köllner* 1. Teil Rn. 94; Radtke/Hohmann/*Reinhart* § 146 Rn. 9; *Taschke* StV 2007, 495 (499). Siehe insbesondere zum Aufbau der Sockelverteidigung im Unternehmen Münchner Anwaltshandbuch Wirtschafts- und Steuerstrafsachen/*Salditt* § 9 Rn. 10 ff.

543 OLG Düsseldorf NJW 2002, 2367; LG Frankfurt NStZ-RR 2008, 205; *Dahs*, Handbuch des Strafverteidigers, Rn. 237; Handbuch des Wirtschafts- und Steuerstrafrechts/*Dierlamm* Kap. 29 Rn. 18; KK/*Laufhütte/Willnow* Vor § 137 Rn. 9; *Müller* NStZ-RR 2003, 129 (133).

544 Handbuch des FA/*Groß-Bölting/Kaps* 2. Teil 4. Kapitel Rn. 38; Beck'sches Formularbuch für den Strafverteidiger/*Hassemer* II. 9. 8.; *Müller* StV 2001, 649 (652 f.); *Pellkofer*, Sockelverteidigung und Strafvereitelung, S. 79 ff., 171 ff., 183 ff.; Münchner Anwaltshandbuch Strafverteidigung/*Pfordte/Tsambikakis* § 17 Rn. 23 f.

545 Siehe hierzu *Dahs*, Handbuch des Strafverteidigers, Rn. 68; *Müller* StV 2001, 649 (951).

546 Handbuch des FA/*Groß-Bölting/Kaps* 2. Teil 4. Kapitel Rn. 40 verweisen zwar nicht auf *Beulke*. Doch den Ausführungen ist zu entnehmen, dass ihnen die Kernbereichsformel *Beulkes* zugrunde liegt. Ein Verhalten, das noch nicht den Kernbereich der Effektivität der Rechtspflege beeinträchtigt, kann auch nach der „Kernbereichsformel" nicht unzulässig sein.

Strafrechtpflege nicht als eigenständiges Ziel des Strafverfahrens,[547] kann allein deren Beeinträchtigung nicht als rechtsmissbräuchlich qualifiziert werden. Soll jedoch durch die Sockelverteidigung ausschließlich die weitere Sachaufklärung verhindert werden, beispielsweise indem sich jeder Verteidiger den Anträgen seiner Kollegen anschließt und sodann ausführlich zu diesen Stellung nimmt, so handelt es sich nach dem hier zugrunde gelegten Verständnis um eine zweckwidrige Inanspruchnahme der jeweiligen Verteidigungsbefugnis. Nichts anderes kann für eine beabsichtigte verfahrenswidrige Kollusion gelten. Mit einer reinen Verzögerungsstrategie wird nicht mehr die Wahrung der Rechte des Angeklagten beabsichtigt, sondern der Zweck des Strafverfahrens in Frage gestellt.

Auf der anderen Seite kann eine Sockelverteidigung, die sich über die wesentlichen Punkte intern einig ist auch nach außen hin gegenüber Gericht und Staatsanwaltschaft einheitlich auftreten und ein geeigneter Verhandlungspartner sein. Sind mehreren Angeklagten mit einer einheitlichen Verfahrensführung einverstanden, so ist es auch für Gericht und Staatsanwaltschaft leichter möglich einen Konsens zwischen allen Verfahrensbeteiligten zu erzielen. Wählt dahingegen bei mehreren Angeklagten jeder eine eigene Strategie, so wird ein Konsens nicht erzielt werden können.

II. Das Recht, einzelne Richter wegen Besorgnis der Befangenheit abzulehnen

1. *Befangenheit als Ablehnungsgrund*

Dem Grunde nach dient das Recht, den Richter wegen Besorgnis der Befangenheit abzulehnen, der Sicherung eines fairen und rechtsstaatlichen Verfahrens.[548]

Das Ablehnungsrecht soll das Vertrauen in die Unparteilichkeit und Objektivität des Richters und damit letztlich in die Rechtsprechung als Institution sichern, um dem materiellen Strafrecht zur Geltung zu verhelfen und die Unverbrüchlichkeit des Rechts wiederherzustellen.[549] Gleichzeitig eröffnet ein in der Tatsacheninstanz zu Unrecht verworfener Befangenheitsantrag die Möglichkeit, im Revisionsverfahren nach § 338 Nr. 3 StPO einen absoluten Revisionsgrund geltend zu machen. Nach ständiger Rechtsprechung besteht die Besorgnis der

---

547 Siehe zum Ziel des Strafverfahrens oben erster Teil, zweites Kapitel, B.

548 So jüngst das BVerfG 2 BvR 2628/10, 2 BvR 2883/10, 2 BvR 2155/11 Urteil vom 19.3.2013, S. 16 f.; Radtke/Hohmann/*Alexander* § 22 Rn. 1; KMR/*Bockemühl* Vor § 22 Rn. 1; LR/*Siolek* Vor § 22 Rn. 1.

549 Vgl. LR/*Siolek* § 24 Rn. 12. Siehe zum „Mißbrauch des Ablehnungsrechts" ausführlich *Fahl*, Rechtsmißbrauch im Strafprozeß, S. 371 ff.

Befangenheit, wenn ein Verfahrensbeteiligter bei vernünftiger Würdigung aller Umstände Anlass hat, an der Unvoreingenommenheit des Richters zu zweifeln.[550] Besteht nach diesem „individuell-objektiven“ Maßstab, den ein vernünftig denkender, unbefangener und verständiger Mensch in der Situation des Angeklagten anlegen würde, tatsächlich die Besorgnis der Befangenheit, so ist die Ablehnung des Richters begründet.[551]

Insbesondere die interviewten Strafverteidiger haben eindrückliche Fälle geschildert, in denen tatsächlich Zweifel an der Objektivität der Richter angebracht sein können. Durch unbedachte Äußerungen oder Verhaltensweisen sind Befangenheitsanträge nach Ansicht einiger Interviewpartner überwiegend „hausgemacht“, wenngleich dies nicht auf Wirtschaftsstrafverfahren beschränkt wurde, sondern in allen Verfahren vorkommen könne.

> *„Wenn der Richter beispielsweise in einem Verfahren wegen Betäubungsmitteldelikten zu dem ausländischen Angeklagten sagt: ‚Ich verstehe überhaupt nicht, wie Sie hier so rumeiern können. In Ihrem Heimatland steht darauf die Todesstrafe.‘ Oder: ‚Wir wissen doch alle, dass bei Iranern das Messer locker sitzt.‘ In derartigen Fällen muss man ein Ablehnungsgesuch stellen, das ist klar“.* (3-1, 1380-1388)

Da der vorliegend gewählte qualitative Untersuchungsansatz keine Auskunft über die Häufigkeit von Befangenheitsanträgen und ihrer Ablehnung wegen Verschleppungsabsicht geben kann, kann keine Aussage darüber getroffen werden, ob Befangenheitsanträge – so ein interviewter Staatsanwalt – tatsächlich „fast üblich“ sind.

Dennoch werden Ablehnungsgesuche auch als ein geeignetes Mittel verstanden, den Verfahrensfortgang zu verzögern.[552] Ein interviewter Richter geht sogar davon aus, dass mit fast allen Ablehnungsgesuchen eine Verzögerung beabsichtigt wird.

> *„98 % aller Fälle von Ablehnung haben einen taktischen Hintergrund, meistens den des schlichten Zeitgewinns“ (2-7, 605-606).*

Eine solche Zielsetzung würde dem gesetzlich intendierten Zweck widersprechen und dem Gericht unter Umständen die Möglichkeit der Verwerfung nach § 26a Abs. 1 Nr. 3 StPO eröffnen.

---

550 BVerfGE 80, 30 (38); 88, 1 (4); 92, 138; BGH StV 2012, 449.

551 Vgl. HK-GS/*Bosbach* Teil 2 § 24 Rn. 8; KK/*Scheuten* § 24 Rn. 3; *Meyer-Goßner* § 24 Rn. 8; *Pfeiffer* StPO § 24 Rn. 1; LR/*Siolek* § 24 Rn. 7 f.; AnwK-StPO/*Werner* § 24 Rn. 2. Kritisch z.B. *Kühne*, Strafprozessrecht, Rn. 732.

552 So auch *Niemöller* StV 1996, 501 (504). A.A. *Kühne* StV 1996, 684 (688).

2. *Verwerfung des Ablehnungsantrages*

Gemäß § 26a Abs. 1 Nr. 3 StPO ist ein Ablehnungsantrag zu verwerfen, wenn offensichtlich nur die Verschleppung des Verfahrens oder sonstige verfahrensfremde Zwecke verfolgt werden. Mit der Verschleppungsabsicht als einem Unterfall der verfahrensfremden Zwecke ist in § 26a Abs. 1 Nr. 3 StPO ein spezieller Missbrauchstatbestand geregelt, der als Abwehrmöglichkeit gegen rechtsmissbräuchliche und exzessive Ablehnungsanträge fungieren soll.[553] Des Schutzes, den das Ablehnungsrecht gewährleistet, bedarf es nicht, wenn aus Sicht des Antragstellers tatsächlich keinerlei Besorgnis der Befangenheit besteht, sondern ausschließlich der Abschluss des Verfahrens verhindert werden soll.[554] Der Antrag ist daher nach § 26a Abs. 1 Nr. 3 StPO unzulässig, wenn eine Gesamtschau des prozessualen Verhaltens der Verteidigung keine vernünftigen Zweifel zulässt, dass mit dem Antrag nicht die Wahrnehmung legitimer Verteidigungsaufgaben, sondern die Verhinderung eines geordneten Verfahrensablaufs und -abschlusses in angemessener Zeit durch zielgerichtete und massive Beeinträchtigung von Verfahrensherrschaft und Arbeitsfähigkeit des Gerichts verfolgt wird.[555] In diesem Zusammenhang hebt einer der interviewten Richter hervor, dass sich ein Ablehnungsgesuch fast immer verzögernd auswirkt und man deshalb vermuten könne, dass ein solcher Antrag mit dem Ziel gestellt werde, das Verfahren zu verzögern.

Darüber hinaus müssen Ablehnungsgesuche, bei denen sich aus der Ablehnung des ganzen Gerichts oder aller seiner Mitglieder ergibt, dass die Ablehnungsbefugnis missbraucht wird, nach der Rechtsprechung des Bundesverfassungsgerichts nicht mehr beschieden werden.[556]

Die zusätzlich erforderliche Offensichtlichkeit der Verschleppungsabsicht soll vorliegen, wenn der Antragsteller wider besseres Wissen eine Vielzahl von vornherein erkennbar erfolglosen Anträgen stellt, die nicht das Ausscheiden des Richters bezwecken.[557] Insbesondere bei einer sogenannten Kettenablehnung,

---

553 Ähnlich BGH wistra 2009, 446 (447); LR/*Siolek* § 26a Rn. 22. Hier sei betont, dass die Verwendung des Adjektivs exzessiv weniger Klärung verspricht, während die Rechtsmissbräuchlichkeit bereits eine erste Konkretisierung erfahren hat.

554 BGH MDR 1955, 270 (271); HK-GS/*Bosbach* Teil 2 § 26a Rn. 5; KK/*Scheuten* § 26a Rn. 9.

555 BGH NStZ 2011, 294. Vgl. auch KK/*Scheuten* § 26a Rn. 10; LR/*Siolek* § 26a Rn. 22; AnwK-StPO/*Werner* § 26a Rn. 4.

556 Für den Zivilprozess BVerfGE 11, 1 (5); für den Verwaltungsprozess BVerfGE 1, 343 (348); im Organstreitverfahren BVerfGE 74, 96 (100).

557 Vgl. *Meyer-Goßner* § 26a Rn. 5; LR/*Siolek* § 26a Rn. 27.

bei der Befangenheitsanträge als Trotzreaktion auf jede Anordnung oder jeden Beschluss des Gerichts zeitlich eng aufeinanderfolgend, in hoher Anzahl und mit durchweg haltloser Begründung gestellt werden, soll sich die Annahme der Verschleppungsabsicht aufdrängen.[558]

Der Einsatz des Ablehnungsrechts mit dieser Zielsetzung war den Interviewpartnern aller Berufsgruppen bekannt. Sie nannten es das „alte Spiel“ oder auch „Kammerjogging“, wenn ein Befangenheitsantrag gestellt wird, nachdem das Gericht einen Beweis- oder sonstigen Antrag abgelehnt hatte.[559]

> *„Viele Dinge, die Anwälte tun, sind einfach unsinnig. Theoretisch hat der Anwalt die Möglichkeit, fortlaufend Befangenheitsanträge zu stellen, wobei er immer wieder das Gleiche rügt oder die Ablehnung des letzten Befangenheitsantrages zum Anlass für einen neuen Befangenheitsantrag nimmt. Das Gesetz verbietet ihm das nicht und das Gericht hat da auch wenig Möglichkeiten“* (2-5, 1782-1787).

Ähnlich beurteilte dies auch ein Verteidiger:

> *„Ein Richter kann […] nicht verhindern, dass ein ‚wild gewordener Verteidiger‘ alle halbe Stunde einen Befangenheitsantrag stellt“ (3-2, 1720-1724).*

Werden Befangenheitsanträge tatsächlich nicht mehr gestellt, um ein faires und rechtsstaatliches Verfahren sicherzustellen, wird der zugrunde liegende Zweck verfehlt. Ein solch zweckwidriger und damit letztlich missbräuchlicher Einsatz des Ablehnungsrechts kann mithilfe des § 26a Abs. 1 Nr. 3 StPO unterbunden werden.

Gleichwohl wird der Verschleppungsabsicht in Rechtsprechung und Literatur bei der Ablehnung von Befangenheitsanträgen wenig praktische Relevanz zugestanden, denn bereits die Frage, ob mit dem Antrag ausschließlich verfahrensfremde Zwecke verfolgt werden, bereitet häufig erhebliche Nachweisprobleme.[560]

---

558 *Nehm/Senge* NStZ 1998, 377 (382); *Niemöller* StV 1996, 501 (504). Siehe zu den Anforderungen an eine Befangenheitsrüge, die einen zuvor abgelehnten Beweisantrag zum Gegenstand hat BGH StV 2012, 587.

559 Das sogenannte Kammerjogging wird mitunter auch als Erscheinungsform der Konfliktverteidigung ausgemacht. *„Aber keine Konfliktverteidigung. Ich erinnere mich nicht, dass wir hier so eine Art Kammerjogging oder so veranlasst hätten“* (1-1, 2040-2042). Dies erklärt sich, wenn man entgegen der hier vertretenen Auffassung unter dem Begriff der Konfliktverteidigung eine rechtsmissbräuchliche Inanspruchnahme von Verteidigungsrechten versteht. Siehe hierzu auch *Heinrich*, Konfliktverteidigung im Strafprozess, S. 74 ff.

560 KK/*Scheuten* § 26a Rn. 10; *Meyer-Goßner* § 26a Rn. 6; LR/*Siolek* § 26a Rn. 27; AnwK-StPO/*Werner* § 26a Rn. 5. In BGH wistra 2009, 446 (447) wurde die vom LG Stuttgart angenommene Prozessverschleppungsabsicht bestätigt.

Insofern verwundert es etwas, dass ein Interviewpartner Befangenheitsanträge für „völlig unproblematisch“ hält. Soweit eine eindeutige Verwerfung des Antrags, beispielsweise wegen Verschleppungsabsicht, möglich ist, mag dies zutreffend sein. Dennoch erscheint es fragwürdig, ob tatsächlich jeder einzelne Antrag zweifelsfrei kategorisiert und einem bestimmten Idealtyp zugeordnet werden kann, oder ob es nicht Anträge gibt, die sich einer solchen Bestimmung entziehen. Dies soll in einem der folgenden Abschnitte anhand eines ausgewählten Befangenheitsantrags aus den Musterverfahren eingehender untersucht werden.[561]

III. Das Beweisantragsrecht

1. Das Stellen von Beweisanträgen

Das Beweisantragsrecht umfasst sowohl das Recht, einen Beweisantrag zu stellen, als auch die Verpflichtung des Gerichtes, diesen entgegenzunehmen und prozessordnungsgemäß zu bescheiden.[562] Es dient zum einen der Sicherung eines rechtsstaatlichen und justizförmigen Strafverfahrens und zum anderen der Erforschung des materiell wahren Sachverhalts.[563] Bereits im ersten Teil der vorliegenden Arbeit wurde ausführlicher dargestellt, welcher Begriff der materiellen Wahrheit vorliegend zugrunde gelegt wird und deren Ermittlung zum Ziel des Strafverfahrens erklärt.[564] Da das deutsche Strafverfahren und insbesondere die Beweisaufnahme, geprägt durch den Amtsermittlungsgrundsatz ein inquisitorisches Verfahren ist, dient das Beweisantragsrecht der Kompensation der gerichtlichen Verfahrenshoheit. Durch das Beweisantragsrecht wird es der Staatsanwaltschaft, der Verteidigung und dem Beschuldigten bzw. Angeklagten ermöglicht, das Beweisprogramm des Gerichts und damit die Wahrheitserforschung mitzubestimmen. Insbesondere der Beschuldigte soll in die Lage versetzt werden, seine Stellung als Prozesssubjekt wahrzunehmen, rechtliches Gehör zu erlangen und sowohl selbst als auch über seinen Verteidiger auf das

---

561 S.u. C.I.

562 *Alsberg/Nüse/Meyer*, Der Beweisantrag, S. 372; *Eschenhagen*, Der Mißbrauch des Beweisantragsrechts, S. 8; vgl. auch *Quedenfeld*, FG- Peters, S. 225.

563 Vgl. BGH NStZ 2009, 581 (582); vgl. auch *Eschenhagen*, Der Mißbrauch des Beweisantragsrechts, S. 16, 21; SK-StPO/*Frister* § 244 Rn. 45; *Perron* ZStW 108 (1996), 128 (131); AnwK-StPO/*Sommer* § 244 Rn. 35; *Theile* NStZ 2012, 666 (669). Für *Hamm*, FS-Hassemer, S. 1017 leistet das Beweisantragsrecht einen Beitrag zum „Austragen“ eines konflikthaften Ringens um die Wahrheit.

564 S.o. erster Teil, zweites Kapitel, B.

Verfahren einzuwirken.[565] Das Beweisantragsrecht wird hierdurch zum Kernstück einer aktiven Verteidigung in der Hauptverhandlung.[566] Somit ergänzen sich die beiden genannten Funktionen des Beweisantragsrechts und ermöglichen dem Antragsteller, notfalls eine weitergehende Sachaufklärung zu erzwingen. Doch mit der Gewährleistung des Beweisantragsrechts geht auch die Gefahr einer rechtsmissbräuchlichen Inanspruchnahme dieses Rechts einher. Denn die beabsichtigte Wahrheitserforschung dominiert das Beweisantragsrecht soweit, dass ein Beweisantrag, mit dem der Antragsteller nicht die Sachaufklärung verfolgt, als zweckwidrig und damit missbräuchlich qualifiziert werden kann.[567] Bereits die gesetzliche Regelung des § 244 Abs. 3 Var. 6 StPO greift das Kriterium der Zweckwidrigkeit auf. Dieser Missbrauch des Beweisantragsrechts wird als eine der Ursachen dafür ausgemacht, dass Strafprozesse immer wieder zu „monströsen Veranstaltungen“ werden.[568] So besteht offenkundig der Verdacht, dass Beweisanträge in Einzelfällen als Mittel zur Verfahrensverzögerung, zur Sabotage, als Verhandlungsmasse oder als Druckmittel eingesetzt werden.[569] Insbesondere im Zusammenhang mit den verfahrenserledigenden Absprachen

565 Vgl. *Basdorf* StV 1995, 310; LR/*Becker* § 244 Rn. 1, 54; *Beulke*, FS-Amelung, S. 556; *Fezer* NStZ 2012, 177 (178); *Jahn*, FS-Hassemer, S. 1035, 1040; Radtke/Hohmann/*Kelnhofer* § 244 Rn. 1; Münchner Anwaltshandbuch Wirtschafts- und Steuerstrafsachen/*Knierim* § 7 Rn. 275; *Niemöller* JR 2010, 332 (336); *Quedenfeld*, FG- Peters, S. 215; ausführlich *Schatz*, Das Beweisantragsrecht in der Hauptverhandlung, S. 205 ff., 260 ff.; *Sommer*, Effektive Strafverteidigung, S. 469 f.; *Spiekermann*, Der Mißbrauch des Beweisantragsrechts, S. 74, 76.

566 Vgl. *Alsberg/Nüse/Meyer*, Der Beweisantrag, S. 371; *Gatzweiler* AnwBl 2005, 663 (666); *Spiekermann*, Der Mißbrauch des Beweisantragsrechts, S. 74. Für *Sommer*, Effektive Strafverteidigung, S. 470 ist es das wichtigste Recht der Verteidigung; *Wassermann* Kriminalistik 1984, 20 (22) spricht von der „schärfsten Waffe“ der Verteidigung.

567 Vgl. auch *Eschenhagen*, Der Mißbrauch des Beweisantragsrechts, S. 22. Da nach *Perron* ZStW 108 (1996), 128 (133) das Beweisantragsrecht selbst dann grundrechtlich gewährleistet ist, wenn sein Gebrauch die öffentliche Strafverfolgung behindert, zieht er die verfassungsrechtlichen Grenzen des Beweisantragsrechts mithilfe einer Verhältnismäßigkeitsabwägung, bei der ein Ausgleich zwischen den Beschuldigteninteressen und dem Strafverfolgungsinteresse im Wege der praktischen Konkordanz gefunden werden soll.

568 *Herdegen* NStZ 1984, 97 (99) plädiert dennoch für die Beibehaltung des Beweisantragsrechts, „die Beseitigung oder Einschränkung dieses Rechts würde viel mehr Schaden als Nutzen stiften. Peccatur intra et extra.“

569 *Herdegen*, GS-Meyer, S. 187 f; *Niemöller* JR 2010, 332 (333); *Schatz*, Das Beweisantragsrecht in der Hauptverhandlung, S. 249. A.A. *Senge* NStZ 2002, 225 (229).

erfährt diese Tendenz, Verteidigungsrechte als „Drohgebärde" einzusetzen, vermehrt Aufmerksamkeit.[570] Durch den Einsatz prozessualer Befugnisse als „Drohung" werde versucht, die Gerichte „weich zu kochen" und damit deren Verständigungsbereitschaft zu erhöhen.[571] Der Einsatz der prozessualen Befugnisse verfolge das Ziel, den „Gegner mürbe zu machen" und verfehle dabei seinen eigentlichen Zweck, zur Wahrheitsermittlung beizutragen.[572]

Für die Interviewpartner gehören Beweisanträge zwar zum üblichen Instrumentarium der Verteidigung, wenn man auf einer konsensualen Ebene nicht zueinanderfindet bzw. sich nicht verständigen will.[573] Gleichzeitig bestätigten einige Verfahrensbeteiligte jedoch, dass manche Verteidiger tatsächlich Druck aufbauen und durchblicken lassen, im Verfahren mit einer „Flut" von Beweisanträgen zu reagieren, wenn man nicht zu einer Einigung kommt.

„[...] ein Beweisantrag nach dem anderen, wenn er abgelehnt wird, Beschwerden und Beschwerden, neue Anträge, Außervollzugsetzung und Androhung von was weiß ich allem" (1-2, 1740-1742; ähnlich auch 1-1, 2167-2168; 1-2, 1728-1729; 1735-1740; 1848-1852; 1-4, 12221-1223; 2-1, 1379-1380; 2-5, 1782-1787).

Der Vorwurf, dass die Verteidigung häufig versuche, ein nicht zur Absprache geneigtes Gericht „mürbe zu machen", wurde vereinzelt von Interviewpartnern der Staatsanwaltschaft relativiert. Da sich Richter immer verständigen wollten,

---

570 *Fischer* StV 2010, 423 (425); *Landau* NStZ 2007, 121 (129). Angedeutet bei *Deal* StV 1982, 545 (550).

571 *Nehm/Senge* NStZ 1998, 377 (383) Fn. 44: So hätten zwei der bei den untersuchten Verfahren beteiligten Verteidiger im Nachgang eingeräumt, dass beabsichtigt worden sei, eine zunächst nicht vorhandene „Dealbereitschaft" des Gerichts herbeizuführen. Vgl. auch BGH NStZ 2005, 45 und dem folgend *Meyer-Goßner* § 244 Rn. 68, der die Ablehnung von Beweisanträgen, die das Gericht im Rahmen einer Verständigung zu einer unangemessen niedrigen Strafe zwingen sollen, auf die Verschleppungsabsicht nach § 244 Abs. 3 S. 2 StPO stützt. Vgl. *Bertram* NJW 1994, 2186 (2188); *Fahl*, Rechtsmißbrauch im Strafprozeß, S. 235, 554, 562 geht davon aus, dass insbesondere Hilfsbeweisanträge häufig das Ziel verfolgten, das Gericht „mürbe" zu machen und für einen „Deal weichzukochen"; angedeutet auch bei *Dahs*, Handbuch Strafverteidiger, Rn. 662; *Landau*, Das Beschleunigungsgebot, S. 41; *Senge* NStZ 2002, 225 (227).

572 Nach BGHSt 38, 111 (113) ist der Missbrauch bei allen Verfahrensbeteiligten denkbar. Vgl. *Fahl*, Rechtsmissbrauch im Strafprozess, S. 554, 562; *Kempf*, FS Hassemer, 1041 (1053).

573 Ein ähnliches Ergebnis erbrachte auch die Studie von *Perron*, siehe hierzu oben zweiter Zeil, erstes Kapitel, B.V.

gehe es vielmehr darum, eine Absprache zu den Bedingungen der Verteidigung zu erzielen.

Darüber hinaus sei an dieser Stelle auch daran erinnert, dass sich die Erkenntnisse insbesondere auf Wirtschaftsstrafverfahren beziehen und nach Angaben einiger Interviewpartner selbst in „kleineren" Wirtschaftsstrafverfahren die Tendenz besteht, vermehrt Anträge zu stellen.

> *„Ich wüsste von keinem Verfahren vor dem Schwurgericht, in dem 200 Anträge gestellt wurden" (2-3, 928-929).*

Insoweit erscheint allein die Anzahl der gestellten Beweisanträge keinesfalls als verlässliches Kriterium, um einem Verteidigungsverhalten das Verdikt des Rechtsmissbrauchs zuzusprechen. Aufschlussreichere Erkenntnisse verspricht die Frage nach den prägenden Motiven, die dem Antragsverhalten zugrunde liegen.

2. *Motive der Verteidigung*

Die Interviewpartner haben nicht nur hinsichtlich der Musterverfahren unterschiedliche Motive für das Stellen von Beweisanträgen ausgemacht, sondern losgelöst vom konkreten Einzelfall wurden verschiedene Gründe für das Antragsverhalten der Verteidigung deutlich.[574]

Für die interviewten Strafverteidiger steht bei der Wahrnehmung des Beweisantragsrechts die Sachaufklärung im Vordergrund. Die Aufgabe des Verteidigers bestehe darin, den Sachverhalt mithilfe von Beweisanträgen so in das Verfahren einzubringen, wie er sich aus Sicht der Verteidigung zugetragen hat, und zwar auch oder insbesondere dann, wenn das Gericht bereits von einer anderen Auffassung überzeugt ist.[575]

Die interviewten Verteidiger werden bei der Wahrnehmung des Beweisantragsrechts demnach im Wesentlichen von dem Gedanken geleitet, ihr eigenes Wahrheitsbild einzubringen und die Sachaufklärung zugunsten des Mandanten voranzubringen.

Auch ein Interviewpartner der Staatsanwaltschaft macht diese Beweggründe als Motiv der Verteidigung aus.

> *„[...] man lernt als Verteidiger, dass man versuchen soll, seine Sicht der Dinge, also der misslungenen Beweisaufnahme per Beweisantrag [...] in die Akten, in das Protokoll zu kriegen. [...] Wenn man so verteidigt, ist es sicherlich üblich, mit Beweisanträgen zu versuchen, seine Sicht unterzubringen" (1-1, 2242-2245; 2250-2253).*

---

574 Ähnlich die Studie von *Perron* oben, zweiter Teil, erstes Kapitel, B.V.

575 Siehe hierzu bereits oben II.2.

Ein solches Anliegen erscheint legitim. Wiederholt wurde darauf hingewiesen, dass es nicht die eine objektiv richtige Wahrheit gibt, sondern Wahrheit am Maßstab des jeweiligen Interesses wahrgenommen wird und so jeder Verfahrensbeteiligte geprägt von seinem subjektiven Vorverständnis zu einem eigenen Wahrheitsbild gelangen kann. Demnach kann ein Beweisantrag nicht als zweckwidrig und letztlich missbräuchlich qualifiziert werden, solange der Antragsteller den angeklagten Sachverhalt aufklären und darstellen will, wie er sich aus seiner Sicht bzw. aus Sicht seines Mandanten ereignet hat. Die umfassende Tatsachenermittlung ist Grundlage der richterlichen Würdigung nach § 261 StPO. Darüber hinaus hat sich an anderer Stelle bereits gezeigt, dass der Verteidiger stets die Interessen seines Mandanten zu wahren hat, unabhängig davon, welche Stellung man ihm letztlich zuspricht.[576] Auch aus diesem Grunde hat er die zugunsten des Beschuldigten sprechenden Umstände vorzutragen und notfalls mithilfe von Beweisanträgen einzubringen, da es dem Gericht nicht immer möglich ist, den Sachverhalt restlos aufzuklären. Es ist nicht davor gefeit, von einer unvollständigen oder gar unzutreffenden Tatsachengrundlage auszugehen,[577] zumal die Vorstellung, die der Planung der gerichtlichen Beweisaufnahme zugrunde liegt, in erster Linie einseitig von den staatsanwaltschaftlichen Ermittlungsergebnissen, die in aller Regel den Verdacht erhärten und nicht entkräften, geprägt werden.[578] Durch diese bereits im Vorfeld erfolgte Selektionsleistung von Staatsanwaltschaft und Gericht werden mitunter Tatsachen, die aus Sicht der Verteidigung von Bedeutung sein können, bereits von vornherein nicht berücksichtigt. Auch diese Selektion kann mithilfe des Beweisantragsrechts überprüft werden, so können die außer Acht gelassenen Tatsachen zum Gegenstand des Verfahrens werden.

Aus Sicht der Verteidigung kann sich die Beweisaufnahme demzufolge aus unterschiedlichen Gründen als „misslungen“ erweisen. Ein komplexer Sachverhalt mit rechtlichen und tatsächlichen Schwierigkeiten erfordert oftmals eine umfangreichere Beweisaufnahme und Sachaufklärung. Aus diesem Grund wird der Verteidigung das Recht gewährt, Beweisanträge zu stellen und an der Sachverhaltsaufklärung teilzuhaben. Nach alledem kann in dem Versuch, das eigene Wahrheitsbild mithilfe von Beweisanträgen einzubringen, keine den

---

576 S.o. erster Teil, zweites Kapitel, C.

577 Bereits *Perron* ZStW 108 (1996), 128 (132) weist auf ein unvermeidbares Fehlverurteilungsrisiko hin, das dem Beschuldigten gegenüber nur dadurch gerechtfertigt werden kann, dass er die Möglichkeit hat, auf die Erarbeitung des zugrunde zu legenden Sachverhalts Einfluss zu nehmen und etwaige Fehlerquellen aufzuzeigen.

578 Vgl. hierzu *Eschenhagen*, Der Mißbrauch des Beweisantragsrechts, S. 19; *Hamm*, FS-Hassemer, S. 1018; ähnlich bereits *Perron* ZStW 108 (1996), 128 (136).

Verfahrenszweck widersprechende Zielsetzung und damit auch kein Rechtsmissbrauch gesehen werden.

Gleiches gilt für einen absehbar erfolglosen Beweisantrag, um aus der gerichtlichen Begründung des ablehnenden Beweisbeschlusses Rückschlüsse auf die bisherige Überzeugung des Gerichts zu gewinnen. Denn hieraus können sich für die Verteidigung wichtige Erkenntnisse ergeben, ob die Sachverhaltsaufklärung aus ihrer Sicht vollständig ist oder noch weitere Beweiserhebungen notwendig sind.

3. Zweckmäßige und zweckwidrige Beweisanträge

Die bisherigen Ausführungen haben ergeben, dass bei der Beurteilung eines Beweisantrages maßgeblich auf den damit verfolgten Zweck abzustellen ist. Insbesondere die interviewten Verteidiger machten deutlich, dass für sie selbst zwar die Sachaufklärung im Vordergrund stehe, obwohl einige ihrer Kollegen auch dann von ihrem Beweisantragsrecht Gebrauch machten, wenn ein Sachbezug nicht besteht und nur zum Schein vorgegeben wird. Auch Interviewpartner der Strafverfolgungsbehörden nehmen diese Differenzierung ausdrücklich vor, wenn zwischen solchen Beweisanträgen unterschieden wird, die mit Blick auf die Sachaufklärung gestellt werden, und Anträgen, die der Verzögerung dienen.

> *„[...] Beweisanträge, da muss man unterscheiden, wenn dadurch wirklich etwas aufgeklärt wird, habe ich nie was dagegen, es ist höchstens überflüssig, aber nicht gefährlich. Und die anderen, die mehr der Verzögerung dienen, sind eigentlich auch nur ärgerlich und nicht gefährlich" (1-1, 2270-2274).*

> *„Beweisanträge kommen ja häufig eben dann, wenn ein Verfahren sehr strittig ist oder wenn der Angeklagte oder der Anwalt das in die Länge ziehen wollen." (2-5, 1253-1255).*

Eine Absage erteilte ein Verteidiger dem Versuch, ein Geständnis mit Hilfe von Beweisanträgen „revisionstechnisch festgeschrieben rüberzubringen". Da das Gericht nicht an den Wortlaut eines schriftlich niedergelegten Geständnisses gebunden ist, versuchten einige Verteidiger mit einem „Trick" dennoch eine Bindungswirkung zu erzielen. Mithilfe eines Beweisantrages soll die schriftliche Fassung des Geständnisses als Urkundenbeweis in das Verfahren eingebracht werden.

> *„Der BGH hat mit Recht jedweden Versuch dieser Art abgelehnt" (3-1, 1082-1083).*[579]

Gute und erfolgreiche Beweisanträge sind aus Verteidigersicht knapp und präzise. Verteidiger müssten lernen, zu umfangreiche Beweisanträge zu vermeiden.

---

579 Vgl. BGH NStZ 2008, 527 (528).

Die vorstehenden theoretischen und empirischen Erkenntnisse legen eine Unterscheidung zwischen Beweisanträgen nahe, die die Sachaufklärung verfolgen, und solchen, die sonstige Ziele, wie die Verfahrensverzögerung erreichen sollen. Bereits zu Beginn der Ausführungen zum Beweisantragsrecht hat sich gezeigt, dass mit der Möglichkeit, auf die Sachaufklärung Einfluss zu nehmen, die Sicherung eines rechtsstaatlichen und fairen Strafverfahrens verfolgt wird.[580] Bei der Analyse der empirischen Erkenntnisse hat sich wiederholt gezeigt, dass die interviewten Verteidiger versuchen, durch Beweisanträge die Sachverhaltsaufklärung voranzutreiben und insbesondere dann, wenn aus ihrer Sicht die gerichtliche Überzeugungsbildung bereits abgeschlossen ist, von dieser Überzeugung abweichenden Positionen Gehör zu verschaffen.

Verfolgt die Verteidigung jedoch nicht die Aufklärung, sondern verfahrensfremde oder verfahrenswidrige Ziele,[581] wird sowohl der dem Beweisantragsrecht zugrunde liegende Zweck als auch der allgemeine Verfahrenszweck, die Ermittlung der materiellen Wahrheit, verfehlt. Somit kann im Grunde zwischen zweckmäßigen und zweckwidrigen Beweisanträgen differenziert werden.

4. *Einfluss auf das Verfahren*

Die Wahrnehmung des Beweisantragsrechts wirkt sich stets auf das Verfahren aus. Obwohl in aller Regel das Verfahren verzögert wird,[582] zeigte sich im Verlauf der Interviews, dass Beweisanträge auch zum beschleunigten Abschluss des Verfahrens beitragen können.

a. Beschleunigter Abschluss des Verfahrens durch Wahrnehmung des Beweisantragsrechts

Die beschleunigende Wirkung verdeutlichte ein interviewter Richter aus dem Verfahren A anhand eines Beweisantrages, dem Folgendes zugrunde lag: Wie bereits dargestellt war es Teil des sogenannten Systems A, CEMT-Genehmigungen für die bei der Tochtergesellschaft S angestellten Fahrer zu erlangen.[583] Um die notwendigen Voraussetzungen für die Erteilung der CEMT-Genehmigungen zu schaffen,

---

580 S.o. B.III.1.

581 Siehe zu dieser Unterscheidung oben erster Teil, drittes Kapitel, A.I.2.

582 *Stern* AnwBl 1997, 90 (91) verweist in diesem Zusammenhang auf eine unveröffentlichte Studie von *Backes* zur Dauer von Schwurgerichtsverfahren in NRW aus dem Jahre 1989. Diese sei zu dem Ergebnis gekommen, dass Beweisanträge von Verteidigern in der Hauptverhandlung keinen entscheidenden Einfluss auf die Dauer der gerichtlichen Verfahren hätten.

583 S.o. zweiter Teil, zweites Kapitel, A.II.

mussten den Antragstellern ausreichend viele LKW zur Verfügung stehen und im jeweiligen Ausstellerstaat auf ihn zugelassen sein, um zu belegen, dass die Fahrer, für die eine Genehmigung erteilt werden sollte, auch tatsächlich eingesetzt werden können. Ob diese Zulassungen tatsächlich erfolgt sind oder nur zum Schein vorgegeben wurden, ist für diese Untersuchung nicht entscheidend. Obwohl die infrage stehenden LKW demnach auf Tochterunternehmen der A mit Sitz außerhalb der Europäischen Union – zumindest scheinbar – zugelassen waren, wurden diese vom deutschen Unternehmenssitz der A disponiert und für eigene Transportaufträge der Muttergesellschaft eingesetzt. Da diese LKW somit aus einem Drittstaat dauerhaft in das Zollgebiet der Europäischen Union eingeführt wurden, hätten Einfuhrabgaben entrichtet werden müssen, denn gem. Art. 137 ff. ZK i.V.m. Art. 555 ff. ZK-DVO ist lediglich die Einfuhr zur vorübergehenden Verwendung abgabenfrei. Angesichts der (Schein-)Zulassungen in Drittstaaten genehmigten die deutschen Zollbehörden die abgabenfreie Einführung zur vorübergehenden Verwendung, obwohl die Fahrzeuge tatsächlich dauerhaft eingeführt wurden und somit Einfuhrabgaben hätten entrichtet werden müssen. Hierauf stützte die Anklage den Vorwurf der Steuerhinterziehung. Dabei ging die Staatsanwaltschaft davon aus, dass Einfuhrabgaben in Höhe von mindestens 7,5 Mio. Euro hinterzogen wurden. Grundlage für die Berechnung der anfallenden Steuer ist der Wert der eingeführten Ware, vorliegend der LKW. Die Verteidigung des Angeklagten A1 brachte hiergegen vor, dass diese Zollwertermittlungen zu hoch angesetzt und damit auch die hinterzogenen Steuern unzutreffend berechnet worden seien. Statt den 7,5 Mio. Euro seien nur Steuern in Höhe von 1,5 Mio. Euro angefallen. Auf Antrag der Verteidigung wurden verschiedene Urkunden verlesen und mittels Leinwandprojektion in Augenschein genommen, um das Gericht von der Fehlerhaftigkeit der angesetzten Werte zu überzeugen.[584] Im Anschluss hieran hat das Gericht neue Gutachten in Auftrag gegeben und die Werte der LKW erneut berechnen lassen.

Ein interviewter Richter erinnerte sich:

> *„Das war insofern hilfreich, als man gemerkt hat, da war etwas falsch. Es war auch hilfreich, dass man ein Einverständnis darüber hatte, dass diese Werte jetzt halbwegs realistisch sind und man dann einen Einstieg hatte, zumindest diesen Komplex unstreitig stellen zu können. Das war dann auch ein Einstieg für die weiteren Verständigungsbemühungen“ (2-1, 2024-2029).*

Letztlich wurde dieser Anklagevorwurf im Rahmen der Verständigung nach § 154 Abs. 2 StPO eingestellt.[585] Obwohl der Beweisantrag zu einer Neubewertung der Zollwerte und damit zunächst zu einem zeitlichen Mehraufwand geführt

---

584 ProBa III, S. 181 ff.; GA Bd. XXII S. 358 ff.
585 ProBa VIII, S. 152.

hat, ist davon auszugehen, dass er den Abschluss des Verfahrens insgesamt beschleunigt hat. Denn ohne die Neubewertung wäre eine Einstellung nach § 154 Abs. 2 StPO bei dem ursprünglichen Hinterziehungsbetrag von 7,5 Mio. Euro kaum möglich gewesen. Andererseits hätte die Verteidigung den zu hohen Wert wohl kaum „widerstandslos" hingenommen. Die der Anklage zugrunde gelegten Werte waren demnach nachweislich zu hoch. Es liegt auf der Hand, dass die Verteidigung ein erhebliches Interesse an der Ermittlung der tatsächlichen Werte und damit an einer weitergehenden Sachaufklärung hatte.

Anhand der vorstehenden Ausführungen lassen sich zwei Erkenntnisse ableiten. Zum einen gibt es einzelnes Verteidigungsverhalten, das sich letztlich jedem Anschein des Rechtsmissbrauchs entzieht, obwohl mit ihm die Notwendigkeit weiterer Ermittlungen einhergeht, da das Sachaufklärungsinteresse im Vordergrund steht. Zum anderen können Beweisanträge geeignet sein, einen konsensualen Abschluss zu fördern und zwar nicht – wie oftmals befürchtet – durch Druck weiterer zeitlicher Verzögerung, sondern im Gegenteil gerade durch die Ausweitung der Sachaufklärung.

b. Verzögerter Abschluss des Verfahrens durch Wahrnehmung des Beweisantragsrechts

Doch trotz dieser positiven Effekte steht für die Interviewpartner von Staatsanwaltschaft und Gericht das verzögernde Element des Beweisantrags im Vordergrund. Dies betrifft sowohl den Zeitaufwand, der mit dem Vortrag der Anträge in der Hauptverhandlung einhergeht, als auch die Dauer der Beschlussfassung. Dies soll nicht nur für umfangreiche Beweisanträge mit vielen, teilweise zusammenhangslosen Unterpunkten gelten, sondern auch für übersichtliche und kurze Beweisanträge. Da die Bearbeitung der Anträge Zeit in Anspruch nimmt, muss das Gericht – nach Angaben eines interviewten Richters – vor allem in der Endphase oftmals Termine aufheben.

Ein „großes Druckpotential" wird Beweisanträgen auf Vernehmung von Auslandszeugen sowie Anträgen, denen ein Auftragsgutachten zugrunde liegt, zugeschrieben. Denn egal, zu welchem Ergebnis ein Partei- oder Auftragsgutachten kommt, muss sich die Kammer damit inhaltlich auseinandersetzen. Bei jedem einzelnen Beweisantrag muss entscheiden werden, ob dieser unter Einhaltung der gesetzlichen Vorgaben nach § 244 Abs. 3 bis 5, §§ 245 f. StPO abgelehnt werden kann oder ihm nachgegangen werden muss.

c. Erfüllen des Beweisbegehrens

Vereinzelt wurde auf Seiten der Richterschaft deutlich, dass es sich insbesondere bei Anträgen auf Vernehmung von Zeugen als effektiv und beschleunigend erweisen kann, diesen stattzugeben und den beantragten Beweis zu erheben, selbst dann, wenn das Gericht nicht mit einer zusätzlichen Sachaufklärung rechnet. Wenn die Vernehmung von Zeugen begehrt wird, die nichts zur Aufklärung beitragen können, könne man der Verteidigung gerade mit deren Vernehmung den „Wind aus den Segeln" nehmen.

> *„Das ist viel einfacher, viel effizienter und zeigt auch der Verteidigung, dass sie damit im Grunde keinen großen Erfolg hat. Und irgendwann ist immer auch das Pulver der Beweisanträge verschossen" (2-6, 567-570 ähnlich auch 2-6, 622-624).*

Mit Ausnahme von Zeugen aus dem Ausland wird der Zeitaufwand, einen Zeugen zu laden und zu vernehmen oder Urkunden zu verlesen bzw. über das Selbstleseverfahren einzuführen, oftmals als geringer empfunden als das Verfassen eines ablehnenden Beschlusses, zumal dieser mit den Schöffen beraten werden muss und sich das Urteil nicht mit der ablehnenden Begründung in Widerspruch setzen darf. Ein ablehnender Beschluss gem. § 244 Abs. 3 bis Abs. 5 StPO wird somit als ein zusätzliches Risiko für die Bestandskraft des Urteils empfunden.

5. *Ablehnung eines Beweisantrags*

Grundsätzlich sind die Ablehnungsgründe und damit auch die Abwehrmöglichkeiten missbräuchlicher Beweisanträge enumerativ und abschließend im Gesetz geregelt.[586] Kritiker sehen diese gesetzlichen Reaktionsmöglichkeiten als unzureichend an und argumentieren, dass die Effektivität der Strafrechtspflege durch einen zweckwidrigen Einsatz des Beweisantragsrechts gefährdet wird.[587]

Mit dem Ablehnungsgrund der Prozessverschleppung normierte der Gesetzgeber indes ein spezielles Missbrauchsverbot und damit zumindest eine Möglichkeit, um zweckwidrige Beweisanträge unter bestimmten Voraussetzungen abzulehnen. Im Rahmen der Diskussion um ein rechtsmissbräuchliches Verteidigungsverhalten durch den Einsatz des Beweisantragsrechts ist der Ablehnungsgrund der Verschleppungsabsicht gem. § 244 Abs. 3 S. 2 Var. 6 StPO von besonderem Interesse. Verschleppungsabsicht im Sinne des § 244 Abs. 3 S. 2 Var. 6 StPO liegt vor, wenn mit der beantragten Beweiserhebung eine erhebliche Verzögerung einhergehen würde, die begehrte Beweiserhebung keine zu Gunsten des Antragstellers sprechenden Umstände hervorbringen wird, dieser

---

586 LR/*Becker* § 244 Rn. 1; SK-StPO/*Frister* § 244 Rn. 45; Radtke/Hohmann/*Kelnhofer* § 244 Rn. 41; *Rose* NStZ 2012, 18 (23).

587 *Herdegen*, GS-Meyer, S. 188.

sich dessen bewusst ist und alleiniges Ziel des Antragstellers die Verfahrensverzögerung ist.[588] Wurde bisweilen eine nicht nur unerhebliche oder unwesentliche Verfahrensverzögerung gefordert, hielt es der Bundesgerichtshof in einem obiter dictum für angezeigt, „*das objektive Kriterium, dass die Verfahrensverzögerung zusätzlich wesentlich sein muss, deutlich restriktiver auszulegen, wenn nicht gar aufzugeben*“.[589] Demnach missbraucht der Antragsteller sein Beweisantragsrecht, wenn er ausschließlich verfahrensfremde oder verfahrenswidrige Zwecke anstrebt und die Ermittlung des zugrunde liegenden Sachverhalts nicht mehr zum Ziel seines Antragsbegehrens macht.

Obwohl mit dieser Einschränkung eine Ausweitung des Anwendungsbereichs des Ablehnungsgrundes Verschleppungsabsicht zu befürchten sein könnte, gaben einige Interviewpartner explizit an, sich an keine Beweisanträge erinnern zu können, die wegen Verschleppungsabsicht zurückgewiesen worden sind. Da der gewählte qualitative Ansatz keine Quantifizierung ermöglicht, eignet sich diese Einschätzung jedoch kaum für eine Verallgemeinerung.

Schwierigkeiten werden unter anderem beim Nachweis der rechtsmissbräuchlichen Intention des Antragstellers gesehen.[590] Da der Antragsteller nicht ausdrücklich kundgeben wird, dass er die Verschleppung des Verfahrens beabsichtigt, bedarf es zumeist weiterer Anhaltspunkte, um die gerichtliche Überzeugung vom Vorliegen dieses subjektiven Elements zu stützen.[591] Grundsätzlich soll diese Überzeugung nicht allein anhand einzelner Indizien gewonnen

---

588 Ähnlich bereits RG JW 1930, 1313 m. Anm. *Alsberg*; BGHSt 51, 333 (336, 342); BGH JZ 1980, 150 f; BGH NJW 1990, 1307; BGH NStZ 1998, 207; BGH NStZ 2011, 230; BGH 3 StR 49/11= BGH BeckRS 2011, 18392; LR/*Becker* § 244 Rn. 270 f.; HK-GS/*Bosbach* Teil 2 § 26a Rn. 5 f.; *Eisenberg*, Beweisrecht, Rn. 235; *Hamm/Hassemer/Pauly*, Beweisantragsrecht, Rn. 245 ff.; *Kühne*, Strafprozessrecht, Rn. 784; *Lemke-Küch*, Verteidigung im Strafverfahren, Rn. 419; *Meyer-Goßner* § 244 Rn. 67 f.; HbStrVf/*Scheffler* VII Rn. 870; Münchner Anwaltshandbuch Wirtschafts- und Steuerstrafsachen/*Schiller* § 14 Rn. 136 ff.; AnwK-StPO/*Sommer* § 244 Rn. 103; *Spiekermann*, Der Mißbrauch des Beweisantragsrechts, S. 100 ff, 107.

589 Siehe zu den bisherigen strengeren Anforderungen BGH NJW 1958, 1789; 1982, 2201; *Fahl*, Rechtsmißbrauch im Strafprozeß, S. 468; *Meyer-Goßner* § 244 Rn. 67 m.w.N. Zur restriktiven Auslegung BGHSt 51, 333 (342 f.); insoweit offen BGHSt 52, 355; BGH 3 StR 49/11= BGH BeckRS 2011, 18392; ablehnend *Beulke*, FS-Amelung, S. 555; *Kühne*, Strafprozessrecht, Rn. 784.1.

590 *Schatz*, Das Beweisantragsrecht in der Hauptverhandlung, S. 298 f.

591 Siehe hierzu auch *Fahl*, Rechtsmißbrauch im Strafprozeß, S. 470 ff. Für *Niemöller* JR 2010, 332 (333) besteht regelmäßig bereits mit dem Stellen von sogenannten Tsunami- oder Geysir-Anträgen der Verdacht, dass es dem Antragsteller subjektiv

werden, wie beispielsweise die Wiederholung eines bereits zuvor gescheiterten Antrags auf Zeugenvernehmungen zum selben Gegenstand, Widersprüche zwischen Beweisbehauptung und Einlassung des Angeklagten oder der vorausgegangene Verzicht auf Zeugen.[592] Nach der neueren Rechtsprechung des Bundesgerichtshofes soll die Stellung von Beweisanträgen nach Ablauf einer vom Gericht gesetzten Frist als Indiz für die Verschleppungsabsicht des Antragstellers gewertet werden können.[593]

Auch wenn diese neue Rechtsprechung in den Musterverfahren nicht zum Tragen gekommen ist, thematisierten die Interviewpartner die Möglichkeit einer Fristsetzung. Einige Interviewpartner – insbesondere die Vertreter der Richterschaft – attestierten der neuen Rechtsprechung grundsätzlich eine beschleunigende Wirkung, die tatsächlich weiterhelfe. Die Drohung, die in der Fristsetzung enthalten sei, zeige durchaus Wirkung. So wird es als einfacher empfunden, Beweisanträge abzulehnen. Ohne die Möglichkeit der Fristsetzung würde das Gericht nach Ansicht einzelner Interviewpartner Verteidigern, die es auf eine Verzögerung anlegten, noch mehr ausgeliefert sein.[594]

> *„Dank an den BGH und das Bundesverfassungsgericht, dass wir die Möglichkeit der Fristsetzung zur Stellung weiterer Beweisanträge haben. Das ist ein Segen“* (2-1; 756-758).

Andere Interviewpartner waren etwas weniger enthusiastisch, denn nach ihrer Erfahrung werden weder weniger Anträge gestellt noch werden diese stets innerhalb der Frist gestellt. Allerdings hielten die Verteidiger die vorgegebene Frist in etwa ein. Die Fristsetzung trage zu einer Beschleunigung bei, wenn der

---

nicht darum geht, durch die beantragte Beweiserhebung die Richtigkeit seiner Behauptung zu beweisen.

592 RG JW 1930, 1313 m. Anm. *Alsberg*; *Hamm/Hassemer/Pauly*, Beweisantragsrecht, Rn. 251; AnwK-StPO/*Sommer* § 244 Rn. 106.

593 Angedeutet in BGH NJW 2005, 2466 (2468); BGHSt 51, 333 (344 f.); BGH NStZ 2007, 716; ausdrücklich BGHSt 52, 355 (361 ff.) = BGH NJW 2009, 605 ff. m. abl. Anm. *Gaede*; gebilligt durch BVerfG NJW 2010, 592. Zustimmend *Heinrich*, Konfliktverteidigung im Strafprozess, S. 58 ff.; *Senge*, FS-Nehm, S. 344, der hierin einen Lösungsweg zur Abwehr von Konfliktverteidigung sieht. Eine solche Präklusion forderte bereits *Basdorf* StV 1995, 310 (314); *ders.* StV 1997, 488 (490). Siehe zu den ablehnenden Stimmen *Beulke*, FS-Amelung, S. 555, 563; *ders.* StV 2009, 554 (556); *Fezer* HRRS 2009, 17; *Kühne*, Strafprozessrecht, Rn. 784.1; *Niemöller* JR 2010, 332; *Rose* NStZ 2012, 18 (26 f.); *Schatz*, Das Beweisantragsrecht in der Hauptverhandlung, S. 332 ff. *Perron* ZStW 108 (1996), 128 (135) lehnte schon zuvor die Bindung an eine zeitliche und formelle Voraussetzungen ab, wenngleich diese Möglichkeit von Interviewpartnern seiner Studie als wünschenswert empfunden wurde, *Perron*, Beweisantragsrecht, S. 339.

594 2-1, 1979-2005.

Antragsteller „good will“ zeige. Wenn der Antragsteller das Verfahren hingegen „torpedieren“ wolle oder eine Fristverlängerung beantrage und auf eine ablehnende Entscheidung hierzu mit einem Befangenheitsantrag reagiere, dann beginne wieder „das alte Spiel“ mit Befangenheitsanträgen.[595]

Wenn es sich jedoch um ein bedeutsames Beweismittel handelt, wird der Antrag kaum allein wegen der versäumten Frist abgelehnt werden können, zumal ein Richter darauf hingewiesen hat, dass die Verteidiger oftmals gut begründen könnten, warum der Antrag erst verspätet gestellt werden konnte. Daher ist der positive Effekt für andere Interviewpartner „gleich Null“[596].

Zusätzlich wird von Seiten der Richterschaft beklagt, dass in Ermangelung einer gesetzlichen Regelung stets eine gewisse Unsicherheit bestehe. Denn auch wenn das Bundesverfassungsgericht die Rechtsprechung des Bundesgerichtshofes gebilligt habe,[597] so würden viele Verteidiger mit einer erneuten Anrufung des Bundesverfassungsgerichts drohen. Dies berge immer die Gefahr, dass das Urteil aufgehoben wird.[598]

Doch nicht nur der anhand objektiver Kriterien geforderte Nachweis der zweckfremden Motive des Antragstellers kann das Gericht vor erhebliche Schwierigkeiten stellen, da hierfür erforderlich ist, dass der Antragsteller tatsächlich allein verfahrenswidrige oder verfahrensfremde Zwecke verfolgt, er jedoch seine Beweggründe nicht offenbart. Wenn der Antragsteller dagegen aus seiner Sicht ernsthaft eine weitere Sachaufklärung verfolgt, ist der objektive Nachweis einer missbräuchlichen Inanspruchnahme des Beweisantragsrechts kaum möglich. So kann bereits die eindeutige Zuschreibung von Beweggründen Schwierigkeiten bereiten. Selbst wenn der Antragsteller die aus seiner Sicht tragenden Motive offenlegt, können die übrigen Prozessbeteiligten andere Beweggründe für ausschlaggebend erachten und so zu einer abweichenden Wertung gelangen. Diese Problematik ist anhand der Musterverfahren ausführlicher zu untersuchen.

C. Das Verteidigungsverhalten in den Musterverfahren

I. Relevante Befangenheitsanträge in den Musterverfahren

Bereits bei der Auswertung der Verfahrensakten hat sich gezeigt, dass zwar in keinem der Musterverfahren mehr als sechs Befangenheitsanträge gestellt worden

---

595 Siehe hierzu insgesamt 2-3, 1288-1297; 2-5, 1231-1246; 2-5, 1252-1253;

596 2-6, 644-646.

597 BVerfG NJW 2010, 592.

598 2-7, 649-653.

sind.[599] Insbesondere im Verfahren A lag gleichwohl bereits nach der Aktenanalyse die Vermutung nahe, dass sich die Wahrnehmung des Ablehnungsrechts nicht unerheblich auf den weiteren Fortgang des Verfahrens ausgewirkt hat. Da sich dieser Eindruck im Verlauf der Interviews bestätigt hat und alle verfahrensbeteiligten Interviewpartner ihren Ausführungen die Art und Weise der Antragstellung im Verfahren A zugrunde gelegt haben, soll diese Gegenstand der eingehenden Analyse werden.

1. Gegenstand der Befangenheitsanträge

Nachdem über neun Monate verhandelt worden war, kam es zu einem Gespräch zwischen den Verteidigern des A1, dem Vorsitzenden sowie den beiden Beisitzern, in welchem diese die Möglichkeit einer verfahrensbeendenden Verständigung erörtern wollten. Bei diesem Zusammentreffen war weder ein Vertreter der Staatsanwaltschaft noch der Vertreter der Verfahrensbeteiligten A – dem Unternehmen des Hauptbeschuldigten – anwesend. Die Initiative für dieses Gespräch ging von einem der Verteidiger des A1 aus. Dabei wurde vereinbart, die Teilnahme auf die genannten Verfahrensbeteiligten zu beschränken.[600] Welchen genauen Inhalt dieses Gespräch hatte, kann nicht mit Sicherheit festgestellt werden, teilweise widersprechen die dienstlichen Stellungnahmen der Richter den Ausführungen der Verteidiger. Übereinstimmung besteht lediglich insoweit, als die Kammer zunächst die Verteidigung aufgefordert hatte, ihre Einschätzung des Verfahrensstands unter Zugrundelegung der bisherigen Beweisaufnahme darzulegen. In diesem Zusammenhang thematisierte einer der Verteidiger auch eine etwaige Verbandsgeldbuße sowie die Anordnung des Verfalls gegenüber der Verfahrensbeteiligten. Ob das Gericht eine Prognose bezüglich der zu erwartenden Summen abgegeben hat, lässt sich nicht rekonstruieren, hier widersprechen sich die Angaben.

Am darauffolgenden Tag unterrichtete einer der Beisitzer einen Vertreter der Staatsanwaltschaft über das Gespräch. Zu Beginn des nächsten Verhandlungstages stellten zunächst die Verteidiger des Angeklagten A1 einen Befangenheitsantrag gegen den Vorsitzenden und einen Beisitzer.[601] Die Besorgnis der Befangenheit wurde auf Äußerungen der beiden Richter im Rahmen des Verständigungsversuches gestützt, wobei sich nicht feststellen lässt, ob sich diese tatsächlich entsprechend eingelassen hatten.

599 Im Verfahren A 5, im Verfahren B 6 und im Verfahren C keiner.
600 ProBa III, S. 96, 101, GA XXI, 95.
601 ProBa III, 91 ff.

Im Anschluss stellte der Vertreter der Verfahrensbeteiligten A das zweite und dritte Ablehnungsgesuch gegen alle drei Berufsrichter.[602] Es waren insbesondere diese beiden Anträge, die zu Differenzen zwischen Gericht und Staatsanwaltschaft auf der einen sowie Verteidigung auf der anderen Seite geführt haben. Grundlage war erneut das vorausgegangene Zusammentreffen der Verteidiger des A1 und des Gerichts, in Abwesenheit des Vertreters der Verfahrensbeteiligten A. Die Ablehnungsgesuche stützte dieser darauf, dass im Rahmen dieser Gespräche ohne sein Beisein weder die Anordnung des Verfalls noch eine etwaige Verbandsgeldbuße hätte diskutiert werden dürfen, da diese in erster Linie das verfahrensbeteiligte Unternehmen betreffen würden. Zum anderen habe die Kammer ihn als Vertreter der Verfahrensbeteiligten auch im Nachhinein nicht über das Gespräch und seinen Inhalt informiert. Alle drei Anträge wurden im weiteren Verlauf des Verfahrens als unbegründet zurückgewiesen, es habe kein Grund für die Annahme der Besorgnis der Befangenheit vorgelegen.[603] Gleichwohl hat sich bei der Aktenanalyse und den Experteninterviews gezeigt, dass für die Interviewpartner nicht die Frage im Vordergrund stand, ob die abgelehnten Richter tatsächlich befangen waren. Die Verfahrensbeteiligten stellten berufsgruppenübergreifend vielmehr auf die Motivation des Antragstellers ab. Welche Gründe für den Vertreter der Verfahrensbeteiligten A tatsächlich ausschlaggebend waren, wurde konträr beurteilt.

2. *Bewertung der Verfahrensbeteiligten*

Aus den Akten ergab sich, dass ein Vertreter der Staatsanwaltschaft in seiner Stellungnahme zu dem Befangenheitsantrag im laufenden Verfahren sehr deutliche Worte gefunden hatte.[604] Der Verteidigung würden die Argumente ausgehen, deshalb reagiere sie mit einer Änderung der Taktik: An die Stelle von Argumenten träten nun List und Tücke. Dafür sprächen seiner Meinung nach bereits die äußeren Umstände des Zusammentreffens zwischen Gericht und Verteidigung. Denn dieser Termin sei von Seiten der Verteidigung des A1 initiiert und auf ihren Wunsch hin von vornherein auf die Teilnahme der später Anwesenden beschränkt worden. Der Vertreter der Verfahrensbeteiligten – „der Fünfte im Bunde" – sei nicht von der Kammer, sondern von seinen Kollegen ausgeschlossen worden, die ihn gleichwohl vor Beginn des nächsten Verhandlungstages von dem Inhalt dieses Gesprächs informiert hätten. Es falle daher

602 ProBa III, S. 96 ff., 105 ff.
603 GA XXI, S. 284 ff., 382 ff.
604 GA XXI, S. 244 ff.

schwer, das Motiv hierfür nicht in den Befangenheitsanträgen zu sehen. Dieser Vorwurf ist insbesondere vor dem Hintergrund zu sehen, dass die vier Verteidiger des Angeklagten A1 und der Vertreter der Verfahrensbeteiligten im bisherigen Verfahrensverlauf die oben erläuterte Sockelverteidigung aufgebaut hatten.[605] Abschließend merkt der Verfasser in seiner Stellungnahme an, dass diese Aktion immerhin das Verfahren fördere: Sie mache deutlich, dass die Verteidigung sich im „Rückzugsgefecht" befinde – und dies wisse. Als letzte „Waffe" bemühe sie nun die klassische Methode der an den Haaren herbeigezogenen Befangenheitsanträge. In einem Interview wurde das Vorgehen der Verteidiger von Seiten eines Staatsanwaltes wie folgt beschrieben:

> *„[...] die Verteidigung war darauf angewiesen, dass sie alleine zum Richter marschiert, aber einen Verteidiger nicht mitnimmt, damit der dann nachher einen Befangenheitsantrag stellen kann"* (1-1, 1248-1251).

Die Befangenheitsanträge wurden von den beteiligten Richtern und Staatsanwälten rückblickend eindeutig bewertet. Es habe sich um „perfide" Anträge gehandelt, um eine „ganz üble Sache, die da initiiert" worden sei. Im Nachhinein sah es einer der verfahrensbeteiligten Richter als einen Fehler an, dass sich die Kammer auf Drängen der Verteidigung darauf eingelassen habe, mit den Verteidigern in Abwesenheit des Vertreters der Verfahrensbeteiligten A sowie eines Vertreters der Staatsanwaltschaft eine verfahrensbeendende Absprache zu erörtern. Doch die Kammer habe nicht damit gerechnet, dass dieses Zusammentreffen zum Anlass genommen werde, Befangenheitsanträge zu stellen.

> *„Das war ein Vertrauensbruch aller erster Sahne" (2-1, 1500-1503).*

Während die interviewten Richter und Staatsanwälte das Vorgehen der Verteidigung für planmäßig gehalten haben und hierin einen „Vertrauensbruch" erblickten, wurde im Verlauf der Interviews mit den Verteidigern deutlicht, dass diese das Ablehnungsgesuch ganz anders bewertet haben.

> *„Was im Fall A war, geht alles unter die Rubrik, dass es nach so langer Verhandlungsdauer nicht ausbleiben kann, dass man mal Streit kriegt. Mehr war es nicht" (3-1, 1423-1425).*

Es habe sich um ein „Versehen" gehandelt. Die Verteidiger des A1 hätten den Vertreter der Verfahrensbeteiligten A „nicht leiden" können, dieser sei ihnen „wichtigtuerisch" vorgekommen. Zudem hätte sich das Gericht nicht auf ein Gespräch ohne dessen Beteiligung einlassen dürfen, dies sei ein handwerklicher Fehler gewesen.

605 S.o. B.I.

„Wir sind da auch gar nicht drauf gekommen. Ein Verteidiger hat mit der Kammer einen Termin ausgemacht. Da waren die Verteidiger von A1, Staatsanwaltschaft und Gericht anwesend und haben uns da drüber unterhalten. Dann ist man auf diese Verfallsgeschichte gekommen und hat das diskutiert" (3-2, 1581-1587).

„Die Kammer hat dann im nächsten Termin berichtet und dann sagte der Vertreter der Verfahrensbeteiligten: „Ja, warum war ich denn da nicht dabei bzw. wie könnt ihr über Dinge reden, die mich oder meine Mandantin unmittelbar angehen?" Also das war ein handwerklicher Fehler der Kammer" (3-2, 1587-1590).

Auch wenn klar gewesen sei, dass der Antragsteller damit keinen Erfolg haben würde, habe dieser als Vertreter der Verfahrensbeteiligten gute Gründe gehabt, „beleidigt" zu sein, auch in Bezug auf die Verteidiger des Hauptangeklagten A1. Da er diese nicht habe ablehnen können, habe er das Gericht abgelehnt.

„Das sind keine schlimmen Befangenheitsgesuche gewesen, sondern die waren situationsgebunden, haben niemanden groß aufgeregt" (3-1, 1416-1418).

3. *Zuordnung der Befangenheitsanträge zu den Idealtypen*

Geht man mit den beteiligten Staatsanwälten und Richtern davon aus, dass die Ablehnungsanträge tatsächlich nur als „Waffe" eingesetzt worden sind und den Ablehnungsanträgen ein geplantes Zusammenwirken der Verteidiger des Angeklagten A1 und des Vertreters der Verfahrensbeteiligten A zugrunde liegt, kommt man nicht umhin festzustellen, dass diese Anträgen nicht gestellt wurden, um der Besorgnis der Befangenheit Ausdruck zu verleihen. Vielmehr wäre der Ablehnungsgrund künstlich generiert worden, sodass der Antragsteller mit seinem Gesuch nicht den dem Ablehnungsrecht zugrunde liegenden Zweck, die Sicherstellung eines fairen und rechtsstaatlichen Strafverfahrens, verfolgt hätte. Legt man den herausgearbeiteten Maßstab der Zweckmäßigkeit an, müsste man davon ausgehen, dass diese Befangenheitsanträge zweckwidrig und damit missbräuchlich gestellt worden sind. Dennoch hat das Gericht alle hier erläuterten Befangenheitsanträge als unbegründet zurückgewiesen und nicht bereits wegen Verschleppungsabsicht nach § 26a Abs. 1 Nr. 3 StPO als unzulässig verworfen.

Hierfür ist vor allem folgende Begründung denkbar. Stellt man den Ausführungen von Gericht und Staatsanwaltschaft die Einlassungen der verfahrensbeteiligten Strafverteidiger gegenüber, wird eine eindeutige Qualifizierung weiter erschwert. Denn es kann letztlich nicht mit Sicherheit davon ausgegangen werden, dass mit den Ablehnungsanträgen ausschließlich verfahrenswidrige Zwecke verfolgt wurden. Wenn den Anträgen kein geplantes Zusammenwirken zwischen den Verteidigern und dem Vertreter der Verfahrensbeteiligten A zugrunde lag und dessen Abwesenheit nicht allein auf den geplanten Antrag zurückzuführen ist, kann zumindest nicht ausgeschlossen werden, dass aus dessen Sicht die Besorgnis der Befangenheit bestanden hat. Ob diese dann auch begründet gewesen wäre, ist nicht entscheidend, jedenfalls wäre ein solcher Antrag nicht zweckwidrig. Dies muss auch dann gelten, wenn der Antrag in der Erwartung gestellt wird, dass dieser keinen Erfolg haben wird. Denn nur wenn die Besorgnis der Befangenheit in der Tatsacheninstanz geltend gemacht worden ist, kann die unter Umständen fehlerhafte Ablehnung gem. § 338 Nr. 3 StPO in der Revision erfolgreich gerügt werden. Somit ist ein Befangenheitsantrag auch dann zu stellen, wenn der Antragsteller zwar von dem Vorliegen des Ablehnungsgrundes überzeugt ist, er gleichwohl befürchten muss, dass der Antrag in der Tatsacheninstanz erfolglos bleiben wird.

Welchen Zweck der Antragsteller vorliegend verfolgt hat, lässt sich nicht eindeutig feststellen. Weder die äußeren Umstände noch die jeweiligen subjektiven Ausführungen der Verfahrensbeteiligten lassen eine klare Aussage darüber zu, ob die Ablehnungsanträge tatsächlich nicht mit dem Ziel gestellt worden sind sicherzustellen, dass der Urteilsfindung ein faires und rechtsstaatliches Verfahren vorausgeht. Das Verteidigungsverhalten kann demnach nicht abschließend als rechtsmissbräuchlich qualifiziert werden, erfüllt jedoch den Begriff der Konfliktverteidigung in dem hier verstandenen Sinn einer konfliktbereiten Verteidigung.

II. Das Beweisantragsverhalten in den Musterverfahren

1. Allgemeines

Mit ca. 300 Beweisanträgen wurde die Anzahl der Anträge im Verfahren B als besonders problematisch bewertet, ein Interviewpartner sprach von einer „Flut". Die Schwierigkeit wurde vor allem darin gesehen, dass jeder Antrag überprüft werden muss und es keine Handhabe gebe, diese zu verhindern.

> *„Man kann ja nicht sagen, jetzt haben Sie so viele schwachsinnige Anträge gestellt, die nächsten hundert, wollen wir gar nicht mehr sehen"* (1-3, 939-941).

Die Mehrzahl der Beweisanträge zielte darauf ab, den Betrugsvorwurf zu entkräften. Zum einen sei dem Automobilhersteller weder ein Schaden entstanden noch habe man die zuständigen Mitarbeiter über die Weiterveräußerung vor Ablauf der Haltefrist in Unkenntnis gelassen. Zum anderen wurde versucht, mithilfe der Beweisanträge nachzuweisen, dass die Angeklagten davon ausgegangen seien, dass die Fahrzeuge tatsächlich an die Käufer im europäischen Ausland geliefert worden sind.[606]

---

606 Siehe zu den Verfahren ausführlicher oben zweiter Teil, zweites Kapitel, B.II.

Teilweise vermuteten die verfahrensbeteiligten Richter und Staatsanwälte jedoch, dass aus taktischen Gründen versucht wurde, das Hauptverfahren durch die Vielzahl der Beweisanträge möglichst in die Länge zu ziehen, um bei einer Haftprüfung aufgrund der unverhältnismäßigen Dauer der Untersuchungshaft eine Außervollzugsetzung zu erreichen.

„[…] dann ist das Verfahren kaputt. Ein Urteil wird's nie mehr geben" (2-3, 1428-1429).

Diese Vermutung lässt sich auch auf das Aktenmaterial stützen. Dort befindet sich ein Schreiben der Ehefrau des Angeklagten B1, das an die Verteidiger ihres Ehemannes gerichtet war und ausweislich des Protokolls in der Hauptverhandlung verlesen wurde.[607] Bei diesem Schreiben handelt es sich um einen Zufallsfund anlässlich einer erneuten Durchsuchung der Geschäftsräume. Die Durchsuchung fand nach ca. fünfmonatiger Dauer der Hauptverhandlung statt. Zu diesem Zeitpunkt befand sich der Angeklagte inzwischen seit über einem Jahr in Untersuchungshaft.

„Der Wunsch des Angeklagten sei es, das Verfahren so zu verschleppen, dass sogar nach einer 2-jährigen Untersuchungshaft noch immer kein Urteil in Aussicht sei. Es sei wohl jedem Beteiligten klar, was passieren werde, wenn ihr Mann aus der U-Haft rauskomme. Er werde niemals aufgeben. Ihr Mann habe sie deshalb ausdrücklich gebeten, mit Händen und Füssen alle erdenklichen Mittel anzuwenden, um den Prozess zu verschleppen. Man werde daher massivst Beweisanträge zu stellen haben, welche entweder die Unschuld beweisen oder aber durchgeführt werden müssten."[608]

Freilich kann daraus nicht zwangsläufig geschlossen werden, dass sich die Verteidiger diesem Willen gebeugt haben. Jedenfalls stieg die Anzahl der Beweisanträge nicht im unmittelbaren zeitlichen Zusammenhang mit diesem Schreiben. Doch zumindest der Angeklagte beabsichtigte eine Verschleppung des Prozesses.

Betrachtet man nun das Verfahren A, zeigt sich bei der Aktenanalyse, dass die Verteidigung in den ersten zehn Monaten bis zum 65. Hauptverhandlungstag nur einen Beweisantrag gestellt hatte. In diesem Termin teilte die Kammer mit, dass ihr Beweisprogramm nach Anhörung der noch geladenen Zeugen abgeschlossen sein wird.[609] In den folgenden Monaten stellten die Verteidiger aller Angeklagten insgesamt über 130 Beweisanträge. Interviewpartner aus beiden

607 LO 6 GA Bd II, S. 142.
608 LO 15 GA Bd IX, S. 19.
609 ProBa III, S. 74 i.V.m. GA XXII, S. 54.

Verfahren waren sich einig, dass die Häufigkeit, mit der in diesen beiden Verfahren Beweisanträge gestellt wurden, nur selten vorkomme.[610]

Doch insbesondere der späte Zeitpunkt der Antragstellung kann die Kammer nach eigenen Angaben vor erhebliche Herausforderungen stellen.

> *„Gegen Ende eines Prozesses bekommt man sukzessive weitere Beweisanträge mit dem Hinweis: ‚Da kommt noch mehr' […]. Die Ermittlungsbehörden, die auch schon technisch aufgerüstet hatten, waren aber immer noch nicht auf dem Stand, wie sie unternehmensintern waren […]. Das wäre immer ein Spiel ‚Hase und Igel' geworden. Das war ein riesiges Gefahrenpotential" (2-1, 1869-1878).*

Neben dem Zeitpunkt der Antragstellung wurde auch die Intention der Verteidigung von Seiten der Interviewpartner thematisiert.

> *„Ich bezweifle, dass die Beweisanträge in dem Sinne ernst gemeint waren, dass ihr Ergebnis Herrn A. hätte helfen können. In jedem Fall waren sie jedoch in dem Sinne ernst gemeint, die Kammer zu zwingen, noch länger zu verhandeln."* (1-1, 2048-2051).

> *„Also kann man sagen: Wenn wir allen Beweisanträgen hätten nachgehen müssen, weiß ich nicht, wie lange wir gesessen wären – mit einem ungewissen Ausgang. Das ist also ein geeignetes Drohpotential […]"* (2-1, 1878-1881).

Um detailliertere Erkenntnisse über den Einsatz des Beweisantragsrechts zu erhalten, bietet es sich an, einzelne Anträge explizit herauszugreifen und diese in ihrer Tiefenstruktur zu analysieren.

2. *Ausgewählte Beweisanträge*

Sowohl bei der Aktenanalyse aller drei Verfahren als auch bei der Durchführung der Interviews hat sich gezeigt, dass ein Tatkomplex aus dem Verfahren A – der Vorwurf des Betrugs zum Nachteil der Sozialversicherungsträger – besonders umstritten gewesen ist. Bereits aus den Verfahrensakten ergibt sich, dass insgesamt fast 30 Beweisanträge im Zusammenhang mit diesem Vorwurf gestellt worden sind.[611] Auch die beteiligten Interviewpartner machten die verfahrensrechtliche Bewältigung dieses Tatkomplexes vielfach zur Grundlage ihrer

---

610 Auch *Perron* ZStW 108 (1996), 128 (139) stellte in einer empirischen Studie fest, „dass das Problem der großen Zahl von Beweisanträgen nur einige wenige Verfahren betrifft".

611 Vgl. ProBa IV, S. 16; IV, S. 47; IV, S. 305; IV, S. 337; IV, S. 391 ff.; V, S. 199; V, S. 270; V, S. 345; V, S. 449; VI, S. 38; VI, S. 70; VI, S. 455; VII, S. 130; VII, S. 189, VII, S. 266; VII, S. 286. Sieh zu den weiteren Besonderheiten, die sich bereits aus der Aktenanalyse ergeben unten C.II.2.a. sowie C.II.2.b.

Ausführungen. Dabei wurde wiederholt auf zwei sehr eindrückliche Beweisanträge abgestellt. Deshalb sollen diese beiden Anträge für eine eingehende Untersuchung herangezogen werden. Zweifelsohne handelt es sich bei diesen Anträgen nicht um übliche Beweisanträge, doch gerade deshalb eignen sie sich, um weitere Erkenntnisse zu gewinnen. Bereits bei der vorstehenden Analyse der Wahrnehmung des Ablehnungsrechtes hat sich gezeigt, dass eine eindeutige Bestimmung der Motive des Antragstellers nicht immer möglich ist.[612] Je „extremer" das ausgewählte Antragsverhalten ist, um so eher erscheint eine idealtypische Zuordnung möglich. Scheitert eine eindeutige Abgrenzung bereits bei außergewöhnlichen Anträgen, wird ein durchschnittlicher Antrag noch weniger Kriterien für eine eindeutige Kategorisierung bieten.

a. Der Betrugsvorwurf

Bereits bei der Darstellung der Verfahren wurden die unterschiedlichen Tatvorwürfe in ihren Grundzügen aufgezeigt.[613] Um die Interviewbefunde bezüglich der hier interessierenden Beweisanträge umfassend analysieren zu können, muss der zugrunde liegende Verfahrensgegenstand ausführlicher erörtert werden.

Nachdem die Unternehmensgruppe A ein weiteres osteuropäisches Speditionsunternehmen (S) übernommen und eingegliedert hatte, konnten die dort ursprünglich beschäftigten Kraftfahrer trotz der Überkapazität aufgrund einer Übernahmevereinbarung nur in einem begrenzten Umfang entlassen werden. Dies führte dazu, dass die Tochtergesellschaft mehr Fahrer beschäftigte, als sie tatsächlich zur Erledigung des Arbeitsanfalls benötigte. In der Folgezeit wurden die offiziell bei der S beschäftigten Fahrer auf der gesamten Fahrzeugflotte der Unternehmensgruppe eingesetzt. Die zwischen den Fahrern und der S bestehenden Arbeitsverträge wurden um eine Zusatzvereinbarung – eine sogenannte Entsendebescheinigung – erweitert. Hierbei wurde zwischen den Vertragspartnern vereinbart, dass die Fahrer für eine bestimmte Dauer auf eine andere Transportstrecke entsendet werden und dort ihre Arbeitsleistung zu erbringen haben. Die deutsche Muttergesellschaft nahm so die Leistung der Kraftfahrer in Anspruch, ohne sie jedoch bei den deutschen Sozialversicherungsbehörden zu melden und die sodann anfallenden Abgaben zu leisten. Sowohl die Staatsanwaltschaft als auch das Gericht gingen nach den Gesamtumständen davon aus, dass die Arbeitgebereigenschaft und damit auch die Beitragspflicht bei

612 S.o. C.I.3.

613 Vgl. ausführlicher oben zweiter Teil, zweites Kapitel, A.II.

der deutschen Muttergesellschaft des Unternehmens gelegen haben.[614] Hierauf stützte sich der Vorwurf des Betrugs zum Nachteil der Sozialversicherungsträger. Eine Abgabepflicht der deutschen Muttergesellschaft bestand jedoch nur, soweit sie tatsächlich Arbeitgeberin der eingesetzten Kraftfahrer war. Im Grunde ging es demnach um die Frage, wer Arbeitgeberin und damit zur Abführung der Sozialversicherungsbeiträge verpflichtet gewesen ist.

Die Verteidigung wehrte sich im Rahmen der Beweisaufnahme vehement gegen die Annahme der Arbeitgebereigenschaft und damit letztlich gegen den Betrugsvorwurf. Sie vertrat die Ansicht, dass die ausländische Tochtergesellschaft Arbeitgeberin der Kraftfahrer und die Muttergesellschaft somit nicht zur Abgabe der Sozialversicherungsbeiträge verpflichtet gewesen ist. Gut zwei Drittel der in diesem Zusammenhang gestellten 30 Beweisanträge sind von der Kammer abgelehnt worden.[615] Den Übrigen wurde entweder (teilweise) stattgegeben oder die Verteidiger nahmen sie nach Bekanntgabe der Verständigungsgespräche zurück.[616]

Zwei Beweisanträge traten bei der Analyse des Aktenmaterials in den Vordergrund und wurden sodann auch bei der Durchführung der Interviews vielfach zur Grundlage der Erläuterungen der Verfahrensbeteiligten.

b. Erkenntnisse der Aktenanalyse

aa. Der „Gabelstaplerantrag"

Am 76. Hauptverhandlungstag, ca. zwei Wochen nachdem das Gericht sein Beweisprogramm abgeschlossen hatte, stellte die Verteidigung den sogenannten Gabelstaplerantrag.[617] Die Verteidigung beantragte (1) die Verlesung von 3429 Arbeitsverträgen, die zwischen den LKW-Fahrern und der ausländischen Tochtergesellschaft S geschlossen worden sein sollen sowie (2) die Vernehmung dieser Fahrer und zwei weiterer Zeugen aus der Rechtsabteilung des betroffenen

---

614 Vgl. die Anklageschrift S. 86 ff., 173 ff., 176 sowie das Urteil des Landgerichts Tenor S. 3 sowie S. 25 ff., 68.

615 Vgl. ProBa IV, S. 196; IV, S. 195; VII, S. 403; V, S. 537; V, S. 212; V, S. 216; V, S. 110; V, S. 219; V, S. 291 ff.; V, S. 330 ff.; V, S. 369; V, S. 539; VI, S. 31; VI, S. 541; VI, S. 123; VII, S. 233; VII, S. 235.

616 Zur Rücknahme der Anträge ProBA VIII, S. 122. Zu den (teilweise) stattgegebenen Entscheidungen ProBa IV, S. 8; VI, S. 7; VI, S. 449.

617 Zum Abschluss des gerichtlichen Beweisprogramms ProBa III, S. 74 i.V.m. GA XXII, S. 54; zum „Gabelstaplerantrag" ProBa IV, S. 47 ff.; GA XXV, S. 214 ff.; Anl. 6a.

Tochterunternehmens S.[618] Mit diesem Antrag sollte bewiesen werden, dass jeder der infrage stehenden Fahrer vor, während und nach dem angeklagten Tatzeitraum in einem Arbeitsverhältnis mit der Tochtergesellschaft gestanden hat und dass dieses auch während der Dauer der Tätigkeit auf der Westeuropa-Linie „nicht auf irgendeine Art und Weise außer Kraft getreten" ist.[619] Diese 3429 Arbeitsverträge ließ die Verteidigung in 18 Kartons auf zwei Europaletten verpackt mit einem Gabelstapler in den Gerichtssaal liefern. Ungefähr drei Wochen nach Antragstellung verkündete die Strafkammer den ablehnenden Beschluss gem. § 244 Abs. 3 S. 2 Var. 3 StPO.[620] Die Kammer sah es aufgrund der Einlassungen des Hauptangeklagten sowie eines Zeugen bereits als erwiesen an, dass alle eingesetzten Fahrer einen Arbeitsvertrag mit der Tochtergesellschaft geschlossen hatten und dieser auch vor, während und nach dem angeklagten Tatzeitraum bestanden hat. Des Weiteren sah es die Kammer als erwiesen an, dass die vorgelegten Arbeitsverträge im Wesentlichen den beiden beispielhaft verlesenen Verträgen entsprach. Dennoch nahm die Verteidigung im weiteren Verlauf der Beweisaufnahme erneut Bezug auf den „Gabelstaplerantrag". So wurden ca. einen Monat später erneut Unterlagen auf zwei Europaletten an die Geschäftsstelle der Kammer geliefert. Sodann wurde in der anschließenden Hauptverhandlung die Verlesung der bereitgestellten Unterlagen beantragt.[621] Dabei hat es sich nach Angaben der Verteidigung um die Entsendebescheinigungen gehandelt, die als Ergänzungen zu den bereits vorgelegten Arbeitsverträgen abgeschlossen worden seien. In Teilen kam die Kammer diesen Beweisbegehren nach und verlas einzelne Entsendevereinbarungen, im Übrigen wurde der Antrag abgelehnt.[622] Auch diese Ablehnung wurde auf § 244 Abs. 3 S. 2 Var. 3 StPO gestützt, die Tatsache, dass eine solche Entsendevereinbarung zwischen den Fahrern und der Tochtergesellschaft geschlossen worden ist, wurde als erwiesen erachtet.

Die Verlesung einzelner Entsendebescheinigungen sowie die Vernehmung der Fahrer über verschiedene Aspekte ihres Arbeitsverhältnisses wurde auch

---

618 Eine Aufstellung, für welche Arbeitnehmer die Sozialabgaben im angeklagten Tatzeitraum nicht abgeführt worden seien, lieferte die Deutsche Rentenversicherung, Anl. 6a, S. 193 ff. Diese Auflistung wurde dem Beweisantrag zugrunde gelegt, ProBa IV, S. 47; Anl. 6a, S. 3.

619 ProBa IV, S. 47 ff.; GA XXV, S. 214 ff.; Anl. 6a, S. 3 ff.

620 ProBa IV, S. 194 ff.

621 Siehe zur Lieferung ProBa IV, S. 230 sowie zum Beweisantrag ProBa IV, S. 305 ff.

622 Siehe zur Verlesung ProBa VII, S. 243 ff.; zum ablehnenden Beschluss ProBa VII, S. 403 ff.

im weiteren Verlauf verschiedentlich beantragt.[623] In Einzelfällen wurden die Dienstreiseanordnungen verlesen, im Übrigen wurde sowohl die Verlesung als auch die Vernehmung der Fahrer abgelehnt.[624]

Die weitere Aktenanalyse zeigt, dass, obwohl keiner dieser Beweisanträge nach § 244 Abs. 3 S. 2 Var. 6 StPO zurückgewiesen wurde, der Vorwurf der Verschleppungsabsicht erhoben wurde. Im Rahmen einer Stellungnahme der Staatsanwaltschaft stützte sich der Verfasser als Begründung für die Annahme der Verschleppungsabsicht sowohl auf das Prozessverhalten allgemein als auch auf den „Gabelstaplerantrag“ im Besonderen. Obwohl das Gericht mehrmals auf die beabsichtigte Beendigung der Beweisaufnahme hingewiesen und die Verteidigung aufgefordert habe, ihre Beweisanträge zu stellen, seien diese erst nach Abschluss des gerichtlichen Beweisprogramms gestellt worden. Insoweit wird in der Stellungnahme auf die Rechtsprechung des Bundesgerichtshofs zur Fristsetzung bei Beweisanträgen verwiesen.[625] Das gesamte Vorgehen der Verteidigung zeige, dass es dieser „um nichts anderes geht, als die Verurteilung des Angeklagten A1 hinauszuzögern“.[626] Zu berücksichtigen sei auch, dass die Kammer Hauptverhandlungstermine mehrmals auf Wunsch der Verteidigung verschoben oder abgekürzt habe. Der Verteidigung gehe es nicht darum, einen beschleunigten Abschluss des Verfahrens zu erreichen, vielmehr solle die verzögerte Prozessführung als Argument für ein milderes Urteil fruchtbar gemacht werden. Daher forderte der Vertreter der Staatsanwaltschaft die Kammer auf, nach den bisherigen Vorgaben des Bundesgerichtshofs eine Frist zur Stellung von Beweisanträgen setzen.

Erwartungsgemäß wies die Verteidigung diesen Vorwurf bereits während des Verfahrens von sich.[627] Ihr prozessuales Verhalten erfülle nicht die Voraussetzungen der Verschleppungsabsicht. Darüber hinaus betonte die Verteidigung, dass zwischen dem Umfang der Aufklärung, den das Gericht für notwendig erachtet, und dem Umfang, den die Verteidigung für erforderlich halte, ein „fundamentaler“ Unterschied bestehen könne, dem der Gesetzgeber mit der gerichtlichen Aufklärungspflicht einerseits und dem Beweisantragsrecht andererseits Rechnung getragen habe.

Soweit der Vertreter der Staatsanwaltschaft bei der Begründung des Vorwurfs der Verschleppungsabsicht darauf abstellt, dass die Kammer bereits auf den

623 Vgl. ProBa IV, S. 395; IV, S. 401; VII, S. 266.
624 Vgl. ProBa V, S. 296, V, S. 333; zur Verlesung ProBa VII, S. 243 ff.
625 Siehe hierzu oben B.III.5 sowie unten zweites Kapitel B.II.1.
626 ProBa IV, S. 234 ff.
627 ProBa IV, S. 337 ff.

bevorstehenden Abschluss ihres Beweisprogrammes hingewiesen und die Verteidigung gebeten hatte, ihre Beweisanträge zu stellen, könnte dies unter Hinweis auf die neuere Rechtsprechung des Bundesgerichtshofs zwar als Indiz für die Verschleppungsabsicht gewertet werden.[628] Doch zum einen genügt allein die Ankündigung des Gerichts, nach Vernehmung der letzten geladenen Zeugen sein Beweisprogramm abgeschlossen zu haben, noch nicht den Anforderungen der Rechtsprechung, insbesondere wurde vorliegend die Fristsetzung nicht protokolliert. Zum anderen handelt es sich lediglich um ein Indiz für die Verschleppungsabsicht. Darüber hinaus stellte die Verteidigung ausweislich des Hauptverhandlungsprotokolls bereits vor dem angekündigten Ende des gerichtlichen Beweisprogrammes weitere Beweisanträge,[629] sodass es der Verteidigung unter Umständen gar nicht möglich war, bis zu diesem Zeitpunkt alle aus ihrer Sicht notwendigen Anträge zu stellen.

bb. Professoren als Zeugen

Im Zusammenhang mit dem Sozialversicherungsbetrug und der entscheidenden Frage nach der Arbeitgebereigenschaft wurde ein weiterer Beweisantrag von den Interviewpartnern hervorgehoben.

Die Verteidigung des Hauptangeklagten A1 beantragte die Vernehmung von über 90 – teilweise emeritierten – Lehrstuhlinhabern aus dem Bereich des Arbeits- und Sozialrechts als sachverständige Zeugen und als Sachverständige, ohne zwischen diesen beiden Funktionen genauer zu differenzieren.[630] Diesem Antrag beigefügt war ein Gutachten zweier dieser Lehrstuhlinhaber zu den „Grundlagen der Sozialversicherungspflicht in dem Strafverfahren A".[631] Die beauftragten Professoren kamen in ihrem Gutachten zu dem Ergebnis, dass ein Arbeitsverhältnis nicht zwischen den LKW-Fahrern und der Muttergesellschaft in Deutschland bestanden hat, sondern ein solches ausschließlich mit der im Ausland ansässigen Tochtergesellschaft eingegangen wurde.[632] Damit habe die Sozialversicherungspflicht allein im Ausland bestanden. Die zu vernehmenden Professoren sollten als sachverständige Zeugen bzw. als Sachverständige bestätigen, dass die gutachterlichen Feststellungen den „unbestrittenen Essentials der Arbeitsrechtswissenschaft" entsprechen, wonach ein Arbeitsverhältnis mit der daraus resultierenden Sozialversicherungspflicht allein zwischen den

628 BGHSt 52, 355 (361 ff.).

629 Vgl. ProBa III, S. 138; 151; 168; 226; 352.

630 ProBa VI, S. 455 ff.

631 ProBa IV, S. 473 ff.

632 ProBa IV, S. 475 f.

LKW-Fahrern und der im Ausland ansässigen Tochtergesellschaft S bestanden hat. Die Kammer lehnte diesen Antrag ab, da die Verteidigung zum wiederholten Mal eine Rechtsfrage unter Beweis gestellt habe, die nicht dem Zeugenbeweis zugänglich sei, ohne explizit auf einen gesetzlichen Ablehnungsgrund zurückzugreifen.[633]

Bevor dieser Beweisantrag gestellt und das Gutachten vorgelegt worden ist, wurde einer der Gutachter bereits von der Verteidigung als sachverständiger Zeuge gem. §§ 220, 38 StPO geladen und von der Kammer vernommen.[634] Auch im Rahmen dieser Vernehmung wurde die Frage der Sozialversicherungspflicht erörtert.[635]

Wenige Verhandlungstage darauf gab die Verteidigung gem. § 257 Abs. 2 StPO eine schriftliche Stellungnahme zu dieser Zeugenvernehmung ab.[636] Dabei bewertete die Verteidigung die im Rahmen der Vernehmung vorgelegten Urkunden als „besonders wichtig" und brachte erneut ihre Ansicht ein, dass weder ein Arbeitsverhältnis zwischen der deutschen Muttergesellschaft A und den LKW-Fahrern noch eine Sozialversicherungspflicht in Deutschland bestanden haben.

c. Idealtypische Zuordnung anhand der Aktenanalyse

Aus der vorstehenden Aktenanalyse wird deutlich, dass es mitunter erhebliche Schwierigkeiten bereiten kann, eine abschließende Aussage darüber zutreffen, ob ein Beweisantrag allein mit dem Ziel der Verfahrensverschleppung gestellt worden ist oder zumindest aus Sicht der Verteidigung ein Aufklärungsinteresse bestanden hat. Deutlich wird dies durch den Hinweis eines Verteidigers, dass er auf der einen und das Gericht auf der anderen Seite den Umfang der notwendigen Sachaufklärung unter Umständen unterschiedlich beurteilen können. Jeder Verfahrensbeteiligte kann zu seinem eigenen Wahrheitsbild gelangen, dem er nach seinen Vorstellungen zur Geltung verhelfen will. Daneben zeigt sich auch hier, dass die unterschiedliche verfahrensrechtliche Stellung der Beteiligten dazu führt, dass verschiedene Aufgaben und Zwecke verfolgt werden. Um diese subjektiven Motive eingehender betrachten zu können, bedarf es einer zusätzlichen Analyse der Interviewbefunde.

---

633 ProBa VII, S. 233 f.

634 ProBa V, S. 130 ff.

635 Vgl. ProBa V, S. 169 ff. Der genaue Inhalt der Vernehmung ist aus dem Protokoll zwar nicht ersichtlich, doch die vom Zeugen im Rahmen seiner Vernehmung vorgelegten Schriftstücke legen diesen Schluss nahe.

636 ProBa V, S. 345 ff.

d. Erkenntnisse aus den Interviews

Im Verlauf der Interviews zeigte sich deutlich, dass die dargestellten Beweisanträge von den Verfahrensbeteiligten sehr unterschiedlich wahrgenommen und bewertet wurden.

Unter Zugrundelegung der Interviewaussagen der Verteidiger scheint eine Art Motivbündel vorgelegen zu haben, das sich im Prozessverlauf, wie er sich aus ihrer Sicht darstellte, fortentwickelt hat. Zum einen wurde versucht, mithilfe der Beweisanträge auf die ihrer Meinung nach bereits vorschnell abgeschlossene Überzeugungsbildung der Kammer einzuwirken. Die Verteidigung wollte ihrer gegenteiligen Überzeugung Nachdruck verleihen und eine weitere Sachaufklärung bewirken.

> *„[...] Die Anklage war gerade eine Woche beim Landgericht. Da wurde mir bereits die Meinung der Kammer mitgeteilt, die dann später auch im Urteil stand. Die Meinungsbildung war sehr, sehr schnell. Diese kann eigentlich bei dieser Komplexität innerhalb einer Woche nicht seriös stattfinden“* (3-2, 762-768).

Zum anderen sollte für den Fall einer ablehnenden Entscheidung zumindest die Möglichkeit eröffnet werden, eine fehlerhafte Ablehnung in der Revision geltend zu machen. Gleichzeitig führte die aus Verteidigersicht vorschnelle gerichtliche Überzeugungsbildung zu einer gewissen Frustration.

> *„[...] diese Frustration, das Gefühl, du läufst gegen die Wand und du kannst machen, was du willst.“* (3-2, 1191-1192). *Dann sagte ich: ‚Komm, den Spaß machen wir. Warum haben die eine Spedition‘“ (3-2, 1270-1271).*

Ein Interviewpartner der Staatsanwaltschaft empfand die Anträge als „lächerlich“ und als Ausdruck dafür, dass die Verteidigung auf verlorenem Posten stehe.

> *„Denken Sie an die 90 Lehrstuhlinhaber. Das ist vielleicht das beste Beispiel, das ist einfach nur Show. [...] Da verlesen Sie alle 4100 nachträglich gegen einen kleinen Obolus hergestellten Entsendebescheinigungen. Also Show, Show“ (1-1, 2029-2030; 2033-2034).*

Diese Einschätzung führte dazu, dass die Vertreter der Staatsanwaltschaft die Anträge nach eigenen Angaben nicht mehr ernst genommen haben, wenngleich ein verfahrensbeteiligter Richter davon überzeugt war, dass insbesondere der Antrag auf Vernehmung der Lehrstuhlinhaber durchaus ernst gemeint gewesen sei, da es sich um eine entscheidende Rechtsfrage gehandelt habe.

III. Die Schwierigkeiten der idealtypischen Zuordnung einzelner Verteidigungsphänomene

Die vorstehenden Ausführungen machen deutlich, dass sich die Bewertungen einzelner Verteidigungsphänomene aus Sicht der verschiedenen Verfahrensbeteiligten mitunter diametral entgegenstehen können. Während einzelne Interviewpartner der Staatsanwaltschaft und des Gerichtes sowohl im laufenden Verfahren als auch in den späteren Interviews die Motivation der Verteidigung in der Verfahrensverzögerung erblickten, wies Letztere diesen Vorwurf zurück. Vielmehr seien die Anträge – begleitet von einer gewissen Frustration – gestellt worden, um die eigene Sichtweise einzubringen und eventuelle Revisionsgründe zu schaffen. Damit stehen zwei Erkenntnisse im Mittelpunkt der Betrachtung: (1) Die Beantwortung der Frage, welche Ziele die Verteidigung verfolgt, und damit auch die Qualifikation als rechtsmissbräuchlich ist stark subjektiv geprägt und (2) das Verteidigungsverhalten wird nicht immer von einem einzelnen Beweggrund bestimmt, mitunter kann ein ganzes Bündel an Motiven leitend sein.

1. Subjektivität der Zweckbestimmung

Betrachtet man die ausführlich dargestellten Beweisanträge sowie deren Bewertung durch die Interviewpartner, zeigt sich nicht nur, dass Gericht und Staatsanwaltschaft auf der einen und Verteidigung auf der anderen Seite unterschiedliche Beweggründe hervorgehoben haben. Sowohl der Antrag auf Vernehmung der über 90 Lehrstuhlinhaber aus dem Bereich des Arbeits- und Sozialrechts als auch der „Gabelstaplerantrag" wurden insbesondere von Seiten der interviewten Staatsanwälte als reines „Showelement" abgetan, das nicht ernst genommen worden sei und ihrer Meinung nach allein der Verzögerung dienen sollte. Wenn diese Einschätzung zuträfe, hätte diesem Antrag tatsächlich kein Sachaufklärungsinteresse zugrunde gelegen. Die Verteidigung hätte nur zum Schein ein Interesse an der Sachaufklärung vorgegeben, jedoch in Wirklichkeit die verfahrensrechtlich eingeräumte Möglichkeit, auf die Wahrheitsermittlung Einfluss zu nehmen, gezielt eingesetzt, um verfahrensfremde oder verfahrenswidrige Zwecke zu verfolgen. Insoweit könnte man nach den hier zugrunde gelegten Maßstäben von einem zweckwidrigen und damit missbräuchlichen Antrag ausgehen. Doch einer der verfahrensbeteiligten Richter ging davon aus, dass die Verteidigung vor allem mit dem Beweisantrag auf Vernehmung der Lehrstuhlinhaber die Klärung einer entscheidenden Rechtsfrage begehrt habe. Allein anhand dieses Beispiels kann zwar keine Aussage darüber getroffen werden, ob auch die unterschiedlichen verfahrensrechtlichen Stellungen des Staatsanwaltes und des Richters Einfluss auf die Bewertung der Motive der Verteidigung haben kann. Insoweit könnte man vermuten, dass der Staatsanwalt eher als kontradiktorischer Gegenpart der Verteidigung auftritt und das Gericht eine neutralere, beobachtende Position einnimmt. Ebenso könnte jedoch auch die jeweilige Persönlichkeit, die Belastbarkeit sowie die berufliche

Erfahrung unabhängig von der verfahrensrechtlichen Stellung zu einer unterschiedlichen Beurteilung der Verteidigungsmotive führen. Insoweit scheint die Frage, ob die Beweggründe der Verteidigung aus richterlicher oder staatsanwaltlicher Sicht beurteilt werden, nicht zwingend zu einem divergierenden Ergebnis führen zu müssen.

Ein deutlicher Unterschied zeigt sich jedoch bei der Gegenüberstellung der Erkenntnisse aus den Verteidigerinterviews. Da die Ablehnung eines Beweisantrags wegen Verschleppungsabsicht voraussetzt, dass sich der Antragsteller bewusst ist, dass mit diesem Antrag keine zu Gunsten des Angeklagten sprechenden Umstände bewiesen werden können,[637] kann die Frage nach der Zweckwidrigkeit nicht immer eindeutig beantwortet werden. Denn welche Motive der Antragsteller bei sich selbst beobachtet und welche ihm von Dritten zugeschrieben werden, ist stets Ergebnis einer subjektiven Wertung. Ein Interviewpartner bringt dies auf den Punkt:

> *„Es kommt darauf an, wie ich es betrachte. Der Richter oder auch der Staatsanwalt wird sehr viel schneller sagen: ‚Das ist eine Verfahrensverschleppung, weil es sinnlos ist und zwecklos'. Der Anwalt […] sieht die Dinge natürlich mit anderen Augen" (3-2, 1037-1041).*[638]

Von Bedeutung für die Beurteilung der Motive scheint unter anderem die Bewertung der bisherigen Beweisaufnahme zu sein, die wiederum eng mit der verfahrensrechtlichen Position verknüpft ist. Im Verfahren A wurde dies sehr deutlich, als ein interviewter Staatsanwalt berichtete, dass er davon überzeugt sei, dass die bisherige Beweisaufnahme gezeigt habe, dass die Anklage zumindest bezüglich des infrage stehenden Tatkomplexes zutreffend gewesen sei.[639] Geht man davon aus, dass ein Anklagevorwurf aufgeklärt und bestätigt werden konnte, erscheint das Verlangen nach einer weiteren Sachaufklärung in der Tat nicht mehr vom Zweck des Beweisantragsrechts erfasst. Ist man hingegen – wie die Verteidigung im Verfahren A – weiterhin davon überzeugt, dass noch nicht die notwendige Aufklärung erreicht werden konnte, so sind durchaus weitere Beweisanträge denkbar, die das Ziel verfolgen, die materielle Wahrheitsermittlung voran- und das eigene Wahrheitsbild einzubringen. Genau hierin liegt das Wesen einer Konfliktverteidigung als konfliktbereiter Verteidigung, die keinen Rechtsmissbrauch darstellt.

---

637 S.o. B.III.5.

638 Dieser Gedanke findet sich auch bei *Heinrich*, Konfliktverteidigung im Strafprozess, S. 19.

639 S.o. III.7.

Darüber hinaus gibt es – wie bereits erörtert – nicht die eine Wahrheit, die nur gefunden werden muss, sondern Wahrheit kann sich aus Sicht eines jeden Einzelnen unterschiedlich darstellen.[640] Dies beschreibt auch ein Interviewpartner:

„Die Wahrheit ist etwas, was vom Winkel abhängt“ (2-7, 2714-2717).

So verfolgt nicht jeder Verfahrensbeteiligte das gleiche Ziel, selbst wenn die Wahrheitsermittlung übereinstimmend als sowohl dem Beweisantragsrecht als auch dem Verfahren insgesamt zugrunde liegender Zweck erklärt werden kann. Ferner verpflichtet das berufliche Selbstverständnis den Strafverteidiger, seinem Mandanten den bestmöglichen Beistand zu leisten. In dieser Funktion wird er nicht stets die gleichen Zwecke verfolgen wie Staatsanwaltschaft und Gericht.[641] Die Zuordnung erscheint umso problematischer, wenn nicht ein einzelner Beweggrund des Antragstellers ausgemacht werden kann, sondern eine Art Motivbündel vorliegt.

Deshalb können immer wieder Verteidigungsphänomene zum Gegenstand der Betrachtung werden, die sich einer eindeutigen Qualifizierung als rechtsmissbräuchlich entziehen. Nach den bisherigen Erkenntnissen besteht diese Problematik insbesondere bei der Differenzierung von rechtsmissbräuchlichem und konfliktbereitem Verteidigungsverhalten. Kann ein Verhalten anhand des Kriteriums der Zweckwidrigkeit nicht eindeutig als rechtsmissbräuchlich qualifiziert werden, so ist konsequenterweise im Zweifelsfall von einer rein konfliktbereiten Verteidigung in dem hier verstandenen Sinne auszugehen.

2. Zweckbestimmung bei Vorliegen eines Motivbündels

Bei der Verteidigung des Angeklagten A1 hatte sich nach eigenen Angaben eine gewisse Frustration eingestellt, als die Kammer – nach Ansicht der Verteidigung – vorschnell zu einer Bewertung der Anklagevorwürfe gekommen war, ohne die hiergegen vorgebrachten Einwände ausreichend zu berücksichtigen. Insoweit kann neben dem reinen Sachaufklärungsinteresse auch eine gewisse Frustration der Verteidigung als Beweggrund für die dargestellten Beweisanträge angenommen werden. Allein das Bedürfnis, die eigene Unzufriedenheit zum Ausdruck zu bringen, kann zwar kaum als legitimer Zweck eines Beweisantrages dienen. Doch zum einen scheint die Frustration der Verteidiger nicht das dominierende Motiv gewesen zu sein. Zum anderen würde das Verteidigungsverhalten bei Vorliegen eines solchen Motivbündels auch dann nicht den Charakter einer

640 S.o. erster Teil, zweites Kapitel, B.

641 Vgl. hierzu bereits oben erster Teil, zweites Kapitel, C.

gezielten Prozessverschleppung ausweisen, wenn die Frustration vorherrschendes Motiv der Verteidigung ist. Denn die Frustration entsteht seitens der Verteidigung insbesondere durch den Eindruck, dass sie die Sachaufklärung nicht weiter beeinflussen kann und einem gegenläufigen Wahrheitsbild keine Geltung verschafft werden kann. So wird trotz einer gewissen Frustration zumindest auch der legitime Gedanke der Sachaufklärung weiter verfolgt.

Doch selbst wenn einzelne Motive eines ganzen Bündels für sich betrachtet als zweckwidrig und damit als rechtsmissbräuchlich qualifiziert werden können, so muss dies nicht dazu führen, dass der Antrag als Ganzes das Verdikt des Rechtsmissbrauchs verdient. Ein interviewter Staatsanwalt machte dies deutlich:

> *„Sobald ich nicht ausschließen kann, dass es tatsächlich irgendwo in der Sache einen Sinn macht, diesen Beweisantrag so zu stellen, bin ich bei der Verzögerungsablehnung raus" (1-4, 1292-1294).*

Dies zeigen auch die Erkenntnisse über den „Gabelstaplerantrag". Betrachtet man die dargestellten Interviewbefunde, kann wohl festgestellt werden, dass dieser zumindest teilweise einer Art „Show" gedient hat, so sprach auch ein interviewter Verteidiger davon, dass man sich diesen „Spaß" gegönnt habe. Doch dieses „Showelement" war nach Angaben der Verteidiger nicht das alleinige Motiv für die Antragstellung, vielmehr war es Teil eines Motivbündels.

Auch nach der Rechtsprechung des Bundesgerichtshofs ist ein Beweisantrag erst dann missbräuchlich, wenn er *nur* zum Schein gestellt worden ist.[642] Wenn der Antragsteller folglich nicht ausschließlich verfahrensfremde oder verfahrenswidrige Zwecke verfolgt, sondern zumindest auch die Sachaufklärung begehrt, kann nicht von einem Rechtsmissbrauch ausgegangen werden. Gerade diese Einschränkung des Bundesgerichtshofs prangert jedoch ein interviewter Richter an.

> *„Man muss halt sagen, das mit dem ‚nur' war falsch. [...] Die meisten Anträge werden eben nicht nur zur Verzögerung gestellt, sondern auch aus so einer Resthoffnung heraus, der ‚legal doubt' könnte sich doch noch erweisen lassen. Und da kommen Sie schlecht raus aus dieser Gemengelage, ein ganz kleines bisschen Prinzip Hoffnung, nicht realistisch, aber schon noch darstellbar, bleibt dann noch" (2-7, 1040-1046).*

Nach alledem sind einzelne rechtsmissbräuchliche Motive innerhalb eines Motivbündels solange unschädlich, wie auch die Erforschung der Wahrheit als einer der Beweggründe ausgemacht werden kann.

Somit erschwert das Vorliegen eines Motivbündels die idealtypische Zuordnung einzelner Verteidigungsphänomene zusätzlich.

642 BGHSt 38, 111 (113).

IV. Zwischenergebnis

Wenngleich die Analyse der dargestellten Beweis- und Befangenheitsanträge gezeigt hat, dass den Antragstellern keine rechtsmissbräuchliche Intention nachgewiesen werden konnte, so können sie gleichwohl als Teil einer konfliktbereiten Verteidigung verstanden werden. Ferner hat sich gezeigt, dass die Anwendungsbereiche der speziellen Missbrauchsklauseln des § 26a Abs. 1 Nr. 3 StPO sowie des § 244 Abs. 3 S. 2 Var. 6 StPO beschränkt sind und sich nicht eignen, jeden Antrag eindeutig zu bewerten. Oftmals wird eine zweifelsfreie Zuschreibung bestimmter Beweggründe den Rechtsanwender vor die soeben dargestellten Schwierigkeiten stellen und damit eine Qualifizierung des Prozessverhaltens als rechtsmissbräuchlich erschweren, wenn nicht gar in Einzelfällen unmöglich machen. Können die Motive des Antragstellers nicht eindeutig festgestellt werden, können weder eine spezielle Missbrauchsklausel noch ein Rückgriff auf das allgemeine Missbrauchsverbot geeignet sein, einen Rechtsmissbrauch zu unterbinden. Demnach lässt sich bereits die Ausübung einzelner prozessual gewährleisteter Befugnisse nicht immer einem bestimmten Idealtyp zuordnen. Umso mehr erscheint es zweifelhaft, ob in der Praxis stets eine bestimmte Verteidigungsstrategie als Gesamtkonzept ausgemacht werden kann, auch wenn die eingangs aufgezeigten Befürchtungen dies suggerieren.[643]

V. Idealtypische Qualifizierung einer Verteidigungsstrategie

Somit ist zu untersuchen, ob sich empirische Phänomene beobachten lassen, die als eine durchgängige Verteidigungsstrategie einer der verschiedenen idealtypischen Verteidigungsformen zugeordnet werden können.

1. Übergang von Konfrontation zu Konsens

Berufsgruppenübergreifend wurde in den Interviews ein Zusammenhang zwischen einer rechtsmissbräuchlichen und einer konsensualen Verteidigung ausgemacht. Demnach kann ein zu Beginn konfrontativ geführtes Verfahren gleichwohl zu einem konsensualen Ende gebracht werden und zwar auch dann, wenn sich das Verfahren bereits über eine Vielzahl an Hauptverhandlungstagen erstreckt hat.[644]

> *Es gibt viele Verfahren, wo man vielleicht anfangs im Streit ist und dann irgendwann doch die Lösung findet und sagt: ‚O.k., leuchtet ein. Wir setzen uns zusammen und dann finden wir eine Lösung'" (2-6, 2014-2016).*

643 S.o. erster Teil, Einleitung.

644 Vgl. auch die Darstellung oben (im dogmatischen Teil).

Die Gründe für einen solchen Wechsel stellen sich für die verschiedenen Interviewpartner unterschiedlich dar. Bereits zu Beginn dieses Kapitels hat sich gezeigt, dass einzelne Interviewpartner diesen Wechsel des Verhandlungsstils – insbesondere auf Seiten des Gerichts – auf den Druck zurückführen, den die Verteidigung durch das Stellen von Befangenheits- und Beweisanträgen aufgebaut habe.[645] Demgegenüber erörterten andere Interviewpartner – auch Richter und Staatsanwälte – in erster Linie den vorangegangenen Verfahrensablauf als ausschlaggebend für die Wende zu einem konsensualen Verfahrensausgang.

> *[...] dann muss man eben sehen, wie die Hauptverhandlung sich entwickelt. Die meisten kriegen irgendwann so eine Eigendynamik und dann besteht eine Gesprächsbereitschaft – gerade auch mit fortschreitender Beweisaufnahme, wenn man sieht, ob die Beweise tatsächlich diesen Verdacht verdichten oder eben auch entkräften, weil es nicht ausreicht (2-6, 307-323; ähnlich 3-3, 1010-1015, 1018-1022; 1-2, 1288-1290).*

Wie sich ein solcher Übergang von Konfrontation zu Konsens aus dem bisherigen Verfahrensablauf ergeben kann, soll eingehender am Musterverfahren A aufgezeigt werden.

2. Die Weiterentwicklung der Verteidigungsstrategie im Verfahren A

Der Übergang von einem konfrontativen Verfahren zu einem konsensualen Verfahren, an dessen Ende eine verfahrensbeendende Absprache erreicht worden ist, wurde im Verfahren A durch viele unterschiedliche Faktoren beeinflusst. Rückblickend zeigt sich, dass es ein fortschreitender Prozess war, auf den alle Verfahrensbeteiligten Einfluss genommen haben.

a. Entstehung des Konflikts

Im Verlauf der Interviews stellte sich heraus, dass die Konflikte während des Ermittlungsverfahrens aufgetreten sind. Nach Angaben eines Verteidigers habe die zunächst „ruhige" Verfahrensführung erst mit der Inhaftierung des Angeklagten A1 im Ermittlungsverfahren geendet. Als Grund nannte er unter anderem, dass ihm der Kontakt mit seinem Mandanten direkt nach dessen Festnahme erschwert worden sei. Darüber hinaus sei bei ihm und seinen Kollegen der Eindruck entstanden, dass das Verfahren bei der Staatsanwaltschaft „sehr persönlich" gesehen wurde und dadurch die Stimmung im Laufe der Ermittlungen „gekippt" sei.

> *„Bei der Staatsanwaltschaft hat man sich gesagt: ‚Hier haben wir endlich mal den Prototyp des Wirtschaftskriminellen, der hier in Millionenhöhe die Steuern hinterzogen hat'" (3-1, 465-467).*

645 S.o. I.2.

Die beteiligten Staatsanwälte bestätigten ebenfalls, dass zwar schon im Ermittlungsverfahren Verständigungsversuche unternommen worden sind, ein Konsens jedoch nicht erzielt werden konnte. Ein Staatsanwalt beschrieb die Kommunikation mit der Verteidigung als schwierig, auch nach Abschluss des Ermittlungsverfahrens sei die Hauptverhandlung im ersten Jahr von einem Konfrontationskurs beeinflusst gewesen. Demnach verwundert es kaum, dass die Atmosphäre zu Beginn der Hauptverhandlung auch aus richterlicher Sicht als angespannt und von Verteidigerseite sogar als sehr vergiftete empfunden wurde.

Unter dem Eindruck dieser Stimmung hat die Verteidigung des A1 nach eigenen Angaben beschlossen, „Strafprozess" zu machen, die Besetzung zu rügen, Befangenheits- und Beweisanträge zu stellen sowie immer wieder zu versuchen, eine Entlassung ihres Mandanten aus der Untersuchungshaft zu erreichen.[646]

b. Erreichen eines Konsenses

Zwei dieser Versuche, die Entlassung des Angeklagten A1 zu erreichen, scheinen im Nachhinein für den erneuten „Strategiewechsel" von Bedeutung gewesen zu sein. Nachdem die Hauptverhandlung bereits mehr als acht Monate angedauert hatte, legte die Verteidigung des Angeklagten A1 erneut Haftbeschwerde ein, die das Gericht jedoch zurückwies.[647] Kurz darauf suchte die Verteidigung des Angeklagten A1 das bereits ausführlich dargestellte Gespräch mit der Kammer, in dessen Anschluss die erörterten Befangenheitsanträge gestellt wurden.[648]

Ungefähr weitere zehn Verhandlungstage später wurde der sogenannte Gabelstaplerantrag gestellt. Wenige Tage darauf wurde der Haftbefehl außer Vollzug gesetzt und der Angeklagte A1 aus der Untersuchungshaft entlassen, da die Kammer aufgrund einer längerfristigen Erkrankung des Vorsitzenden einen zügigen Fortgang des Verfahrens nicht mehr gewährleisten konnte.[649] Nachdem die Staatsanwaltschaft Beschwerde gegen diese Entscheidung eingelegt hatte,[650] wurde der Beschluss des LG vom OLG aufgehoben und der Angeklagte A1 erneut inhaftiert.[651] Kurz danach ist der Vorsitzende aus dem Verfahren ausgeschieden und der Ergänzungsrichter eingetreten.[652] Auch wenn eine Erkrankung und

646 Welche Bedeutung dem Verhandlungsklima zukommen kann, wurde bereits an anderer Stelle erörtert s.o. II.4.a; III.4.a.

647 GA XX S. 12 ff.

648 S.o. C.I.

649 GA XXV, S. 269.

650 GA XXV, S. 327.

651 GA XXV, S. 366.

652 GA XXVI, S. 28.

letztlich das Ausscheiden des ersten Vorsitzenden sicherlich nicht beabsichtigt war, so scheinen sowohl die Befangenheitsanträge als auch der „Gabelstapler-antrag" nach Ansicht verschiedener Interviewpartner hierzu beigetragen zu haben. Dennoch war dieser Wechsel des Vorsitzenden nach Angaben der beteiligten Verteidiger entscheidend für die Verständigung. Nach dem „desaströsen"[653] Verständigungsgespräch schien das Verfahren in einer Sackgasse gewesen zu sein. Die Verteidigung war nach eigenen Angaben zu der Erkenntnis gelangt, dass man zwar noch unbegrenzt weiterverhandeln könnte, am Ende des Verfahrens jedoch ein katastrophales Ergebnis für den Mandanten stehen würde.

Ein Verteidiger beschrieb, dass sich nach dem Ausscheiden des bisherigen Vorsitzenden alle Beteiligten, insbesondere das Gericht und die Verteidigung gefragt hätten, wie das Verfahren denn jetzt weitergehen könnte (3-1, 1220-1224).

Nach ungefähr einjähriger Hauptverhandlungsdauer scheint sowohl mit dem neuen Vorsitzenden als auch nach der erwähnte OLG Haftentscheidung eine Art „Neustart" möglich gewesen zu sein. Zum einen herrschten nach dem Wechsel des Vorsitzenden - so ein Verteidiger - ein anderer Ton und eine sachliche Atmosphäre. Zum anderen wurden ab dem Zeitpunkt der erneuten Inhaftierung keine weiteren Anträge oder Beschwerden hinsichtlich der Untersuchungshaft gestellt. Ferner konnte durch die Fortdauer der Untersuchungshaft, die zum Zeitpunkt der Urteilsverkündung bereits zweieinhalb Jahren andauerte, eine Absprache getroffen werden, die es dem Angeklagten ermöglichte, bei der verhängten Freiheitsstrafe von 5 Jahren mit der Urteilsverkündung auf freien Fuß zu kommen.

Betrachtet man den gescheiterten Verständigungsversuch sowie die Befangenheitsanträge,[654] erscheint es überraschend, dass sich der neue Vorsitzende gleichwohl auf neue Gespräche eingelassen hat. Aus seiner Sicht ging hiermit ein erhebliches Risiko einher, das er aber habe eingehen müssen.

„Das war ein Risiko, weil, wenn ich mit einem Verteidiger rede und dann erst am nächsten Tag mit dem Zweiten, und dann kriegt's der dritte spitz und der vierte. Und dann regt sich der fünfte drüber auf, so wie bei dem Befangenheitsantrag damals. Aber das Risiko musste ich fahren, weil man mit 15 Leuten das nie so weit bekommt, dass man in der konkreten Runde dann etwas festlegen kann" (2-1, 1079-1085).

Obwohl diese Gespräche andauerten, wurden zeitgleich in der Hauptverhandlung neue Beweisanträge gestellt und es wurde weiter verhandelt. Der Versuch,

---

653 So die Wortwahl eines Verfahrensbeteiligten (3-2, 1206).
654 S.o. C.I.

eine konsensuale Verfahrenserledigung zu erreichen, bedeutet demnach nicht, dass zwangsläufig auch jedwede Antragsaktivität eingestellt werden muss.[655] Denn zum einen bleibt die Ermittlung der Wahrheit trotz einer Verständigung nicht nur wegen des ausdrücklichen Verweises in § 257c Abs. 1 S. 1 StPO Ziel des Verfahrens.[656] Zum anderen können Verständigungsgespräche auch jederzeit abgebrochen werden, sodass das Verfahren auch ohne die Absprache zu einem Ende gebracht werden muss.

VI. Zwischenergebnis

Die vorstehenden Ausführungen haben gezeigt, dass die im ersten Teil der Untersuchung herausgearbeiteten Idealtypen in ihren Grundzügen auch in der empirischen Wirklichkeit beobachtet werden können. Dabei hat sich das Merkmal der Zweckwidrigkeit als grundsätzlich taugliches Abgrenzungskriterium zwischen Rechtsmissbrauch und Konfliktverteidigung erwiesen. Doch die Befunde machen auch deutlich, dass eine Kategorisierung in der Praxis nicht ausnahmslos möglich ist. Das Kriterium der Zweckwidrigkeit ist demnach nicht geeignet, jede empirische Erfahrung eindeutig einem bestimmten Idealtyp zuzuordnen.

Jedoch handelt es sich bei der Konfliktverteidigung, dem Rechtsmissbrauch und der konsensualen Verteidigung lediglich um Idealtypen, eine eindeutige Zuordnung jeder denkbar möglichen empirischen Erfahrung war demnach nicht zu erwarten.[657] Diese begrifflichen Konstrukte sollen die Wirklichkeit ordnen und strukturieren und dabei als rein idealer Grenzbegriff fungieren. Anhand einzelner Merkmale, wie vorliegend dem Kriterium der Zweckwidrigkeit, müssen zwar eindeutige Schwerpunkte gesetzt werden. Da die Übergänge jedoch fließend sind, wird nicht verlangt, dass jedes Einzelphänomen eindeutig zugeordnet werden kann. Diese Flexibilität ist den Idealtypen wesensimmanent. Gerade die Einzelphänomene, die sich nicht eindeutig zuordnen lassen, können von besonderem Interesse sein und durch die Kontrastierung von Idealtyp und empirischer Erfahrung untersucht werden. Oftmals erschweren eben diese Erscheinungsformen den Gerichten die tägliche Arbeit. Aufgrund der aus Sicht eines externen Beobachters gewonnenen Erkenntnisse kann sodann der Versuch unternommen werden, entweder unter Rekurs auf die bereits bestehenden

655 So auch *Sauer*, Konsensuale Verfahrensweise, S. 180.

656 Siehe hierzu ausführlich BVerfG 2 BvR 2628/10, 2 BvR 2883/10, 2 BvR 2155/11 Urteil vom 19.3.2013.

657 S.o. erster Teil, erstes Kapitel, B.

gesetzlichen Vorschriften oder durch Einführung neuer Regelungen auf normativer Ebene missbräuchliches Verteidigungsverhalten zu begrenzen.

Daher ist im Folgenden zunächst darzustellen, wie die Gerichte auf konfliktbereites und rechtsmissbräuchliches Verteidigungsverhalten reagieren und anhand der geltenden Gesetzeslage reagieren können. In der empirischen Untersuchung hat sich jedoch gezeigt, dass die fehlende Möglichkeit, eine Konfliktverteidigung von einem Rechtsmissbrauch anhand objektiver Kriterien stets eindeutig abgrenzen zu können, den Gerichten und Staatsanwaltschaften erhebliche Schwierigkeiten bereiten kann. Daher sind diese Unwägbarkeiten bei der Diskussion um die bestehenden Möglichkeiten der Reaktion auf rechtsmissbräuchliches Verteidigerverhalten zu berücksichtigen und bisherige Positionen zu überdenken. Vor allem aber sind die gewonnenen Erkenntnisse bei der Erörterung von möglichen Gesetzesänderungen mit einzubeziehen.

Zweites Kapitel: Umgang und Unterbindung rechtsmissbräuchlichen Verteidigungsverhaltens

Die Frage nach einem geeigneten Umgang mit rechtsmissbräuchlichem Verteidigungsverhalten und nach Möglichkeiten, den Rechtsmissbrauch zu unterbinden, wird in Literatur und Rechtsprechung vielfach diskutiert.[658] Im vorliegenden Kapitel ist diese Frage vor allem unter Berücksichtigung der soeben dargestellten Schwierigkeiten zu erörtern.

Die auf empirischer Ebene gewonnenen Erkenntnisse sollen als Grundlage für die weiterführende Untersuchung herangezogen werden, wie auch auf normativer Ebene rechtsmissbräuchlichem Verteidigungsverhalten Einhalt geboten werden kann.

Dabei ist von besonderem Interesse, wie sich die dargestellte Problematik auf die Diskussion über den geeigneten Umgang mit einem rechtsmissbräuchlichen Prozessverhalten auswirken kann. Entscheidend sind sowohl die bisherigen gesetzlichen Grundlagen als auch die Möglichkeit neuer gesetzlicher Regelungen.

A. Missbrauchsreaktion de lege lata

I. Allgemeine Missbrauchsklausel im Beweisantragsrecht

Insbesondere im Zusammenhang mit dem Beweisantragsrecht wird diskutiert, ob für dieses mit § 244 Abs. 3 S. 1 StPO nicht bereits eine allgemeine Missbrauchsklausel existiert.[659] Dies soll bei sogenannten Scheinbeweisanträgen der Fall sein, wenn mit dem Antrag nicht ernsthaft die Aufklärung des Sachverhalts begehrt wird, sondern der Beweisantrag nur zum Schein gestellt wurde, um Zeugen bloßzustellen, Propaganda zu betreiben, einen Richter durch die Benennung als Zeugen auszuschalten[660] oder wenn mit einem (Hilfs-) Beweisantrag

---

658 Siehe hierzu bereits oben erster Teil, drittes Kapitel, A.

659 *Beulke*, FS-Amelung, S. 547; *Fahl*, Rechtsmißbrauch im Strafprozeß, S. 512; Radtke/Hohmann/*Kelnhofer* § 244 Rn. 112.

660 *Meyer-Goßner* § 244 Rn. 67; *Spiekermann*, Der Mißbrauch des Beweisantragsrechts, S. 98 f. sieht Scheinbeweisanträge eher als ein Unterfall der Verschleppungsabsicht. Siehe zur Ablehnung eines Beweisantrags auf Vernehmung des erkennenden Richters als Zeugen bereits BGHSt 7, 330 (331); BGH StV 1991, 99 (100); BGH StV 2004, 355;

eine sachwidrige Verknüpfung hergestellt werden soll und ein Beweisantrag im Fall des Schuldspruchs nur dann als gestellt gelten soll, wenn das Gericht auf eine Freiheitsstrafe ohne Bewährung entscheidet.[661] Ein solch missbräuchlicher Beweisantrag, der nicht mit dem Ziel der Wahrheitsermittlung gestellt wurde, sondern mit dem eine sachwidrige Prozesstaktik verfolgt wird, soll auch dann vorliegen, wenn das Beweisersuchen eine wider besseres Wissens aufgestellte Beweisbehauptung enthält.[662] Problematisch ist, dass ein solches Prozessverhalten nicht zwangsläufig auf die Verschleppung des Verfahrens ausgerichtet ist und folglich nicht von § 244 Abs. 3 S. 2 Var. 6 StPO erfasst wird. Vereinzelt wird daher für die Ablehnung von Beweisanträgen, mit denen andere verfahrensfremde Zwecke als die Prozessverschleppung verfolgt werden, auf § 244 Abs. 3 S. 1 StPO zurückgegriffen.[663] Aus der Tatsache, dass die Ablehnungsgründe in § 244 Abs. 3 S. 2 StPO eine abschließende Regelung erfahren haben und die Prozessverschleppung nur einen speziellen Missbrauchstatbestand darstellt, wird geschlossen, dass für das Beweisantragsrecht ein allgemeiner Missbrauchstatbestand in § 244 Abs. 3 S. 1 StPO zu finden sei.

Wird ein solcher Verstoß des Verteidigers festgestellt, so soll die Ablehnung von ihm gestellter Anträge als ultima ratio zulässig sein, wobei ein präventiver und vollständiger Entzug des Beweisantragsrechts für die Zukunft ausgeschlossen wird.[664] Die Beschränkung der künftigen Rechtsausübung dürfe dabei keine

---

ablehnend *Hamm/Hassemer/Pauly*, Beweisantragsrecht, Rn. 255. Inwieweit der „Gabelstaplerantrag“ aus dem Verfahren A dem Betreiben von einer Art Propaganda gedient haben könnte, wurde bereits oben ausgeführt, erstes Kapitel, C.III.

661 *Fahl*, Rechtsmißbrauch im Strafprozeß, S. 523 f., 554 sieht dies als einen der von der Prozessverschleppung nicht erfassten und unter das Kriterium der „Unzulässigkeit“ fallenden Rechtsmissbrauch; vgl. auch *Niemöller* StV 1996, 501 (504).

662 BGH NStZ 2012, 526 (527).

663 Insgesamt hierzu *Fahl*, Rechtsmißbrauch im Strafprozeß, S. 520 ff.; vgl. auch *Heinrich*, Konfliktverteidigung im Strafprozess, S. 56; ablehnend *Schatz*, Das Beweisantragsrecht in der Hauptverhandlung, S. 305 ff.

664 BGHSt 38, 111 (114); *Niemöller* JR 2010, 332 (338). Vgl. auch *Beulke*, FS-Amelung, S. 549, der sich dafür ausspricht, dass bei Vorliegen eines Rechtsmissbrauchs zunächst die Anträge des Mandanten zurückgewiesen werden. Falls der Verteidiger im Anschluss die Anträge als eigene stellt, dann müsse eine weitere Missbrauchsprüfung einsetzen. *Basdorf* StV 1995, 310 (316) geht hingegen davon aus, dass einem in dieser Weise agierenden Verteidiger nur bedingt entgegengetreten werden kann. Wenn kein weiterer Verteidiger mandatiert oder bestellt sei, bliebe nur die Aussetzung des Verfahrens und der Neubeginn. Siehe zu den Reaktionsmöglichkeiten auch *Kudlich*, Strafprozeß und allgemeines Mißbrauchsverbot, S. 229 ff., 257; *ders.* NStZ 1998, 588 (589).

Sanktion vorangegangenen Missbrauchs sein, sondern nur als Prognoseentscheidung den zu erwartenden Missbrauch unterbinden.[665] Bei dieser Einzelfallentscheidung müsse stets geprüft werden, ob die zweckwidrige Ausübung der prozessualen Befugnis in einem solchen Ausmaß erfolgte, dass sie für unzulässig erklärt werden und als Folge die Geltendmachung des prozessualen Rechts für die Zukunft eingeschränkt bzw. völlig ausgeschlossen werden kann oder ob die Unterbindung der einzelnen Rechtsausübung genügen würde. Entscheidendes Kriterium für die Missbrauchsreaktion sei daher die Verhältnismäßigkeit. Dem Beschuldigten müsse stets die Möglichkeit der effektiven Verteidigung erhalten bleiben.[666] Andere gehen sogar soweit, dass es ohne Verlust an Rechtsstaatlichkeit möglich sein soll, dem Verteidiger das Recht zur Antragstellung zu entziehen und dem Angeklagten einen neuen Verteidiger beizuordnen.[667]

Sowohl die dogmatischen Ausführungen im ersten Teil der Untersuchung als auch die vorstehenden empirischen Erkenntnisse haben jedoch deutlich gezeigt, dass die Anerkennung eines allgemeinen Missbrauchsverbots, gleich welche Folgen ein Verstoß nach sich ziehen kann, erheblichen Zweifeln begegnet. Denn es ist stets denkbar, dass insbesondere Vertreter von Gericht und Staatsanwaltschaft der Verteidigung Motive zuschreiben, die diese selbst nicht erkennt oder erkennen will.[668] Doch nicht nur die von jedem Verfahrensbeteiligten eigenständig vorgenommene Bewertung bestimmten Verteidigungsverhaltens offenbart die Schwierigkeiten einer idealtypischen Zuordnung. Auch die der methodischen Konzeption zugrunde liegende Fremdbeobachtung hat aufgrund der Ambivalenz des Zweckwidrigkeitskriteriums keine objektiven und allgemeingültigen Kriterien aufzeigen können.

II. Spezielle Missbrauchsklauseln

Vielfach hat der Gesetzgeber die Ausübung der dem Beschuldigten und seinem Verteidiger eingeräumten Rechte jedoch ausdrücklich beschränkt, unter einen Missbrauchsvorbehalt gestellt und die Missbrauchsreaktion vorgegeben.

1. Die speziellen Missbrauchsklauseln

Wie bereits ausführlicher dargestellt, ist nach § 26a Abs. 1 Nr. 3 StPO das Ablehnungsgesuch bei Prozessverschleppung oder bei Verfolgung ausschließlich

665 *Gaede* Wistra 2010, 210 (211).
666 BGHSt 38, 111 (114).
667 *Senge*, FS-Nehm, S. 342.
668 S.o. erstes Kapitel, C.II.2, C.III.

verfahrensfremder Zwecke als unzulässig zu verwerfen.[669] Wird das Ablehnungsgesuch in der Hauptverhandlung gestellt, so kann die Entscheidung hierüber nach § 29 Abs. 2 S. 1 StPO vorläufig zurück gestellt werden, um die Verfahrensverzögerung durch die missbräuchliche Inanspruchnahme zu verhindern.[670] Auch bei einem Missbrauch des Beweisantragsrechts zur Prozessverschleppung kann der Antrag sowohl nach § 244 Abs. 3 S. 2 Var. 6 StPO als auch nach § 245 Abs. 2 S. 3 StPO bei präsenten Beweismitteln abgelehnt werden.[671] Ein ähnliches Bild ergibt sich auch bei § 266 Abs. 3 StPO. Dem Unterbrechungsantrag des Angeklagten muss dann nicht entsprochen werden, wenn er offenbar mutwillig oder nur zur Verfahrensverzögerung und damit letztlich ebenfalls zweckwidrig gestellt wurde. Wird das Fragerecht aus § 239 Abs. 1 StPO missbraucht, kann dieses gemäß § 241 Abs. 1 StPO entzogen werden. Ferner kann der Verteidiger gem. § 138a Abs. 1 Nr. 2 StPO vom Verfahren ausgeschlossen werden, wenn er sein Recht auf freien Verkehr mit dem inhaftierten Mandanten missbraucht. Dem Rechtsanwender stehen demzufolge verschiedene Möglichkeiten der Missbrauchsabwehr zur Verfügung. Betrachtet man die oben ausführlich erörterten Beweis- und Befangenheitsanträge aus dem Verfahren A, stellt sich im Anschluss gleichwohl die Frage, ob die Gerichte mit Hilfe der Anwendung der speziellen Missbrauchstatbestände tatsächlich in der Lage sind, jedes missbräuchliche Verhalten zu unterbinden.

2. *Geeignetheit der speziellen Missbrauchsklauseln am Beispiel der Musterverfahren*

Obwohl insbesondere von Seiten der Vertreter der Staatsanwaltschaft der Vorwurf erhoben wurde, die Verteidigung beabsichtige mit ihrem prozessualen Verhalten insgesamt und mit dem „Gabelstaplerantrag" im Besonderen die Verschleppung des Verfahrens, wurde dieser Antrag nicht wegen Verschleppungsabsicht nach § 244 Abs. 3 S. 2 Var. 6 StPO abgelehnt, sondern die zu beweisende Tatsache, dass ein Arbeitsvertrag zwischen den Kraftfahrern und der Tochtergesellschaft S geschlossen und nicht gekündigt worden ist, gem. § 244 Abs. 3 S. 2 Var. 3 StPO als erwiesen erachtet. Eine auf § 244 Abs. 3 S. 2 Var. 3 StPO gestützte Ablehnung erfordert im Gegensatz zu einer Ablehnung wegen Verschleppungsabsicht nicht den Nachweis einer subjektive Verzögerungstaktik, sodass eine

669 S.o. erstes Kapitel, B.II.2.

670 *Meyer-Goßner* § 29 Rn. 9.

671 Siehe zur Ablehnung nach § 244 Abs. 3 S. 2 Var. 6 StPO ausführlicher oben erstes Kapitel, B.III.5.

hierauf gestützt Ablehnung in jedem Fall als der sichere Weg verstanden werden kann.

Auch der Beweisantrag auf Vernehmung der Professoren wurde nicht wegen Verschleppungsabsicht abgelehnt, wenngleich vermutet wurde, dass dieser nur der „Show“ dienen sollte.[672]

Schließlich wurden die dargestellten Befangenheitsanträge als unbegründet zurückgewiesen, obwohl auch diesbezüglich Vorwürfe laut wurden, die Verteidigung versuche es mit „List und Tücke“, der Antrag sei abgesprochen und an den „Haaren herbeigezogen“ gewesen.

Weshalb keiner der dargestellten Anträge gestützt auf einen speziellen Missbrauchstatbestand abgelehnt bzw. verworfen wurde, kann nicht mit Sicherheit festgestellt werden. Es wurde oben herausgearbeitet, dass es mitunter erhebliche Schwierigkeiten bereiten kann, eine eindeutige Feststellung zu treffen, dass mit dem Antrag allein die Verfahrensverschleppung beabsichtigt wurde. Die Ablehnung eines Beweisantrages wegen Verschleppungsabsicht setzt bekanntlich voraus, dass die beantragte Beweiserhebung keine zu Gunsten des Antragstellers sprechenden Umstände hervorbringen kann und sich der Antragsteller dessen bewusst ist. Ist der Verteidiger weiterhin davon überzeugt, dass die begehrte Beweiserhebung eine zusätzliche Sachaufklärung zu Gunsten seines Mandanten bewirken kann, scheitert eine Ablehnung nach § 244 Abs. 3 S. 2 Var. 6 StPO. Schließlich wird dem häufig beklagten Problem einer „Beweisantragsflut“ nicht mit den Mitteln der speziellen Missbrauchstatbestände begegnet werden können. Denn grundsätzlich sind alle Beweisanträge zunächst inhaltlich zu prüfen, bevor sie gegebenenfalls wegen Verschleppungsabsicht abgelehnt werden können. Da sich das Gericht demnach mit jedem Antrag inhaltlich auseinandersetzen muss, kann der Zeitaufwand theoretisch bis ins Unendliche getrieben werden. Dieser Art der Prozessverschleppung kann mit dem Mitteln des § 244 Abs. 3 S. 2 Var. 6 StPO kaum entgegengetreten werden.[673]

Die speziellen Missbrauchsklauseln sind folglich zwar geeignet, bestimmtes Verteidigungsverhalten zu unterbinden. Kann der infrage stehende Antrag jedoch nicht eindeutig qualifiziert werden, so ist dieser im Zweifel weder zweckwidrig noch rechtsmissbräuchlich, sondern Teil einer konfliktbereiten Verteidigung. Das Gericht hat über diesen Antrag nach den Regeln der StPO zu bescheiden und diesem gegebenenfalls nachzugehen.

---

672 S.o. C.II.2.d.

673 So auch *Basdorf*, Verständigung, S. 56; *Kühne*, Strafprozessrecht, Rn. 786; *Niemöller* JR 2010, 332 (335), *Perron* ZStW 108 (1996), 128 (146) spricht von „Beweisantragsschlachten“.

III. Zwischenergebnis

Die vorstehenden Ausführungen haben gezeigt, dass den Gerichten mit den speziellen Missbrauchsklauseln zwar de lege lata die Möglichkeit eröffnet wurde, bestimmtes rechtsmissbräuchliches Prozessverhalten zu unterbinden. Gleichzeitig sind diese Regelungen jedoch nicht geeignet, jeglichem Rechtsmissbrauch entgegentreten zu können. Da auch die Anwendung eines allgemeinen Missbrauchsverbots nach den hier gewonnenen Erkenntnissen und unter Berücksichtigung der empirischen Ergebnisse nicht befürwortet werden kann, ist im Anschluss die Notwendigkeit neuer gesetzlicher Regelungen zu erörtern.

B. Möglichkeiten de lege ferenda

I. Normierung einer allgemeinen Missbrauchsklausel

Da geschriebenes Recht in ungleich stärkerem Maße als Gewohnheitsrecht der Rechtssicherheit und damit dem rechtsstaatliche Grundprinzip des Art. 20 Abs. 3 GG dient,[674] wird unter Hinweis auf den Vorbehalt des Gesetzes überwiegend eine gesetzliche Normierung für notwendig erachtet.[675]

1. Bedürfnis einer gesetzlichen Regelung

Die gesetzlich normierten Beschuldigten- und Verteidigerrechte dienen insbesondere der Gewährleistung des rechtsstaatlichen Anspruchs auf rechtliches Gehör und ein faires Verfahren.[676] Werden dem Verfahrensbeteiligten diese gesetzlich zugestandenen Verfahrensrechte durch den Rechtsanwender entzogen, bedarf es zur Rechtfertigung dieses Eingriffs regelmäßig einer Ermächtigungsgrundlage.[677] Im ersten Teil der Untersuchung zeigte sich, dass das

---

674 *Krey*, Keine Strafe ohne Gesetz, Rn. 123.

675 GG Kommentar/*Sommermann* Art. 20 Rn. 239, 285 f., wonach es „Richterrecht als eigenständige Rechtsquelle nicht geben darf“; die richterliche Rechtsfortbildung muss sich im Rahmen des geltenden Rechts bewegen. Als Teil des öffentlichen Rechts beansprucht dieser Grundsatz auch im Straf- und Strafprozessrecht Geltung, vgl. *Jahn* StV 2009, 663 (667); *Krey*, Gesetzesvorbehalt im Strafrecht, S. 41.

676 S.o. B.II.; B.III.

677 *Jahn* ZRP 1998, 103 (108); *Kudlich*, Gutachten C zum 68. DJT, C 104 f, 111; *Niemöller* StV 1996, 501 (506). In BGHSt 38, 111, wurde dem Angeklagten aufgegeben, Beweisanträge nur noch über seinen Verteidiger als „Filter“ zu stellen. Auch wenn der Angeklagte noch Anträge stellen durfte, wurde ihm das eigene unbeschränkte Antragsrecht entzogen.

allgemeine Missbrauchsverbot der Rechtsprechung als Ermächtigungsgrundlage dient, ohne eine ausreichende dogmatische Begründung für dessen Existenz zu liefern.[678] Das Missbrauchsverbot wird lediglich mit den speziellen Missbrauchstatbeständen und mit dem Bedürfnis der Gerichte, rechtsmissbräuchliches Verteidigungsverhalten zu unterbinden, begründet. Die Regelungen der §§ 138a, 138b StPO stellen nur für die dort normierten speziellen Missbrauchsfälle eine gesetzliche Eingriffsermächtigung dar. Darüber hinausgehendes missbräuchliches Verhalten wird nicht erfasst, sodass für Einschränkungen der rechtlichen Befugnisse in diesen Fällen auch keine gesetzliche Ermächtigungsgrundlage besteht.[679]

Eine gesetzliche Normierung sollte Klarheit für die Beteiligten schaffen und Rechtsicherheit für diejenigen bringen, deren Rechte beschränkt werden. Doch eine solche Berechenbarkeit kann nur dann erreicht werden, wenn der Anwendungsbereich der Norm einer abstrakten Regelung überhaupt zugänglich ist.

2. *Inhaltliche Ausgestaltung einer allgemeinen Missbrauchsklausel*

Um der Gefahr des „Missbrauchs mit dem Missbrauch“ und dem Vorwurf der Unbestimmtheit zu begegnen, müsste eine gesetzliche Regelung zunächst sowohl auf Tatbestandsebene als auch auf Rechtsfolgenseite hinreichend konkretisiert werden.[680] Des Weiteren müsste die gerichtliche Missbrauchsabwehr ihrerseits einer strengen revisionsrechtlichen Kontrolle unterzogen werden können.[681]

Die Rechtsprechung des Bundesgerichtshofs zum allgemeinen Missbrauchsverbot sieht sich nicht ganz zu Unrecht dem Vorwurf ausgesetzt, sie eigne sich nicht zur Verallgemeinerung, da keine abstrakten Kriterien formuliert worden sind.[682] Eine gesetzliche Missbrauchsklausel müsste demnach insbesondere dem Bestimmtheitsgebot genügen und eine unangemessene Schwächung der prozessualen Stellung des Beschuldigten verhindern.[683] Soweit die Rechte des Beschuldigten beschränkt würden, müsste stets das Recht auf umfassende Verteidigung gewährleistet bleiben.[684]

---

678 S.o. erster Teil, drittes Kapitel, A.IV.2.
679 *Kröpil* JR 1997, 315 (317).
680 *Kröpil* AnwBl 2002, 624 (625).
681 *Beulke*, Der Verteidiger im Strafverfahren, S. 228.
682 *Dahs* StV 2006, 116 (117).
683 *Kröpil* DRiZ 2004, 6.
684 BGHSt 38, 111 (114).

Doch Begriffe wie „Verfahrenssabotage“ oder aber auch der Begriff des „Missbrauchs“, wie er expressis verbis in §§ 138a Abs. 1 Nr. 2, 241 Abs. 1 StPO enthalten ist, werden mitunter als zu unbestimmt und im jeweiligen Regelungszusammenhang als ohne eigenständige Bedeutung empfunden.[685] Eine gesetzliche Normierung müsste an ein objektiv erkennbares missbräuchliches Verhalten anknüpfen, sodass sich an den Maßstäben der Missbrauchsklausel grundsätzlich alle prozessualen Befugnisse messen lassen können müssten.[686]

Bei der Auswahl des Mittels wird insbesondere die Berücksichtigung des Verhältnismäßigkeitsgrundsatzes gefordert.[687]

Eine *formale* Anforderung an die Ausgestaltung einer allgemeinen Missbrauchsklausel wird aus einem Vergleich mit den speziellen Missbrauchstatbeständen der §§ 26a Abs. 1 Nr. 3, Abs. 2, 244 Abs. 3 S. 2, Abs. 6 StPO gefolgert. Für die Zurückweisung des Verteidigungsverhaltens aufgrund einer neu zu schaffenden allgemeinen Missbrauchsklausel wird ein Gerichtsbeschluss gefordert.[688]

3. *Einwände gegen eine gesetzlich normierte allgemeine Missbrauchsklausel*

Die vorstehenden Ausführungen haben gezeigt, dass die Mindestanforderungen, die an eine allgemeine Missbrauchsklausel gestellt werden müssen, im Wesentlichen den in der Grundsatzentscheidung BGHSt 38, 111 formulierten Kriterien entsprechen, sodass zum einen die bereits oben dargestellten Kritikpunkte geltend gemacht werden können.[689] Zum anderen werden auch die an eine gesetzliche Regelung zu stellenden Anforderungen kaum zu erfüllen sein.

a. Zweckwidrigkeit und Objektivität der Missbrauchsklausel

Letztlich liegen der Forderung nach einer allgemeinen Missbrauchsklausel zwei Annahmen zugrunde. Zum einen wird stets auf die Zweckwidrigkeit als konstitutivem Element des Rechtsmissbrauchs abgestellt. So müsste eine Art objektive und abstrakte Formulierung gefunden werden, die auf eine unbestimmte Vielzahl an Fällen anwendbar sein soll. Zum anderen setzt dies voraus, dass der Rechtsanwender, also das Gericht, auf eine objektive Beurteilung gestützt den Missbrauchstatbestand heranzieht. Um zu einer solchen Entscheidung zu

---

685 LR/*Lüderssen/Jahn* § 138a Rn. 93; *Weber* GA 1975, 289 (298 f.). Siehe zur Definition des Sabotage-Begriffs auch *Jahn*, Konfliktverteidigung, S. 65 f.

686 *Kudlich*, Gutachten C zum 68. DJT, C 89, 108, 111.

687 So auch *Kudlich* NStZ 1998, 588 (589); *Kröpil*, DRiZ 2001, 335 (338).

688 *Kudlich* NStZ 1998, 588 (590); *Kröpil* AnwBl 2002, 624 (626).

689 S.o. erster Teil, drittes Kapitel, A.IV.

gelangen, wäre die Anlegung eines „individuell-objektiven" Maßstabs denkbar, wie er auch im Rahmen des Ablehnungsgesuches bei der Beurteilung der Unvoreingenommenheit der erkennenden Richter angelegt wird.[690] So müsste das erkennende Gericht einen neutralen Standpunkt einnehmen und das infrage stehende Verteidigungsphänomen aus jeder Verfahrensperspektive – also auch aus der Sicht des Antragstellers – beurteilen und auch die jeweiligen Besonderheiten des beruflichen Selbstverständnisses berücksichtigen. Beide Annahmen führen zu denselben Schwierigkeiten, die im Verlauf der Untersuchung wiederholt, insbesondere anhand der empirischen Erkenntnisse aufgezeigt wurden: Welcher Verfahrenszweck verfolgt wird, umfasst stets eine subjektive Komponente. Denn Richter, Staatsanwalt, Verteidiger und Beschuldigter verfolgen in aller Regel nicht das gleiche Verfahrensziel. Selbst wenn sich alle Verfahrensbeteiligte darauf einigen, dass die Ermittlung der Wahrheit zum Ziel des Verfahrens wird, ist auch diese subjektiv geprägt. Demnach wird es weder möglich sein, eine abstrakte Regelung zu finden, die geeignet ist, jedes Prozessverhalten eindeutig zuzuordnen noch ist ein Entscheidungsträger denkbar, der die Frage nach der Zweckwidrigkeit eines Verhaltens absolut neutral beurteilen könnte. Denn wenn über ein Verhalten geurteilt werden muss, das den eigenen Intentionen entgegensteht, birgt dies unausweichlich auch die Gefahr eines „Missbrauchs der Missbrauchsklausel" durch die Unterbindung rein unbequemer oder lästiger Rechtsausübung.[691] Zwar könnten die erhobenen Einwendungen auch der Normierung zusätzlicher spezieller Missbrauchsklauseln entgegenstehen, doch insbesondere bei einer allgemeinen Missbrauchsklausel, die in einer Vielzahl von Verfahren herangezogen werden würde, potenzieren sich die Risiken. Somit bleibt es bei dem Gedanken des „Zweifelsfalls", liegt kein eindeutig zweckwidriges und damit missbräuchliches Verteidigungsverhalten vor, so ist von einer rein konfliktbereiten und damit im Grunde zulässigen Verteidigung auszugehen.

---

690 Vgl. zur Besorgnis der Befangenheit HK-GS/*Bosbach* Teil 2 § 24 Rn. 8; KK/*Scheuten* § 24 Rn. 3; *Meyer-Goßner* § 24 Rn. 8; *Pfeiffer* StPO § 24 Rn. 1; LR/*Siolek* § 24 Rn. 7 f.; AnwK-StPO/*Werner* § 24 Rn. 2. Kritisch z.B. *Kühne*, Strafprozessrecht, Rn. 732.

691 *Beulke*, Der Verteidiger im Strafverfahren, S. 228; *Fischer* StV 2010, 423 (426); *Jahn*, Konfliktverteidigung S. 76; *ders.* StV 2009, 663 (667); *Meyer* JR 1980, 219 (220). Mit der gleichen Argumentation gegen eine gesetzliche Normierung *Fahl*, Rechtsmißbrauch im Strafprozeß, S. 727; *Weber* GA 1975, 289 (299); *Wohlers*, Die Reaktion auf missbräuchliches Verteidigungsverhalten, S. 51.

b. Sonstige Einwände

Teilweise wird eine gesetzliche Regelung auch als überflüssig erachtet, da die bereits normierten Missbrauchstatbestände genügten, um das missbräuchliche Verhalten zu erfassen, von anderen Befugnissen gehe keine vergleichbar große Gefahr aus.[692] Seien künftig weitere Regelungen erforderlich, müsse der Gesetzgeber dort, wo ein übermäßiger Missbrauch zu verzeichnen sei, einzelne Regelungen schaffen.[693] Inwieweit zusätzliche Missbrauchstatbestände in Betracht kommen und welchen Regelungsgehalt diese haben könnten, wird im Anschluss zu erörtern sein.

4. Zwischenergebnis

Die empirischen Erkenntnisse haben gezeigt, dass eine konfliktbereite und konfrontative Verteidigung vielfach keinen reinen Selbstzweck verfolgt, sondern auch rational nachvollziehbare Ziele mit der Wahl einer solchen Verteidigungsstrategie verbunden sind. Entscheidend für die Frage, ob es sich um ein rechtsmissbräuchliches Verteidigungsverhalten handelt, ist der jeweils verfolgte Zweck. Dabei wurden verschiedene Problemfelder deutlich. Oftmals verfolgt die Verteidigung nicht von Beginn an eine bestimmte Strategie, die beurteilt werden kann und sich als rechtsmissbräuchlich qualifizieren lässt. Vielmehr ist jeder einzelne Antrag zu betrachten. Einzelne Anträge können für sich betrachtet zwar als rechtsmissbräuchlich qualifiziert werden, ob damit jedoch insgesamt eine rechtsmissbräuchliche Strategie einhergeht, wird kaum zu beurteilen sein. Die Zuordnung wird dadurch erschwert, dass auch bei einzelnen Anträgen vielfach ein abschließendes Urteil schwer möglich ist. Sobald die Verteidigung nicht nur verfahrensfremde oder verfahrenswidrige Zwecke verfolgt, sondern zumindest auch von legitimen Beweggründen geleitet wird, ist die Qualifizierung als rechtsmissbräuchlich nicht möglich. Das zur Abgrenzung herangezogene Kriterium der Zweckwidrigkeit weist eine gewisse Ambivalenz auf, die eine Zuordnung nicht in jedem Einzelfall gewährleisten kann. Diese Problematik vermag auch nicht durch eine gesetzliche allgemeine Missbrauchsklausel einer Lösung zugeführt werden.

---

692 *Breucker*, Verteidigungsfremdes Verhalten, S. 60; *Fischer* NStZ 1997, 212 (216); *Kudlich*, Strafprozeß und allgemeines Mißbrauchsverbot, S. 42; *Meyer* JR 1980, 219 (220); *Niemöller* StV 1996, 501 (504). A.A. *Fahl*, Rechtsmißbrauch im Strafprozeß, S. 732 f.

693 *Gössel*, Gutachten C zum 60. DJT, C 88 ff. mit Änderungsvorschlägen.

II. Normierung zusätzlicher spezieller Missbrauchstatbestände

In jüngerer Vergangenheit werden die Stimmen immer lauter, die in der Rechtsprechung zur Rügepräklusion[694] und zur Fristsetzung für die Stellung von Beweisanträgen[695] bereits eine „breit angelegte“ Missbrauchsvorsorge des Bundesgerichtshofs erblicken.[696] In einem obiter dictum geht der Bundesgerichtshof sogar so weit, zu erwägen, die Widerspruchslösung auf noch nicht beschiedene Beweisanträge anzuwenden und den Verteidiger damit zu verpflichten, darüber zu wachen, dass alle Beweisanträge beschieden werden, ansonsten trete die Präklusion ein.[697] Insbesondere die Rechtsprechung zur Fristsetzung im Beweisantragsrecht erscheint nach den bereits oben formulierten Einwendungen, wie der Umgehung des § 246 StPO, nicht unbedenklich.[698] Insoweit könnte eine gesetzliche Regelung, die eine „Fristenlösung“ als weiteren speziellen Missbrauchstatbestand normiert, zu empfehlen sein.

1. *„Fristenlösung“ im Beweisantragsrecht*

Die Rechtsprechung erkennt nunmehr die Möglichkeit an, das Stellen von Beweisanträgen nach Ablauf einer vom Gericht angekündigten Frist als Indiz für die Verschleppungsabsicht zu werten.[699] Allerdings soll das Gericht weiterhin verpflichtet sein, die nach Fristablauf gestellten Beweisanträge als Hilfsbeweisanträge entgegenzunehmen und spätestens in den Urteilsgründen zu bescheiden.

---

694 BGHSt 51, 298.

695 BGHSt 52, 355.

696 *Gaede* wistra 2010, 210 (216); *ders.* StV 2012, 51 (52). Die Rügepräklusion eher befürwortend *Basdorf* StV 1997, 488 ff.; *Mosbacher* NStZ 2011, 606, der auf den § 238 Abs. 2 StPO als ein Zwischenrechtsbehelf für eine zeit- und sachnähere Rechtsschutzmöglichkeit abstellt. Werde dieser nicht wahrgenommen, fehle es am Rechtsschutzbedürfnis mit der Folge einer Präklusion. Kritisch *Beulke* StV 2009, 554 (556 ff.), aus dessen Sicht die Rechtsprechung insbesondere mit diesen beiden Entwicklungen den Bogen überspannt hat. Insgesamt kritisch bezüglich der ausgedehnten Rügpflicht *Bauer* NStZ 2012, 191 (193); *Widmaier* NStZ 2011, 305 (306 f.).

697 Siehe hierzu BGH HRRS 2009 Nr. 646.

698 S.o. erstes Kapitel, B.III.5.

699 Siehe hierzu bereits oben erstes Kapitel, B.III.5. Ausdrücklich anerkannt wurde die „Fristenlösung“ in BGHSt 52, 355 (361 ff.) = BGH NJW 2009, 605 ff. m. abl. Anm. *Gaede*; gebilligt durch BVerfG NJW 2010, 592. Zustimmend *Senge*, FS-Nehm, S. 344, der hierin einen Lösungsweg zur Abwehr von Konfliktverteidigung sieht. Eine solche Präklusion forderte bereits *Basdorf* StV 1995, 310 (314); *ders.* StV 1997, 488 (490).

Begründet wird die Möglichkeit der Fristsetzung mit der Sachleitungsbefugnis des Vorsitzenden aus § 238 Abs. 1 StPO. Da dieser die Durchführung der Hauptverhandlung sicherzustellen hat, steht ihm grundsätzlich die Befugnis zu, den Gang der Beweisaufnahme zu bestimmen. Hieraus wird das Recht abgeleitet, durch die Fristsetzung den weiteren Fortgang der Beweisaufnahme zu fördern.[700] Die Rechtsprechung setzt für das Bestimmen einer Frist voraus, dass das Gericht seiner Aufklärungspflicht aus § 244 Abs. 2 StPO nachgekommen ist, es sich um ein länger andauerndes Verfahren mit mindestens zehn Verhandlungstagen handelt und die Fristsetzung nach § 273 Abs. 3 S. 1 StPO protokolliert wurde.[701] Kann der Antragsteller nach Ablauf der Frist die Gründe für die Verspätung nicht substantiiert darlegen und besteht nach Überzeugung des Gerichts für die Versäumnis kein nachvollziehbarer Anlass, soll dies dem Gericht den Nachweis der subjektiven Komponente der Verschleppungsabsicht ermöglichen.[702] Obwohl § 246 Abs. 1 StPO die Ablehnung eines Beweisantrags allein aufgrund des verspäteten Vorbringens ausschließt, soll bereits die Fristversäumnis für die Annahme der Verschleppungsabsicht sprechen.[703] Dies stößt verbreitet auf Widerstand, es wird der Einwand der Umgehung des § 246 Abs. 1 StPO erhoben.[704] Der Beweisantrag darf zwar nicht als verfristet abgelehnt werden, doch die Versäumnis soll die Annahme der Prozessverschleppungsabsicht stützen, was bei Vorliegen der übrigen Voraussetzungen zum gleichen Ergebnis, der Ablehnung des Beweisantrages führt.[705]

Unabhängig von der nachvollziehbaren Kritik, hat die empirische Untersuchung gezeigt, dass das Bedürfnis besteht, Beweisanträge unter Rückgriff auf die Fristenlösung zu bescheiden.[706] Daher sollen die Forschungsergebnisse

700 Siehe zum Ganzen BGHSt 52, 355 (362).

701 BGHSt 51, 333 (344); 52, 355 (362).

702 BGHSt 51, 333 (344 f.), 52, 355. *Niemöller* JR 2010, 332 (333 ff.) sieht hierin das vom BGH gewählte, aber ungeeignete Mittel, um die von ihm als „Geysir-Anträge" bezeichneten Beweisanträge abzuwehren.

703 BGHSt 52, 355 (362); BGH NStZ 1990, 350 (351).

704 Siehe nur *Beulke*, FS-Amelung, S. 555; *Eisenberg*, Beweisrecht, Rn. 239; *Hamm*, FS-Hassemer, S. 1025, 1027; Radtke/Hohmann/*Kelnhofer* § 244 Rn. 112, 148; HK-GS/*König* Teil 2 § 244 Rn. 70 ff.; *Niemöller* JR 2010, 332 (334 f.); AnwK-StPO/*Sommer* § 244 Rn. 106, jeweils m.w.N.

705 *Beulke*, FS-Amelung, S. 552 sieht hierin einen Musterfall des Missbrauchs mit dem Missbrauch. Siehe zu dieser Kritik auch *Fezer* HRRS 2009, 17 (18); *Gaede* NJW 2009, 608; HK-GS/*König* Teil 2 § 244 Rn. 73.

706 S.o. erstes Kapitel, B.III.5.

herangezogen werden, um der Frage nach einer gesetzlichen Regelung der Fristenlösung und ihrem Nutzen nachzugehen.

a. Normierung der „Fristenlösung"

Erwartungsgemäß wurde insbesondere von den interviewten Richtern und Staatsanwälten die Rechtsprechung des Bundesgerichtshofs zur Fristenlösung begrüßt. Denn auch wenn die Frist nicht ausnahmslos eingehalten wird, so werden die Anträge zumindest alsbald nach Ablauf gestellt und die Ablehnung verspäteter Beweisanträge wird ermöglicht.[707]

Damit sich diese Rechtsprechung nicht mehr länger dem Vorwurf der Umgehung des § 246 StPO ausgesetzt sehen muss, müsste der Gesetzgeber zunächst § 246 StPO abschaffen.

Vereinzelt wurde auch im Verlauf der Interviews von Seiten der Richterschaft beklagt, dass die Möglichkeit der Fristsetzung in Ermangelung einer gesetzlichen Grundlage allein auf die Rechtsprechung gestützt werden kann.[708] Deshalb wird auch trotz Billigung durch das Bundesverfassungsgericht eine erneute Anrufung befürchtet. Diese „Unsicherheit" und das damit einhergehende Risiko der Aufhebung des Urteils durch das Bundesverfassungsgericht scheinen für einzelne Richter von erheblicher Bedeutung zu sein. Der Einwand der Unsicherheit einer Fristenlösung allein aufgrund der vom Bundesgerichtshof entwickelten Rechtsprechung ist zwar zutreffend, jedoch nicht in dem so verstandenen Sinne. Viel schwerer als die Angst der Richter vor einer Aufhebung des Urteils durch das Bundesverfassungsgericht dürfte der Einwand des Verstoßes gegen den Vorbehalt des Gesetzes als Teil des Rechtsstaatsprinzips gem. Art. 20 Abs. 3 GG wiegen. Da Richterrecht keine eigenständige Rechtsquelle sein darf, müsste eine Fristenregelung normiert werden, um diesem Vorwurf zu entgehen.[709] Falls die Anwendung der Fristenregelung tatsächlich notwendig erscheint, so wäre eine gesetzliche Regelung zu begrüßen und der reinen Ausgestaltung durch die Rechtsprechung vorzuziehen.

Doch ob die Fristsetzung zur Stellung von Beweisanträgen und damit eine entsprechende Gesetzesänderung tatsächlich notwendig ist, erscheint aufgrund der Forschungsergebnisse zweifelhaft.

---

707 S.o. ausführlich erstes Kapitel, B.III.5.

708 S.o. erstes Kapitel, B.III.5.

709 Hierauf weist jüngst BVerfG 2 BvR 2628/10, 2 BvR 2883/10, 2 BvR 2155/11 Urteil vom 19.3.2013, S. 17 f. hin. Vgl. *Jahn* StV 2009, 663 (667); *Krey*, Gesetzesvorbehalt im Strafrecht, S. 41; GG Kommentar/*Sommermann* Art. 20 Rn. 239, 285 f.

b. Geeignetheit und Notwendigkeit der „Fristenlösung“

Neben den von Seiten der Literatur erhobenen Einwänden gegen die neue Rechtsprechung, insbesondere dem Verstoß gegen § 246 StPO, zeigt sich, dass diese in der Praxis – auch von der Richterschaft – nicht uneingeschränkt als wirksames Mittel verstanden wird, um einem rechtsmissbräuchlichen Einsatz des Beweisantragsrechts entgegentreten zu können. Eine Fristsetzung kann nach Auffassung der Interviewpartner den Verteidiger nicht daran hindern, nach Ablauf dieser Frist noch weitere Beweisanträge zu stellen.[710] Das Gericht muss diese zwar erst in den Urteilsgründen bescheiden und kann die Versäumung der Frist als Indiz für die Verschleppungsabsicht werten. Wenn die Anträge jedoch zur weiteren Sachaufklärung beitragen können, ist das Gericht verpflichtet, erneut in die Beweisaufnahme einzutreten. Ein Verteidiger ist nicht daran gehindert, eben solche Beweisanträge auch nach Ablauf der Frist zu stellen und auf diesem Weg einen Wiedereintritt in die Beweisaufnahme zu erzwingen. Die beabsichtigte Beschleunigung bliebe somit aus.

Des Weiteren könnten auch durch Anträge auf Fristverlängerung weitere Verzögerungen auftreten. Gewährt das Gericht eine Fristverlängerung, tritt der bezweckte Erfolg nicht ein, lehnt es eine solche ab, wird befürchtet, dass die Verteidigung mit Befangenheitsanträgen reagiert, die das Verfahren wiederum verzögern können.[711]

Unsicherheiten bestehen auch bei der Frage, wie lang eine etwaige Frist zu bestimmen ist, denn die Einführung einer kurzen Ausschlussfrist gefährdet die Wahrheitsfindung und schwächt die Verteidigung, eine zeitlich weiter gefasste Präklusionsregelung würde zwar keine unvertretbare Beeinträchtigung darstellen, kann jedoch zu keinem erkennbaren Zeitgewinn führen.[712]

Demnach erscheint die „Fristenlösung“ nicht unbedingt ein geeignetes und wirksames Mittel zu sein, um der Verzögerung durch Beweisanträge nachhaltig und dauerhaft Einhalt gebieten zu können. Ferner dürfte der Nachweis der Verschleppungsabsicht mithilfe der Fristsetzung nicht endgültig gelingen.

Auch die Tatsache, dass der Gesetzgeber ungeachtet des Beschleunigungsgebots und in Kenntnis der Rechtsprechung des Bundesgerichtshofs zur Fristenlösung[713] an der Regelung des § 246 StPO festhält und damit zumindest an dieser

710 S.o. erstes Kapitel, B.III.5.

711 S.o. erstes Kapitel, B.III.5.

712 *Schatz*, Das Beweisantragsrecht in der Hauptverhandlung, S. 332 ff. setzt sich ausführlich mit der Normierung einer zeitlichen Limitierung des Beweisantragsrechts auseinander und erteilt dieser letztlich eine Absage.

713 BGHSt 52, 355.

Stelle keine Notwendigkeit sieht, den Gerichten eine Handhabe gegen etwaigen Missbrauch zu geben, spricht gegen die Normierung einer Fristenregelung. Bereits Mitte der 1990er Jahre scheiterte ein Reformvorstoß, der den Antragsteller verpflichten sollte, Beweisanträge zum frühestmöglichen Zeitpunkt zu stellen.[714]

2. *Einführung weiterer spezieller Normen zur Verhinderung des Rechtsmissbrauchs*

Neben der gesetzlichen Normierung der von der Rechtsprechung entwickelten Fristenlösung wurde in den Interviews vereinzelt auch die Modifizierung des Ablehnungsrechts wegen Besorgnis der Befangenheit befürwortet. An dieser Stelle kann zwar keine abschließende Klärung erfolgen, ob ein Regelungsbedürfnis überhaupt besteht und ob der Regelungsgehalt der zu schaffenden Rechtsnorm nicht gegen geltendes Verfassungsrecht verstößt. Dennoch soll die vorgeschlagene Gesetzesänderung mit wenigen Worten erläutert werden.

Ziel dieser Modifizierung sei es, das Hauptverfahren von der Ausübung des Ablehnungsrechtes gem. § 24 Abs. 1 StPO zu entlasten. So soll das Ablehnungsgesuch zwar weiterhin in der jeweiligen Instanz gestellt werden, dennoch würde der abgelehnte Richter bis zur Urteilsfindung weiter am Verfahren mitwirken, allein eine dienstliche Stellungnahme wird gefordert. Wenn der Verurteilte im Anschluss weiterhin von der Befangenheit des Richters überzeugt sei, könne er dies in der Revision rügen. Dort würde dann entschieden werden, ob der erkennende Richter tatsächlich befangen gewesen ist.[715]

Der Unterschied und damit auch der Vorteil gegenüber der bisherigen Regelung wird darin gesehen, dass das erkennende Gericht nicht über das Ablehnungsgesuch entscheiden müsste. Damit könnte eine unmittelbare Beschleunigung des Verfahrens einhergehen. Des Weiteren könnte auch den bereits erwähnten „Kettenablehnungsgesuchen" entgegengewirkt werden, da bei diesen Ablehnungsgesuchen die vorherige Verwerfung oder Zurückweisung zum Anlass für einen neuen Ablehnungsantrag genommen wird.[716]

Eine ins Gewicht fallende Beschleunigung ist jedoch kaum ersichtlich, insbesondere wenn mit dem Antrag die Ablehnung eines erkennenden Richters ersucht wurde. Denn bereits aufgrund der geltenden Gesetzeslage kann gem. § 28 Abs. 2 S. 2 StPO die Entscheidung des Gerichts, dem Ablehnungsantrag

714 Vgl. *Jahn* StV 2009, 663 (667, 669).

715 Siehe zu diesem Vorschlag 2-7, 612-619.

716 S.o. erstes Kapitel, B.III.5.

nicht stattzugeben, nicht isoliert, sondern erst nach Urteilsfindung und nur im Zusammenhang mit dem Urteil angefochten werden, um eine Verzögerung oder einen Abbruch des Verfahrens zu verhindern.[717] Des Weiteren stellt auch die Möglichkeit des § 29 Abs. 2 StPO ein Mittel dar, eine Verzögerung zu verhindern. Denn wenn das Gericht nicht sofort auf einen Antrag reagiert, sondern diesen erst am Ende des Verhandlungstages behandelt, so hält sich die Verzögerung in Grenzen.

Würde tatsächlich ein befangener Richter an der Entscheidung mitwirken, so würde ein Verfahren über eine komplette Instanz hinweg durchgeführt, obwohl das Urteil im Anschluss auf die Rüge des Verurteilten aufzuheben sein wird. Würde man eine Entscheidung über einen Befangenheitsantrag erst in der Revision für erforderlich halten, dann müsste man darauf vertrauen, dass sich befangene Richter nach § 30 StPO selbst ablehnen. So besteht die Gefahr, dass Zeit und Ressourcen für ein Verfahren in der ersten Instanz aufgewendet werden, an dessen Ende kein rechtskräftiges Urteil steht. Konsequenterweise geht damit zunächst das ganz erhebliche Risiko einer nochmaligen Durchführung des Verfahrens einher, sollte das Urteil in der Rechtsmittelinstanz aufgehoben werden. Doch die Wahrscheinlichkeit, dass ein Gericht ein Verfahren tatsächlich am Ende ex post „platzen" lässt, ist geringer als eine die Befangenheit bestätigende Entscheidung während der ersten Instanz. Ob damit der Rechtsstaatlichkeit des Verfahrens gedient ist, bleibt zweifelhaft.

III. Zwischenergebnis

Nach alledem ist weder die gesetzliche Normierung einer allgemeinen Missbrauchsklausel noch die Ausweitung der speziellen gesetzlichen Missbrauchstatbestände, beispielsweise durch Einführung einer Fristenregelung, zwingend geeignet und erforderlich.

Sowohl den speziellen Missbrauchstatbeständen als auch einer allgemeinen Missbrauchsklausel ist das Merkmal der Zweckwidrigkeit wesensimmanent und zwar unabhängig davon, ob es wie in § 26a Abs. 1 Nr. 3 StPO ausdrücklich aufgeführt oder in anderen Begriffen wie der Verschleppungsabsicht nach § 244 Abs. 3 S. 2 Var. 6 StPO enthalten ist. Diese Schwierigkeiten können insbesondere in Wirtschaftsstrafverfahren die Arbeitsweise der Gerichte erheblich beeinträchtigen. Zunächst liegt der Anklage vielfach ein komplexer und umfangreicher Sachverhalt zugrunde, der nicht auf das Strafrecht beschränkt ist, sondern wie auch im Verfahren A außerstrafrechtliche Rechtsgebiete betrifft. Bereits die Fülle

717 KK/*Scheuten* § 28 Rn. 5.

des Verfahrensstoffs erfordert eine umfangreiche Beweisaufnahme, in deren Verlauf die Verteidigung durch das Stellen von Beweisanträgen mit schwer zu bestimmender Zielsetzung eingreifen kann. Um auch in den außerstrafrechtlichen Bereichen eine ordnungsgemäße Verteidigung gewährleisten zu können, kann es den Verteidigern nicht verwehrt werden, zusätzlichen Sachverstand durch Gutachten oder Zeugen einzuholen und diese mithilfe eines Beweisantrages zum Gegenstand des Verfahrens zu machen. Doch ob hiermit tatsächlich die Sachaufklärung beabsichtigt wird oder der Antrag nur der Verzögerung dienen soll, kann wohl kaum in jedem Einzelfall abschließend beurteilt werden. Dies wird durch die Einbeziehung außerstrafrechtlicher Bereiche zusätzlich erschwert.

Zusammenfassung und Ausblick

Die Untersuchung hat gezeigt, dass Strafverteidigung in Wirtschaftsstrafverfahren unterschiedliche Ausprägungen erfahren kann. So konnten sowohl anhand der dogmatischen Überlegungen als auch gestützt auf die empirischen Erkenntnisse unterschiedliche Idealtypen herausgebildet und Einzelphänomene diesen zugeordnet werden. Doch wie die empirischen Befunde gezeigt haben, kann nicht jedwedes Prozessverhalten an den herausgearbeiteten Maßstäben eindeutig idealtypisch zugeordnet werden. So wird es immer wieder Fälle geben, in denen sich sowohl einzelnes Prozessverhalten als auch ganze Verteidigungsstrategien für verschiedene Verfahrensbeteiligte als rechtsmissbräuchlich darstellen, jedoch einer zuverlässigen Kategorisierung nicht zugänglich sind. Entscheidend ist, dass es sich bei den dargestellten Idealtypen lediglich um Begriffe handelt, die zwar eine Strukturierung der empirischen Erfahrungen ermöglichen, jedoch keine ausnahmslose Zuordnung gewährleisten können. Der Grund liegt vor allem in der Ambivalenz des Zweckwidrigkeitskriteriums. Die unterschiedliche Zielbestimmung der jeweiligen Verfahrensbeteiligten kann auf verschiedene Faktoren zurückgeführt werden. Neben dem beruflichen Selbstverständnis spielt auch die jeweilige verfahrensrechtliche Stellung der Beteiligten eine entscheidende Rolle. Ob der zunehmend auftretende Unternehmensanwalt das Gefüge zwischen den Verfahrensbeteiligten zusätzlich verschiebt, wird anhand künftiger Forschungsprojekte zu untersuchen sein. Darüber hinaus beeinflussen sowohl die finanziellen Ressourcen des Beschuldigten als auch persönliche Faktoren wie die Professionalität und die Qualität der Prozessbeteiligten die Zielsetzung und den Fortgang des Verfahrens.

Schließlich wurde insbesondere im Verlauf der empirischen Untersuchung deutlich, dass die eingangs dargestellten Befürchtungen von „zertrümmerten" und endlosen Verfahren sowie von „weichgekochten" und „zermürbten" Gerichten nicht bestätigt werden können. Zwar vermag der gewählte qualitative Ansatz keine Aussage über die tatsächliche Anzahl an problematischen Fällen zu treffen. Doch insbesondere die Verfahren A und B waren sowohl bezüglich des Umfangs des Aktenmaterials und der abzuurteilenden Taten als auch im Hinblick auf die gestellten Anträge keine alltäglichen Wirtschaftsstrafverfahren. Dennoch konnten die dargestellten Anträge unter Rückgriff auf die bestehenden

Ablehnungsgründe, ohne die speziellen Missbrauchstatbestände zu bemühen, beschieden und gravierende Verzögerungen vermieden werden, obwohl einzelne Interviewpartner der Verfahren A und B der Verteidigung vorgeworfen haben, sie hätte versucht, das Verfahren zu verschleppen. Demzufolge besteht nach den hier gewonnenen Erkenntnissen keine Notwendigkeit für die Ausweitung der Missbrauchsreaktion oder die Anerkennung eines allgemeinen Missbrauchsverbots.

Anhang

A. Gesprächsleitfaden Richter

I. Persönlicher Werdegang, personelle und sachliche Gegebenheiten

1. Seit wann sind Sie am LG X mit Wirtschaftskriminalität befasst und wie kam es dazu?
2. Haben Sie vor dieser Zeit bereits als Staatsanwalt oder Verteidiger in Wirtschaftsstrafsachen gearbeitet oder eine sonstige ökonomische Vorbildungen/Fortbildungen?
3. Waren/sind die Kammermitglieder mit vollen AKA der Kammer zugewiesen, oder teilweise auch in anderen Kammern?
4. Wie viele Verfahren werden von der Kammer durchschnittlich im Jahr erledigt?
5. Hat die Kammer während der Dauer des Verfahrens X andere Verfahren erledigt?
6. Wann erfolgte die Freistellung der Kammer von Neueingängen? Wie lange dauerte diese? Wie war zu diesem Zeitpunkt der Altbestand? Wurde parallel in anderen Verfahren verhandelt? Wie häufig erfolgt eine solche Freistellung?

II. Strukturierung des Verfahrens

Können Sie uns am Beispiel des Falles X die Arbeitsabläufe und die Besonderheiten der strafprozessualen Bewältigung eines Wirtschaftsstrafverfahrens schildern?

1. Zwischenverfahren

1. Bitte schildern Sie die typischen Arbeitsabläufe nach Eingang der Anklage im Zwischenverfahren.
2. Welche verfahrensstrukturierenden Entscheidungen wurden getroffen? Mit welchen Mitteln wurde ggf. versucht bzw. wird üblicherweise versucht, den Umfang des einzelnen Verfahrens und die Masse der Verfahren zu begrenzen? Welche Chancen und Risiken sehen Sie hierbei?
3. Wie wurde die Arbeit in der Kammer aufgeteilt und wie ist dies üblicherweise?

- Wann werden Wirtschaftsstrafsachen üblicherweise in voller Kammerbesetzung entschieden und warum? Was war vorliegend ausschlaggebend für die Heranziehung von Ergänzungsrichter und Ergänzungsschöffen? Muss man dies rechtfertigen?

4. Wie erfolgt die Terminierung in Hinblick auf das nächste/andere Verfahren? *(Um einerseits Leerlauf zu vermeiden, aber andererseits auch nicht zu viel Zeitdruck auf zu bauen).*
5. Wann lässt sich anhand welcher Indizien erfahrungsgemäß vorhersehen, wie sich das Verfahren in puncto Schwierigkeit und Umfang entwickelt?
6. Hätte man – rückblickend – ein solches „Monsterverfahren" vermeiden können? Falls ja, wie?

2. Hauptverfahren

1. Wie wurde der Fortgang des Verfahrens geplant?
   - Wie wird die Beweisaufnahme strukturiert (Tatkomplexe, Beweismittelkategorien, etc.)
   - Wie wird das Beweisprogramm der Kammer geplant?
   - Wie wurden die einzelnen Hauptverhandlungstage geplant?
   - Wie wird die Terminierung abgestimmt?
   - Wie wird der Ausfall von Verfahrensbeteiligten im Hinblick auf die Höchstdauer der Unterbrechung behandelt?
2. Was waren die Gründe für längere Unterbrechungen?
3. Wie wird (in einem konfrontativ geführten Verfahren) mit der Antragsflut der Verteidigung umgegangen?
4. Wie groß ist der Aufwand für Beschlussfassungen außerhalb der Hauptverhandlung *(Haft, Beschwerden, etc.)*?
5. Ab welcher Dauer wird eine Hauptverhandlung zunehmend problematisch *(Entscheidungsumfang, Probleme wegen Urlaubswünschen, Wahrscheinlichkeit von Krankheiten, Eingang weiterer Verfahren, soweit keine Freistellung erfolgt, etc.)*?
6. Erleichtert oder erschwert das Selbstleseverfahren die Erfassung des Sachverhalts für die Schöffen?
7. Wird dem Selbstleseverfahren oft widersprochen? Welche Nachteile hat das Selbstleseverfahren? *(Hintergrund: In beiden Verfahren wurden in großem Umfang Urkunden nach § 249 Abs. 1 StPO eingeführt)*
8. Erleichtern technische Hilfsmittel *(digitale Akte, Leinwandprojektionen)* die Verhandlung? Welche Hilfsmittel wären zusätzlich denkbar und wünschenswert?

9. Wie setzt sich der Aufwand für die Vorbereitung, Durchführung der Hauptverhandlung, Beratungen und Abfassen des Urteils anteilsmäßig zusammen?
10. Wie war das Verhältnis zu Staatsanwaltschaft und Verteidigung?

III. Strukturelle Schwierigkeiten von Wirtschaftsstrafverfahren

1. Welche Besonderheiten weisen die Ermittlungen in Wirtschaftsstrafsachen auf, exemplarisch am Verfahren X dargestellt?
   - Wird hier eine engere Zusammenarbeit zwischen Strafverfolgungsbehörden, Gericht und Verteidigung praktiziert, um mit Umfang und Komplexität umzugehen?
   - Sind die Gerichte personell in der Lage, den Umfang des einzelnen Strafverfahrens und die Masse der Verfahren zu bewältigen?
2. Gibt es im Vorfeld Sondierungen der StA, ob freie Ressourcen verfügbar sind? Ist dies im Hinblick auf den gesetzlichen Richter problematisch?
3. Welche Gründe waren Ihrer Ansicht nach im Verfahren X ausschlaggebend für die Schwierigkeiten und Dauer des Verfahrens? Welches war der heikelste Tatkomplex und warum?
4. Entsteht hier Druck durch die Presse/Öffentlichkeit?
5. Haben Umfangsverfahren in den letzten Jahren stark zugenommen? *(Insgesamt und auch der Umfang des einzelnen Verfahrens)*
6. Welchen Einfluss haben Verbandsgeldbußen, Verfallsanträge und Adhäsionsanträge auf das Verfahren *(Dauer, Einlassungen, Verständigungsbereitschaft)*?
7. Ist Wirtschaftsstrafrecht mehr case-law als das „normale" Strafrecht? Muss häufig über neue oder erstmalig zu entscheidende Fragen gestritten werden? Häufiger als in anderen strafrechtlichen Verfahren? Inwieweit ist dies problematisch für das Verfahren, insbesondere die zeitliche Dimension?
8. Sehen Sie die Schwierigkeiten von Wirtschaftsstrafverfahren eher im rechtlichen oder tatsächlichen Bereich?
9. Ist es den Schöffen als Laien möglich, den Verfahrensstoff vollständig zu erfassen? Erachten Sie eine ökonomische Vorbildung der Schöffen für hilfreich? *(Stichwort: Handelsrichter)*
10. Welche Rolle spielt die politische und finanzielle Stärke des Beschuldigten für das Strafverfahren? Hat es die Verhandlung erschwert?
11. Welche Rolle spielen Rechtshilfeersuchen in Wirtschaftsstrafverfahren?
12. Wie könnte man - auch de lege ferenda – derartige „Monsterverfahren" besser vermeiden oder verhandeln?

IV. Verteidigung

1. Wie wurde im Verfahren X von Verteidigungsrechten wie z.B. Beweisanträgen, Befangenheitsanträgen, Widersprüchen gegen Beweisverwertungen, sonstigen Anträgen Gebrauch gemacht? Wie ist dies in Wirtschaftsstrafverfahren üblicherweise?
2. Welche Beweisanträge/Befangenheitsanträge waren besonders problematisch?
3. Bringt die gelockerte Rechtsprechung zur Verschleppungsabsicht eine Besserung? *Weniger Beweisanträge oder nur leichter abzulehnen?*
4. Wie würden Sie den Verhandlungsstil der Verteidigung bewerten: konfrontativ oder eher dialogisierend?
5. Wo verläuft für Sie die Grenze zwischen konfrontativen und obstruktiven Verhalten? *Ein gewisser Konflikt ist ja „normal".*
6. Sollten die Verteidigungsrechte eingeschränkt werden, um Obstruktion zu vermeiden?
7. Hat sich das Verteidigerverhalten in den letzten Jahren geändert? Ist die Anzahl und Herkunft (außerhalb des LG-Bezirks) der Verteidiger von Belang?
8. Gab es Schwierigkeiten bei der Terminierung? Terminprobleme durch „begehrte" Verteidiger? Wurde von der Verteidigung versucht, die Terminierung zum Zweck der Verfahrensverschleppung zu unterlaufen? Was war der Beweggrund für die Pflichtverteidigerbestellung?
9. Hat der gewählte Verfahrensstil den Beschuldigten zum Vorteil gereicht?

V. Verständigung

1. Welche Rolle spielten Verfahrensabsprachen im Verfahren X? Zu welchen Zeitpunkten wurden Verständigungsversuche von wem unternommen? War die vorherige (Konflikt-) Verteidigung Voraussetzung für das Zustandekommen der Absprache? Wurde versucht, die StA und das Gericht „vergleichsbereit" zu machen?
2. Was ist ausschlaggebend dafür, ob und wann die Kammer Verständigungsversuche mit den Verfahrensbeteiligten unternimmt? Sind die Schöffen hierbei bereits von Beginn an eingebunden? Wie oft gibt es Gespräche in „großer Runde"?
3. Ist eher der Umfang oder die Schwierigkeit (rechtlich und/oder tatsächlich) ausschlaggebend für eine Verständigung?
4. Kommen solche Verständigungsversuche auch von Seiten der Staatsanwaltschaft oder Verteidigung? Wann erfolgt dies üblicherweise?
5. Gibt es Wirtschaftsstrafverfahren, die bereits im Ermittlungsverfahren zwischen Staatsanwaltschaft und Verteidigung „gedealt" werden? Inwieweit wird

der Sachverhalt bereits durch „Aushandeln" von StA und Verteidigung im Ermittlungsverfahren für die Hauptverhandlung vorgegeben?
6. Was ist der größte „Gewinn" einer Verständigung? Zeitgewinn *(Hauptverhandlung oder Absetzen des Urteils)*? Können Sie sich vorstellen, dass auch Zweifel bei der Schuldfrage Motivation für eine Verständigung sein können?
7. Wie häufig kommt es zu einer Verständigung? Bitte schätzen Sie.

VI. Untersuchungshaft

1. Wie schätzen Sie die Bedeutung der Untersuchungshaft für das Verfahren X und Wirtschaftsstrafverfahren allgemein ein? *Qualitativ und quantitativ?*
2. Hat die Untersuchungshaft auf das Verteidigungsverhalten Einfluss gehabt? *(Da die Beschuldigten in solchen Verfahren in der Regel nicht haftgewohnt sind, besteht ein erhöhter Druck)*
3. Wie groß sind der Anteil der Haftsachen und ihr Einfluss auf das Verfahrensmanagement der Kammer?
4. Gibt es Auswirkungen der Gesetzesänderung zur Untersuchungshaft?

VII. Einstellungen

1. Welche Erwägungen waren ursächlich für die Teileinstellungen im Verfahren X?
2. Welche Bedeutung haben Verfahrenseinstellungen nach §§ 153 ff StPO in Wirtschaftsstrafverfahren? Was ist der Grund für die überproportionale Bedeutung? Welchen Einfluss hat dabei die Dauer des (Ermittlungs-) Verfahrens?
3. Gelten aus Ihrer Sicht in Wirtschaftsstrafverfahren andere Maßstäbe hinsichtlich der Schwere der Schuld in §§ 153, 153a StPO?

VIII. Schlussbetrachtung

1. Wie verbreitet ist wirtschaftskriminelles Verhalten *(pers. Einschätzung)*? Ist Wirtschaftskriminalität in Ihren Augen strafrechtlich kontrollierbar? *(Stichwort: Selbstregulierung, Wirtschaftsverwaltungsrecht)*
2. Wie bewerten Sie den Ausgang des Verfahrens?
3. Haben Sie Punkte, die Sie noch gerne ansprechen würden?

B. Gesprächsleitfaden Staatsanwalt

I. Persönlicher Werdegang, personelle und sachliche Gegebenheiten

1. Seit wann sind Sie bei der StA X mit Wirtschaftskriminalität beschäftigt und wie kam es dazu?

2. Haben Sie vor dieser Zeit bereits als Richter oder Verteidiger in Wirtschaftsstrafsachen gearbeitet?
3. Welche ökonomische Vorbildungen besitzen Sie und/oder welche Fortbildungen haben Sie absolviert?
4. Wie viele Verfahren dieser Art (Verfahren X) können Sie pro Jahr bearbeiten?

II. Verfahrensmanagement

1. Können Sie uns am Beispiel des Falles X die Arbeitsabläufe und die Besonderheiten dieses/solcher Verfahrens erläutern?
2. Wie kam es zur Aufnahme der Ermittlungen?
3. Wurde bereits zu Beginn der Ermittlungen teilweise nach §§ 153, 154 ff. StPO verfahren? Wenn ja, in welchem Umfang?
   - Erfolgt hier mitunter eine Reduktion des Verfahrensstoffes um die Zuständigkeit mit Blick auf die Ressourcen der Gerichte zu beeinflussen, z.B. Zuständigkeit der Strafgerichte zu begründen, wenn Wirtschaftsstrafkammern überlastet sind?
   - Wird gegen dieses Vorgehen auch der Vorwurf der Umgehung des gesetzlichen Richters erhoben? Wie beurteilen sie das?
4. Wie bereitet sich die StA auf ein so umfangreiches Verfahren vor?
5. Bestand die Möglichkeit, das Anwachsen des Verfahrens durch Begrenzung des Verfahrensstoffes oder durch eine Absprache mit der Verteidigung zu verhindern? In welcher Phase wäre dies hier noch möglich gewesen? Mit welchen Mitteln?
6. Inwieweit wird bereits im Ermittlungsverfahren der Sachverhalt mit der Verteidigung „festgelegt“, um dann in der Hauptverhandlung eine gemeinsame Grundlage zu haben?
7. Warum wurde der Sitzungsdienst aufgeteilt bzw. waren mehrere Sitzungsvertreter der StA anwesend? Hat sich dieser Personalaufwand gelohnt?
8. Welche Ressourcen werden in der Regel eingesetzt? War dies erfolgreich?
9. Wann und anhand welcher Indizien lässt sich erfahrungsgemäß vorhersehen, wie sich das Verfahren in puncto Schwierigkeit und Umfang entwickelt? Wie war dies im Fall X?
10. Wie und wann erfolgte die Verständigung über den Fortgang der Verhandlung?
    - Wie wurden die weiteren Hauptverhandlungstermine, die Vernehmung der Zeugen vereinbart? Bestand bereits hier Konfliktpotential?
    - Wie verhielt sich die Verteidigung? War sie verhandlungsbereit oder wollte sie den Fortgang erschweren?
11. Was waren die Gründe für längere Unterbrechungen?
12. Wie wurde mit der Antragsflut der Verteidigung umgegangen?

13. Ab welcher Dauer wird eine Hauptverhandlung zunehmend problematisch *(Entscheidungsumfang, Probleme wegen Urlaubswünschen, Wahrscheinlichkeit von Krankheiten, Eingang weiterer Verfahren, soweit keine Freistellung erfolgt, etc.)?*
14. Wird dem Selbstleseverfahren oft widersprochen? Welche Nachteile hat das Selbstleseverfahren?
15. Wie war das Verhältnis zu Gericht und Verteidigung?

III. Strukturelle Schwierigkeiten von Wirtschaftsstrafverfahren

1. Welche Besonderheiten weisen die Ermittlungen in Wirtschaftsstrafsachen auf, exemplarisch am Verfahren X dargestellt?
   - Wird hier eine engere Zusammenarbeit zwischen Strafverfolgungsbehörden, Gericht und Verteidigung praktiziert, um mit Umfang und Komplexität umzugehen?
   - Sind die Gerichte personell in der Lage, den Umfang des einzelnen Strafverfahrens und die Masse der Verfahren zu bewältigen?
2. Gibt es im Vorfeld Sondierungen der StA, ob freie Ressourcen verfügbar sind? Ist dies im Hinblick auf den gesetzlichen Richter problematisch?
3. Wie bewältigt man Umfang und Komplexität dieser Verfahren? Mit oder gegen die anderen Verfahrensbeteiligten?
4. Welche Gründe waren Ihrer Ansicht nach im Verfahren X ausschlaggebend für die Schwierigkeiten und Dauer des Verfahrens?
5. Entsteht hier Druck durch die Presse/Öffentlichkeit?
6. Haben Umfangsverfahren in den letzten Jahren stark zugenommen? (Insgesamt und auch der Umfang des einzelnen Verfahrens)
7. Welchen Einfluss haben Adhäsionsanträge auf das Verfahren (Dauer, Einlassungen, Verständigungsbereitschaft)?
8. Welchen Einfluss haben Verbandsgeldbußen auf das Verfahren (Dauer, Einlassungen, Verständigungsbereitschaft)? Wäre eine Trennung sinnvoll?
9. Ist Wirtschaftsstrafrecht mehr case-law als das „normale“ Strafrecht? Muss häufig über neue oder erstmalig zu entscheidende Fragen gestritten werden? Häufiger als in anderen strafrechtlichen Verfahren? Inwieweit ist dies problematisch für das Verfahren, insb. die zeitliche Dimension?
10. Sehen Sie die Schwierigkeiten von Wirtschaftsstrafverfahren eher im rechtlichen oder tatsächlichen Bereich?
11. Ist es den Schöffen als Laien möglich, den Verfahrensstoff vollständig zu erfassen? Erachten Sie eine ökonomische Vorbildung der Schöffen für hilfreich? (Stichwort: Handelsrichter)

12. Welche Rolle spielt die politische und finanzielle Stärke des Beschuldigten für das Strafverfahren? Hat es die Verhandlung erschwert?
13. Wie könnte man - auch de lege ferenda – derartige „Monsterverfahren" besser vermeiden oder verhandeln?

IV. Verteidigungsvorgehen in Wirtschaftsstrafverfahren

1. Wie wurde im Verfahren X von Verteidigungsrechten wie z.B. Beweisanträgen, Befangenheitsanträgen, Widersprüchen gegen Beweisverwertungen, sonstigen Anträgen Gebrauch gemacht? Wie ist dies in Wirtschaftsstrafverfahren üblicherweise?
2. Welche Beweisanträge/Befangenheitsanträge waren besonders problematisch?
3. Bringt die gelockerte Rechtsprechung zur Verschleppungsabsicht eine Besserung? Weniger Beweisanträge oder nur leichter abzulehnen?
4. Wurde das Verfahren von der Verteidigung konfrontativ oder eher dialogisierend geführt?
5. Wo verläuft die Grenze zwischen konfrontativen und obstruktiven Verhalten? *Ein gewisser Konflikt ist ja „normal" (Dahs: „Verteidigung ist Kampf")*
6. Wie sieht das Instrumentarium der Verteidigung in Wirtschaftsstrafverfahren aus?
7. Sollten die Verteidigungsrechte eingeschränkt werden, um Obstruktion zu vermeiden?
8. Ist die Anzahl und Herkunft (außerhalb des LG-Bezirks) der Verteidiger von Bedeutung?
9. Hat sich das Verteidigerverhalten in den letzten Jahren geändert?
10. Gab es Schwierigkeiten bei der Terminierung? Terminprobleme durch „begehrte" Verteidiger? Wurde von der Verteidigung versucht, die Terminierung zum Zweck der Verfahrensverschleppung zu unterlaufen?
11. Hat der gewählte Verfahrensstil den Beschuldigten zum Vorteil gereicht?

V. Verständigungen in Wirtschaftsstrafverfahren

1. Welche Rolle spielten Verfahrensabsprachen im Verfahren X? Zu welchen Zeitpunkten wurden Verständigungsversuche von wem unternommen?
2. Sofern es zu einer Absprache kam, war die vorherige (Konflikt-) Verteidigung Voraussetzung für das Zustandekommen der Absprache? Wurde versucht, die StA und das Gericht „vergleichsbereit" zu machen?
3. Was ist ausschlaggebend dafür, ob und wann die Kammer Verständigungsversuche mit den Verfahrensbeteiligten unternimmt? Sind die Schöffen hierbei bereits von Beginn an eingebunden?

4. Ist eher der Umfang oder die die Schwierigkeit (rechtlich und/oder tatsächlich) ausschlaggebend für eine Verständigung?
5. Kommen solche Verständigungsversuche auch von Seiten der Staatsanwaltschaft oder Verteidigung? Wann erfolgt dies üblicherweise?
6. Gibt es Wirtschaftsstrafverfahren, die bereits im Ermittlungsverfahren zwischen Staatsanwaltschaft und Verteidigung „gedealt" werden?
7. Was ist der größte „Gewinn" einer Verständigung? *Zeitgewinn (Hauptverhandlung oder Absetzen des Urteils) oder Sicherheit, die Schuldfrage richtig beantwortet zu haben?*
8. Wie häufig kommt es zu einer Verständigung? Bitte schätzen Sie.

VI. Die Rolle der Untersuchungshaft in Wirtschaftsstrafverfahren

1. Wie schätzen Sie die Bedeutung der Untersuchungshaft für das Verfahren X und Wirtschaftsstrafverfahren allgemein ein? *Qualitativ und quantitativ?*
2. Hat die Untersuchungshaft auf das Verteidigungsverhalten Einfluss gehabt? *(Da die Beschuldigten in solchen Verfahren in der Regel nicht haftgewohnt sind, besteht ein erhöhter Druck)*
3. Wie hoch sind der Anteil der Haftsachen und ihr Einfluss auf das Verfahrensmanagement der Kammern?
4. Gibt es Auswirkungen der Gesetzesänderung zur Untersuchungshaft?
5. Gab es schon Freilassungsanordnungen wegen überlanger Verfahrensdauer/ Verstoßes gegen den Beschleunigungsgrundsatz?

VII. Diversionsentscheidungen in Wirtschaftsstrafverfahren

1. Welche Erwägungen waren ursächlich für die Teileinstellungen im Verfahren X?
2. Welche Bedeutung haben Verfahrenseinstellungen nach §§ 153. ff StPO in Wirtschaftsstrafverfahren?
3. Gelten in Wirtschaftsstrafverfahren andere Maßstäbe hinsichtlich der Schwere der Schuld in §§ 153, 153a StPO?
4. Erfolgt mitunter über die §§ 153 ff StPO eine Reduktion des Verfahrensstoffes um die Zuständigkeit mit Blick auf die Ressourcen der Gerichte zu beeinflussen, z.B. Zuständigkeit der Strafgerichte zu begründen, wenn Wirtschaftsstrafkammern überlastet sind?
   - Wird gegen dieses Vorgehen auch der Vorwurf der Umgehung des gesetzlichen Richters erhoben? Wie beurteilen sie das?
5. Unterlaufen in der Praxis die Diversionsentscheidungen die Prozessmaximen der StPO?

VIII. Schlussbetrachtung

1. Wie bewerten Sie den Ausgang des Verfahrens?
2. Haben Sie Punkte, die Sie noch gerne ansprechen würden?

C. Gesprächsleitfaden Verteidiger

I. Persönlicher Werdegang, personelle und berufliches Selbstverständnis

1. Seit wann sind sie als Wirtschaftsstrafverteidiger tätig? Sind sie ausschließlich in Wirtschaftsstrafverfahren? Wie kam es dazu?
2. Haben Sie eine ökonomische Vorbildungen bzw. Fortbildungen besucht?
3. Wie sehen Sie ihre Stellung als Strafverteidiger? *§ 1 BRAO Organ der Rechtspflege vs. Interessenvertreter*

II. Arbeitsweise als Strafverteidiger in Wirtschaftsstrafverfahren und Ablauf der Verteidigung

Können Sie uns am Beispiel des Falles X die Arbeitsabläufe und die Besonderheiten der Strafverteidigung in Wirtschaftsstrafverfahrens schildern?

1. Ressourcen und Mandatsbegründung

1. Wie wird mit den umfangreichen Verfahren personell umgegangen, da Strafverteidiger i.d.R kleineren Einheiten angehören?
2. Hatten Sie neben dem Verfahren X gleichzeitig noch andere, falls ja wie viele und wie große Mandate? (*Terminierungsschwierigkeiten)*
3. Welche Ressourcen werden in der Regel eingesetzt? War dies erfolgreich?
4. Wann erfolgt in Wirtschaftsstrafverfahren üblicherweise eine Mandatierung?

2. Verteidigungsstrategien

1. Welche Verteidigungsstrategien stehen bei Wirtschaftsstrafverfahren zur Verfügung? (*Konsensual oder konfrontativ)*
2. Was macht die jeweilige Strategie aus bzw. wie wird sie inhaltlich ausgestaltet?
3. Wann ist einer Strategie Vorzug zu gewähren? Was ist letztlich ausschlaggebend für die Wahl? (*Wunsch des Mandanten, eigene Erwägungen)*
4. Welches Instrumentarium wird bei einer (konfrontativen) Verteidigung regelmäßig genutzt und mit welcher Intention? Wie war dies im Verfahren X? Wie werden Beweisanträge eingesetzt? (*Stets Interesse an der Sachaufklärung?*) Wie werden Befangenheitsanträge und sonstige Anträge eingesetzt? (*Provokation*

revisibler Verfahrensfehler oder „Zermürbungstaktik“?) Wann findet eine „Öffentlichkeitsarbeit“ statt?

5. Welchen Einfluss hat die Arbeitsweise der StA/des Gerichts auf Ihre Verteidigungsstrategie?
6. Hat die Ausweitung des Ablehnungsgrundes der Verschleppungsabsicht (Rspr. zur Fristsetzung) den Einsatz von Beweisanträgen geändert? Werden die Anträge früher gestellt oder stellen Sie weniger bzw. nur die tatsächlich notwendigen?
7. Wo verläuft die Grenze zu obstruktiven/missbräuchlichem Verhalten? (*„Verteidigung ist Kampf“; Gewisser Konflikt besteht immer*)
8. Halten Sie es für denkbar, dass der Konflikt z.T. auch für die Interessen des Verteidigers (aus)genutzt wird? (*Bekanntheit/Aufmerksamkeit*)

3. *Stadium des Ermittlungsverfahrens*

1. Welche Verteidigungsmaßnahmen (-vorbereitungen) sind im Verfahren X bzw. in Wirtschaftsstrafverfahren schon im Ermittlungsverfahren üblich?
2. Versuchen die Ermittlungsbehörden im Ermittlungsverfahren bereits den Umfang des einzelnen Verfahrens und die Masse der Verfahren zu begrenzen? Wie?

4. *Stadium des Zwischenverfahrens*

1. Mit welchen Mitteln wurde im Verfahren X ggf. versucht bzw. wird üblicherweise versucht, den Umfang des einzelnen Verfahrens und die Masse der Verfahren zu begrenzen?
2. Wann lässt sich anhand welcher Indizien erfahrungsgemäß vorhersehen, wie sich das Verfahren in puncto Schwierigkeit und Umfang entwickelt?
3. Unterscheidet sich die Terminierungspraxis der Gerichte? Konnten Sie Auswirkungen einer unterschiedlichen Terminierungspraxis feststellen?
4. Wird üblicherweise vor der Terminierung vom Gericht das Gespräch mit den Verteidigern gesucht?

5. *Stadium der Hauptverhandlung*

1. Wie wurde im Verfahren X bzw. wie wird üblicherweise der weitere Fortgang des Verfahrens vom Gericht mit den anderen Beteiligten abgestimmt?
2. Wie werden Verhandlungstermine bestimmt, besteht hier Konfliktpotential?
3. Wie bewerten Sie die Anordnung des Selbstleseverfahrens? Erleichtert dies die Durchführung der Hauptverhandlung auch für die Verteidigung? Für die Schöffen?

4. Erleichtern technische Hilfsmittel (digitale Akte, Leinwandprojektion) die Verhandlung? Welche Hilfsmittel wären (für die Verteidigung) zusätzlich denkbar und wünschenswert?

6. *Zusammenspiel mit/Verhältnis zu den übrigen Verfahrensbeteiligten*

1. Wie gestaltet sich die Zusammenarbeit mit den anderen Verteidigern, bzw. welche Chancen und Risiken bestehen hier? Wann wird eine Sockelverteidigung aufgebaut? Wie ist das Verhältnis zu dem/den Vertretern von verfahrensbeteiligten Unternehmen?
2. Wie ist das Verhältnis zu den Verteidigern des eigenen Mandanten: Wird zwischen den Wahlverteidigern und dem Pflichtverteidiger unterschieden?
3. Sind in einer Region in den großen Verfahren i.d.R. die gleichen Verteidiger tätig? Wie wirkt sich dies auf die Zusammenarbeit mit den anderen Beteiligten, auch der Staatsanwaltschaft und dem Gericht aus?
4. Entspricht die Verteidigung in Wirtschaftsstrafsachen eher einem Parteiprozess?

III. Strukturelle Schwierigkeiten von Wirtschaftsstrafverfahren

1. Welche Besonderheiten weisen die Verhandlungen in Wirtschaftsstrafsachen auf, exemplarisch am Verfahren X dargestellt?
   - Wird hier eine engere Zusammenarbeit zwischen Strafverfolgungsbehörden, Gericht und Verteidigung praktiziert, um mit Umfang und Komplexität umzugehen?
   - Sind die Gerichte personell in der Lage, den Umfang des einzelnen Strafverfahrens und die Masse der Verfahren zu bewältigen?
2. Worin unterscheiden sich Wirtschaftsstrafverfahren von allg. Strafsachen?
3. Welche Gründe waren Ihrer Ansicht nach im Verfahren X ausschlaggebend für die Schwierigkeiten und Dauer des Verfahrens? Welches war der heikelste Tatkomplex und warum?
4. Welche Rolle spielt die politische und finanzielle Stärke des Beschuldigten für das Strafverfahren? Für die Verteidigung?
5. Welchen Einfluss haben Verbandsgeldbußen, Verfallsanträge und Adhäsionsanträge auf das Verfahren *(Dauer, Einlassungen, Verständigungsbereitschaft)*?
6. Welchen Einfluss haben zivilrechtliche Ansprüche etwaiger Geschädigter?
7. Wie unterscheidet sich hier die Zusammenarbeit zwischen Strafverfolgungsbehörden, Gericht und Verteidigung von anderen Kriminalitätsbereichen?
8. Worauf ist die erhöhte Verfahrensdauer in Wirtschaftsstrafsachen Ihrer Meinung nach zurückzuführen?

9. Sehen Sie die Schwierigkeiten von Wirtschaftsstrafverfahren eher im rechtlichen oder tatsächlichen Bereich? Muss häufig über neue oder erstmalig zu entscheidende Fragen gestritten werden? Häufiger als in anderen strafrechtlichen Verfahren? Inwieweit ist dies problematisch für das Verfahren, insb. die zeitliche Dimension?
10. Gibt es „beweisschwierige" Tatbestände? Welchen Einfluss haben diese auf das Verfahren?
11. Ist die Rechtsform des Unternehmens von Bedeutung? (*komplexe Rechtsform = längere Ermittlungsdauer?*)
12. Ist es den Schöffen als Laien überhaupt möglich, den Verfahrensstoff vollständig zu erfassen? *(Stichwort: Handelsrichter)*
13. Haben Umfangsverfahren in den letzten Jahren stark zugenommen? *(Insgesamt und auch der Umfang des einzelnen Verfahrens)*
14. Entsteht hier Druck durch die Presse/Öffentlichkeit?

IV. Verständigung

1. Welche Rolle spielten Verfahrensabsprachen im Verfahren X? Zu welchen Zeitpunkten wurden Verständigungsversuche von wem unternommen? War die vorherige (Konflikt-) Verteidigung Voraussetzung für das Zustandekommen der Absprache? Wurde versucht, die StA und das Gericht „vergleichsbereit" zu machen?
2. Was ist üblicherweise ausschlaggebend dafür, ob und wann die Verfahrensbeteiligten (insb. die Kammern) Verständigungsversuche unternehmen? Wer ergreift die Initiative für solche Verständigungsversuche? Was ist typischerweise Inhalt einer Verständigung?
3. Welche Bedeutung hat das Ermittlungsverfahren? Inwieweit wird versucht, das Verfahren hier schon zu beenden?
4. Falls dies nicht gelingt, wie wird bereits im Ermittlungsverfahren mit der StA eine gemeinsame Tatsachengrundlage erarbeitet?
5. Gibt es Wirtschaftsstrafverfahren, die bereits im Ermittlungsverfahren zwischen Staatsanwaltschaft und Verteidigung „gedealt" werden?
6. Was ist der größte „Gewinn" einer Verständigung? Können Sie sich vorstellen, dass für die Gerichte auch Zweifel bei der Schuldfrage Motivation für eine Verständigung sein können?
7. Wie häufig kommt es bei Ihren Mandaten (vor den Wirtschaftsstrafkammern) zu einer Verständigung? Bitte schätzen Sie.

V. Untersuchungshaft

1. Wie schätzen Sie die Bedeutung der Untersuchungshaft für das Verfahren X und Wirtschaftsstrafverfahren allgemein ein?
2. Hat die Untersuchungshaft auf das Verteidigungsverhalten Einfluss gehabt? *(Da die Beschuldigten in solchen Verfahren in der Regel nicht haftgewohnt sind, besteht ein erhöhter Druck)*
3. Wird üblicherweise versucht, erhöhten Druck zu erzeugen, da die Beschuldigten in solchen Verfahren in der Regel nicht haftgewohnt sind?

VI. Einstellungen

1. Welche Erwägungen waren ursächlich für die Teileinstellungen im Verfahren X?
2. Welche Bedeutung haben Verfahrenseinstellungen nach §§ 153 ff StPO in Wirtschaftsstrafverfahren? Was ist der Grund für die überproportionale Bedeutung? Welchen Einfluss hat dabei die Dauer des (Ermittlungs-)Verfahrens?
3. Gelten aus Ihrer Sicht in Wirtschaftsstrafverfahren andere Maßstäbe hinsichtlich der Schwere der Schuld in §§ 153, 153a StPO?

VII. Schlussbetrachtung

1. Wie verbreitet ist wirtschaftskriminelles Verhalten *(pers. Einschätzung)*? Ist Wirtschaftskriminalität in Ihren Augen strafrechtlich kontrollierbar? *(Stichwort: Selbstregulierung, Wirtschaftsverwaltungsrecht)*
2. Wie bewerten Sie den Ausgang des Verfahrens?
3. Haben Sie Punkte, die Sie noch gerne ansprechen würden?

Literaturverzeichnis

AnwaltKommentar StPO *Krekeler, Wilhelm/Löffelmann, Markus/Sommer, Ulrich* (Hrsg.), 2. Auflage, Bonn, 2010

Adomeit, Klaus: Zur Einführung: Rechtswissenschaft und Wahrheitsbegriff, Juristische Schulung, 1972, S. 628 ff.

–: Noch einmal: Wahrheitsbegriff und Rechtswissenschaft, Abschnitt C, Juristische Schulung, 1973, S. 207

Alsberg, Max/Nüse, Karl-Heinz/Meyer, Karlheinz: Der Beweisantrag im Strafprozeß, 5. Auflage, Köln u.a., 1983

Altenhain, Karsten/Hagmeier, Ina/Haimerl, Michael/Stammen, Karl-Heinz: Die Praxis der Absprachen in Wirtschaftsstrafverfahren, Baden-Baden, 2007

Altenhain, Karsten/Dietmeier, Frank/May, Markus: Die Praxis der Absprachen in Strafverfahren, 1. Auflage Baden-Baden, 2013

Ankermann, Christian: Nach einem Verfahren platt oder: Adieu! Rechtsstaat, Deutsche Richterzeitung, 1993, S. 67 ff.

Aristoteles: Metaphysik, Schriften zur Ersten Philosophie, *Schwarz, Franz F.* (Hrsg.), Stuttgart, 2000

Backes, Otto: Dealen ohne Ende in: Festschrift für Winfried Hassemer zum 70. Geburtstag, *Herzog, Felix/Neumann, Ulfrid* (Hrsg.), S. 985 ff., Heidelberg, 2010

Barton, Stephan: Strafverteidigungs-Aktivitäten im Justizalltag, Strafverteidiger, 1984, S. 394 ff.

–: Einführung in die Strafverteidigung, München, 2007

Basdorf, Clemens: Verständigung – Verfahrenserleichterung – Missbrauchsverbot – Kompensationsmethode in: Strafprozessrechtspraxis und Rechtswissenschaft – getrennte Welten? Referate und Diskussionen auf dem 1. Karlsruher Strafrechtsdialog 2007, *Jahn, Matthias/Nack, Armin* (Hrsg.), S. 53 ff., Köln u.a., 2008

–: Formelle und informelle Präklusion im Strafverfahren – Mitwirkungspflichten und gesteigerte Verantwortung des Verteidigers, Strafverteidiger, 1997, S. 488 ff.

–: Änderung des Beweisantragsrechtes und Revision, Strafverteidiger, 1995, S. 310 ff.

Bauer, Wolfram: Die Präklusion von Verfahrensrügen und des Widerspruchs im Zusammenhang mit § 238 II StPO, Neue Zeitschrift für Strafrecht, 2012, S. 191 ff.

Beck'sches Formularbuch für den Strafverteidiger *Hamm, Rainer/Leipold, Klaus* (Hrsg.), 5. Auflage, München, 2010

Beck'sches Rechtsanwalts-Handbuch *Büchting, Hans-Ulrich/Heussen, Benno* (Hrsg.), 10. Auflage, München, 2011

Beling, Ernst: Vergleichende Darstellung des deutschen und ausländischen Strafrechts, Besonderer Teil, VII. Band, Begünstigung und Hehlerei – Urkundenfälschung – Betrug – Nahrungsmittelfälschung, Berlin, 1907

Berckhauer, Friedrich Helmut: Die Strafverfolgung bei schweren Wirtschaftsdelikten, Bericht über eine Aktenuntersuchung, Freiburg, 1981

Berg, Michael: Saboteure, Kommentare, Deutsche Richterzeitung, 1994, S. 380 ff.

Bertram, Günter: Empfehlen sich Änderungen des Strafverfahrensrechts mit dem Ziel, ohne Preisgabe rechtsstaatlicher Grundsätze den Strafprozeß, insbesondere die Hauptverhandlung, zu beschleunigen? Neue Juristische Wochenschrift, 1994, S. 2186 ff.

–: Entwurf eines Zweiten Gesetzes zur Entlastung der Rechtspflege (Strafrecht) 1995, Zeitschrift für Rechtspolitik, 1996, S. 46 ff.

Beulke, Werner/Ruhmannseder, Felix: Die Strafbarkeit des Verteidigers, Eine systematische Darstellung der Beistandspflichten und ihrer Grenzen, 2. Auflage, Heidelberg u.a., 2010

Beulke, Werner: Strafprozessrecht, 12. Auflage, Heidelberg u.a., 2012

–: Der Verteidiger im Strafverfahren, Funktion und Rechtsstellung, Frankfurt am Main, 1980

–: Strafverteidigung im Spannungsfeld zwischen Rechtsstaatlichkeit und Verfahrenseffizienz in Japan in: Alte Strafrechtsstrukturen und neue gesellschaftliche Herausforderungen in Japan und Deutschland, *Kühne, Hans-Heiner/Miyazawa, Koichi* (Hrsg.), S. 137 ff., Berlin, 2000

–: Zwickmühle des Verteidigers, Strafverteidigung und Strafvereitelung im demokratischen Rechtsstaat in: Festschrift für Claus Roxin zum 70. Geburtstag, *Schünemann, Bernd/Achenbach, Hans/Bottke, Wilfried/Haffke, Bernhard/Rudolphi, Hans-Joachim* (Hrsg.), S. 1273 ff., Berlin, New York, 2001

–: Missbrauch von Verteidigungsrechten – eine kritische Würdigung der jüngsten Rechtsprechung in Grundlagen des Straf- und Strafverfahrensrechts in: Festschrift für Knut Amelung zum 70. Geburtstag, *Böse, Martin/Sternberg-Lieben, Detlev* (Hrsg.), S. 543 ff., Berlin, 2009

–: Rechtsmißbrauch im Strafprozeß – Eine Erwiderung auf Pfister, Strafverteidiger, 2009, S. 554 ff.

Bittmann, Folker: Das Gesetz zur Regelung der Verständigung im Strafverfahren, Zeitschrift für Wirtschafts- und Steuerstrafrecht, 2009, S. 414 ff.

–: Das Eckpunktpapier zur Reform des Strafverfahrens, Zeitschrift für Rechtspolitik, 2001, S. 441 ff.

Boers, Klaus/Theile, Hans/Karliczek, Kari-Maria: Wirtschaft und Strafrecht – Wer reguliert wen? Kölner Zeitschrift für Soziologie und Sozialpsychologie, Soziologie der Kriminalität, Sonderheft Nr. 43/2003, S. 469 ff.

Boers, Klaus: Wirtschaftskriminologie – Vom Versuch, mit einem blinden Fleck umzugehen, Monatsschrift für Kriminologie und Strafrechtsreform, 2001, S. 335 ff.

–: Wirtschaftskriminalität und die Privatisierung der DDR-Betriebe in: Einheit – Eigentum – Effizienz, Bilanz der Treuhandanstalt, Gedächtnisschrift zum 20. Todestag von Dr. Detlev Karsten Rohwedder, *Depenheuer, Otto/Paqué, Karl-Heinz* (Hrsg.), S. 147 ff., Berlin, Heidelberg, 2012

Böhm, Klaus Michael: „Verteidigerfremdes Verhalten" – Neue Wege zur Ausschließung lästiger Verteidiger? Neue Juristische Wochenschrift, 2006, S. 2371 ff.

Böttcher, Reinhard/Dahs, Hans, Widmaier, Gunter: Verständigung im Strafverfahren – eine Zwischenbilanz, Neue Zeitung für Strafrecht, 1993, S. 375 ff.

BRAK Thesen zur Strafverteidigung, Strafrechtsausschuß der Bundesrechtsanwaltskammer, München, 1992

Breidling, Ottmar: Stellungnahme zu dem Beitrag von Rechtsanwalt Prof. Gatzweiler „Feindbild Strafverteidiger – Wer sucht den Konflikt in der Hauptverhandlung?" Strafverteidiger Forum, 2010, S. 398 ff.

Breucker, Hannes: Verteidigungsfremdes Verhalten, Anträge und Erklärungen im „Baader-Meinhof-Prozeß", Berlin, 1993

Brüssow, Rainer/Gatzweiler, Norbert/Krekeler, Wilhelm/Mehle, Volkmar (Hrsg.): Strafverteidigung in der Praxis, 4. Auflage, Bonn, 2007

Burhoff, Detlef: Aktive Verteidigung – Widerstreit im Strafprozess? Strafverteidiger Forum, 2008, S. 62 ff.

Bussmann, Kai/Lüdemann, Christian: Klassenjustiz oder Verfahrensökonomie? Aushandlungsprozesse in Wirtschafts- und allgemeinen Strafverfahren, Pfaffenweiler, 1995

–: Rechtsbeugung oder rationale Verfahrenspraxis? Über informelle Absprachen in Wirtschaftsstrafverfahren, Monatsschrift für Kriminologie und Strafrechtsreform, 1988, S. 81 ff.

Cicourel, Aaron V.: Methode und Messung in der Soziologie, Frankfurt am Main, 1974

Clinard, Marshall B./Quinney, Richard: Criminal behavior systems, a typology, 2. Auflage, New York u.a., 1973

Corell, Christian/Sidhu, Karl: Das Recht auf Rechtsbeistand nach dem europäischen Fahrplan zur Stärkung der Verfahrensrechte in Strafverfahren, Strafverteidiger, 2012, S. 246 ff.

Dahs, Hans: Stumpf gewordene StPO? Neue Juristische Wochenschrift, 1994, S. 909

–: Handbuch des Strafverteidigers, 7. Auflage, Köln, 2005

–: Reform der Hauptverhandlung in: Aktuelle Rechtsprobleme, Festschrift für Hubert Schorn zum 75. Geburtstag, *Arndt, Adolf/Dahs, Hans* u.a. (Bearb.), S. 14 ff., Frankfurt am Main, 1966

–: Strafverteidigung und Strafrechtspflege – eine Momentaufnahme in: Festschrift für Walter Odersky zum 65. Geburtstag, *Böttcher, Reinhard*, u.a. (Hrsg.), S. 317 ff, Berlin, New York, 1996

–: Anmerkung zum Beschluss des BGH vom 14.06.2005, Strafverteidiger, 2006, S. 116 ff.

Danckert, Peter/Bertheau, Camilla: Gefahrgeneigte Arbeit? Das besondere berufliche Risiko des Verteidigers in: Festschrift für Ernst-Walter Hanack zum 70. Geburtstag, *Ebert, Udo/Rieß, Peter/Roxin, Claus/Wahle, Eberhard* (Hrsg.), S. 27 ff., Berlin u.a., 1999

Dann, Matthias: Die Neue Kronzeugenregelung: Ein Störfaktor aus Compliance-Sicht? Corporate Compliance Zeitschrift, 2010, S. 30 ff.

Deal, Detlef: Der prozessuale Vergleich, Strafverteidiger, 1982, S. 545 ff.

Deckers, Rüdiger: „Mißbrauch" von Anwaltsrechten zur „Prozeßsabotage"? Anwaltsblatt, 1981, S. 316 ff.

Dölling, Dieter/Feltes, Thomas/Dittmann, Jörg/Laue, Christian, Törnig, Ulla: Die Dauer von Strafverfahren vor den Landgerichten, Köln, 2000

Dornach, Markus: Der Strafverteidiger als Mitgarant eines justizförmigen Strafverfahrens, Ein Plädoyer für die öffentlichen Funktionen des Strafverteidigers, Berlin, 1994

Ehrmann, Susanne: Rechtsextremismus - Erfahrungen vor Gericht, Deutsches Polizeiblatt, 1994, S. 29 ff.

Eicker, Andreas: Die Prinzipien der „materiellen Wahrheit" und der „freien Beweiswürdigung" im Strafprozeß, Herbolzheim, 2001

Eisenberg, Ulrich: Aspekte der Rechtsstellung des Strafverteidigers, Neue Juristische Wochenschrift, 1991, S. 1257 ff.

–: Beweisrecht der StPO, Spezialkommentar, 6. Auflage, München, 2008

–: Kriminologie, 6. Auflage, München, 2005

El-Ghazi, Mohamad/Merold, Andreas: Die Reichweite des Beweisverwertungsverbotes nach § 252 StPO, Juristische Arbeitsblätter, 2012, S. 44 ff.

Engisch, Karl: Wahrheit und Richtigkeit im juristischen Denken: Vortrag, gehalten beim 491. Stiftungsfest der Ludwig-Maximilian-Universität München am 6. Juli 1963, München, circa 1963

Enzyklopädie Philosophie und Wissenschaftstheorie *Mittelstraß, Jürgen* (Hrsg.), 2. Auflage, Stuttgart, Weimar, 2008

Eschenhagen, Anna: Der Mißbrauch des Beweisantragsrechts, Diskussion der Gesetzesänderungsvorschläge zur Bewältigung von missbräuchlichen Beweisanträgen des Strafverteidigers, Aachen, 2001

Esser, Robert: Auf dem Weg zu einem europäischen Strafverfahrensrecht, Die Grundlagen im Spiegel der Rechtsprechung des Europäischen Gerichtshofs für Menschenrecht (EGMR) in Straßburg, Berlin, 2002

Fahl, Christian: Rechtsmißbrauch im Strafprozeß, Heidelberg, 2003

Fezer, Gerhard: Gesetzeswidrige Fristsetzung für die Stellung von Beweisanträgen, Online-Zeitschrift für Höchstrichterliche Rechtsprechung im Strafrecht, 2009, S. 17 ff.

–: Rechtsprechung des Bundesgerichtshofs zum Strafverfahrensrecht - Teil 2, Juristenzeitung, 1996, 655 ff.

–: Inquisitionsprozess ohne Ende? – Zur Struktur des neuen Verständigungsgesetzes – Neue Zeitschrift für Strafrecht, 2010, S. 177 ff.

Fischer, Thomas: Konfliktverteidigung, Mißbrauch von Verteidigungsrechten und das Beweisantragsrecht, Strafverteidiger, 2010, S. 423 ff.

–: Regelung der Urteilsabsprache – Ein Appell zum Innehalten, Neue Zeitschrift für Strafrecht, 2007, S. 433 ff.

–: Rechtsmißbrauch und Überforderung der Strafjustiz, Neue Zeitschrift für Strafrecht, 1997, S. 212 ff.

Flick, Uwe/v. Kardorff, Ernst/Steinke, Ines (Hrsg.) Was ist qualitative Forschung? Einleitung und Überblick in: Qualitative Forschung, Ein Handbuch, S. 13 ff., 7. Auflage, Reinbek bei Hamburg, 2009

Flick, Uwe: Triangulation in der qualitativen Forschung in: Qualitative Forschung, Ein Handbuch, *Flick, Uwe/v. Kardorff, Ernst/Steinke, Ines* (Hrsg.), S. 309 ff., 7. Auflage, Reinbek bei Hamburg, 2009

Föhrig, Friedrich-Karl: Kleines Strafrichter-Brevier oder: Der überlastete Strafrichter? Ein Wegweiser zur zügigen Urteilsfindung, *Basdorf, Clemens/Harms, Monika/Mosbacher, Andreas* (Hrsg.), München, 2008

Gaede, Karsten: Vorbeugende Rügepräklusionen gegen vermuteten Revisionsmissbrauch – Ein kritischer Überblick über die zunehmende Neutralisierung „missbräuchlicher Verteidigung" durch präkludierende Rechtsschöpfung der Revisionsgerichte, Zeitschrift für Wirtschafts- und Steuerstrafrecht, 2010, S. 210 ff.

–: Parteirechte der Verteidigung im deutschen Inquisitionsprozess – das Beispiel des Vernehmungs- und Fragerechts – Zur gebotenen Aufwertung des Fragerechts der Verteidigung insbesondere in der Hauptverhandlung eines nicht nur *pro forma* reformierten Inquisitionsprozesses, Strafverteidiger, 2012, S. 51 ff

–: Anmerkung zum Beschluss des BGH vom 23.09.2008, Neue Juristische Wochenschrift, 2009, S. 608

Gallas, Wilhelm: Grenzen zulässiger Verteidigung im Strafprozeß, Zeitschrift für die gesamte Strafrechtswissenschaft, 53 (1934), S. 256 ff.

Galser, Barney G./Strauss, Anselm L.: Grounded Theory, Strategien qualitativer Forschung, Bern u.a., 1998

Gatzweiler, Norbert: Vom Selbstverständnis der Strafverteidigung, Anwaltsblatt, 2005, S. 663 ff.

–: Feindbild Strafverteidiger! – Wer sucht den Konflikt in der Hauptverhandlung? Strafverteidiger Forum, 2010, S. 397 f.

–: Verführung durch konsensuale Harmonie, Droht eine Aushöhlung des Strafverteidigerberufs? In Festschrift für Heike Jung zum 65. Geburtstag am 23. April 2007, *Müller-Dietz, Heinz* u.a. (Hrsg.), S. 215 ff, Baden-Baden, 2007

Geppert, Klaus: Wechselwirkung zwischen materiellem Strafrecht und Strafprozessrecht in: Gedächtnisschrift für Ellen Schlüchter, *Duttger, Gunnar/Geilen, Gerd/Meyer-Goßner, Lutz/Warda, Günter* (Hrsg.), S. 43 ff., Köln u.a., 2002

Gerhardt, Uta: Idealtypus, Zur methodologischen Begründung der Soziologie, Baden-Baden, 2001

Gläser, Jochen/Laudel, Grit: Experteninterviews und qualitative Inhaltsanalyse, Wiesbaden, 2004

Gössel, Karl Heinz: Ermittlung oder Herstellung von Wahrheit im Strafprozeß? Vortrag gehalten vor der Juristischen Gesellschaft zu Berlin am 2. Juni 1999, Berlin, New York, 2000

–: Gutachten C zum 60. Deutschen Juristentag: Empfehlen sich Änderungen des Strafverfahrensrechts mit dem Ziel, ohne Preisgabe rechtsstaatlicher Grundsätze den Strafprozeß, insbesondere die Hauptverhandlung zu beschleunigen? München, 1994

Graf, Jürgen Peter: Strafprozessordnung, Mit Gerichtsverfassungsgesetz und Nebengesetzen, 2. Auflage München, 2012

–: Das geänderte Berufsverständnis der Strafverteidigung, Strafverteidiger, 2010, S. 407 ff.

Grüner, Gerhard: Über den Mißbrauch von Mitwirkungsrechten und die Mitwirkungspflichten im Strafprozeß, Berlin, 2000

Grunsky, Wolfgang: Grundlagen des Verfahrensrechts, Eine vergleichende Darstellung von ZPO, FGG, VwGO, FGO, SGG, 2. Auflage, Bielefeld, 1974

Grünwald, Gerald: Gutachten C zum 50. Deutschen Juristentag: Empfiehlt es sich, besondere strafprozessuale Vorschriften für Großverfahren einzuführen? München, 1974

Habermas, Jürgen: Wahrheitstheorien in: Wirklichkeit und Reflexion, Festschrift für Walter Schulz zum 60. Geburtstag, *Fahrenbach, Helmut* (Hrsg.), S. 211 ff., Pfullingen, 1973

–: Theorie des kommunikativen Handelns Band 1, Handlungsrationalität und gesellschaftliche Rationalisierung, Frankfurt am Main, 1981

–: Vorstudien und Ergänzungen zur Theorie des kommunikativen Handelns, Frankfurt am Main, 1984

–: Faktizität und Geltung, Beiträge zur Diskurstheorie des Rechts und des demokratischen Rechtsstaats, 2. Auflage, Frankfurt am Main, 1992

Haller, Klaus/Conzen, Klaus: Das Strafverfahren, Eine systematische Darstellung mit Originalakte und Fallbeispielen, 6. Auflage, Heidelberg u.a., 2011

Hamm, Rainer/Hassemer, Winfried/Pauly, Jürgen: Beweisantragsrecht, 2. Auflage, Heidelberg, 2007

Hamm, Rainer: Was wird aus der Hauptverhandlung nach Inkrafttreten des Verbrechensbekämpfungsgesetzes? Strafverteidiger, 1994, S. 456 ff.

–: Standort des Strafverteidigers im heutigen Strafprozess, Neue Juristische Wochenschrift, 1993, S. 289 ff.

–: Strafverteidigung – Kampf oder Kuschelkurs, Neue Juristische Wochenschrift, 1997, S. 1288 ff.

–: Fristenregelung für Beweisanträge? In: Festschrift für Winfried Hassemer, *Herzog, Felix/Neumann, Ulfrid* (Hrsg.), S. 1017 ff., Heidelberg, 2010

Hanack, Ernst-Walter: Einführendes Referat in: Ansprachen und Kurzvorträge zur Festveranstaltung anlässlich der 150. Tagung des Strafrechtsausschusses der Bundesrechtsanwaltskammer am 1. März 1991 in Bonn, S. 28 ff.

Handbuch des Fachanwalts Strafrecht *Bockemühl, Jan* (Hrsg.), 5. Auflage, Köln, 2012

Handbuch des Wirtschafts- und Steuerstrafrechts *Wabnitz, Heinz-Bernd/Janovsky, Thomas* (Hrsg.), 4. Auflage, München, 2014

Handbuch des Wirtschaftsstraf- und –ordnungswidrigkeitenrechts, *Müller-Gugenberger, Christian/Bieneck, Klaus* (Hrsg.), 5. Auflage, Köln, 2011

Handbuch zum Strafverfahren, *Heghmanns, Michael/Scheffler, Uwe* (Hrsg.), München, 2008

Handkommentar Gesamtes Strafrecht StGB/StPO/Nebengesetze, Handkommentar, 3. Auflage, *Dölling, Dieter/Duttge, Gunnar/Rössner, Dieter* (Hrsg.), Baden-Baden, 2013

Hassemer, Raimund/Hippler, Gabriele: Informelle Absprachen in der Praxis des deutschen Strafverfahrens, Strafverteidiger, 1986, S. 360 ff.

Hassemer, Winfried: Sicherheit durch Strafrecht, Eröffnungsvortrag Strafverteidigertag 24.3.2006, Frankfurt am Main, Paulskirche, Strafverteidiger, 2006, S. 321 ff.

–: Das Schicksal der Bürgerrechte im „effizienten“ Strafverfahren, Strafverteidiger, 1990, S. 328 ff.

–: Grundlinien eines rechtsstaatlichen Strafverfahrens, Kritische Vierteljahresschrift für Gesetzgebung und Rechtswissenschaft, 73. Band, 1990, 260

–: Grundlagen des Strafrechts, 2. Auflage, München, 1990

–: Die „Funktionstüchtigkeit der Strafrechtspflege" – ein neuer Rechtsbegriff? Strafverteidiger, 1982, S. 275 ff.

–: Informelle Programme im Strafprozeß, Zu Strategien der Strafverteidigung, Strafverteidiger, 1982, S. 377 ff.

Hefendehl, Roland: Kriminalitätstheorien und empirisch nachweisbare Funktionen der Strafe: Argumente für oder wider die Etablierung einer Unternehmensstrafbarkeit? Monatsschrift für Kriminologie und Strafrechtsreform, 2003, S. 27 ff.

Heidelberger Kommentar Strafprozessordnung, *Lemke, Michael* u.a. (3. Auflage, Heidelberg, 2001); *Julius, Karl-Peter* u.a. (4. Auflage, Heidelberg, 2009)

Heinrich, Jürgen: Konfliktverteidigung im Strafprozess, München, 2013

Heinz, Wolfgang: Begriffliche und strukturelle Besonderheiten des Wirtschaftsstrafrechts, Eine Übersicht über die Entwicklung des Wirtschaftsstrafrechts in der Bundesrepublik Deutschland in: Wirtschaftskriminalität und Wirtschaftsstrafrecht in einem Europa auf dem Weg zur Demokratie und Privatisierung, *Gropp, Walter* (Hrsg.), S. 13 ff., Leipzig, 1998

Heinze, Thomas: Qualitative Sozialforschung, Einführung, Methodologie und Forschungspraxis, München, 2001

Herdegen, Gerhard: Aufklärungspflicht – Beweisantragsrecht – Beweisantrag – Beweisermittlungsantrag in: Gedächtnisschrift für Karlheinz Meyer, *Geppert, Klaus/Dehnicke, Diether* (Hrsg.), S. 187 ff., Berlin, 1990

–: Bemerkungen zum Beweisantragsrecht – 1. Teil – Zugleich Besprechung von BGH-GGSt 1/83, Neue Zeitschrift für Strafrecht, 1984, S. 97 ff.

Hettinger, Michael: Von der Gleichheit vor dem Gesetz zur Ungleichheit vor Gericht? In Festschrift für Egon Müller, *Jung, Heike/Luxenburger, Bernd/Wahle, Eberhard* (Hrsg.), S. 261 ff., Baden-Baden, 2008

Hilgendorf, Eric: Der Wahrheitsbegriff im Strafrecht am Beispiel der strafrechtlichen Aussagetheorien (§§ 153 ff. StGB), Goltdammer's Archiv für Strafrecht, 1993, S. 547 ff.

Hirsch, Günter: Die Initiative zum Dialog zwischen Strafrechtswissenschaft und strafrechtlicher Praxis ist zu begrüßen in: Strafprozessrechtspraxis und Rechtswissenschaft – getrennte Welten? Referate und Diskussionen auf dem 1. Karlsruher Strafrechtsdialog 2007, *Jahn, Matthias/Nack, Armin* (Hrsg.), S. 9 ff., Köln u.a., 2008

Holtfort, Werner: Ein Stück sozialer Gegenmacht, Kritische Justiz, 1977, S. 313 ff.

Hopf, Christel: Qualitative Interviews – ein Überblick in: Qualitative Forschung, Ein Handbuch, *Flick, Uwe/v. Kardorff, Ernst/Steinke, Ines* (Hrsg.), S. 349 ff., 7. Auflage, Reinbek bei Hamburg, 2009

Huber, Rainer: Möglichkeiten zur Beschleunigung von Wirtschaftsstrafverfahren, Neue Zeitschrift für Strafrecht, 1996, S. 530 ff.

Jaeger, Renate: Rechtsanwälte als Organ der Rechtspflege – Notwendig oder überflüssig? Bürde oder Schutz? Neue Juristische Wochenschrift, 2004, S. 1 ff.

Jahn, Matthias: Konnexitätsdoktrin und „Fristenlösungsmodell“, Strafverteidiger, 2009, S. 663

–: <Konfliktverteidigung> und Inquisitionsmaxime, Baden-Baden, 1998

–: Kann „Konfliktverteidigung“ Strafvereitelung (§ 258 StGB) sein? Zeitschrift für Rechtspolitik, 1998, S. 103 ff.

–: Sitzungspolizei contra „Konfliktverteidigung“? – Zur Anwendbarkeit der §§ 176 ff. GVG auf den Strafverteidiger, Neue Zeitschrift für Strafrecht, 1998, S. 389 ff.

–: Verfassungsrechtliche Grundlage des Beweisantragsrechts der Verteidigung im deutschen Strafprozess in: Festschrift für Winfried Hassemer, *Herzog, Felix/Neumann, Ulfrid* (Hrsg.), S. 1029 ff., Heidelberg, 2010

–: Zurück in die Zukunft – Die Diskurstheorie des Rechts als Paradigma des neuen konsensualen Strafverfahrens, Goltdammer's Archiv für Strafrecht, 2004, S. 272 ff.

Kaiser, Günther/Schöch, Heinz: Kriminologie, Jugendstrafrecht, Strafvollzug, 7. Auflage, München, 2010

Kaiser, Günther: Kriminologie: Ein Lehrbuch, 3. Auflage, Heidelberg, 1996

Kamlah, Wilhelm/Lorenzen, Paul: Wahrheit und Wirklichkeit, „Wahr“ und „falsch“ (die interpersonale Verifizierung) in: Wahrheitstheorien, Eine Auswahl aus den Diskussionen über Wahrheit im 20. Jahrhundert, *Skirbekk, Gunnar* (Hrsg.), S. 483 ff., Frankfurt am Main, 1980

Karliczek, Kari-Maria: Strukturelle Bedingungen von Wirtschaftskriminalität, Eine empirische Untersuchung am Beispiel der Privatisierungen ausgewählter Betriebe der ehemaligen DDR – Münster u.a., 2007

–: Vom Nutzen qualitativer Forschung in der Kriminologie in: Kriminologische Erkundungen, Wissenschaftliches Symposium aus Anlass des 65.

Geburtstages von Klaus Sessar, *Karliczek, Kari-Maria/Sessar, Klaus* (Hrsg.) S. 210 ff., Hamburg, 2004

Käßer, Wolfgang: Wahrheitserforschung im Strafprozeß, Methoden der Sachverhaltsaufklärung, Berlin, 1974

Kaufmann, Arthur/Hassemer, Winfried/Neumann, Ulfrid: Einführung in Rechtsphilosophie und Rechtstheorie der Gegenwart, 8. Auflage, Heidelberg u.a., 2011

Kaufmann, Arthur: Die strafrechtlichen Aussagetheorien auf dem Prüfstand der philosophischen Wahrheitstheorien in: Festschrift für Jürgen Baumann zum 70. Geburtstag 22. Juni 1992 *Arzt, Gunther* u.a. (Hrsg.), S. 119 ff. Bielefeld, 1992

–: Rechtsphilosophie, 2. Auflage, München, 1997

Kelle, Udo/Kluge Susann: Vom Einzelfall zum Typus, Fallvergleich und Fallkontrastierung in der qualitativen Sozialforschung, 2. Auflage, Wiesbaden, 2010

Kempf, Eberhard: Rechtsmißbrauch im Strafprozeß, Strafverteidiger, 1996, S. 507 ff.

–: Missbrauch im Strafprozess in: Festschrift für Winfried Hassemer, *Herzog, Felix/Neumann, Ulfrid* (Hrsg.), S. 1041 ff., Heidelberg, 2010

Kindhäuser, Urs: Strafprozessrecht, 2. Auflage, Baden-Baden, 2010

Kintzi, Heinrich: Möglichkeiten der Vereinfachung und Beschleunigung von Strafverfahren de lege ferenda, Deutsche Richterzeitung, 1994, S. 325 ff.

Karlsruher Kommentar zur Strafprozessordnung mit GVG, EGGVG und EMRK, *Hannich, Rolf* (Hrsg.), 7. Auflage, München, 2013

Kleines Kriminologisches Wörterbuch *Kaiser, Günther/Kerner, Hans-Jürgen/Sack, Fritz/Schellhoss, Hartmut* (Hrsg.), 3. Auflage, 1993, Heidelberg

Kleinknecht, Th/Müller, H./Reitberger, L. (Begr.): KMR, Kommentar zur Strafprozessordnung, Band 1: §§ 1-93; Band 2: §§ 94-150, *v. Heintschel-Heinegg, Bernd/Stöckel, Heinz* (Hrsg.), Losebl. (Stand: 72. Erg.-Lfg. Mai 2014), Köln

Kölbel, Ralf: Selbstbelastungsfreiheit, Der nemo-tenetur-Satz im materiellen Strafrecht, Berlin, 2006

König, Stefan: Das geänderte Berufsverständnis der Strafverteidigung, Strafverteidiger, 2010, S. 410 ff.

–: Mangelhafte Verhandlungsleitung, Anwaltsblatt 1997, S. 94 ff.

Krauß, Detlef: Das Prinzip der materiellen Wahrheit im Strafprozeß in: Festschrift für Friedrich Schaffstein zum 70. Geburtstag am 28. Juli 1975, *Grünwald, Gerald* (Hrsg.), S. 411 ff., Göttingen, 1975

–: Das Prinzip der materiellen Wahrheit im Strafprozeß in: Kriminologie im Strafprozeß, Zur Bedeutung psychologischer, soziologischer und kriminologischer Erkenntnisse für die Strafrechtspraxis, *Jäger, Herbert* (Hrsg.), S. 65 ff., Frankfurt am Main, 1980

Krekeler, Wilhelm: Strafrechtliche Grenzen der Verteidigung, Neue Zeitschrift für Strafrecht, 1989, S. 146 ff.

–: Verteidigung in Wirtschaftsstrafsachen, Baden-Baden, 2002

Krey, Volker: Deutsches Strafverfahrensrecht Band 1: Grundlagen, Verfahrensbeteiligte, Gang des Strafverfahrens, Verfahrensprinzipien, Strafprozessuale Grundrechtseingriffe, Stuttgart, 2006

–: Deutsches Strafverfahrensrecht Band 2: Hauptverhandlung, Beweisrecht, Gerichtliche Entscheidungen, Tatbegriff und Rechtskraft, Rechtsmittel und Rechtsbehelfe, Stuttgart, 2007

–: Studien zum Gesetzesvorbehalt im Strafrecht, Eine Einführung in die Problematik des Analogieverbots, Berlin, 1977

–: Keine Strafe ohne Gesetz, Einführung in die Dogmengeschichte des Satzes ‚'nullum crimen, nulla poena sine lege“, Berlin, 1983

Kröpil, Karl: Pro und Contra einer strafprozessualen Mißbrauchsklausel, Juristische Arbeitsblätter 1998, 680 ff.

–: Zum Begriff des Mißbrauchs in §§ 241 I, 138a I Nr. 2 StPO, Juristische Rundschau 1997, 315 ff.

–: Zum Meinungsstreit über das Bestehen eines allgemeinen strafprozessualen Mißbrauchsverbots, Juristische Schulung 1997, 355 ff.

–: Zum Sinn oder Unsinn einer allgemeinen strafprozessualen Missbrauchsklausel, Deutsche Richterzeitung 2004, 6 ff.

–: Zur Behandlung von prozessualen Missbrauchsfällen in Strafverfahren, Deutsche Richterzeitung 2001, 335 ff.

–: Zur rechtspolitischen Bewertung einer allgemeinen strafprozessualen Missbrauchsklausel, Anwaltsblatt 2002, 624 ff.

Kudlich, Hans: Gutachten C zum 68. Deutschen Juristentag: Erfordert das Beschleunigungsgebot eine Umgestaltung des Strafverfahrens? München, 2010

–: Anmerkung zum Beschluss des OLG Hamburg vom 17.11.1997, Neue Zeitschrift für Strafrecht, 1998, S. 588 ff.

–: Strafprozeß und allgemeines Mißbrauchsverbot, Anwendbarkeit und Konsequenzen eines ungeschriebenen Mißbrauchsverbots für die Ausübung strafprozessualer Verteidigungsbefugnisse, Berlin, 1998

Kühne, Hans-Heiner: Strafprozessrecht, Eine systematische Darstellung des deutschen und europäischen Strafverfahrensrechts, 8. Auflage, Heidelberg u.a., 2010

–: Rechtsmißbrauch des Strafverteidigers, Neue Juristische Wochenschrift, 1998, S. 3027 ff.

–: Wer missbraucht den Strafprozeß? Strafverteidiger, 1996, S. 684 ff.

Kunz, Karl-Ludwig: Kriminologie, 6. Auflage, Bern u.a. 2011

Lamnek, Siegfried: Qualitative Sozialforschung, 4. Auflage, München, 2005

Lampe, Ernst-Joachim: Wirtschaftsstrafrecht in: Handwörterbuch der Wirtschaftswissenschaft, Neunter Band, *Albers, Willi* u.a. (Hrsg.), S. 310 ff, Stuttgart u.a., 1982

Landau, Herbert: Die Pflicht des Staates zum Erhalt einer funktionstüchtigen Strafrechtspflege, Neue Zeitung für Strafrecht, 2007, S. 121 ff.

–: Das Beschleunigungsgebot als zentrales Thema an der Schnittstelle von Strafprozess und Strafverfahren in: Strafprozessrechtspraxis und Rechtswissenschaft – getrennte Welten? Referate und Diskussionen auf dem 1. Karlsruher Strafrechtsdialog 2007, *Jahn, Matthias/Nack, Armin* (Hrsg.), S. 39 ff., Köln u.a., 2008

Lemke-Küch, Harald: Verteidigung im Strafverfahren, Mit Ordnungswidrigkeiten- verfahren, Köln, 2009

Levi, Michael: White-Collar Crime: The British Scene in: The Annals of the american academy of political and social science, White-Collar Crime, (spec. Ed.), *Geis, Gilbert/Jesilow, Paul*, S. 71 ff., Newbury Park, London, New Delhi, 1993

Liebl, Karlhans: Die Bundesweite Erfassung von Wirtschaftsstraftaten nach einheitlichen Gesichtspunkten, Ergebnis und Analysen für die Jahre 1974 bis 1981, Freiburg, 1984

Löwe/Rosenberg: Die Strafprozessordnung und das Gerichtsverfassungsgesetz, Großkommentar, Band 1: Einleitung, §§ 1-47, Sachregister; Band 4: §§ 112-150; Band 6/1: §§ 213-255a; Band 6/2: §§ 256-295, *Erb, Volker* u.a. (Hrsg.), 26. Auflage, Berlin, 2006 ff.

Luhmann, Niklas: Legitimation durch Verfahren, Frankfurt am Main, 1983

–: Die soziologische Beobachtung des Rechts, Frankfurt am Main, 1986

–: Die Gesellschaft der Gesellschaft, Frankfurt am Main, 1997

–: Die Rückgabe des zwölften Kamels: Zum Sinn einer soziologischen Analyse des Rechts, Zeitschrift für Rechtssoziologie, 21 (2000), S. 3 ff.

–: Recht als soziales System, Zeitschrift für Rechtssoziologie, 20 (1999), S. 1 ff.

–: Das Recht der Gesellschaft, Frankfurt am Main, 1993

Maatz, Kurt Rüdiger: Mitwirkungspflichten des Verteidigers in der Hauptverhandlung und Rügeverlust, Neue Zeitschrift für Strafrecht, 1992, S. 513 ff.

Malmendier, Bertrand: „Konfliktverteidigung" – ein neues Prozeßhindernis? Neue Juristische Wochenschrift, 1997, S. 227 ff.

Mayring, Philipp: Einführung in die qualitative Sozialforschung, Eine Anleitung zu qualitativem Denken, 5. Auflage, Weinheim und Basel, 2002

Meier, Berd-Dieter: Kriminologie, 4. Auflage, München, 2010

Merz, Peter-Ulrich: Max Weber und Heinrich Rickert, Die erkenntniskritischen Grundlagen der verstehenden Soziologie, Würzburg, 1990

Meyer-Goßner, Lutz/Schmitt, Bertram: Strafprozessordnung mit Gerichtsverfassungsgesetz, Nebengesetzen und ergänzenden Bestimmungen, 57. Auflage, München, 2014

Meyer-Goßner, Lutz/Ströber, Hubert: Reform des Rechtsmittelsystems in Strafsachen, Zeitschrift für Rechtspolitik, 1996, S. 354 ff.

Meyer, Karlheinz: Anmerkung zum Beschluss des BGH vom 06.02.1979 5StR 713/78, Juristische Rundschau 1980, 219

Mosbacher, Andreas: Zur aktuellen Debatte um die Rügepräklusion; Zugleich ein Beitrag zur Zukunft der Widerspruchslösung, Neue Zeitschrift für Strafrecht, 2011, S. 606 ff.

Müller-Dietz, Heinz: Der Wahrheitsbegriff im Strafverfahren, Zeitschrift für evangelische Ethik, 1971, S. 257 ff.

Müller, Eckhart: Die Sockelverteidigung, Strafverteidiger, 2001, S. 649 ff.

Müller, Egon: Aus der Rechtsprechung zum Recht der Strafverteidigung – 2002 – Neue Zeitschrift für Strafrecht – Rechtsprechungsreport, 2003, S. 129 ff.

Müller, Rudolf/Wabnitz, Heinz-Bernd: Die Ausweitung der Wirtschaftskriminalität durch Fehlleistungen des Gesetzgebers, der Justiz und der Verwaltung in: Internationale Forschungsergebnisse auf dem Gebiet der Wirtschaftskriminalität, *Liebl, Karlhans* (Hrsg.), S. 396 ff., Pfaffenweiler, 1987

Münchner Anwaltshandbuch Strafverteidigung *Widmaier, Gunter/Müller, Eckhart/Schlothauer, Reinhold/Schütrumpd, Matthias* (Hrsg.), 2. Auflage, München, 2014

Münchner Anwaltshandbuch Verteidigung in Wirtschafts- und Steuerstrafsachen *Volk, Klaus* (Hrsg.), 2. Auflage, München, 2014

Murmann, Uwe: Über den Zweck des Strafprozesses, Goltdammer's Archiv für Strafrecht, 2004, S. 65 ff.

Nack, Armin/Park, Tido/Brauneisen, Achim: Gesetzesvorschlag der Bundesrechtsanwaltskammer zur Verbesserung der Wahrheitsfindung im Strafverfahren durch den verstärkten Einsatz von Bild- und Tontechnik, Neue Zeitung für Strafrecht, 2011, S. 310 ff.

Nehm, Kay/Senge, Lothar: Ursachen langer Hauptverhandlungen – dargestellt am Beispiel von 3 Strafverfahren, Neue Zeitung für Strafrecht, 1998 S. 377 ff.

Nelle-Rublack, Ursula: Der modernisierte Strafprozess, Zur Soziologie konsensorientierter Wirtschaftsstrafverfahren, Münster, 1999

Neumann, Ulfrid: Materiale und prozedurale Gerechtigkeit im Strafverfahren, Zeitschrift für die gesamte Strafrechtswissenschaft, 101 (1989), S. 52 ff.

Niemöller, Martin/Schlothauer, Reinhold/Weider, Hans-Joachim: Gesetz zur Verständigung im Strafverfahren, Kommentar, München, 2010

Niemöller, Martin Anmerkung zu BVerfG NJW 2012, 1136 in Strafverteidiger 2012, S. 387 ff.

–: Zum exzessiven Gebrauch des Beweisantragsrechts, Juristische Rundschau, 2010, S. 332 ff.

–: Rechtsmißbrauch im Strafprozeß, Strafverteidiger, 1996, S. 501 ff.

Nijober, Johannes Fredrikus: Beweisprobleme und Strafrechtssysteme, Proof and Criminal Justice Systemes, Frankfurt am Main, 1995

Nüsse, Johannes: Verfahrensbeschleunigung ohne Beeinträchtigung der Verteidigung aus der Sicht eines Richters, Strafverteidiger Forum, 1996, S. 34 ff.

Ostendorf, Heribert: Strafverteidigung durch Strafvereitelung, Zur Diskussion um Gründe und Leitbild berufsmäßiger Strafverteidigung, Neue Juristische Wochenschrift, 1978, S. 1345 ff.

Otto, Harro: Konzeption und Grundsätze des Wirtschaftsstrafrechts, Zeitschrift für die gesamte Strafrechtswissenschaft, 96 (1984), S. 339 ff.

–: Strafrecht als Instrument der Wirtschaftspolitik, Monatsschrift für Kriminologie und Strafrechtsreform, 1980, S. 397 ff.

Palandt, Otto (Begr.) Bürgerliches Gesetzbuch mit Nebengesetzen, 72. Auflage, München, 2013

Pellkofer, Sandra: Sockelverteidigung und Strafvereitelung, Frankfurt am Main u.a., 1999

Perron, Walter: Das Beweisantragsrecht des Beschuldigten im deutschen Strafprozess, Eine Untersuchung der verfassungsrechtlichen und verfahrensstrukturellen Grundlagen, gesetzlichen Regelungen und rechtstatsächlichen Auswirkungen sowie eine Erörterung der Reformperspektiven unter rechtsvergleichender Berücksichtigung des adversatorischen Prozeßmodells, Berlin, 1995

–: Das Beweisantragsrecht des Beschuldigten – Ursache oder Symptom der Krise des deutschen Strafprozesses, Zeitschrift für die gesamte Strafrechtswissenschaft, 108 (1996), S. 128 ff.

Pfeiffer, Gerd: Zulässiges und unzulässiges Verteidigerhandeln, Deutsche Richterzeitung, 1984, S. 341 ff.

–: Strafprozessordnung, Kommentar, 5. Auflage, München 2005

Puntel, Bruno L.: Wahrheitstheorien in der neueren Philosophie, Darmstadt, 1978

Quedenfeld, Hans Dietrich: Beweisantrag und Verteidigung in den Abschnitten des Strafverfahrens bis zum erstinstanzlichen Urteil in: Wahrheit und Gerechtigkeit im Strafverfahren, Festgabe für Karl Peters aus Anlasses seines 80. Geburtstages, *Wasserburg, Klaus/Haddenhorst, Wilhelm* (Hrsg.), S. 215 ff., Heidelberg, 1984

Quensel, Bernhard K. Max Webers Konstruktionslogik, Baden-Baden, 2007

Radtke, Henning/Hohmann, Olaf (Hrsg.), Strafprozessordnung Kommentar, München, 2011

Rebmann, Kurt: Terrorismus und Rechtsordnung – Erfahrungen mit den Rechtsänderungen der vergangenen Jahre – Vorschläge de lege ferenda, Deutsche Richterzeitung, 1979, S. 363 ff.

–: Strafprozessuale Bewältigung von Großverfahren, Neue Zeitschrift für Strafrecht, 1984, S. 241 ff.

Rengier, Rudolf: Die Zeugnisverweigerungsrechte im geltenden und künftigen Strafverfahrensrecht, Grundlagen, Reformfragen und Stellung im System der Beweisverbote und im Revisionsrecht, Paderborn u.a., 1979

Richter II, Christian: Sockelverteidigung – Voraussetzung, Inhalte und Grenzen der Zusammenarbeit von Verteidigern verschiedener Beschuldigter, Neue Juristische Wochenschrift, 1993, S. 2152 ff.

Rieß, Peter: Reflexionen zur Lage der Strafjustiz, Neue Zeitschrift für Strafrecht, 1994, S. 409 ff.

Rogall, Klaus Der Beschuldigte als Beweismittel gegen sich selbst, Ein Beitrag zur Geltung des Satzes „Nemo tenetur se ipsum prodere“ im Strafprozeß, Berlin, 1977

Röhl, Klaus F./Röhl, Hans Christian: Allgemeine Rechtslehre, Ein Lehrbuch, 3. Auflage, Köln, München, 2008

Röhl, Klaus F.: Rechtssoziologie, Ein Lehrbuch, Köln u.a., 1987

Rönnau, Thomas: Die Absprache im Strafprozess, Baden-Baden, 1990

Rose, Frank Guido: Beweisanträge auf Vernehmung von Auslandszeugen: Entwicklung und Tendenzen der neueren Rechtsprechung, Neue Zeitschrift für Strafrecht, 2012, S. 18 ff.

Rose, Gabriele/Witt, Olaf: Fälle zu den Beweisverwertungsverboten, Juristische Arbeitsblätter, 1998, S. 400 ff.

Roxin, Claus/Schünemann, Bernd: Strafverfahrensrecht, 27. Auflage, München, 2012

Roxin, Claus: Gegenwart und Zukunft der Verteidigung im rechtsstaatlichen Strafverfahren in: Festschrift für Ernst-Walter Hanack zum 70. Geburtstag, *Ebert, Udo/Rieß, Peter/Roxin, Claus/Wahle, Eberhard* (Hrsg.), S. 1 ff., Berlin u.a., 1999

Rückel, Christoph: Verteidigung bei Verständigung und Vereinbarung im Strafverfahren - Mit Checkliste - Neue Zeitschrift für Strafrecht, 1987, S. 297 ff.

Rudolphi, Hans-Joachim: Verteidigerhandeln als Unterstützung einer kriminellen oder terroristischen Vereinigung i.S. der §§ 129 und 129a StGB in: Festschrift für Hans-Jürgen Bruns zum 70. Geburtstag, *Frisch, Wolfgang* (Hrsg.), S. 315 ff., Köln u.a., 1978

Rüping, Heinrich: Der Mißbrauchsgedanke im Strafprozeßrecht und sein Mißbrauch, Juristen Zeitung, 1997, S. 865 ff.

Rüping, Paul/Dornseifer, Gerhard: Dysfunktionales Verhalten im Prozeß, Juristenzeitung, 1977, S. 417 ff.

Satzger, Helmut/Hanft, Christian: Erheben einer bewusst unwahren Protokollrüge im Rahmen der Revision als Rechtsmissbrauch? - Besprechung des Urteils des 3. Strafsenats des BGH vom 11.8.2006 – 3 StR 284/05, Neue Zeitschrift für Strafrecht, 2007, S. 185 ff.

Sauer, Dirk: Konsensuale Verfahrensweisen im Wirtschafts- und Steuerstrafrecht, Heidelberg, 2008

Schaefer, Hans Christoph: Alarmzeichen für die Strafverteidiger, Neue Juristische Wochenschrift, 1995, S. 1723 ff.

Schatz, Holger: Das Beweisantragsrecht in der Hauptverhandlung: Reformgeschichte und Reformproblematik, Berlin, 1999

Scheffler, Uwe: Strafvereitelung und die Grenzen des Zeugnisverweigerungsrechts des Verteidigers, Strafverteidiger, 1992, S. 299

–: Gedanken zur Rechtsbeugung, Neue Zeitschrift für Strafrecht, 1996, S. 67 ff.

–: Anmerkung zum Urteil des BGH vom 7.11.1991 – 4 StR 252/91 (BGHSt 38, 111), Juristische Rundschau, 1993 S. 170 ff.

Schlothauer, Reinhold: Vorbereitung der Hauptverhandlung, mit notwendiger Verteidigung und Pflichtverteidigung, 2. Auflage, Heidelberg, 1998

Schmidhäuser, Eberhard: Zur Frage nach dem Ziel des Strafprozesses in: Festschrift für Eberhard Schmidt zum 70. Geburtstag, *Bockelmann, Paul* (Hrsg.), S. 511 ff., Göttingen, 1961

Schmidt, Christiane: Analyse von Leitfadeninterviews in: Qualitative Forschung, Ein Handbuch, *Flick, Uwe/v. Kardorff, Ernst/Steinke, Ines* (Hrsg.), S. 447 ff., 7. Auflage, Reinbek bei Hamburg, 2009

Schmidt, Jürgen: Noch einmal: Wahrheitsbegriff und Rechtswissenschaft, Abschnitt B, Juristische Schulung, 1973, S. 204 ff.

Schnell, Rainer/Hill, Paul B./Esser Elke: Methoden der empirischen Sozialforschung, 9. Auflage, München, 2011

Scholderer, Frank: Anmerkung zum Beschluss des BGH vom 3.3.1989, Strafverteidiger, 1993, S. 227 ff.

Schönke, Adolf/Schröder, Horst: Strafgesetzbuch, Kommentar, *Eser, Albin* u.a., 29. Auflage, München, 2014

Schroth, Ulrich: Beweisverwertungsverbote im Strafverfahren – Überblick, Strukturen und Thesen zu einem umstrittenen Thema, Juristische Schulung, 1998, S. 969 ff.

Schulte-Kellinghaus, Thomas: Zehn Thesen zu Absprachen („Deals") im Strafprozess, Deutsche Richterzeitung, 2007, S. 141 f.

Schünemann, Bernd: Wetterzeichen einer untergehenden Strafprozeßkultur? Wider die falsche Prophetie des Absprachenelysiums, Strafverteidiger, 1993, S. 657 ff.

–: Absprachen im Strafverfahren? Grundlagen, Gegenstände und Grenzen, Gutachten B zum 58. Deutschen Juristentag, München, 1990

–: Plädoyer zur Einführung einer Unternehmenskuratel in: Deutsche Wiedervereinigung Band III, Unternehmenskriminalität, *Schünemann, Bernd* (Hrsg.), S. 129 ff., Köln u.a., 1996

–: Unternehmenskriminalität und Strafrecht, Köln u.a., 1979

Schwind, Hans-Dieter: Kriminologie, Eine praxisorientierte Einführung mit Beispielen, 21. Auflage, Heidelberg u.a., 2011

Seelmann, Kurt: Die Ausschließung des Verteidigers, Neue Juristische Wochenschrift, 1979, S. 1128 ff.

Senge, Lothar: Missbräuchliche Inanspruchnahme verfahrensrechtlicher Gestaltungsmöglichkeiten – wesentliches Merkmal der Konfliktverteidigung? Abwehr der Konfliktverteidigung, Neue Zeitschrift für Strafrecht, 2002, S. 225 ff.

Siolek, Wolfgang: Verständigung in der Hauptverhandlung, Baden-Baden, 1993

–: Neues zum Thema Verständigung im Strafverfahren, Deutsche Richterzeitung, 1993, S. 422 ff.

Systematischer Kommentar zur Strafprozessordnung, Mit GVG und EMRK, Band II: §§ 94-136a; Band III: §§ 137-197; Band IV: §§ 198-246, *Wolter, Jürgen* (Hrsg.), 4. Auflage, Köln, 2010

Sommer, Ulrich: Effektive Strafverteidigung, Ein Handbuch für die Theorie und Praxis der Strafverteidigung – mit grundlegenden Erläuterungen zu Recht, Psychologie und zu den Überzeugungstechniken des Strafverteidigers, Köln, 2011

Spendel, Günter: Die Idee der Verteidigung in: Festschrift für Günter Kohlmann zum 70. Geburtstag, *Hirsch, Joachim* (Hrsg.), S. 683 ff., Köln, 2003

Spiekermann, Monika: Der Mißbrauch des Beweisantragsrechts, Berlin, 2001

Stamp, Frauke: Die Wahrheit im Strafverfahren, Eine Untersuchung zur prozessualen Wahrheit unter besonderer Berücksichtigung der Perspektive des erkennenden Gerichts in der Hauptverhandlung, Baden-Baden, 1998

Steinke, Ines: Gütekriterien qualitativer Forschung in: Qualitative Forschung, Ein Handbuch, *Flick, Uwe/v. Kardorff, Ernst/Steinke, Ines* (Hrsg.), S. 319 ff., 7. Auflage, Reinbek bei Hamburg, 2009

Steinke, Wolfgang: Wirtschaftskriminalität 1992, Neue Zeitschrift für Strafrecht, 1994, S. 168 ff.

Stern, Steffen: Fehler und Mängel im Ermittlungsverfahren, Anwaltsblatt, 1997, S. 90 ff.

Stübinger, Stephan: Das „idealisierte“ Strafrecht, Frankfurt am Main, 2008

Sutherland, Edwin H.: White-Collar Criminality, American Sociological Review, Volume 5, No. 1, 1940, S. 1 ff.

–: White Collar Crime, the uncut version, New Haven, London, 1983

Taschke, Jürgen: Verteidigung von Unternehmen – Die wirtschaftsstrafrechtliche Unternehmensberatung, Strafverteidiger, 2007, S. 495 ff.

ter Veen, Heino: Zu den Gründen (über)-langer Verfahrensdauer in Strafsachen – Bericht über eine Strukturanalyse strafrechtlicher Großverfahren am Landgericht Hamburg in I. Instanz, Strafverteidiger, 1997, S. 374 ff.

–: Strukturanalyse strafrechtlicher Großverfahren am Landgericht Hamburg, Baden-Baden, 1998

Theile, Hans: Wirtschaftskriminalität und Strafverfahren, Systemtheoretische Überlegungen zum Regulierungspotential des Strafrechts, Tübingen, 2009

–: Flexible Fallzuweisung und gesetzlicher Richter (Art. 101 I 2 GG) – eine Problemskizze am Beispiel der Wirtschaftsstrafkammern in: Festschrift für Wolfgang Heinz zum 70. Geburtstag, *Hilgendorf, Eric/Rengier, Rudolf* (Hrsg.), S. 892 ff., Baden-Baden, 2012

–: Wahrheit, Konsens und § 257 c StPO, Neue Zeitschrift für Strafrecht, 2012, S. 666 ff.

–: „Internal Investigations" und Selbstbelastung – Zum Verantwortungstransfer bei Akkumulation privater und staatlicher Ermittlungen –, Strafverteidiger, 2011, S. 381 ff.

–: Strafrechtliche Hypertrophie und ihre Folgen, Das Beispiel der verfahrenserledigenden Urteilsabsprachen in Wirtschaftsstrafverfahren, Monatsschrift für Kriminologie, 2010, S. 147 ff.

–: Apokryphe Haftgründe in Wirtschaftsstrafverfahren – Empirische Erkenntnisse aus einem Münsteraner Forschungsprojekt –, Zeitschrift für Wirtschafts- und Steuerstrafrecht, 2005, S. 327 ff.

–: Der konsentierte Rechtsmittelverzicht – Überlegungen zum Beschluss des Großen Senats (BGH GSSt 1/04 – StraFo 2005, S. 239 ff.), Strafverteidiger Forum, 2005, S. 209 ff.

–: Wirtschaftsstrafverfahren: Entstehung eines neuartigen Verfahrenstyps? Neue Kriminalpolitik, 2005, S. 142 ff.

Tiedemann, Klaus: Wirtschaftsstrafrecht, Einführung und Allgemeiner Teil, 4. Auflage, München, 2014

v. Aquin, Thomas: Von der Wahrheit – De veritate Quaestio I, Lateinisch – deutsch, übersetzt von *Zimmermann, Albert* (Hrsg.), Hamburg, 1986

v. Mangoldt, Hermann/Klein, Friedrich/Stark, Christian: Kommentar zum Grundgesetz, 6. Auflage, Band 2, München, 2010

v. Schelting, Alexander: Die logische Theorie der historischen Kulturwissenschaft von Max Weber und im besonderen sein Begriff des Idealtypus, Archiv für Sozialwissenschaft und Sozialpolitik, 1922 (49), S. 623 ff.

Vehling, Karl-Heinz: Die Funktion des Verteidigers im Strafverfahren – Ein Beitrag zum Selbstverständnis der Strafverteidigung – Strafverteidiger, 1992, S. 86 ff.

Vogtherr, Thomas: Rechtswirklichkeit und Effizienz der Strafverteidigung, Frankfurt am Main, 1991

Volk, Klaus: Diverse Wahrheiten in: Festschrift für Hannskarl Salger zum Abschied aus dem Amt als Vizepräsidenten des Bundesgerichtshofes, *Eser, Albin* u.a. (Hrsg.), S. 411 ff., Köln u.a., 1995

–: Wahrheit und materielles Recht im Strafprozess, Konstanz, 1980

Volk, Klaus/Engländer, Armin: Grundkurs StPO, 8. Auflage, München, 2013

Wassermann, Rudolf: Von der Schwierigkeit, Strafverfahren in angemessener Zeit durch Urteil abzuschließen, Neue Juristische Wochenschrift, 1994, S. 1106 f.

–: Kritische Überlegungen zur Bekämpfung der Wirtschaftskriminalität, Kriminalistik, 1984, S. 20 ff.

Weber, Max: Die Objektivität sozialwissenschaftlicher und sozialpolitischer Erkenntnis, Schutterwald/Baden, 1995

–: Soziologische Grundbegriffe, 6. Auflage, Tübingen, 1984

Weber, Ulrich: Der Mißbrauch prozessualer Rechte im Strafverfahren, Goltdammer's Archiv für Strafrecht, 1975, S. 289 ff.

Weiss, Alois: „Mißbrauch" von Anwaltsrechten zur „Prozeßsabotage"? Anwaltsblatt, 1981, S. 321 ff.

Welp, Jürgen: Die Rechtsstellung des Strafverteidigers, Zeitschrift für die gesamte Strafrechtswissenschaft, 90 (1978), S. 804 ff.

Weßlau, Edda: Das Konsensprinzip im Strafverfahren – Leitidee für eine Gesamtreform? Baden-Baden, 2002

Widmaier, Gunter: Kritische Gedanken zur diskutierten Reform des Beweisantrags- und Revisionsrechts, Neue Zeitschrift für Strafrecht, 1994, S. 414 ff.

–: Mitwirkungspflicht des Verteidigers in der Hauptverhandlung und Rügeverlust (?) Neue Zeitschrift für Strafrecht, 1992, S. 519 ff.

–: Strafverteidigung im strafrechtlichen Risiko in: 50 Jahre Bundesgerichtshof, Festgabe aus der Wissenschaft, Strafrecht, Strafprozessrecht, *Roxin, Claus/ Widmaier, Gunter* (Hrsg.), S. 1043 ff, München, 2000

–: Präklusion von Verfahrensrügen durch Zweckentfremdung des § 238 II StPO, Neue Zeitschrift für Strafrecht, 2011, S. 305 ff.

Wittig, Petra: Wirtschaftsstrafrecht, 2. Auflage, München, 2011

Wittkämper, Gerhard/Krevert, Peter/Kohl, Andreas: Europa und die innere Sicherheit, Auswirkungen des EG-Binnenmarktes auf die Kriminalitätsentwicklung und Schlussfolgerungen für die polizeiliche Kriminalitätsbekämpfung, Wiesbaden, 1996

Wohlers, Wolfgang: Die Reaktion auf missbräuchliches und/oder exzessives Verteidigungsverhalten in: Strafprozessrechtspraxis und Rechtswissenschaft – getrennte Welten? Referate und Diskussionen auf dem 1. Karlsruher Strafrechtsdialog 2007, *Jahn, Matthias/Nack, Armin* (Hrsg.), S. 42 ff., Köln u.a., 2008

Wolf, Gerhard: Das System des Rechts der Strafverteidigung, Die Struktur der gesetzlichen Regelungen und ihre Bedeutung für die Praxis, Frankfurt (Oder), 2000

Zirpins, Walter/Terstegen, Otto: Wirtschaftskriminalität, Erscheinungsformen und ihre Bekämpfung, Lübeck, 1963

SCHRIFTEN ZUM STRAFRECHT UND STRAFPROZESSRECHT

Herausgegeben von Manfred Maiwald und Carsten Momsen

Band 1 Christian-Peter Frees: Die steuerrechtliche Selbstanzeige. Zur kriminalpolitischen Zweckmäßigkeit des § 371 AO. 1991.

Band 2 Norbert Joachim: Der Hörensagenbeweis im Strafverfahren. 1991.

Band 3 Alfred A. Göbel: Die Einwilligung im Strafrecht als Ausprägung des Selbstbestimmungsrechts. 1991.

Band 4 Karl-Heinz Vehling: Die Abgrenzung von Vorbereitung und Versuch. 1991.

Band 5 Heiko Hartmut Lesch: Das Problem der sukzessiven Beihilfe. 1992.

Band 6 Dirk Schwerdtfeger: Besondere persönliche Unrechtsmerkmale. 1992.

Band 7 Stefan Göhring: Polizeiliche Kontrollstellen und Datenverarbeitung. § 163 d StPO und novellierte Polizeigesetze der Länder zwischen Strafverfolgung, Gefahrenabwehr und vorbeugender Straftatenbekämpfung. 1992.

Band 8 Werner Kemper: Horizontale Teilrechtskraft des Schuldspruchs und Bindungswirkung im tatrichterlichen Verfahren nach der Zurückverweisung. §§ 353, 354 Abs. 2 StPO. 1993.

Band 9 Ovvadias Namias: Die Zurechnung von Folgeschäden im Strafrecht. 1993.

Band 10 Jan Zopfs: Unfallflucht bei eindeutiger Haftungslage? Unverzüglichkeitsgebot und Wahlmöglichkeit in § 142 Abs. 2 und 3 StGB. 1993.

Band 11 Stefan Hiebl: Ausgewählte Probleme des Akteneinsichtsrechts nach § 147 StPO. 1994.

Band 12 Ralf Krack: List als Straftatbestandsmerkmal. Zugleich ein Beitrag zu Täuschung und Irrtum beim Betrug. 1994.

Band 13 Henning Radtke: Zur Systematik des Strafklageverbrauchs verfahrenserledigender Entscheidungen im Strafprozeß. 1994.

Band 14 Bernd J. A. Müssig: Schutz abstrakter Rechtsgüter und abstrakter Rechtsgüterschutz. Zu den materiellen Konstitutionskriterien sog. Universalrechtsgüter und deren normentheoretischem Fundament – am Beispiel der Rechtsgutsbestimmung für die §§ 129, 129a und 324 StGB. 1994.

Band 15 Heinz Koriath: Über Beweisverbote im Strafprozeß. 1994.

Band 16 Burkhard Niepoth: Der untaugliche Versuch beim unechten Unterlassungsdelikt. 1994.

Band 17 Karsten Altenhain: Die Strafbarkeit des Teilnehmers beim Exzeß. 1994.

Band 18 Ina Walbaum: Schuldspruch in der Revisionsinstanz nach freisprechendem Urteil des Tatgerichts. 1996.

Band 19 Birgit Dalbkermeyer: Der Schutz des Beschuldigten vor identifizierenden und tendenziösen Pressemitteilungen der Ermittlungsbehörden. 1994.

Band 20 Thomas Hackner: Der befangene Staatsanwalt im deutschen Strafverfahrensrecht. 1995.

Band 21 Hartmut Loritz: Kritische Betrachtungen zum Wert des strafprozessualen Zwischenverfahrens. 1996.

Band 22 Heinz-Hermann Berghof: Therapie und Strafe im Betäubungsmittelrecht. Recht und Wirklichkeit der Behandlung Drogenabhängiger unter besonderer Berücksichtigung der §§ 35 ff BtMG. 1995.

Band 23 Oliver Mertens: Strafprozessuale Grundrechtseingriffe und Bindung an den Wortsinn der ermächtigenden Norm. 1996.

Band 24 Sönke Bahnsen: Das Akteneinsichtsrecht der Verteidigung im Strafverfahren. Dogmatische Grundlagen und Einzelprobleme im Lichte einer rechtsstaatlichen Verfahrensgestaltung. 1996.

Band 25 Dirk Schwieger: Der Vorteilsbegriff in den Bestechungsdelikten des StGB. 1996.

Band 26 Stephanie Meinecke: Die Auswirkungen von Verfahrensfehlern auf die Strafbarkeit nach den Aussagedelikten. 1996.

Band 27 Ute Lambrecht: Strafrecht und Disziplinarrecht. Abhängigkeiten und Überschneidungen. 1997.

Band 28 Carsten Momsen: Verfahrensfehler und Rügeberechtigung im Strafprozeß. Die Strukturen der Revisionsberechtigung unter besonderer Berücksichtigung des Begriffs "Rechtsnormen, die lediglich zugunsten des Angeklagten gegeben sind" in § 339 StPO. 1997.

Band 29 Ursula Epp: Die Abgeordnetenbestechung – § 108 e StGB. 1997.

Band 30 Bernd Scheiff: Wann beginnt der Strafrechtsschutz gegen kriminelle Vereinigungen (§ 129 StGB)? 1997.

Band 31 Ulrike Fontaine: Max Grünhut (1893-1964). Leben und wissenschaftliches Wirken eines deutschen Strafrechtlers jüdischer Herkunft. 1998.

Band 32 Claudia Keiser: Das Kindeswohl im Strafverfahren. Zur Notwendigkeit eines am Kindeswohl orientierten Umgangs mit minderjährigen Opfern und Zeugen, den Möglichkeiten de lege lata und den Erfordernissen de lege ferenda. 1998.

Band 33 Wiebke Schürer-Mohr: Erlaubte Risiken. Grundfragen des "erlaubten Risikos" im Bereich der Fahrlässigkeitsdogmatik. 1998.

Band 34 Stephan Voigtel: Zum Freibeweis bei Entscheidungen der Strafvollstreckungskammer. Eine Untersuchung zu ausgewählten Fragen des Beweisrechts im gerichtlichen Verfahren in Strafvollstreckungs- und Strafvollzugssachen. 1998.

Band 35 Volkmar Wißgott: Das Beweisantragsrecht im Strafverfahren als Kompensation der richterlichen Inquisitionsmaxime. Die Judikatur des Reichsgerichts zum strafprozessualen Beweisrecht. 1998.

Band 36 Susanne Merz: Strafrechtlicher Ehrenschutz und Meinungsfreiheit. 1998.

Band 37 Uwe Schlömer: Der elektronisch überwachte Hausarrest. Eine Untersuchung der ausländischen Erfahrungen und der Anwendbarkeit in der Bundesrepublik Deutschland. 1998.

Band 38 Michael Liedke: Die Vermögensstrafe gemäß § 43a StGB in ihrer kriminalpolitischen Bedeutung. 1999.

Band 39 Danja Domeier: Gesundheitsschutz und Lebensmittelstrafrecht. Zur Konkretisierung der Verkehrspflichten und ihrer Strafbewehrung, insbesondere mit Blick auf §§ 8 ff. LMBG. 1999.

Band 40 Ritva Westendorf: Die Pflicht zur Verhinderung geplanter Straftaten durch Anzeige. Eine kritische Betrachtung der §§ 138, 139 StGB im Kontext der Unterlassungsdelikte. 1999.

Band 41 Hans Theile: Tatkonkretisierung und Gehilfenvorsatz. 1999.

Band 42 Nicole Lange: Vorermittlungen. Die Behandlung des staatsanwaltschaftlichen Vorermittlungsverfahrens unter besonderer Berücksichtigung von Abgeordneten, Politikern und Prominenten. 1999.

Band 43 Tanja Gunder: Der Umgang mit Kindern im Strafverfahren. Eine empirische Untersuchung zur Strafverfolgung bei Sexualdelinquenz. 1999.

Band 44 Sven-Markus Thiel: Die Konkurrenz von Rechtfertigungsgründen. 2000.

Band 45 Jan Schlüter: Die Strafbarkeit von Unternehmen in einer prozessualen Betrachtung nach dem geltenden Strafprozeßrecht. 2000.

Band 46 Detlef Heise: Der Insiderhandel an der Börse und dessen strafrechtliche Bedeutung. Eine Untersuchung des neuen deutschen Insiderrechts speziell unter Bezugnahme auf die strafrechtstheoretischen und strafrechtsdogmatischen Grundlagen. 2000.

Band 47 Hermann Wichmann: Das Berufsgeheimnis als Grenze des Zeugenbeweises. Ein Beitrag zur Lehre von den Beweisverboten. 2000.

Band 48 Rainer T. Cherkeh: Betrug (§ 263 StGB), verübt durch Doping im Sport. 2000.

Band 49 Kristian Hohn: Die Zulässigkeit materieller Beweiserleichterungen im Strafrecht. Eine Untersuchung über Erscheinungsformen und Grenzen der Lösung beweisrechtlicher Probleme im materiellen Strafrecht. 2000.

Band 50 Malte Rabe von Kühlewein: Der Richtervorbehalt im Polizei- und Strafprozeßrecht. 2001.

Band 51 Donata Meinecke: Die Gesetzgebungssystematik der Versuchsstrafbarkeit von Verbrechen und Vergehen im StGB. 2001.

Band 52 Joachim Bock: Begriff, Inhalt und Zulässigkeit der Beweislastumkehr im materiellen Strafrecht. 2001.

Band 53 Gabriele Rose: Grenzen der journalistischen Recherche im Strafrecht und Strafverfahrensrecht. 2001.

Band 54 Wiebke Reitemeier: Täuschungen vor Abschluß von Arbeitsverträgen. Zum Verhältnis zwischen dem Straftatbestand des Betrugs und dem Anfechtungsrecht wegen arglistiger Täuschung (§§ 263 Abs. 1 StGB, 123 Abs. 1 Alt. 1 BGB). 2001.

Band 55 Peter Rackow: Das DNA-Identitätsfeststellungsgesetz und seine Probleme. 2001.

Band 56 Frank Zschieschack: Geiselnahme und erpresserischer Menschenraub (§§ 239a, 239b StGB) im Zwei-Personen-Verhältnis. 2001.

Band 57 Natascha Sëyfi: Das Sicherungsverfahren (§§ 413 - 416 StPO). 2002.

Band 58 Dirk Seiler: Die *Sperrwirkung* im Strafrecht. 2002.

Band 59 Dorothee Sydow: Die actio libera in causa nach dem Rechtsprechungswandel des Bundesgerichtshofs. 2002.

Band 60 Inga Metrikat: Die Unterbringung in einer Entziehungsanstalt nach § 64 StGB – Eine Maßregel im Wandel? Eine vergleichende, empirische Untersuchung zur Entscheidung des Bundesverfassungsgerichts vom 16.03.1994, BVerfGE 91, 1 ff. 2002.

Band 61 Sabine Caroline Bechtoldt: Die Erledigungserklärung im Maßregelvollzug des § 63 StGB. Eine empirische Untersuchung der Erledigungserklärung und zugleich rechtsdogmatische Erörterung ihrer Rechtskraftproblematik. 2002.

Band 62 Sandra Schulte-Nover: Strafrichter in Deutschland und England. Ein systematischer Rechtsvergleich im Hinblick auf die richterlichen Kompetenzen im Strafverfahren. 2003.

Band 63 Tim Schurig: Belehrung und Beratung des Beschuldigten über sein Aussageverhalten. Eine gemeinsame Aufgabe von Gericht und Verteidigung? 2003.

Band 64 Markus Laski: Die strafrechtlichen Bezüge des Bundes-Bodenschutzgesetzes. 2003.

Band 65 Gunnar Lüer: Die Versäumung im Berufungsverfahren. Das strafprozessuale Anwesenheitsprinzip im Spannungsfeld von autonomer Subjektstellung und öffentlichen Interessen am Beispiel des § 329 Abs. 1,2 StPO. 2003.

Band 66 Thomas Grützner: Die Sanktionierung von Submissionsabsprachen. Eine Untersuchung der bestehenden Möglichkeiten einer Bekämpfung von Submissionsabsprachen unter besonderer Berücksichtigung des § 298 StGB. 2003.

Band 67 Bettina Noltenius: Kriterien der Abgrenzung von Anstiftung und mittelbarer Täterschaft. Ein Beitrag auf der Grundlage einer personalen Handlungslehre. 2003.

Band 68 Bettina Kraft: Tendenzen in der Entwicklung des Jugendstrafrechts seit der Jugendgerichtsbewegung. 2004.

Band 69 Jessica Däbritz: Die Bestimmung strafbaren fahrlässigen Verhaltens in der Forschung am Beispiel ärztlicher Humanerprobungen. Ein Beitrag zur methodischen Ermittlung und inhaltlichen Bestimmung von Sorgfaltspflichten in der Humanforschung. 2004.

Band 70 Maike Steenbock: Über die Unfallflucht als Straftat. Eine kritische Untersuchung zum Zusammenhang der Strafbarkeit der Unfallflucht mit den Besonderheiten des Straßenverkehrs. 2004.

Band 71 Holger Mann: Beschleunigungspotential im Jugendstrafverfahren. 2004.

Band 72 Dorothee Krutisch: Strafbarkeit des unberechtigten Zugangs zu Computerdaten und -systemen. 2004.

Band 73 Heinz-Helmut Fuhrmann: Das Begehen der Straftat gem. § 25 Abs. 1 StGB. Unter besonderer Berücksichtigung der sogenannten "eigenhändigen" Delikte. 2004.

Band 74 Gerwin M. Moldenhauer: Eine Verfahrensordnung für Absprachen im Strafverfahren durch den Bundesgerichtshof? 2004.

Band 75 Dirk Busch: Konzernuntreue. Eine Untersuchung spezifischer Untreuestrafbarkeit innerhalb von Konzernverbindungen mit Aktiengesellschaften und Gesellschaften mit beschränkter Haftung. 2004.

Band 76 Mitsuru Iijima: Die Entwicklung des strafrechtlichen Unrechtsbegriffs in Japan. Eine kritische Betrachtung aus strafrechtsdogmatischer und rechtsphilosophischer Perspektive. 2004.

Band 77 Lena Barbara Kötter: Private Elemente in der Strafvollstreckung. Zur Privatisierung von Bewährungshilfe, Gerichtshilfe und gemeinnütziger Arbeit. 2004.

Band 78 Martin Maria Laufen: Der Wucher (§ 291 Abs. 1 Satz 1 StGB). Systematische Einordnung und dogmatische Struktur. 2004.

Band 79 Maike Aselmann: Die Selbstbelastungs- und Verteidigungsfreiheit. Ein Beitrag zu den Garantiewirkungen von Verfahrensrechten im Hinblick auf die Beweiswürdigung, Strafzumessung und Strafbarkeit des Beschuldigten im Strafprozess. 2004.

Band 80 Ingmar Wolf: Graffiti als kriminologisches und strafrechtsdogmatisches Problem. 2004.

Band 81 Misuk Son: Straftatfolgen im deutschen und koreanischen Strafrecht. Ein prinzipieller Vergleich. 2004.

Band 82 Matthias Saal: Die Beteiligung an einer Schlägerei (§ 231 StGB). Ein Plädoyer für die Streichung der schweren Folge. 2004.

Band 83 Michael Stüber: Die Entwicklung des Prinzips der Unmittelbarkeit im deutschen Strafverfahren. 2005.

Band 84 Patrick Gerberding: Das Rechtsmittelsystem im US-amerikanischen Strafverfahren. Eine rechtsvergleichende Betrachtung. 2005.

Band 85 Rouven Seeberg: Aufgedrängte Nothilfe, Notwehr und Notwehrexzess. 2005.

Band 86 Andre Knoerchen: Schadenswiedergutmachung über anwaltliche Schlichtungsstellen. Rechtsökonomische Analyse eines Modellprojekts. 2005.

Band 87 Andreas Quante: Sanktionsmöglichkeiten gegen juristische Personen und Personenvereinigungen. 2005.

Band 88 Gundula Momsen-Pflanz: Die sportethische und strafrechtliche Bedeutung des Dopings. Störung des wirtschaftlichen Wettbewerbs und Vermögensrelevanz. 2005.

Band 89 Klaus Kleinbauer: Rechtsmittelverzicht und Rechtsmittelzurücknahme des Beschuldigten im Strafprozeß. 2006.

Band 90 Manuel Fumagalli: Rechtsprobleme vorgeburtlicher Diagnoseverfahren. Die personenrechtliche Begründung von Pränataldiagnostik und Präimplantationsdiagnostik. 2006.

Band 91 Matthias Dann: Staatliche Tatprovokation im deutschen, englischen und schottischen Recht. Rechtsvergleichende Untersuchung unter besonderer Berücksichtigung europäischer und internationaler Entwicklungslinien. 2006.

Band 92 Shahryar Ebrahim-Nesbat: Die Herausbildung der strafrechtlichen Teilnahmeformen im 19. Jahrhundert. 2006.

Band 93 Christoph Paglotke: Notstand und Notwehr bei Bedrohungen innerhalb von Prozesssituationen. 2006.

Band 94 Sebastian Olk: Die Abgabe von Sacherklärungen des Angeklagten durch den Verteidiger. 2006.

Band 95 Bernadette Pape: Legalverhalten nach Sexualdelinquenz. Eine empirische Analyse der Delinquenzkarrieren nach Sexualstraftaten an Kindern. 2007.

Band 96 Uttam Das: Möglichkeiten der Angleichung materiellen Strafrechts zwischen England und Deutschland im Rahmen des Art. K 31 EUV. 2007.

Band 97 Dennis Miller: Die Beteiligung am Verbrechen nach italienischem Strafrecht. Ein Beitrag zur Geschichte und Gegenwart von Einheits- und Differenzierungsmodellen der strafbaren Beteiligung mehrerer Personen. 2007.

Band 98 Michael Nehring: Kriminelle und terroristische Vereinigungen im Ausland. Auslegung und Analyse des im Zuge der Terrorismusbekämpfung nach dem 11. September 2001 geschaffenen § 129b Strafgesetzbuch. 2007.

Band 99 Bernadette Berger: Das Gesinnungsmoment im Strafrecht. 2008.

Band 100 Peter Rackow: Neutrale Handlungen als Problem des Strafrechts. 2007.

Band 101 Simone Mölders: Bestechung und Bestechlichkeit im internationalen geschäftlichen Verkehr. Zur Anwendbarkeit des § 299 StGB auf Sachverhalte mit Auslandsbezug. 2009.

Band 102 Anke David: Die Entwicklung des Mordtatbestandes im 19. Jahrhundert. 2009.

Band 103 Arne Habenicht: Die Beteiligung an sexuellen Gewalttaten. 2009.

Band 104 Marwan Hamdan: Drittmittelforschung in der Medizin. Eine Gratwanderung zwischen strafbarer Vorteilsannahme und verfassungsgarantierter Forschungsfreiheit. 2009.

Band 105 Carl-Friedrich von Scherenberg: Die sozialethischen Einschränkungen der Notwehr. 2009.

Band 106 Andreas Poppe: Die Akzessorietät der Teilnahme. Eine kritische Analyse der dogmatischen Grundlagen. 2011.

Band 107 Jonathan Burmeister: Die schuldangemessene Bewertung von Ehrenmorden im deutschen Strafrecht. Differenzierte Schuldmerkmale auf Tatbestandsebene bei sonstigen niedrigen Beweggründen. 2011.

Band 108 Philipp Reinhold: Amtsträgerbestechung. Unrechtsgehalt und Grenzen der §§ 331 ff StGB. 2011.

Band 109 Simone Reiß: Verbotsirrtum und Subventionsbetrug. Unter Berücksichtigung der Besonderheiten bei der betrügerischen Erlangung von EU-Subventionen. 2012.

Band 110 Johannes Altenburg: Die Unlauterkeit in § 299 StGB. Ein Beitrag zur Harmonisierung von Strafrecht und Wettbewerbsrecht. 2012.

Band 111 Christoph Skoupil: Handeltreiben mit Betäubungsmitteln. Strafbarkeitsvorverlagerungen vor und nach der Entscheidung des Großen Senats für Strafsachen vom 26.10.2005. 2012.

Band 112 Frederike Wewerka: Internal Investigations. Private Ermittlungen im Spannungsfeld von strafprozessualen Grundsätzen und Anforderungen eines globalisierten Wirtschaftsstrafverfahrens. Eine Problemanalyse unter besonderer Berücksichtigung des Falles Siemens. 2012.

Band 113 Lena Witzmann: Die gemeinsame Verhandlung. Eine Untersuchung des Öffentlichkeitsgrundsatzes, des Opportunitätsprinzips, des Anwesenheitsrechts und des Fairnessgrundsatzes im verbundenen Verfahren. 2012.

Band 114 Lea Boller: Der unbefugte Gebrauch von Kraftfahrzeugen und Fahrrädern – § 248b StGB. 2013.

Band 115 Nina Wadle: Privatisierung im deutschen Strafvollzug. 2013.

Band 116 Annik Lamshöft: Das Modell des vereinfachten Ablehnungsverfahrens. Ein Gegenentwurf zur strafprozessualen Fristenlösung des Bundesgerichtshofs. 2013.

Band 117 Christine Marie Shavers: Criminal Law Dealing with Hate Crimes. Functional Comparative Law. 2014.

Band 118 Philipp Christoph Kleinherne: Garantenstellung und Notwehrrecht. Zugleich ein Beitrag zum Entstehen und Erlöschen von Garantenstellungen. 2014.

Band 119 Kerstin Petermann: Strafverteidigung in Wirtschaftsstrafverfahren zwischen Rechtsmissbrauch, Konflikt und Konsens. 2015.

www.peterlang.com

www.ingramcontent.com/pod-product-compliance
Ingram Content Group UK Ltd.
Pitfield, Milton Keynes, MK11 3LW, UK
UKHW041824290926
8980IPUK00002B/50

9 783631 656303